suhrkamp taschenbuch
wissenschaft 1142

Gernot Böhme unterscheidet drei Weisen des Philosophierens: Philosophie als Weltweisheit, Philosophie als Lebensform, Philosophie als Wissenschaft.
Philosophie als Weltweisheit ist nach Kants Redeweise die philosophische Beschäftigung mit Problemen, »die jedermann interessieren«. Es geht hier um die philosophische Auseinandersetzung mit den Gegenwartsproblemen.
Philosophie als Lebensform ist eine Weisheitslehre, und zwar die spezifisch europäische: der Weg zur Weisheit, der über Wissen und Bewußtseinsbildung führt.
Unter dem Titel »Philosophie als Wissenschaft« werden die Haupttypen der Gegenwartsphilosophie abgehandelt, wie sie den akademischen Lehr- und Forschungsbetrieb bestimmen.
Gernot Böhme ist seit 1977 Professor für Philosophie an der Technischen Hochschule Darmstadt. Zuletzt hat er in den suhrkamp taschenbüchern wissenschaft veröffentlicht: *Am Ende des Baconschen Zeitalters. Studien zur Wissenschaftsentwicklung* (stw 1094).

Gernot Böhme

Einführung in die Philosophie

Weltweisheit – Lebensform – Wissenschaft

Suhrkamp

Die erste Auflage dieses Buches erschien unter dem Titel
Weltweisheit, Lebensform, Wissenschaft
Eine Einführung in die Philosophie

Bibliografische Information der Deutschen Nationalbibliothek
Die Deutsche Nationalbibliothek verzeichnet diese Publikation
in der Deutschen Nationalbibliografie;
detaillierte bibliografische Daten sind im Internet über
http://dnb.d-nb.de abrufbar.

suhrkamp taschenbuch wissenschaft 1142
Erste Auflage 1994

Druck: Books on Demand, Norderstedt
Printed in Germany
Umschlag nach Entwürfen von
Willy Fleckhaus und Rolf Staudt
ISBN 978-3-518-28742-2

5 6 7 8 9 10 – 14 13 12 11 10 09

Inhalt

Vorbemerkung zur Zitierweise

Der Text enthält zwei verschiedene Arten von Verweisen.

1. Jahreszahl bzw. Jahreszahl mit Autorennamen in Klammern
Durch diese Angaben wird auf das Literaturverzeichnis verwiesen. Dieses Verzeichnis enthält einführende Literatur und Überblicks- bzw. Standardwerke zu dem im jeweiligen Kapitel behandelten Themenkomplex einerseits und andererseits die Quellen, aus denen die behandelten Beispiele entnommen sind. Das Literaturverzeichnis enthält zum jeweiligen Kapitel auch solche einführende und weiterführende Literatur, die im Text nicht erwähnt wird, um dem Leser Gelegenheit zu geben, den angeschnittenen Fragen selbständig weiter nachzugehen bzw. umfassendere Informationen aufzusuchen. Bei Angabe von zwei Jahreszahlen bezieht sich die erste auf die Originalausgabe, die zweite auf die von mir benutzte Ausgabe. Bei Schriften von Kant wird die erste Auflage mit A, die zweite mit B zitiert.

2. Anmerkungen
In den Anmerkungen werden nur die Texte nachgewiesen, die vorübergehend erwähnt werden oder auf die nur angespielt wird. Ferner finden sich hier Arbeiten, insbesondere des Autors der Einführung, in denen die Argumentation des Textes näher ausgeführt wird.
Jedes Kapitel der Einführung ist in sich abgeschlossen und kann für sich gelesen werden. Daraus folgt für die Literaturhinweise, daß sie sich von Kapitel zu Kapitel wiederholen können.

Einleitung

Von einer Einführung in die Philosophie wird man erwarten, daß sie in das akademische Fach Philosophie einführe. Diese Erwartung ist berechtigt, und diese Einführung sollte sie auch befriedigen. Die Philosophie ist aber nicht ein Fach wie andere akademische Fächer auch, und eine Einführung in die Philosophie suchen auch nicht nur Leser, die Philosophie studieren wollen. Sie erwarten anderes und vielleicht mehr als eine Orientierung über ein Studienfach. Für Studenten der Philosophie andererseits ist eine Einführung in die Philosophie nicht unbedingt das, womit man den Anfang machen sollte.

Solche Sätze sind aus dem teils stolzen, teils bescheidenen Selbstbewußtsein der Philosophie heraus gesprochen, dem Bewußtsein einer traditionellen Sonderrolle in der Ordnung der akademischen Disziplinen. Institutionell gesehen hat dieses Selbstbewußtsein einer Sonderrolle keine Basis mehr. Sie bestand bis ins 18. Jahrhundert darin, daß jeder Student zunächst die philosophische Fakultät zu durchlaufen hatte, bevor er sich einer professionellen Ausbildung, d. h. der Medizin, Juristerei oder Theologie, zuwenden konnte. Diese Stellung blieb in abgeschwächter Form noch bis weit in unser Jahrhundert erhalten, insofern in sehr vielen Fächern ein sogenanntes Philosophicum als Abschluß des Grundstudiums verlangt wurde. Die letzten Ausläufer dieser Auffassung der Philosophie als einer Propädeutik und Grundlage für alle anderen Wissenschaften fanden sich bis vor kurzem im Westen im sogenannten Studium Generale und im Osten in den für alle Studenten verbindlichen Kursen in Marxismus-Leninismus. Diese akademische Stellung hat die Philosophie gänzlich verloren. Der Grund dafür ist in der Emanzipation der Wissenschaften von der Philosophie zu sehen und, in der Folge davon, in der Orientierung der Philosophie an den Wissenschaften.

Die Philosophie ist die Mutter aller Wissenschaften. Zwar gab es auch außerhalb der Philosophie Wissen, aber *Wissenschaft*, d. h. die Suche nach ausweisbarem, begründbarem und insofern sicherem Wissen, ist ein philosophisches Programm. Es ist das Programm der platonischen Akademie. Man übersetzt gewöhnlich ›Philosophie‹ mit ›Liebe zur Weisheit‹ oder ›Streben nach Weisheit‹ – und diese Bedeutung von Philosophie ist auch zutreffend und wird uns eingehend beschäftigen –, aber Philosophie ist eben auch und von Anfang an das Streben nach eigentlichem Wissen gewesen. Deshalb konnte noch bis ins 18. Jahrhundert hinein die Bemühung um Wissenschaft generell als Philosophie verstanden werden und Wissenschaft selbst als das Ziel, in dem sich Philosophie vollenden sollte. Eine Wende scheint mir hier bei Kant, also im letzten Drittel des 18. Jahrhunderts, zu liegen. Kant akzeptierte bereits das *Faktum von Wissenschaft*, also daß in der Mathematik und in der Newtonschen Mechanik bereits eigentliches Wissen – und das hieß für ihn: notwendiges und allgemeines – gegeben sei. Kant steht gewissermaßen an einer Grenze, an der das Verhältnis von Philosophie und Wissenschaft umkippt. Auf der einen Seite nämlich akzeptiert er die faktisch gegebenen Wissenschaften, nämlich die Mathematik und die Naturwissenschaft, als Vorbild für die Philosophie. Die Philosophie solle nach dem »Beispiel der Mathematik und Naturwissenschaft« (*KdrV*, B XVI) eine Revolution der Denkungsart vollziehen, um »den sicheren Gang einer Wissenschaft einzuschlagen« (*KdrV*, B XIV). Die Metaphysik solle nun endlich aus dem Stadium des bloßen Suchens, Herumtappens, Aufbauens und Wiederabreißens herausgeführt und selbst Wissenschaft werden. Auf der anderen Seite aber erkennt er die Selbständigkeit der Naturwissenschaften und der Mathematik doch noch nicht an, sondern ist der Auffassung, daß sie zur Begründung ihres Status als Wissenschaft einer metaphysischen Fundierung bedürften. So besteht ein Teil der von Kant ausgeführten Metaphysik in seinen *Metaphysischen Anfangsgründen der Naturwissenschaft* (1786). Dieses Verständnis von Philosophie, nach dem sie eigentlich Wissenschaft zu sein habe, wurde dann vom deutschen Idealismus übernommen und noch gesteigert. Nach Hegel begründet Philosophie nicht nur die Möglichkeit von Wissenschaft, sondern die Wissenschaften selbst werden in der Philosophie systematisiert und vollendet. Nach dem Scheitern dieses Programms ist die Idee von ›Philosophie als strenger Wissenschaft‹ in unserem Jahrhundert durch Husserl erneuert worden. Sie hat sich aber nur noch in einem Klima entwickeln können, in dem die prinzipielle Unabhängigkeit der Wissenschaften von der Philosophie anerkannt war. Der Status eines Wissenstyps als Wissenschaft wird in unserem Jahrhundert nicht mehr durch eine philosophische Begründung legitimiert, sondern vielmehr durch methodisches Vorgehen. Auch wird Wissenschaft selbst nicht mehr als endgültiges und sicheres Wissen verstanden, sondern als methodisch abgesichertes Zwischenresultat in einem Forschungsprozeß. Die außerordentlichen Erfolge und die gesellschaftliche Stellung der Wissenschaften haben dazu geführt, daß auch die Philosophie sich in unserem Jahrhundert an diesem Ideal orientiert hat. Sie glaubte eine Stellung in der Universität nur halten zu können, indem sie ebenfalls in diesem Sinne sich als Wissenschaft gerierte. Die Abhängigkeit der Philosophie von Mathematik und Naturwissenschaft, die sich dadurch ergab, ist allerdings dadurch gemildert worden, daß seit Dilthey sich ein zweiter Typ von Wissenschaften hat etablieren können, nämlich im Unterschied zu den erklärenden Naturwissenschaften die hermeneutischen Geisteswissenschaften. Infolgedessen haben wir heute in der wissenschaftlich verfahrenden akademischen Philosophie vor allem zwei Hauptzweige: Der eine Zweig orientiert sich an Mathematik und Naturwissenschaft und kann, wie Stegmüller das getan hat, als ›analytische Philosophie und Wissenschaftstheorie‹[1] zusammengefaßt werden. Der andere Zweig orientiert sich an den verstehenden Wissenschaften und ist inhaltlich auf sie bezogen. Er besteht in der Ausarbeitung einer allgemeinen Hermeneutik einerseits und in der interpretierenden Fortsetzung der Philosophiegeschichte andererseits.

Würde man von diesem, wie ich meine, eingeschränkten Verständnis von Philosophie als Wissenschaft ausgehen, so hätte eine Einführung in die Philosophie im wesentlichen Logik, Wissenschaftstheorie und allgemeine Hermeneutik zu behandeln. Demgegenüber möchte ich an dem traditionellen Selbstverständnis der Philosophie festhalten. Dieses kann sich aber heute nach der Verselbständigung der Wissenschaften von der Philosophie nicht mehr als die Überzeugung aussprechen, die Philosophie sei die Grundlage aller Wissenschaften oder gar ihre Vollendung. Vorläufig möchte ich die Besonderheit einer Einführung in die Philosophie, das, wodurch sie sich von jeder Einführung in ein anderes akademisches Fach unterscheidet, in zweierlei Weise erläutern:

1. Ich habe oben gerade daran erinnert, daß Kant versucht hat, die Philosophie auf den Königsweg der Wissenschaft zu führen. Er

1 Wolfgang Stegmüller, *Probleme und Resultate der Wissenschaftstheorie und Analytischen Philosophie*, Heidelberg: Springer 1969 ff.

stellte sich die Philosophie in der Idee als ein wirklich vollendbares System vor. Solange aber Philosophie nicht dieses Ziel erreicht habe, könne man nicht Philosophie, sondern nur *philosophieren* lernen (*KdrV*, B 866). Diese Formulierung Kants gilt heute um so mehr, als wir ferner denn je von einer Philosophie als systematischer Einheit des Wissens entfernt sind; so weit entfernt, daß wir nicht einmal an deren Möglichkeit glauben. Was aber im Blick auf die Philosophie als ein *Wissensgebäude* als Mangel erscheint – es gibt keinen anerkannten Bestand philosophischen Wissens –, wird in der *Lehre* zu einem unerhörten Anspruch: derjenige, der in die Philosophie eingeführt wird, solle dazu angeleitet werden, selbst zu philosphieren. Dieser Anspruch erscheint unerhört, geradezu maßlos, sowohl gemessen an der Wissenschaft als auch an der Philosophie. Denn von einem Studenten einer Wissenschaft wird in der Regel nicht erwartet, daß er diese Wissenschaft selbst produktiv fortsetzt. Er kann ja etwa auch Lehrer werden oder bloßer Anwender. Auch dann, wenn er in die Wissensproduktion geht, also selbst Wissenschaftler wird, kann er das in durchschnittlicher und handwerklicher Weise tun. Der weitaus größte Teil der Arbeit in der Wissenschaft ist das, was Thomas Kuhn *normal science* genannt hat[2], d. h. das Lösen von Puzzles in einem durchaus abgesteckten Rahmen und mit erprobten Methoden. In der Philosophie gibt es im Grunde keine Entsprechung zur *normal science*, und man ist deshalb gewohnt zu unterstellen, daß produktiv *philosophieren* nur ganz wenigen vorbehalten ist, den großen Philosophen. Der Alltag des Philosophiestudiums entspricht natürlich in keiner Weise solchen maßlosen Ansprüchen, sondern man lernt eben doch Philosophie oder, besser gesagt, Philosophien, also etwa die Kants, Hegels oder Heideggers; man betreibt als fortgeschrittener durchschnittlicher Philosoph eben doch *normal philosophy*, was durch die Verwissenschaftlichung der Philosophie, d. h. ihre Angleichung an den Wissenschaftsbetrieb, möglich geworden ist. Trotzdem soll man den Anspruch nicht vergessen, und man darf ihn insbesondere in einer Einführung in die Philosophie nicht vergessen, einer Einführung, die für viele gedacht ist, die nicht das Fach Philosophie studieren wollen, sondern tatsächlich in einer solchen Einführung eine Anleitung zum Philosophieren suchen.

2 Thomas S. Kuhn, *Die Struktur wissenschaftlicher Revolutionen* (1962), Frankfurt am Main: Suhrkamp 1967.

2. Der zweite Punkt, den man anführen kann, um die Besonderheit einer Einführung in die Philosophie gegenüber allen anderen Einführungen zu rechtfertigen, besteht darin, daß man von einer solchen Einführung natürlich die Beantwortung der Frage ›Was ist Philosophie?‹ erwartet. Das ist aber eine durchaus eigentümliche Erwartung. Niemand würde von einer Einführung in die Mathematik oder die Physik verlangen, daß darin gesagt würde, was Mathematik oder Physik selbst sind. Man erwartet von einer solchen Einführung, daß man mit der Mathematik oder Physik gewissermaßen anfängt, d.h. von einer möglichst zugänglichen und elementaren Seite aus in das Gebiet hineingeht. Die Frage ›Was ist Mathematik?‹ oder ›Was ist Physik?‹ würde man überhaupt nicht als eine physikalische oder mathematische Frage verstehen – sondern eben als philosophische Frage. Bei der Philosophie ist das anders. Von außen gesehen, mag die Erwartung, zu hören, was Philosophie sei, damit zusammenhängen, daß die Philosophie im Spektrum der akademischen Fachdisziplinen sich nachgerade ein bißchen bunt und seltsam ausnimmt, aber sie hat eben ihre innere Berechtigung. Zur Philosophie gehört in jedem Fall Selbstreflexion, wenn man sie nicht gar als Selbstreflexion definieren will. Sie sei das Denken des Denkens, sagte Aristoteles. Klar ist jedenfalls, daß die Frage ›Was ist Philosophie?‹ nicht wie bei den Wissenschaften einem anderen Wissenstyp überwiesen werden kann. Die Philosophie muß sie selbst beantworten.

Aus diesen einleitenden Überlegungen ergibt sich für den Fortgang des Buches folgendes: Es ist nicht die Mitteilung elementarer philosophischer Wissensbestände zu erwarten, allenfalls die Bezeichnung des Ortes, wo die Philosophie sich gegenwärtig befindet, und die Benennung der Methoden, mit der sie arbeitet. Vielmehr geht es um eine Anleitung und Ermunterung zum Philosophieren. Eine Einführung in die Philosophie wird also auch heute noch das sein, was sie bei Aristoteles war: Protreptik – Einladung und Anmahnung und vielleicht sogar Verführung zur Philosophie. Dementsprechend wird sich dieses Buch nicht in philosophische Disziplinen und Spezialitäten gliedern, etwa in die klassischen: Metaphysik, Ethik, Ästhetik, politische Philosophie etc., sondern vielmehr in Weisen des Philosophierens. Deren werden drei unterschieden: Philosophie kann man betreiben entweder als *professionelle* Disziplin oder als *Weltweisheit* oder als *Lebensform*.

In der Unterscheidung der ersten beiden Typen von Philosophie lehne ich mich an Kants Unterscheidung von Philosophie im Schulbegriff und Philosophie im Weltbegriff an, die er in seiner Methodenlehre in der *Kritik der reinen Vernunft* gibt. Philosophie im Schulbegriff, sagt Kant, sei ein »System der Erkenntnis, die nur als Wissenschaft gesucht wird, ohne etwas mehr als die systematische Einheit dieses Wissens, mithin die *logische* Vollkommenheit der Erkenntnis zum Zwecke zu haben« (*KdrV*, B 866). Dagegen sei die Philosophie im Weltbegriff »auf die wesentlichen Zwecke der menschlichen Vernunft« (*KdrV*, B 867) gerichtet. Wegen der in dieser Unterscheidung vorausgesetzten Idee einer systematischen Einheit aller Erkenntnis kann man diese Unterscheidung aber gegenwärtig nicht direkt anwenden, wohl aber die etwas schwächere Definition der beiden Typen von Philosophie, die Kant unmittelbar in einer Anmerkung folgen läßt. Hier sagt Kant, er bestimme die Absicht einer Wissenschaft (also hier der Philosophie) »nach *Schulbegriffen*, wenn sie nur als eine von den Geschicklichkeiten zu gewissen beliebigen Zwecken angesehen wird«. Dagegen sei Philosophie im Weltbegriff diejenige, die das betrifft, »was jedermann notwendig interessiert« (*KrdV*, B 868 Anm.). An diese Formulierungen möchte ich meine Unterscheidung anlehnen. Philosophie als professionelle Disziplin ist dasjenige, was aus der Philosophie durch ihre Verwissenschaftlichung im 20. Jahrhundert geworden ist: ein akademisches Fach wie andere auch, das man studieren und dann beruflich ausüben kann. Philosophie als Weltweisheit dagegen ist die philosophische Auseinandersetzung mit dem, ›was jedermann interessiert‹, d. h. mit den anstehenden Gegenwartsproblemen.

Die dritte Form von Philosophie, die ich hinzufügen will, fehlt merkwürdigerweise bei Kant an dieser Stelle, obgleich sie für ihn an anderen einschlägigen Stellen, etwa in der Schrift *Der Streit der Fakultäten* (1798), ganz deutlich wird: Ich meine Philosophie als Lebensform. Damit nenne ich denjenigen Typ des Philosophierens, durch den sich die Philosophie am stärksten von dem Wissenstyp unterscheidet, den wir heute Wissenschaft nennen. Da und insofern Philosophie eine Lebensform sein kann, ist sie ein Wissenstyp, in dem man Wissen und Person nicht trennen kann. Die Möglichkeit dieser Trennung ist aber gerade für das, was wir neuzeitlich als Wissenschaft verstehen, von eminenter Bedeutung.

Ich will nun die drei Typen von Philosophie im Sinne unterschiedlicher Weisen zu philosophieren vorab etwas näher erläutern. Sie sollen dann für etwa jeweils ein Drittel der Einführung charakteristisch sein bzw. exemplarisch vorgeführt werden.

Philosophie als Wissenschaft

Ich beginne mit der professionellen Philosophie, d. h. also mit der Philosophie, insofern sie als ein akademisches Fach gelehrt wird und zum Beruf des Philosophen qualifizieren kann. Ich habe schon gesagt, daß diese Art des Philosophierens durch die Verwissenschaftlichung der Philosophie charakterisiert ist. Die Verwissenschaftlichung der Philosophie in unserem Jahrhundert bedeutet keineswegs, daß, was Kant als Ideal vorschwebte, nämlich Philosophie als ein Korpus sicheren und deshalb auch bleibenden Wissens, erreicht worden wäre. Vielmehr hat sich seit Kant das Selbstverständnis der Wissenschaft – unter anderem gerade durch die Emanzipation von der Philosophie – geändert. Auch in der Wissenschaft rechnet man nicht damit, daß das dort produzierte Wissen endgültig ist. Wissenschaft versteht sich selbst als Forschung, als Erweiterung, Überprüfung und Revision eines Korpus von Wissen, das zwar weitgehend korroboriert, d. h. bestätigt ist, aber als prinzipiell revidierbar aufgefaßt wird. Der einzelne Wissenschaftler versteht sich nicht als Gelehrter, als jemand, der im Besitze des verfügbaren Wissens ist, sondern als Forscher: als jemand, der zu dem kollektiven Gebäude der Wissenschaft einen Beitrag leistet. Was ein wissenschaftlicher Beitrag ist, unterliegt natürlich Kriterien, die allerdings selbst als historisch wandelbar angesehen werden. Die allgemeinsten Kriterien sind Kriterien der Wissenschaftlichkeit. Sie bestehen aus methodologischen und sprachlichen Normen. Soviel in Kürze zur modernen Wissenschaftsauffassung.

Für die Philosophie bedeutet die Orientierung an einer solchen Auffassung von Wissenschaft vor allem, daß sie sich selbst als Forschung versteht. Der Gedanke, Philosophie könne Forschung sein, hat noch immer etwas Befremdendes, obgleich diese Auffassung von Philosophie das Philosophieren, soweit es institutionalisiert ist, d. h. die akademische Philosophie, weitgehend bestimmt. Ich möchte die Konsequenzen dieser Auffassung in dreierlei Hinsicht charakterisieren. Erstens muß die Philosophie, wenn sie Forschung ist, auch einen spezifischen Forschungs*gegenstand* haben. Zweitens muß es für sie spezifische *Methoden* geben. Drittens hat die Auffassung von Philosophie als Forschung weitgehende *wissenssoziologische Konsequenzen*.

Wenn die Philosophie Forschung ist, was erforscht sie dann? Gibt es einen spezifisch-philosophischen *Gegenstand*? Es ist verständlich, daß die Philosophen, indem sie sich als Forscher auffaßten, sich auch um die Feststellung eines spezifisch-philosophischen Gegenstands bemüht haben. Andererseits ist diese Frage wegen der Abgrenzung gegenüber den anderen Wissenschaften sehr beunruhigend. Denn immer, wenn die Philosophie einen Gegenstand identifiziert und mit speziellen Methoden erforscht, dann droht diese Forschungstätigkeit aus der Philosophie auszuscheren. Man darf ja nicht vergessen, daß Philosophie ursprünglich das Unternehmen Wissenschaft im ganzen war. Fast alle Wissenschaften oder jedenfalls Stammwissenschaften kann man heute als emanzipierte Kinder der Philosophie betrachten. Charakteristische Beispiele aus der jüngeren Vergangenheit sind die Pädagogik und Psychologie, die noch im 19. Jahrhundert zur Philosophie gehörten. In jüngster Vergangenheit hat sich ein entsprechender Ablösungsprozeß mit der Linguistik vollzogen. Dieser Prozeß der Verselbständigung von Wissenschaften gegenüber der Philosophie ist an sich nichts Bedauerliches, sondern könnte der Philosophie als ursprüngliche Produktivität zugerechnet werden. Philosophie könnte man entsprechend auffassen als denjenigen Bereich, in dem man immer wieder noch nicht wissenschaftlich behandelte Gegenstände bzw. Phänomenbereiche identifiziert und mit ihrer Untersuchung beginnt, bis es möglich ist, aus dem entsprechenden Arbeitsfeld eine selbständige Wissenschaft zu machen. Die Philosophie hat aber doch versucht, so etwas wie genuin philosophische Forschungsfelder zu idenfizieren. Das erste große Beispiel dafür dürfte die Phänomenologie sein. Es ist Edmund Husserl, der – wie schon erwähnt – im 20. Jahrhundert die Forderung erhoben hat, Philosophie müsse strenge Wissenschaft[3] sein, und der dann auch von Philosophie als Forschung gesprochen hat, nämlich phänomenologischer Forschung. Phänomene sind für

3 Edmund Husserl, *Philosophie als strenge Wissenschaft* (1910), Frankfurt am Main: Klostermann 1965.

Husserl die Gegebenheiten des Bewußtseins und dann, mit der transzendentalen Wendung der Phänomenologie, ›Wesenheiten‹. Wesenheiten werden mit Husserl als formale Gegenstandsbestimmungen verstanden, die jeder empirischen Forschung von Gegenständen vorausliegen und deshalb eine ›regionale Ontologie‹ ausmachen. Die Philosophie hatte qua Phänomenologie in der Tat einige Aussicht, einen Forschungsbereich zu identifizieren, der den Wissenschaften nicht zugänglich ist, insofern diese ja immer beanspruchen, ›objektiv‹ zu sein, d. h. von bewußtseinsunabhängigen Gegenständen zu handeln, und ferner in der Tat für ihre Forschungen jeweils Gegenstandsbegriffe voraussetzen. Trotzdem muß man sagen, daß auch die Phänomenologie nicht dagegen geschützt ist, in gegenüber der Philosophie verselbständigte einzelwissenschaftliche Forschungen überzugehen. Das ist beispielsweise mit der Ethnomethodologie geschehen, einer Erforschung der Strukturen der Lebenswelt im Rahmen empirischer Soziologie – gerade die Strukturen der Lebenswelt waren ja ein Paradebeispiel Husserlscher regionaler Ontologie. Dasselbe Schicksal könnte die Phänomenologie des menschlichen Leibes ereilen, wie sie von Hermann Schmitz in seinem *System der Philosophie* ausgeführt wurde.[4] Hier wäre es geradezu wünschenswert, daß daraus eine neue Wissenschaft des menschlichen Leibes mit einer entsprechenden Medizin entstünde (siehe unten das Kapitel ›Phänomenologie‹).

Ein zweiter Weg, der Philosophie ihr eigenes Forschungsfeld zu sichern, war die Thematisierung der Sprache. Dieses Unternehmen trat als der Versuch auf, von der Logik aus eine universale Wissenschaftssprache zu konstruieren. Dieses letztlich auf Leibniz zurückgehende Programm wurde in unserem Jahrhundert in verschiedener Weise aufgenommen und wird zum Teil sogar auch heute noch verfolgt. Es ist aber bisher an der Heterogenität und Faktizität oder, besser gesagt, Historizität der Wissenschaften gescheitert. Erfolgreicher war dagegen die Sprachanalyse, die sich auf die Strukturen der Umgangssprache bezog. Dieses Programm war insofern erfolgreicher, weil die Umgangssprache gewissermaßen transzendentalen Rang hat, d. h. für jedwede Untersuchung und überhaupt für alles Sprechen schon vorausgesetzt werden muß – und ferner, weil sie eine faktische Normativität enthält.

4 Hermann Schmitz, *System der Philosophie*, Bonn: Bouvier 1964 ff.

Unter faktischer Normativität möchte ich hier eine Verbindlichkeit von Regeln verstehen, die nicht von außen kommt, wie bei dem Programm einer Universalsprache oder bei den Orthosprachen Erlanger Provenienz[5], sondern die im faktischen Gebrauch der Sprache unterstellt wird. Die Verständlichkeit der Alltagssprache setzt voraus, daß es im Prinzip so etwas wie Sprachrichtigkeit gibt, auch wenn sie im einzelnen verletzt wird. Die Nichthintergehbarkeit der Umgangssprache könnte sie insofern zu einem unverlierbar philosophischen Feld machen, als die Beschäftigung damit eine Selbstreflektivität enthält (siehe unten das Kapitel ›Sprachanalytische Philosophie‹).

Als drittes Beispiel für Versuche, der Philosophie ein eigenes Arbeitsfeld zu sichern, möchte ich die Wissenschaftstheorie nennen. Zwar hat diese – bis auf den Konstruktivismus der Erlanger Schule – aufgegeben, Wissenschaft zu begründen. Aber sie behält auch als analytische eine Selbständigkeit gegenüber der Wissenschaft, weil sie eine Reflexion auf Wissenschaft vollzieht, die die Wissenschaft in ihrer Zuwendung zum Gegenstand nicht leistet (siehe unten das Kapitel ›Wissenschaftstheorie‹).

Will Philosophie Forschung sein, so muß sie also einen philosophischen Forschungsgegenstand identifizieren. Als zweite Folge dieser Selbstauffassung der Philosophie habe ich das Problem der *Forschungsmethoden* genannt. Die Existenz von Methoden macht einen Wissenstyp in besonderem Maße zu einer professionellen Tätigkeit, weil dann ein nachweisbarer Erwerb von Kompetenzen möglich wird. Nun muß man sagen, daß es trotz aller Professionalisierungstendenz mit den Methoden der Philosophie nicht zum besten steht. Aber diese Tendenz hat doch dazu geführt, daß im akademischen Studium der Philosophie Logik, Wissenschaftstheorie und Sprachanalyse zu etwas geworden sind, das schul- und trainingsmäßig erworben werden kann und sollte. Auch wenn es wahr ist, daß die professionelle Philosophie nicht die einzige Art des Philosophierens darstellt, so ist doch die Bedeutung des professionellen Trainings in Philosophie nicht zu unterschätzen.

Schließlich noch ein paar Bemerkungen zu den *wissenssoziologischen Konsequenzen* der Auffassung akademischer Philosophie

5 Erlanger Provenienz: Wilhelm Kamlah und Paul Lorenzen, *Logische Propädeutik*, Mannheim: Bibliographisches Institut 1967.

als Forschung. Die damit verbundene Professionalisierung der Philosophie bedeutet, daß man Philosophie als Kompetenz erwerben kann, die man beruflich ausübt. Das heißt nach modernem Berufsverständnis, daß man so Philosoph im Rahmen einer institutionellen Umgebung und einer abgegrenzten Arbeitszeit sein kann, nicht aber als ganzer Mensch sein muß. Dieser Charakter gegenwärtiger Philosophie ist insofern besonders wichtig und einschneidend, weil Philosophie im traditionellem Sinne eines Strebens nach Weisheit ja gerade das Gegenteil war, nämlich das Bemühen um eine Persönlichkeitsentwicklung auf dem Wege des Wissens. Man kann also ein professioneller Philosoph sein und als solcher auch gut, ohne einen besonderen Rang in der Persönlichkeitsentwicklung zu erreichen. Ferner habe ich schon erwähnt, daß die Entwicklung des modernen Wissenschaftsbegriffs eine Verabschiedung des traditionellen Gelehrten war. Wissenschaftler ist man heute nicht als Wissender, sondern als jemand, der etwas zur Weiterentwicklung des kollektiven Wissensbestandes beiträgt. Auch hierin ist die professionelle Philosophie der Wissenschaft gefolgt. Ein professioneller Philosoph muß heute in keiner Weise ein Gelehrter sein, obgleich er sicherlich das Gros der anderen bei weitem überragen wird, wenn er es ist. Aber zur Ausübung seines Berufs muß er vor allem bestimmte Kompetenzen erworben haben und wissen, was der ›Forschungsstand‹ ist. Mit dem Stichwort ›Forschungsstand‹ haben wir ein weiteres wissenssoziologisches Merkmal gegenwärtiger akademischer Philosophie benannt. Mit Forschungsstand ist in den Wissenschaften eine Situation zu bezeichnen, die durch vorhandene Theorien, bekannte Daten und Effekte und offene Fragen bestimmt, welche Probleme als nächste zu lösen sind. An einem Forschungsstand bemißt sich, ob ein Beitrag überhaupt als Beitrag gewürdigt und gelesen wird. In der Philosophie hätte man in Analogie zur Wissenschaft vielleicht eher von einem Argumentations- oder Diskursstand zu reden. Das hängt damit zusammen, daß die aktuelle Lage des kollektiven Forschungsprozesses Philosophie zum Teil nicht wie in der Wissenschaft durch Theorien, sondern durch sogenannte Positionen bestimmt ist. Positionen sind gewissermaßen Relikte aus der vorwissenschaftlichen Zeit der Philosophie. In dieser konnte man von der Philosophie einer Person reden, und das war soviel wie der geistige Bezugsrahmen, in dem die Person dachte und handelte, man könnte auch sagen: ihre Weltanschauung. Positionen sind die wissenschaftlich reduzierten Bruchstücke von Weltanschauungen. Es sind Ausgangssätze wie ›Ich bin Realist‹ oder ›Ich bin Relativist‹ oder ›Ich bin Utilitarist‹, von denen aus heute ein Philosoph oder eine Philosophin in Auseinandersetzung mit anderen argumentativ und explikativ ihren Beitrag zur Philosophie entfaltet. Positionen sind aber als solche unpersönlich; jeder mögliche Beiträger kann sich auf eine Position stellen und von da aus zum bestehenden Diskurs seine Beiträge liefern.

Daß professionelle Philosophie heute als kollektiver Entwicklungsprozeß durch Beiträge fortgeschrieben wird, hat auch zur Folge, daß in der Philosophie heute die typische Form der Veröffentlichung nicht mehr das Buch, sondern der Aufsatz ist. Selbst Bücher bedeutender Philosophen sind häufig aus Aufsätzen oder Vorträgen zusammengeschnitten. Um schließlich noch summarisch weitere wissenssoziologische Merkmale der Philosophie als professioneller Tätigkeit aufzuzählen: Es gibt *scientific communities* der Philosophie, es gibt Spezialisierungen der Philosophie, es gibt Fachzeitschriften, Kongresse, es gibt philosophische Projekte und sogar philosophische Forschungsprogramme. All das mutet so selbstverständlich an, daß man heute etwa an Nietzsche als einen der größten Philosophen erinnern muß, um diese Professionalisierung der Philosophie als etwas Besonderes zu empfinden.

Philosophie als Lebensform

Die zweite Weise zu philosophieren, die ich erläutern will, ist ›Philosophie als Lebensform‹. Wir haben gesehen, daß es ein genuines Verständnis von Philosophie ist, sie als ein Streben nach Wissen zu verstehen. Aber das Wort Philosophie kann ja auch heißen: Liebe zur Weisheit oder Streben nach Weisheit. Diese beiden Übersetzungen von *philosophia*, Streben nach Wissen und Streben nach Weisheit, liegen heute so weit auseinander und scheinen so entgegengesetzt zu sein, daß es kaum denkbar ist, sie noch in einer Person, geschweige denn in einer akademischen Institution, zusammenzuhalten. Die völlige Verschiedenheit dieser beiden Weisen zu philosophieren kann man schon an einem äußeren Merkmal festmachen. Es ist undenkbar, daß man Philosoph ist im Sinne der professionellen Tätigkeit, ohne zu schreiben und zu publizieren. Dagegen hat der Prototyp des Philosophen, nämlich

Sokrates, keine Zeile geschrieben. Auch heute kann man sagen, daß zu publizieren wegen des damit verbundenen Jahrmarkts der Eitelkeit, der Konkurrenz und des ökonomischen Denkens schwer zu vereinen ist mit einer philosophischen Lebensweise.
Am Ursprung, nämlich bei Sokrates, war das Streben nach Wissen und das Streben nach Weisheit noch eine Einheit. Und diese Einheit ist auch für Philosophie, wenn man sie als Wissensform gegenüber der Wissenschaft abgrenzen will, noch heute wesentlich. Es hängt also viel davon ab, die Einheit von Weisheit und Wissen zu verstehen, wenn man verstehen will, was Philosophie ist.
Weise sein möchten wohl viele, und als ein Reifestatus, den man im Alter erreichen sollte, scheint Weisheit fast selbstverständlich. Tatsächlich ist Weisheit aber etwas Seltenes, und kaum einer *strebt* wirklich nach Weisheit – man hofft allenfalls, daß sie sich zumindest mit dem Alter einstellen werde. Wenn man in diesem Sinne von Weisheit redet, so versteht man wohl darunter zweierlei: nämlich einerseits soviel wie ›über den Dingen stehen‹ und ferner die Fähigkeit, anderen raten zu können. Es ist eigentümlich, wie so auch im umgangssprachlichen Verständnis von Weisheit, der Doppelsinn von Philosophie, den wir bisher festgestellt haben, wiedererscheint. Anderen raten zu können scheint vor allem auf der Basis von Wissen möglich, und über den Dingen zu stehen ist eine Frage des Persönlichkeitsniveaus und der Lebensform. Allerdings mit Wissenschaft scheint weder das eine noch das andere etwas zu tun zu haben. Wenn wir meinen, daß Wissen dazugehört, anderen raten zu können, so denken wir viel mehr an Lebenserfahrung als an Wissenschaft. Und das Persönlichkeitsniveau, das man erreicht hat, hängt doch wohl nicht davon ab, was man weiß. Jedenfalls hat es nichts mit dem Niveau zu tun, das man als Wissenschaftler erreicht hat. Man kann ein guter Mensch und doch ein schlechter Wissenschaftler sein, und das umgekehrte gilt leider auch: Man kann ein guter Wissenschaftler sein und doch ein schlechter Mensch. Es ist also durchaus eine besondere Behauptung der Philosophie, daß der Weg der Weisheit mit der Ausbildung von Wissen und gar Wissenschaft verbunden ist. Dieses Besondere festzuhalten ist auch deshalb wichtig, weil es durchaus andere Wege zur Weisheit gibt.
Dies ist vielleicht die Stelle, an der ein Wort über außereuropäische Formen von Philosophie gesagt werden sollte. Ich werde

mich in diesem Buch ausdrücklich auf europäische Philosophie konzentrieren. Es ist keineswegs ein Zeichen der Überwindung des Eurozentrismus, wenn man von einer Einführung in die Philosophie verlangt, daß sie zugleich eine Einführung in chinesische und indische Philosophie sei. Vielmehr ist es umgekehrt: die Weisheitslehren Indiens und Chinas unter dem Oberbegriff Philosophie zu subsumieren ist eine eurozentrische Vereinnahmung. Ausdruck und Begriff Philosophie sind nun einmal historisch im Zeitalter der griechischen Aufklärung entstanden. Und alles, was sich dann weiter als Philosophie in Europa entwickelt hat, ist so stark durch diesen Ursprung bestimmt, daß Whitehead mit gutem Recht hat sagen können, alle Philosophie sei nichts weiter als Fußnoten zu Platon. Aber es gibt natürlich in anderen Kulturen verwandte Entwicklungen. Nur, die Verwandtschaft läßt sich viel eher durch ein gemeinsames Ziel, nämlich Weisheit, aufweisen als durch den Begriff Philosophie. Anstatt zu sagen, Taoismus, Hinduismus, Buddhismus usw. seien auch Philosophien, sollte man viel eher sagen, die Philosophie sei ein Weg zur Weisheit, ein Weg unter anderen und durchaus von anderen verschieden. Dabei ist Weisheit in einem eher vagen lebensweltlichen Sinne zu verstehen, etwa so wie oben, nämlich als ›anderen raten und über den Dingen stehen‹.

Philosophie ist ein besonderer Weg zur Weisheit. Das Besondere dieses Weges liegt in der Rolle, die dem Wissen dabei zukommt, und zwar einem Wissen, das Wissenschaft ist oder zumindest zur Wissenschaft tendiert.

An dieser Stelle lohnt sich ein kleiner Exkurs zu Sokrates. Sokrates ist ja auf der einen Seite das leuchtende Vorbild einer philosophischen Lebensweise, das Urbild des Philosophen, dessen Philosophie in seinem Leben besteht; auf der anderen Seite wird er aber mit gutem Recht auch als Begründer von Wissenschaft angesehen – dies nicht etwa in dem Sinne, daß er den Anfang mit dieser oder jener Wissenschaft gemacht hätte, sondern daß er den Anfang mit der Wissenschaftlichkeit von Wissen gemacht hat. Sokrates' Philosophieren im Gespräch war vor allem durch zwei Strategien bestimmt. Nämlich einerseits durch die Forderung nach Rechtfertigung, andererseits durch die Frage ›Was ist X?‹ Die Frage ›Was ist X?‹ kann man mit einigem Recht als Forderung nach einer Definition ansehen, und zwar der sogenannten Realdefinition im Gegensatz zur Nominaldefinition. In der Frage ›Was ist Tugend?‹

oder ›Was ist Gerechtigkeit?‹ – typisch sokratische Fragen – wurde verlangt, inhaltlich zu bestimmen, worin Tugend und Gerechtigkeit bestehen. Die Forderung nach Rechtfertigung, das *logon didonai*, das Rede- und Antwort-Stehen, war eine Strategie, mit der Sokrates bloßes Meinen und Für-wahr-Halten von wirklichem Wissen unterschied. Wer etwas wirklich weiß, muß das, was er behauptet, auch rechtfertigen können, er muß Gründe dafür angeben können. Begründetes Wissen aber ist Wissenschaft. – Inwiefern hingen nun diese intellektuellen Fragestrategien des Sokrates, mit denen ja, wie man sieht, in der Tat so etwas wie Wissenschaftlichkeit erzeugt oder erzwungen wird, inwieweit hängen diese Strategien nun mit Weisheitsstreben zusammen? Den Schlüssel gibt Sokrates' merkwürdige These, Tugend sei Wissen. Tugend, das ist griechisch *areté*, das Gutsein des Menschen, das sich klassisch in Tapferkeit, Frömmigkeit, Gerechtigkeit, Großmut und Besonnenheit gliedert. Inwiefern sind diese Weisen menschlichen Gutseins als Wissen zu verstehen oder beruhen auf Wissen?

Sokrates stellte seine Standardfrage ›Was ist das?‹, und er verlangte Rechtfertigung nicht in beliebigen Bereichen, sondern er bewegte sich inhaltlich in seinen Gesprächen ständig im Umkreis menschlichen Gutseins. Rückblickend würden wir sagen, die Ethik war sein Thema, die praktische Philosophie, nicht die theoretische, nicht die Mathematik, nicht die Naturwissenschaft. Aus diesen anderen Bereichen zog er immer wieder Beispiele heran, aber sein Interesse galt dem menschlichen Gutsein. Die Forderung nach Rechtfertigung und die Frage ›Was ist das Gutsein des Menschen?‹ erzeugte bei den Befragten eine eigentümliche Irritation. Sokrates verlangte nämlich beispielsweise von dem Frommen, daß er müsse sagen können, was Frommsein ist, und vom Tapferen, daß er müsse sagen können, was Tapferkeit ist. Dadurch bewirkte er zweierlei. Er erzeugte bei den Befragten Selbstreflexion, und er löste das Verständnis der Tugenden aus ihrer traditionellen Festgelegtheit. So mochte etwa jemand, der faktisch tapfer war, sich als bloß dreist erweisen, weil er keinen Einblick in die Gefahren hatte, in die er sich begab, oder einfach als dumm, weil er standhielt, wo eine besonnene Kriegführung ein Zurückweichen verlangte. Für wirkliches Gutsein setzt Sokrates also Urteilsfähigkeit voraus, und urteilsfähig ist man nur, wenn man einen gewissen Abstand gegenüber der Lage hat, d. h. also reflektiert und bewußt ist. Umgekehrt behauptete Sokrates, daß das Handeln aus diesem Abstand oder dieser Bewußtheit heraus überhaupt erst eigentliches Handeln sei, alles andere sei Getriebensein, sei es durch die Ängste oder Leidenschaften oder auch nur durch Lob und Tadel. Soviel zu Sokrates.[6] Die Weisheit, um die es ihm geht, ist diese von ihm behauptete Einheit von Wissen und Gutsein. Sie ist der besondere europäische Weg zur Weisheit geworden. Der Weg zur Weisheit der Philosophie hat im Gefolge von Sokrates immer mit Frage und Antwort, hat mit Definition, Rechtfertigung, hat mit Wissen und Wissenschaft zu tun.

Philosophie als Lebensform ist ein Weg zur Weisheit, auf dem Wissen eine persönlichkeitsverändernde Wirkung zukommt und auf dem ein psychischer Zustand erreicht wird, in dem man aus dem Wissen heraus handeln kann. Die Beziehung zum Wissen also wird auf diesem Wege nie eine äußere Beziehung des Lernens sein, sie muß vielmehr ein Prozeß der Selbstbildung sein. Deshalb gehören zum Philosophieren in diesem Sinne notwendig Übungen, insbesondere geistige Exerzitien. Der Zustand oder das Persönlichkeitsniveau, was dadurch erreicht werden soll, wird klassisch mit den Ausdrücken der Autarkie, der Ataraxie und der Autonomie bezeichnet. Im Deutschen könnte man vielleicht den Sinn dieser Ausdrücke durch Selbstgenügsamkeit und Freiheit zusammenfassen. Ich möchte dieses klassische philosophische Ideal in seinen Hauptzügen kurz charakterisieren.

Der erste Grundzug des klassischen Ideals einer philosophischen Existenz liegt in Reflexion oder Bewußtheit. Der Philosoph erzeugt durch Denken einen Abstand von sich selbst und der Welt. Das bedeutet vor allem eine Loslösung aus den Befangenheiten des Alltags, der Affekte, der gesellschaftlichen Verstrickungen. Dadurch wird eine Überwindung der Subjektivität möglich. Der Blick auf die Dinge und auf die eigene Person ist ein objektiver, der alles in einen größeren Zusammenhang einordnet und dem einzelnen Ereignis sein durch Gegenwart oder persönliche Nähe gegebenes Gewicht nimmt.

Der zweite Grundzug, durch den das philosophische Leben gekennzeichnet ist, ist die Errichtung einer inneren herrschenden Instanz. Selbstbeherrschung ist die wichtigste Forderung philoso-

6 Vgl. mein Buch *Der Typ Sokrates*, Frankfurt am Main: Suhrkamp 1988 und 1992.

phischer Existenz. Die innere Instanz, die sich zum Ursprung des Handelns macht, wird verschieden benannt als Seele, Wille, Vernunft, Ich oder Gewissen. Entscheidend ist, daß durch die Herausbildung dieser Instanz der Mensch aus der Mannigfaltigkeit der Anmutungen und Zumutungen, die ihn zu einem Getriebenen zu machen drohen, sich löst und so zum Ursprung der eigenen Handlungen wird. Das bedeutet insbesondere die Beherrschung des eigenen Körpers: der Leib wird zum Instrument abgerichtet und gebraucht.

Der dritte Grundzug des klassischen Philosophenideals besteht darin, daß er sich aus dem ›normalen‹ menschlichen Leben heraushält. Dem Philosophen geht es weder um Ehre noch Würde noch Reichtum noch Macht, sein Ziel liegt allein im Gutsein oder der Weisheit. Das bringt mit sich eine gewisse Verachtung der ›Leute‹, des Alltagslebens und der Leiblichkeit. Extrem formuliert wird das philosophische Leben auch als ein Sein zum Tode, d. h. als eine tendenzielle Ablösung von allem Irdischen beschrieben. Das braucht durchaus nicht in einem vollständigen Verzicht auf Lust zu bestehen. Im Gegenteil kann der Philosoph gerade durch die Genügsamkeit ein höheres Maß an Befriedigung erreichen, weil er kein ›Mehr‹ erwartet.

Gerade in dem letzten Punkt gibt es allerdings auch in der klassischen Philosophie alternative Auffassungen. Aristoteles beispielsweise plädiert für den *bios theoretikos*, d. h. für ein Leben in der geistigen Schau und in der wissenschaftlichen Arbeit, das seine Erfüllung, die *eudaimonia*, durch dieses Leben im Geiste erfährt. Die Stoiker erfahren die Erfüllung der Existenz im Gutsein selbst, gewinnen also gerade aus der affektiven Unberührtheit und dem Gefühl der Freiheit eine innere Befriedigung. Die Epikureer dagegen versuchen, durch Konzentration auf den Augenblick, d. h. durch Abschneiden der Vergangenheit und der Last und des Blicks in die Zukunft und der damit verbundenen Ängste und Hoffnungen – die Epikureer versuchen also, durch eine Konzentration auf die Gegenwart im Jeweiligen Genüge zu finden.

Philosophie als Lebensform ist vor allem ›Selbstsorge‹, ein Streben nach der eigenen Vollkommenheit und nach einem erfüllten Dasein. Das impliziert im allgemeinen ein Desinteresse an den menschlichen Gemächten, d. h. an Gesellschaft, Politik, Ökonomie. Gleichwohl wird unterstellt, daß der Philosoph gerade wegen seiner Distanz gegenüber der konkreten Wirklichkeit menschlichen Daseins anderen ein guter Ratgeber sein könnte – insofern ist auch in diesem Ideal philosophischer Existenz dieses Moment alltäglichen Weisheitsverständnisses enthalten. Bei Platon ist dieser Gedanke sogar dahingehend gesteigert worden, daß die Philosophen eigentlich die Staatslenker sein sollten. Freilich meint auch er, daß man sie zu dieser Aufgabe zwingen müsse, weil sie viel lieber in der geistigen Schau verharren würden und darin ihr Glück finden.

Philosophie als Weltweisheit

Damit ist der Übergang zur dritten Art des Philosophierens gegeben. Mit Platons Idee des Philosophenkönigs ist die grundsätzliche Frage gestellt, ob die Philosophie eine gesellschaftliche und gar politische Aufgabe habe. Für Platon war der Philosoph deshalb der ideale Herrscher, weil er gerade durch den Abstand von den alltäglichen Verstrickungen die notwendige Entscheidungsfreiheit, Gerechtigkeit und Besonnenheit besitzt, die ihn zu einer auf das Gemeinwohl gerichteten Politik befähigen. Hinzu kam für ihn der Gedanke, daß alles Geschehen in der konkreten, der sinnlichen Welt, d. h. also auch das gesellschaftlich-politische Geschehen, ein Abbild ewiger idealer Ordnungen sei. Der Philosoph ist bei ihm derjenige, der diese ewigen Ordnungen, die Ideen erkannt hat und der deshalb auch der einzige ist, der die Verhältnisse in der konkreten sinnlichen Welt richtig beurteilen kann. Von einer solchen Auffassung sind wir natürlich weit entfernt. Nicht nur bezweifeln wir, daß der Philosoph als ›guter Mensch‹ sich im politischen Bereich wird durchsetzen können – das war schon zu Platons Zeiten nicht der Fall –, sondern wir haben vielmehr den Glauben verloren, daß es so etwas wie eine ewige Weltordnung gibt, an der man die empirische Wirklichkeit orientieren könnte. Gleichwohl haben die Philosophen sich immer wieder politisch-gesellschaftlich eingemischt, und sie erheben sogar auch heute als Profession den Anspruch auf politisch-gesellschaftliche Relevanz. In jüngster Zeit hat sich dieser Anspruch in zweierlei Weise artikuliert. Gegenüber dem Zerfall der Einheit universitären Wissens haben die Philosophen sich als die ›professionellen‹ Generalisten angeboten, die die Einheit als Interdisziplinarität vermitteln oder auf einer höheren Ebene reflexiv hervorbringen könnten. Heute, wo gesellschaftlich-politisch ein allgemeines Orientierungsdefizit festgestellt wird, melden sie sich als Ethiker und als diejenigen, die professionell mit Orientierungsfragen zu tun hätten. Es ist klar, daß solche Angebote zum Teil rein legitimatorische Bedeutung haben: Auch die Philosophie muß im Kampf um gesellschaftliche Ressourcen ihre Nützlichkeit proklamieren. Dabei ist aber höchst fraglich, ob die gemachten Angebote tatsächlich dem entsprechen, was die gesellschaftliche Situation von der Philosophie verlangte. Faktisch ist jedenfalls das Projekt, auf der Metaebene die Einheit der Wissenschaften wiederherzustellen, gescheitert. Und zur Interdisziplinarität hat die Philosophie wenig beigetragen. Interdisziplinarität ist bisher immer durch Gruppenkommunikation, vor allem aber durch interdisziplinäre Subjekte, d. h. durch Wissenschaftler, die in mehreren Gebieten zu Hause sind, erfolgreich gewesen. Und ob die professionelle Philosophie wirklich geeignet ist, die Orientierungsdefizite im gesellschaftlich und persönlichen Bereich auszugleichen, ist fraglich. Was als philosophische Ethik professionell heute hervorgebracht wird, ist allenfalls als argumentative Schützenhilfe in gesellschaftlichen Auseinandersetzungen um Wertfragen anzusehen. Um wirklich *raten* zu können, fehlt der professionellen Philosophie gerade jene Bemühung um die Herausbildung eines Persönlichkeitsniveaus, von dem ich unter Philosophie als Lebensform gesprochen habe. Hilfe bei der sittlichen Orientierung setzt eben nicht akademische Ausbildung, sondern Bildung voraus.

Trotz dieser skeptischen Einschätzung bin ich der Auffassung, daß Philosophie gesellschaftliche Aufgaben hat. Ich orientiere mich dabei an der kantischen Definition von Philosophie im Weltbegriff, nämlich als der Bemühung um das, was ›jedermann interessiert‹. Das sind also die Probleme, die sich heute politisch, gesellschaftlich und im Einzelleben für jedermann stellen. Sie sind als Probleme gerade nicht spezifisch philosophische Probleme. Es sind die Probleme des Friedens und der Konfliktbewältigung, der Auseinandersetzung mit dem Anderen, dem Fremden, es sind die Probleme der technischen Manipulation und allgemeiner der technischen Zivilisation, und es ist das sogenannte Umweltproblem. All diese Probleme sind solche, die natürlich politisch, gesellschaftlich, rechtlich, ökonomisch, technisch und auch durch persönliche Entscheidung gelöst werden müssen, aber es gibt *an* ihnen etwas, das philosophische Arbeit verlangt. Unter Philosophie als Weltweisheit will ich also die philosophische Arbeit an den allgemeinen Weltproblemen verstehen. Worin besteht sie? Man könnte geneigt sein, die Antwort traditionell mit Hegel zu geben. Hegel hat bekanntlich gesagt, Philosophie sei ihre Zeit in Gedanken gefaßt. Eine solche Antwort kann man allerdings nur geben, wenn man sich in einer hohen Zeit glaubt bzw. sich selbst auf der Höhe der Zeit: da mag sich die Wirklichkeit im Begriff vollenden. Daß wir in einer hohen Zeit leben, wird angesichts der Umweltkrise, der zeitgeschichtlichen Präsenz von Barbarei, der bisherigen Unfähigkeit des Menschen, die von ihm selbst erzeugte technische Macht zu bewältigen, und der tiefen Verunsicherung in seinem Selbstverständnis wohl niemand sagen. Wer diese unsere Zeit in Gedanken faßte, würde wohl unweigerlich in den von Derrida kritisierten apokalyptischen Ton verfallen.[7] Es gibt nichts, was lediglich nach seiner philosophischen Vollendung verlangte. Vielmehr sind fundamentale Veränderungen notwendig. Diese Veränderungen verlangen nun unter anderem auch begriffliche Arbeit. Die Unbeweglichkeit der Wirklichkeit ist zum Teil durch ihre begriffliche Verfestigung bedingt. Die Wirklichkeit ist zwar nicht, wie Hegel glaubte, eine Manifestation des Weltgeistes, aber sie ist doch durch das Denken und die Arbeit der vergangenen Generationen begrifflich verfestigt – und, was noch schlimmer ist: Die Mittel, mit denen wir versuchen, die bestehenden Verhältnisse zu verändern, sind in der Regel durch dieselben Kategorien geprägt wie dasjenige, was es zu verändern gilt. Die philosophische Arbeit in der Lösung der Weltprobleme besteht also in der Verflüssigung der Begriffe, im Aufweis alternativer Denk- und Handlungsmöglichkeiten, in der begrifflichen Restrukturierung der Wirklichkeit. Philosophische Arbeit ist also auch hier Arbeit des Begriffs, allerdings verstanden als Moment der gesellschaftlichen Arbeit an einer zu verändernden Wirklichkeit.

Damit sind drei Weisen des Philosophierens erläutert worden. Sie werden im einzelnen in diesem Buch behandelt werden. Dabei wird zum Thema Philosophie qua Weltweisheit an ausgewählten Themen, wie etwa dem Verhältnis des Menschen zur Natur und zu sich selbst, ein Stück der verlangten begrifflichen Arbeit vorgeführt werden, die hier zur Verflüssigung der Verhältnisse notwendig ist. Beim Thema Philosophie als Lebensform wird es vor allem

7 Jacques Derrida, *Apokalypse*, Wien/Graz: Passagen 1985.

darum gehen, welche Formen der Selbstbildung heute unter veränderten Bedingungen, d. h. in einem Leben in der technischen Zivilisation im Unterschied zum klassischen Philosophenideal, auszubilden wären. Für Philosophie als Fach soll eine Art Ortsbestimmung oder Zustandsbestimmung der professionellen Philosophie versucht werden, d. h. zwar nicht eine Bestimmung des Forschungsstandes, wohl aber eine Kennzeichnung der Hauptthemen und Zugangsweisen.

Philosophie als professionelle Kompetenz und Tätigkeit, Philosophie als Lebensform, Philosophie als Weltweisheit hängen natürlich miteinander zusammen, sie haben aber gegenwärtig auch eine relative Unabhängigkeit voneinander. So ist sicherlich die Arbeit des Weltweisen auf die professionellen philosophischen Kompetenzen und Erfahrungen, insbesondere aber auch auf philosophiehistorische Kenntnisse angewiesen. Während aber die professionelle Philosophie ihre Probleme weitgehend aus dem internen philosophischen Diskurs, d. h. aus der Entwicklung von Positionen und Theorien innerhalb der *philosophical community* bezieht, läßt sich der Weltweise seine Probleme aus dem gesellschaftlichen Kontext vorgeben. Die professionelle Philosophie ist von einer philosophischen Lebensführung unabhängig. Man kann im professionellen Sinne ein guter, sogar hervorragender Philosoph sein, ohne weise zu sein oder auch nur um Weisheit sich zu bemühen. Umgekehrt ist die philosophische Lebensführung auch von der professionellen Philosophie unabhängig. Weder bedarf es für eine philosophische Lebensführung spezieller philosophischer Kenntnisse noch eines professionellen Trainings, noch einer philosophischen Tätigkeit im Sinne von philosophischer Forschung und Publikationstätigkeit. Um die philosophische Arbeit als Weltweiser vollbringen zu können, wäre eine philosophische Ausrichtung des eigenen Lebens allerdings sehr wichtig. Sie würde nämlich für das Erleiden der gesamtgesellschaftlichen Probleme im eigenen Lebenszusammenhang oder am eigenen Leibe sensibel machen, andererseits die Verarbeitung dieser Probleme im persönlichen Kontext für die begriffliche Arbeit an den allgemeinen Problemen fruchtbar machen. Umgekehrt muß man aber nicht ein Weltweiser sein, um ein philosophisches Leben zu führen. Im Gegenteil ist es vielleicht leichter, ein hohes Maß persönlicher Vollendung zu erreichen, wenn man sich nicht um die allgemeinen Probleme kümmert. Dieser Auffassung waren jedenfalls die meisten Philosophen der bisherigen Tradition. Allerdings könnte man heute gerade diesen retreatistischen Zug in der philosophischen Lebensform grundsätzlich in Frage stellen. Schließlich wäre noch zu fragen, ob der professionelle Philosoph ein Weltweiser sein muß. Diese Frage ist mit Nein zu beantworten. Gerade wegen der Verwissenschaftlichung der Philosophie kann die Philosophie auch sehr gut von ihren eigenen Problemen leben. Es wäre allerdings sehr wünschenswert, wenn sich die professionelle Philosophie mehr um das kümmerte, ›was jedermann interessiert‹.

1. Philosophie als Weltweisheit

1. Die begriffliche Verfaßtheit der Wirklichkeit

Die These, daß die Wirklichkeit – zum Teil und in gewisser Hinsicht – begrifflich verfaßt sei, ist eine philosophische These. Das heißt, sie gehört der Ebene der Reflexion an und widerstreitet dem, was man so gemeinhin glaubt. Sie unterstellt nämlich eine Freiheit gegenüber der Wirklichkeit: Was begrifflich verfaßt ist, müßte auch anders sein können. Dagegen gibt sich die Wirklichkeit faktisch, kompakt, als Substanz. Meine These gegenüber dieser Antinomie ist, daß auch die begrifflich verfaßte Wirklichkeit, zum Teil sogar wegen ihrer begrifflichen Verfaßtheit, inert ist, träge, schwer zu ändern. Es bedarf deshalb mühsamer philosophischer Arbeit, der Arbeit des Begriffs, um sie wieder zu verflüssigen.

Ich möchte die These von der begrifflichen Verfaßtheit der Wirklichkeit möglichst nicht als spezifisch ausgearbeitete philosophische These vorstellen, sondern eher als eine Erfahrung, die wir alle schon gemacht haben oder leicht machen können. Außerdem habe ich sie von vornherein durch die Klauseln ›zum Teil und in gewisser Hinsicht‹ eingeschränkt, obgleich man die These philosophisch natürlich radikalisieren kann. Eine Radikalisierung ist die platonische, nach der alles in der sinnlich empirischen Welt nur ist, insofern es an den Ideen teilhat. Oder die Hegelsche, nach der Seiendes nur als Wirklichkeit anerkannt wird, wenn und insofern es begrifflich verfaßt ist. Die Einschränkungen ›zum Teil und in gewisser Hinsicht‹ habe ich auch hinzugefügt, weil die These von der begrifflichen oder, allgemeiner gesprochen, der sprachlichen Verfaßtheit der Wirklichkeit heute eine große Verbreitung und Popularität besitzt. So redet man etwa postmodernistisch davon, daß wir uns überhaupt nur in unterschiedlichen Vokabularen bewegen und daß es eine davon unabhängige Realität oder Wahrheit nicht gebe.[1] Da Wahrheit etwas sei, was wir nicht etwa finden oder entdecken, sondern vielmehr machen, komme es nur darauf an, das Vokabular zu ändern, wenn wir mit der sogenannten Realität

1 Richard Rorty, *Kontingenz, Ironie und Solidarität*, Frankfurt am Main: Suhrkamp 1989.

unzufrieden seien. Ähnlich äußert man sich von seiten des radikalen Konstruktivismus: Wirklichkeit sei nicht etwas Gegebenes, sondern etwas Gemachtes, sie werde nicht gefunden, sondern erfunden. Auch mit dieser Philosophie ist die Aufforderung verbunden, die Wirklichkeit umzuinterpretieren oder neue Wirklichkeiten zu erfinden, wenn man mit ihr unzufrieden sei. Der appellative Charakter beider Philosophien ist natürlich zu begrüßen. Sie fördern das menschliche Freiheitsbewußtsein, ermutigen die Kreativität und vermögen gelegentlich den einzelnen aus aussichtslosen Verstrickungen und depressiven Lagen zu befreien. Diese Philosophien erzeugen aber auch Illusionen und lassen es im einzelnen gerade an der begrifflichen Arbeit fehlen, die die Wirklichkeit, insofern sie begrifflich verfaßt ist, in Bewegung bringen könnte.

Wirklichkeit ist widerständig, träge, Wirklichkeit ist lastend und bedrängend, Wirklichkeit ist träge auch dort, wo sie begrifflich verfaßt ist – *und* wir haben mit ihr nicht nur in ihrer begrifflichen Verfaßtheit zu tun. Nehmen wir ein Beispiel, um das zu erläutern. Wir atmen, wir müssen atmen, um zu leben, und wir mögen atmend das Leben als leicht und beglückend oder als mühsam und schwer empfinden. Das Atmen kann uns schwerfallen, oder wir mögen auch aufatmen oder erleichtert ausatmen. Der Lastcharakter oder auch der erhebende Charakter dieser Wirklichkeitserfahrung ist nur *bedingt* sprachlich oder begrifflich zu modifizieren. Jedenfalls ist schweres Atmen nicht einfach in leichtes Atmen umzuinterpretieren. Wenn einem allerdings das Atmen zum Problem wird, dann hängt viel davon ab, *als was* und auf welchem begrifflichen Hintergrund man das Atmen thematisiert. Sehr schnell wird sich beispielsweise in unserer Kultur in dieser Thematisierung der Körper-Seele-Dualismus einstellen und damit auseinanderlaufende Interpretationen der ›Atemnöte‹. So sagt man etwa, die Mühsal des Atmens könnte seelische Ursachen haben, und man hätte sich dann psychologisch mit dem Lastcharakter des Daseins auseinanderzusetzen. Interessant ist zu lesen, wie Kant, der ja stark zur Hypochondrie neigte, es vermied, sich mit der seelischen Seite seiner Bedrückung auseinanderzusetzen, indem er die Ursache als körperlich interpretierte und sie so auch erträglicher machte. Ich zitiere aus dem *Streit der Fakultäten*:

»Ich habe wegen meiner flachen und engen Brust, die für die Bewegung des Herzens und der Lunge wenig Spielraum läßt, eine natürliche Anlage zur Hypochondrie, welche in früheren Jahren bis an den Überdruß des Lebens grenzte. Aber die Überlegung, daß die Ursache dieser Herzbeklemmung vielleicht bloß mechanisch und zu heben sei, brachte es bald dahin, daß ich mich an sie gar nicht kehrte, und währenddessen, daß ich mich in der Brust beklommen fühlte, im Kopf doch Ruhe und Heiterkeit herrschte ...« (*Der Streit der Fakultäten*, A 180).

Heute wird schweres Atmen wohl häufig mit der Luft zu tun haben. Wenn man das Problem so thematisiert, erscheint der Mensch als ein auf Stoffwechsel angewiesenes Lebewesen und die umgebende Luft als Stoffwechselpartner. Dann geht es um die Frage, ob die Luft das enthält, was der Mensch braucht, ob sie ferner Stoffe enthält, die für den Menschen giftig sind oder etwa als Allergogene den Atemvorgang behindern. Wenn man in dieser Weise die Luft vom Atemvorgang als einem physiologischen Vorgang her thematisiert, dann erscheint sie als ein Gasgemisch, das einen bestimmten Prozentsatz von Sauerstoff enthalten sollte und eventuell den Atemvorgang beeinträchtigende, schädliche oder überflüssige Stoffe enthält. Man wird auf dieser Basis das Schwer-Atmen ursächlich auf die Zusammensetzung der Luft zurückführen. Die Wirklichkeit, mit der man nach diesen Thematisierungen schweren Atmens zu tun hat, besteht also dann aus seelischer Disposition, körperlicher Konstitution oder der Zusammensetzung der umgebenden Luft. Damit sind zugleich Alternativen zur praktischen Behandlung bzw. Lösung des Problems gegeben.
Aus diesem Beispiel können wir folgendes lernen: Die Konfrontation mit der Wirklichkeit, also in diesem Fall das Leiden an ihr, ist zunächst nicht begrifflich bestimmt. Das ist sehr wichtig, denn gerade die Charaktere der Aufdringlichkeit, Widerständigkeit, der Unbestreitbarkeit sind für die Wirklichkeit des Wirklichen entscheidend. Die Erfahrung dieser Widerständigkeit und Aufdringlichkeit kann allerdings durch die Thematisierung – wie das kantische Beispiel zeigt – modifiziert werden. Die Thematisierung des Leidens an der Wirklichkeit wird ja in jedem Fall auch darauf zielen, sie in eine Distanz zu rücken, in der sie einen nicht mehr so sehr betreffen kann. Die begriffliche Verfaßtheit der Wirklichkeit aber ist ein Resultat ihrer Thematisierung. Dadurch wird *etwas als etwas* angesprochen, behandelt oder betrachtet. Die Thematisierung der Wirklichkeit wird im allgemeinen erfolgen, um mit ihr in

gewisser Weise fertigzuwerden. Wichtig ist nun, daß die Art ihrer Thematisierung ihr eine zweite Form von Unverrückbarkeit aufprägt. Die Art der Thematisierung präjudiziert nämlich bestimmte Weisen der Problemlösung. Daß die Luft etwa als sauerstoffhaltiges Gasgemisch betrachtet wird, impliziert als Möglichkeiten, um das Problem der Atembeschwerden zu lösen, von vornherein so etwas wie Luftreinhalte-Politik, Klimaanlagen und – tendenziell – künstliche Atmosphäre. Die so begrifflich verfaßte Wirklichkeit wird nun als solche unbeweglich, weil es überhaupt schwer wird, sich noch andere Lösungsmöglichkeiten einfallen zu lassen oder gar für sie öffentlich Gehör und Unterstützung zu gewinnen. Die Verfestigung der Wirklichkeit dadurch, daß die Begriffe, mit denen wir sie erfassen, unsere Handlungsmöglichkeiten ihr gegenüber bestimmen und einschränken, ist eine Festgelegtheit, der man ihren Ursprung in Grundentscheidungen menschlichen Begreifens in der Regel nicht mehr ansieht. Ein Individuum wird sich ja eines Problems in der Regel erst in thematisierter Form bewußt, wobei die Thematisierung durch das ihm vorgegebene Vokabular und Begriffsraster nicht zur Disposition steht. Trotzdem sollte man sich davor hüten, zu glauben, die Wirklichkeit ließe sich beliebig uminterpretieren. Hier sei noch einmal vor den Illusionen des radikalen Konstruktivismus gewarnt. Begriffe müssen nämlich auch etwas begreifen, und selbst wenn man Vokabulare und Begriffsraster als bloße Werkzeuge versteht, so müssen doch die Werkzeuge dem Material, auf dem sie operieren sollen, in irgendeiner Weise korrespondieren. Aber es bleibt wahr, daß je nach Thematisierung eines Problems und ihr folgender begrifflicher Prägung der Wirklichkeit die Handlungsmöglichkeiten, die einem zur Disposition stehen, andere sind und entsprechend auch die Lösungsmöglichkeiten und Lösungstypen. Ein klassisches Beispiel für solche Alternativen ist durch die Entdeckung des Tuberkelbazillus durch Robert Koch im 19. Jahrhundert gegeben. Tbc war damals eine Massenkrankheit in den ärmeren Bevölkerungsschichten. Der Tuberkelbazillus erlaubte es, die Krankheit als eine Frage des Erregers zu behandeln und entsprechend als adäquate Lösungsstrategie die Entwicklung eines Serums und Massenimpfungen anzusehen. Es wäre aber im Prinzip auch möglich gewesen, die Lebens- und Arbeitsbedingungen der Bevölkerung zu ändern. Im Rückblick und aus der Perspektive einer seither entwickelten Sozialmedizin können wir sagen, daß das Problem viel weniger eines des Erregers als vielmehr der Lebensweise, der Ernährung und der Abwehrkräfte ist.

Der Ursprung der begrifflichen Verfaßtheit der Wirklichkeit ist also in ihrer Thematisierung zu sehen. Thematisierung – etwas als etwas zu betrachten – ist ein Akt des Abstandnehmens und ein Versuch der Befreiung. Es bleibt aber festzuhalten, daß wir mit der Wirklichkeit nie nur in thematisierter Form zu tun haben – sonst wäre die Thematisierung ja auch gar nicht nötig. Uns interessiert aber, inwiefern nun wiederum die thematisierte Wirklichkeit eine Selbständigkeit gewinnt und auch als thematisierte zumindest den Schein der Unverrückbarkeit erhält. Beides, die relative Freiheit gegenüber der Wirklichkeit wie auch deren erneute Unverrückbarkeit, hängen damit zusammen, daß der Mensch ein gesellschaftliches Wesen und die Thematisierung sprachlich vermittelt ist. Die Sprache ist nicht an die Wirklichkeit adressiert, sondern an die Mitmenschen. Insofern also ein Mensch ein Problem zum Thema gemacht hat, befindet er sich bereits schon nicht mehr in unmittelbarer Auseinandersetzung mit ihm, das heißt, er kämpft nicht mehr unmittelbar mit der Wirklichkeit oder leidet unmittelbar an ihr, sondern stellt sie zur gemeinsamen Behandlung dar. Das ist also das Moment der relativen Freiheit. Aber *wie* er es tut, steht im allgemeinen nicht zur Disposition. Als Mensch wächst er in die Sprache hinein, genauso wie in die Natur, und deshalb scheinen ihm die Kategorien, nach denen er die Wirklichkeit thematisiert, die Kategorien zu sein, mit denen sich ihm die Wirklichkeit aufdrängt. Wie übermächtig dieser Schein ist und ob er überhaupt jemals ganz eindeutig ist, wird noch zu betrachten sein. Zuvor müssen wir uns aber noch der Frage zuwenden, wann und inwiefern wir von vornherein unmittelbar mit schon thematisierter und insofern begrifflich verfaßter Wirklichkeit zu tun haben.

Das einführende Beispiel war ja wohlweislich aus dem Bereich des Leiblichen genommen; es handelt sich um ein Phänomen der Natur, die wir selbst sind. Neben der Wirklichkeit qua Natur, sei es der äußeren oder der Natur, die wir selbst sind, gibt es aber auch die gesellschaftliche Wirklichkeit. Ich sagte, daß wir uns mit Sprache nicht an die Wirklichkeit wenden, sondern an andere Menschen. Dieser Satz ist zu modifizieren. Erstens ist das Wir in diesem Satz zu betonen. Für uns ist die Wirklichkeit qua Natur kein Adressat von Sprache. Das war aber bekanntlich nicht immer so, vielmehr war in beschwörenden, in magischen Praktiken die Natur durchaus Adressat von Sprache. In modifizierter Form hat sich dieser beschwörende Sprachmodus noch in der poetischen Sprache erhalten. Ferner müssen wir den Satz durch den Hinweis einschränken, daß er sich eben nur auf Wirklichkeit qua Natur bezieht, denn die gesellschaftliche Wirklichkeit, d. h. der andere Mensch bzw. die anderen Menschen, die Masse, sei es als Publikum allgemein oder als aufweisbare Gruppe, *sind* Adressat von Sprache. Das heißt, die gesellschaftliche Wirklichkeit wird auch angesprochen. Bedeutet das etwas für ihre begriffliche Verfaßtheit? Hier zeigt sich nun etwas Überraschendes. War die Wirklichkeit qua Natur begrifflich verfaßt, weil man sie nicht anspricht, sondern weil und insofern man *über* sie spricht, so zeigt sich, daß die gesellschaftliche Wirklichkeit gerade begrifflich verfaßt ist, insofern man sie *an*spricht, sich mit ihr sprachlich auseinandersetzt. Natürlich kann man auch jemanden einfach anschreien oder sonstwie stimmlich wirksam werden wollen. Gesellschaftliches Verhalten beginnt aber genau dort, wo man *jemanden als jemanden* anspricht. Das ist schon beim kleinen Kind, das ›Mama‹ schreit, der Fall. Diese Form der Thematisierung, d. h. *jemanden als jemanden ansprechen*, erweist sich gegenüber der schon behandelten, nämlich daß man *über etwas als etwas* spricht, sogar als die ursprünglichere oder zumindest als diejenige, an der als Modell sich das Begreifen von Thematisierung vollzog. So taucht bei Aristoteles in seiner Theorie des Satzes[2] als Modell das *kategorêin* auf, ein Ausdruck, der aus der Gerichtssphäre stammt. Über etwas als etwas reden heißt demnach soviel wie etwas als etwas ansprechen, ihm dies oder jenes anlasten oder auf den Kopf zusagen. Insofern gesellschaftliche Wirklichkeit oder soziale Interaktion sprachlich vermittelt ist, können wir also davon ausgehen, daß wir hier quasi immer mit Wirklichkeit in thematisierter, d. h. also begrifflich geprägter Form zu tun haben.

Rechtlich vermittelte Wirklichkeit, pädagogisch vermittelte, im Sinne von Sitten, Rollen und Status erfahrene und gelebte Wirklichkeit ist begrifflich geprägt. Von dieser im engeren Sinne gesellschaftlichen Wirklichkeit ausgehend zeigt sich aber, daß wir mit

2 Aristoteles, *Peri hermenias (Lehre vom Satz)*, übersetzt von Eugen Rolfes, Hamburg: Meiner 1982.

immer größeren Bereichen von Wirklichkeit von vornherein in begrifflich geprägter Form zu tun haben. Konnte man von der Natur sagen, daß wir, weil wir zu ihr gehören, auch immer unmittelbar von ihr betroffen sind, so ist das jedenfalls nicht mehr der Fall, wenn wir uns in durch Wissenschaft vermittelter Thematisierung auf sie beziehen. Ebensowenig bei technischen Gegenständen und allgemeiner bei Produkten der industriellen Produktion und schließlich bei dem größten Teil der uns umgebenden Gegenstände, die wir marktvermittelt erfahren. All diese Wirklichkeitsbereiche sind begrifflich geprägt, und wir erfahren sie nur als solche. Die Begriffe sind teils so dominant, daß in der Regel demgegenüber die Individualität und die sinnliche Präsenz des Dinges verschwindet. Ein Stuhl ist ein Stuhl und zuallererst ein Stuhl.

Wir wollen uns nun zunächst mit der Frage beschäftigen, wie und durch was die Prägung der Wirklichkeit zustande kommt. Ich habe bisher undifferenziert von ›Vokabularen‹ und ›Begriffen‹ gesprochen. Das geschah, um die Möglichkeit offenzuhalten, daß die Prägung der Wirklichkeit nicht immer durch Begriffe im strengen Sinne zustande kommt, sondern allgemeiner durch die Art und Weise, wie wir über die Wirklichkeit reden. Die Sprache enthält natürlich außer den begrifflichen Schemata auch noch ganz andere Muster, so etwa die Satzstrukturen, die Eigennamen, die Partikel, Metaphern und andere Tropen. Auf der anderen Seite muß man die Möglichkeit offenhalten, daß begriffliche Prägung nicht nur *sprachliche* Prägung meint. Begriffe sind sicherlich immer irgendwie mit Sprache verbunden, aber als Schemata operieren sie durchaus nicht nur im sprachlichen Bereich, sondern auch im außersprachlichen Bereich, etwa der Wahrnehmung. Nehmen wir, um das zu erläutern, das Beispiel des Begriffs ›Kreis‹. ›Kreis‹ ist sicherlich ein Begriff etwa im Sinne eines Prädikats, das vielen Gegenständen zukommt, oder als einer Teilvorstellung, die in der Vorstellung vieler Gegenstände enthalten ist, denn es gibt eine Klasse kreisförmiger Gegenstände. Man kann den Begriff ›Kreis‹ sogar definieren, etwa mit Euklid als diejenige Menge aller Punkte, die von einem gegebenen gleichen Abstand haben. Auf der Basis dieser Definition ist die Figur des Kreises etwas, was man konstruieren kann, nämlich mit dem Zirkel. Nun ist es so, daß das Schema oder die Gestalt ›Kreis‹ ein Organisationsprinzip unserer Wahrnehmung ist. Die Gestaltpsychologen haben festgestellt, daß man in geeigneter Form angebotene Datenmengen nach

Möglichkeit als bestimmte Grundfiguren wie Kreis, Ellipse, Dreieck, Gerade usw. sieht, d.h. unbewußt die Datenmengen nach diesen Schemata organisiert. Das ist natürlich ein nichtsprachlicher Vorgang, oder sagen wir: eine nichtsprachliche Funktion des Begriffs ›Kreis‹. Es empfiehlt sich deshalb, Begriffe nicht auf die Bedeutung sprachlicher Ausdrücke einzuschränken, sondern sie allgemeiner als Regeln oder Schemata zu definieren. In diesem Sinne spricht etwa Kant vom Begriff des Hundes als eines Schemas, die Gestalt eines vierfüßigen Tieres allgemein in der Anschauung zu verzeichnen (*KdrV*, B 180).

Auf der anderen Seite ist die Bedeutung des Ausdrucks ›Kreis‹ in der Sprache nicht eine streng begriffliche. Es besteht heute unter Sprachphilosophen ein weitgehender Konsens darüber, daß man die Bedeutung sprachlicher Ausdrücke aus ihrem Gebrauch zu entnehmen hat. Wenn man die Verwendungsformen eines Ausdrucks ins Auge faßt, dann ergibt sich ein Bedeutungsnetz, das im ganzen die jeweilige Verwendung des Ausdrucks mitträgt und in die jeweilige Bedeutung eine Mannigfaltigkeit anderer hineinspielen läßt. So verwendet man etwa den Ausdruck Kreis auch zur Bezeichnung eines Regierungsbezirks oder einer Gruppe von Menschen (ein Kreis von Leuten), man redet von Kreisen und Kreiseln, von kreisrund und anderem mehr. Dabei mag auch gelegentlich der gleiche Abstand der Peripherie von einem Mittelpunkt eine Rolle spielen, häufig ist es aber nur der Unterschied von innen und außen, der wichtig ist, oder daß es sich um eine Linie handelt, die in sich zurückläuft, oder um einen bestimmten Typ von Krümmung. Zum Bedeutungsnetz des Wortes ›Kreis‹ gehört ferner, in welchen abgeleiteten Formen man diesen Ausdruck verwenden kann und in welchen Wortklassen. So kann man Kreis etwa als Substantiv oder in abgeleiteter Form als Verb verwenden, also kreisen, offenbar aber nicht als Adverb.

Wenn wir nun von einer Prägung der Wirklichkeit durch ein Vokabular reden, dann soll damit gemeint sein, daß man eine Wirklichkeit dadurch einführt, daß man sich bestimmter sprachlicher Ausdrücke bedient. Man kann hier auch mit Wittgenstein von Sprachspielen reden.[3] Allerdings scheint es mir sinnvoll zu sein, diesen Ausdruck für intentional eingeschränkte Sprachverwen-

3 Ludwig Wittgenstein, *Philosophische Untersuchungen*, Teil 1, in: *Werkausgabe*, Bd. 1, Frankfurt am Main: Suhrkamp 1984.

dungen vorzubehalten. Also wären Sprachspiele Vokabulare, die durch einen Praxiszusammenhang, also sagen wir der wissenschaftlichen Forschung oder der Ökonomie oder des Segelns, ausdifferenziert sind. Eine Prägung der Wirklichkeit durch Sprachspiele wäre deshalb gegenüber der Prägung durch Vokabulare etwas Spezielleres. Begriffliche Prägungen kommen in beiden vor, machen aber nur einen Teil der Prägungen durch ein Vokabular oder durch ein Sprachspiel aus. Begriffliche Prägungen sind auf der anderen Seite aber allgemeiner, weil sie nicht nur dafür verantwortlich sind, was und wie etwas sprachlich thematisiert werden kann, sondern etwa auch für die Organisation der Wahrnehmung, d. h. dafür, was und wie etwas gesehen wird, oder in der Wissenschaft für die Organisation von Datenmengen.

Worum es uns unter dem allgemeinen Stichwort ›begriffliche Prägung der Wirklichkeit‹ geht, geht aber über Vokabular und Begrifflichkeit hinaus. Was oder wie etwas thematisiert werden kann, hängt nämlich auch weitgehend davon ab, was man schon für wahr und was man für wert hält. Man kann das als *Belief*-Strukturen oder Vorurteilsstrukturen bezeichnen. Auch die Ideologien gehören hierher, wobei ich unter Ideologie nicht, eingeschränkt, falsches Bewußtsein verstehen möchte, sondern den Zusammenhang der öffentlich anerkannten Wahrheiten. Jede Thematisierung von etwas geschieht vor dem Hintergrund eines Zusammenhangs von Einschätzungen und ›Wahrheiten‹.

Quer zur Prägung der Wirklichkeit durch Vokabulare, Begrifflichkeiten und *Belief*-Strukturen operiert noch eine andere Prägung der thematisierbaren Wirklichkeit, nämlich der Unterschied des Sagbaren und des Unsagbaren. Dieser Unterschied entspricht auf der gesellschaftlichen Ebene etwa dem Unterschied von Manifestation und Verdrängung, wie er aus der Psychoanalyse bekannt ist. Damit ist auch schon angedeutet, daß das Unsagbare hier nicht einfach nur im Sinne des Nichtsagbaren zu verstehen ist, daß vielmehr die Thematisierung gewisser Wirklichkeitserfahrungen und gewisser Sichtweisen der Wirklichkeit abgedrängt wird. Es fehlen einem nicht nur die Worte und die Begriffe für diese Erfahrungen und Sichtweisen, sondern sie sollen sich auch nicht einstellen, und man soll sie auch nicht erfinden – und sollte es sie geben, so soll man sie nicht verwenden. Der Unterschied des Sagbaren und Unsagbaren ist also ein quasi moralischer. Die Reglementierung des Diskurses fängt hier bereits auf der Ebene des Vokabulars an:

Bestimmte Worte sind verpönt. Gravierender wird dann der Unterschied auf der Ebene von *belief* und Ideologie. Bestimmte ›Wahrheiten‹ dürfen nicht geäußert werden, bzw. es ist nicht möglich, sie zu äußern, weil die Begriffe dafür fehlen. Sie werden dann nur dumpf geahnt. Hier wird dann auch die Ideologie in ihrer spezielleren Funktion wirksam, nämlich nicht nur einen bestimmten öffentlichen Konsens über ›Wahrheiten‹ auf Dauer zu stellen, sondern andere Auffassungen und Meinungen zu diskreditieren und möglichst gar nicht erst manifest werden zu lassen.

Die bisher genannten Weisen der Prägung scheinen noch relativ harmlos zu sein und leicht zu umgehen. Sie betreffen die Frage, wie etwas genannt werden kann und vor welchem Hintergrund schon geglaubter Wahrheiten es thematisiert werden kann. Das scheint der thematisierten Wirklichkeit relativ äußerlich zu sein. Es scheint nur eine Sache der Differenzierung und der Aufmerksamkeit zu sein, ob man beispielsweise bei Farben von rot, blau und violett oder noch von pink, aubergine usw. redet. Es scheint nur eine Frage des Stils zu sein, ob man einen Vorgang als Stuhlgang oder als Scheißen bezeichnet. Es scheint nur Nuancen des politischen Klimas zu signalisieren, ob man jemanden als ausländischen Mitbürger, als Flüchtling oder als Asylanten bezeichnet. Aber auch an solchen Beispielen, mit denen man die Harmlosigkeit sprachlich-begrifflicher Prägung der Wirklichkeit zeigen will, sieht man, daß sie so harmlos nicht ist. Im ersten Beispiel der sprachlichen Artikulation des Farbraums könnte sich herausstellen, daß die Differenzierung des Sehens von der Differenzierung des Sprechens abhängig ist. Im zweiten Fall sieht man, daß man den genannten Vorgang nicht nur in ganz unterschiedliche Handlungskontexte, etwa den medizinischen und den lebensweltlichen, einordnet, sondern sich selbst auch als Sprecher in Kreise eines gewissen sprachlichen *comment*. Im dritten Beispiel sieht man, daß durch die herrschenden Sprachformen Menschen tatsächlich ihr gesellschaftlicher Status zugeordnet wird und daß durch sie reguliert wird, was als relevante politische Wirklichkeit überhaupt zugelassen wird.

Wir nähern uns damit einer sprachlich-begrifflichen Prägung der Wirklichkeit, die in der Philosophie – zurückgehend auf Kant – Gegenstandskonstitution genannt wird: Prägung im Sinne von *Gegenstandskonstitution* meint, daß durch die verwendeten Begriffe und Sprachformen die Wirklichkeit in dem, was sie ist und entsprechend auch als was sie erfahrbar wird, geprägt wird. Hier geht es also nicht bloß um Artikulation der Wirklichkeit und um ihr Erscheinen vor dem Hintergrund geglaubter Wahrheiten, sondern um ihre Formation. Kant hat herausgearbeitet, daß die Gegenstandskonstitution durch Begriffe auf deren synthetischer Funktion beruht, d. h. darauf, daß sie die Mannigfaltigkeit des Gegebenen zu bestimmten Einheiten verbinden. Das allgemeinste Beispiel dafür ist wohl das Dingschema, das bei Kant als die Relation Substanz-Akzidens behandelt wird. Wir erfahren das Wirkliche in den allermeisten Fällen nach diesem Schema, d. h. die Wirklichkeit als eine Mannigfaltigkeit von Dingen bzw. nach dem Schema von einem Etwas mit Eigenschaften. Ein anderes berühmtes Beispiel ist die Kausalrelation. Dieser Begriff ordnet die Mannigfaltigkeit des Gegebenen nach Ursache und Wirkung und bezieht es so aufeinander. Man sieht an diesen Beispielen ›Dingschema‹ und ›kausales Denken‹, wie außerordentlich schwer es sein kann, gegenüber solchen Prägungen der Wirklichkeit Alternativen aufzuzeigen und sie zu praktizieren. Wir sind aber heute im Gegensatz zu Kant nicht mehr der Meinung, daß diese Prägungen zwangsläufig sind. Kant hatte geglaubt, durch seine Kategorien die Bedingungen der Möglichkeit von Erfahrung überhaupt aufzuweisen, weil er glaubte, mit den entsprechenden Begriffen die Strukturen von Rationalität überhaupt beschrieben zu haben. Außerdem unterschied er in der Konstitutionsfrage nicht zwischen Sein und Erkennbarkeit. Zur kantischen Erkenntnistheorie gehört der Satz, daß wir als erkennende Subjekte alle Verbindung in das Gegebene der Erfahrung hineinbringen. Einheit der Wirklichkeit ist für ihn grundsätzlich eine Frage der Prägung. Schon Kant hatte mit dieser Auffassung angesichts etwa der Organismen Probleme, und wir würden natürlich heute vor dem Hintergrund der Theorien der Selbstorganisation sagen, daß das Wirkliche sich durchaus von selbst zu Einheiten organisiert. Das heißt aber, daß hier im Bereich der Natur Gegenstandskonstitution sich zwar auf die *Erkennbarkeit*, nicht aber auf das *Sein* der Wirklichkeit bezieht. Anders ist das im Bereich des Sozialen. Ich habe oben schon einmal auf diesen Unterschied hingewiesen. Auch im sozialen Bereich haben wir natürlich mit Prozessen der Selbstorganisation zu rechnen, und was die Wirklichkeit im Sozialen ist, wird ihr nicht erst vom Erkenntnissubjekt ›auf den Kopf zugesagt‹, sondern die soziale Wirklichkeit artikuliert sich schon selbst und präsentiert sich auch sprachlich in gewisser Weise. Das liegt daran, daß die soziale Wirklichkeit eben bereits in ihrem Sein sprachlich begrifflich vermittelt und dadurch konstituiert ist. Das Zuschreiben von Rollen, das Beanspruchen von Rechten, das Behaupten eines Sozialstatus, all das sind Prozesse, die bereits in ihrem konkreten Vollzug in sprachlich begrifflichem Raster stattfinden.

Die begriffliche Prägung der Wirklichkeit bestimmt, wie sie erfahren wird, als was sie thematisiert werden kann und welche Handlungsmöglichkeiten in ihrer Bewältigung zur Verfügung stehen. Die Aufgabe der Philosophie in der Wirklichkeitsbewältigung besteht nun darin, diese begrifflichen Prägungen der Wirklichkeit aufzuweisen, Alternativen zu entwickeln bzw. stark zu machen. Dabei hat sich gezeigt, daß die begrifflichen Prägungen der Wirklichkeit mehr oder weniger durchgreifen und verbindlich sind. Es hat sich aber auch gezeigt, daß die sprachlich begriffliche Formation der Wirklichkeit keineswegs bloß ein kognitiver, sondern vielmehr ein sozialer Vorgang ist. Es handelt sich häufig nicht darum, ob die Wirklichkeit auch in alternativer Weise thematisierbar ist, sondern ob das nach den herrschenden öffentlichen Sprachregelungen bzw. den öffentlich anerkannten ›Wahrheiten‹ möglich ist. Wir befinden uns nicht, wie postmoderne Denker uns glauben machen wollen, in der Situation des allgemeinen Pluralismus und der Mannigfaltigkeit der Sprachspiele, zwischen denen die Philosophie allenfalls im Sinne einer ›transversalen Vernunft‹[4], zu vermitteln habe. Vielmehr gibt es eine Hierarchie unter den Wissensformen, es gibt herrschende Diskurse sowohl in den öffentlichen Medien wie auch in Sprache und Literatur, es gibt Sprachregelungen, es gibt Eurozentrismus und allgemein Ethnozentrismus, und es gibt eben Ideologie. Insofern kann man die begriffliche Arbeit, die von der Philosophie in der Lösung aktueller Probleme zu verlangen ist, durchaus im Zusammenhang der Ideologiekritik sehen, die sie ja schon immer als ihre Aufgabe anerkannt hat. Nur ist Ideologiekritik zu eng definiert, nämlich bloß negativ. Man sollte lieber allgemeiner Philosophie als Ideologie*arbeit* verstehen. Es muß ihr auch positiv darum gehen, in dem, was öffentlich für wahr gehalten wird und was öffentlich sagbar ist, bestimmte Sicht- und Redeweisen zu etablieren. Ferner

4 Wolfgang Welsch, *Unsere postmoderne Moderne*, Weinheim: VCH, 3. Auflage 1991, Kapitel XI.

geht es natürlich um die Identifizierung, die Rehabilitierung und dann um die Ausbildung alternativer Diskurse und Sprachspiele. Da sich Geschichte allgemein als Umwälzungsprozeß von Manifestation und Verdrängung vollzieht, muß man damit rechnen, daß es in der Kulturgeschichte Kryptotraditionen gibt, die aber, gerade weil sie mehr im Untergrund oder am Rande existieren, sich nur schlecht haben artikulieren und ausbilden können. Ferner geht es natürlich um die Überprüfung von Hierarchien, also etwa um die Hierarchie der Wissensformen. Diese Frage betrifft insbesondere die Stellung der Wissenschaft als dominanter Erkenntnisform in unseren Gesellschaften.

Am allerschwersten und auch in der möglichen Wirkung am gewichtigsten ist die philosophische Arbeit an Prozessen der begrifflichen Konstitution. Hier geht es etwa um die Herrschaft des Dingschemas in unserer Wirklichkeitssicht, um das kausale Denken, aber auch um die Leib-Seele-Dualität und damit um das menschliche Selbstverständnis. In allen Fällen geht es um die Entwicklung und um die Etablierung alternativer Redeformen. Die eigentlichen Fälle von Konstitution sind deshalb so schwer zu behandeln, weil hier in der Regel alternative Begriffe fehlen.

Zum Abschluß soll an zwei Fälle erinnert werden, in denen durch philosophische Arbeit die Wirklichkeit aus ihrer begrifflichen Verhärtung befreit wurde und damit neue Handlungsmöglichkeiten eröffnet wurden. Der eine Fall ist der von Karl Marx und seiner Theorie des Kapitalismus. Man kann sie als Urbild kritischer Theorie im Sinne von Horkheimer ansehen, d. h. als eine Theorie der Wirklichkeit derart, daß sie diese durch ihre begrifflich neue Beschreibung veränderbar machte. Ich kann mich hier kurz fassen, weil dieser Fall im Kapitel ›Kritische Theorie‹ ausführlich behandelt wird. Hier nur soviel: Indem Marx den Kapitalismus mit Begriffen wie ›Wert‹, ›Mehrwert‹, Reproduktion der Arbeitskraft und schließlich ›Ausbeutung‹ beschrieb, lieferte er mit der Theorie zugleich die Kritik dieser Ökonomie.

Als zweiten Fall möchte ich die Philosophie von Nietzsche nennen. Von den vielfältigen Beispielen, die man dafür anführen könnte, wie Nietzsche es vermocht hat, selbstverständliche Gewohnheiten zu erschüttern, möchte ich hier nur seine Frage nach dem ›Wert der Wahrheit‹ hervorheben. Diese Frage ist angesichts einer Tradition, in der man die Wertsphäre und die Wahrheitssphäre für getrennt erachtete bzw. ihre Trennung gerade für nötig hielt, um Wahrheit zu erreichen, wahrhaft destruktiv. Mit der Wahrheit glaubte oder glaubt man sich darauf zu beziehen, wie die Dinge sich wirklich verhalten. Bewertungen seien erst jenseits davon und in Berücksichtigung der Wahrheit möglich. Nietzsche jedoch unterstellt, daß man in der Suche nach der Wahrheit und im Beharren auf Wahrheit etwas will. Es gibt einen Willen zur Wahrheit. Die Suche nach Wahrheit und das Beharren auf Wahrheit sei eine Überlebensstrategie. Es gebe für diese Suche überhaupt nur etwas zu entdecken, indem man seinen Interessen folgend die Wirklichkeit in eine bestimmte Perspektive bringe. Wahrheit sei dann der Erfolg, sich dieser Perspektive entsprechend in der Wirklichkeit einzurichten, weniger ein Vernehmen der Wirklichkeit als vielmehr ein Sieg über die Wirklichkeit. Überspitzt formuliert liest sich das dann bei Nietzsche so: »Wahrheit ist die Art von Irrtum, ohne welche eine bestimmte Art von Lebewesen nicht leben könnte.«[5]

Die Erschütterung, die das europäische Denken durch diesen Schlag Nietzsches erfahren hat, ist nicht mehr wegzudenken, und sie bestimmt natürlich auch die Gedanken dieses Buches mit. Gerade das Thema ›Die begriffliche Prägung der Wirklichkeit‹ ist davon gezeichnet. Denn wenn man sich klarmacht, daß von Wahrheit nur die Rede sein kann, insofern Wirklichkeit thematisch wird, dann hat man in jedem Fall schon mit einem bestimmten Zugriff auf Wirklichkeit, d. h. mit einer bestimmten Weise der Thematisierung, zu tun. Die begriffliche oder allgemeiner die sprachliche Prägung von Wirklichkeit, die sie dann in bestimmter Weise durchsichtig und begreifbar macht, erzeugt auf der anderen Seite auch Dunkelheiten, läßt Alternativen vergessen – und sogar, daß man mit der Wirklichkeit auch in nicht thematischer Weise zu tun hat. Daß damit Wahrheit in gewisser Weise auch immer verschleiernd ist und die Wirklichkeit nur in Interesse-gebundener Thematisierung sichtbar macht, sollte aber nicht zu der Auffassung verleiten, daß wir Wahrheit in beliebiger Weise *machen* könnten. In dieser leichtfertigen Auffassung wird abermals vergessen, daß wir mit der Wirklichkeit auch in nichtthematischer Weise zu tun haben, d. h. ihren Widerstand erfahren, an ihr leiden und daß wir selbst die thematische Wirklichkeit in der Regel zu-

5 Friedrich Nietzsche, »Aus dem Nachlaß der Achtzigerjahre«, in: *Werke*, hg. von Karl Schlechta, München: Hanser 1969, Bd. 3, S. 844.

nächst hinnehmen müssen und der Weise ihrer Thematisierung nicht mächtig sind. Aus der Abhängigkeit der letzteren Art uns zu befreien, dazu bedarf es philosophischer Arbeit.

2. Revision der Moderne

Der erste Teil dieser Einführung soll Philosophie als Arbeit an der Wirklichkeit vorführen. Diese auch Weltweisheit genannte Art zu philosophieren, engagiert sich an Fragen, die jedermann interessieren, d. h. also an den uns bedrängenden Themen. Der Beitrag der Philosophie zur Lösung der Gegenwartsprobleme besteht darin, die Wirklichkeit durch Kritik ihrer begrifflichen Verfestigung in Bewegung zu bringen. Die vier nun folgenden Kapitel werden den Themen Wissenschaft, Natur, Mensch und Geschichte gewidmet sein. Die Auswahl dieser Themen bedarf einer Rechtfertigung. Es muß deutlich werden, daß die Art und Weise, wie wir über Wissenschaft, Natur, Mensch und Geschichte denken und reden, für eine große Zahl unserer aktuellen Probleme relevant ist bzw. daß unsere praktischen Probleme in die durch diese Themen bezeichneten Felder fallen. Das wird schon deutlich, wenn man sie etwa unter den Stichworten ›Ambivalenz des technischen Fortschritts‹, ›Umweltprobleme‹, ›Orientierungskrise oder Krise des menschlichen Selbstbewußtseins‹ und schließlich ›Sinn-Krise oder Utopieverlust‹ apostrophiert. Unserer Ausgangsüberlegung von der sprachlich-begrifflichen Prägung der Wirklichkeit zufolge ist zu vermuten, daß die genannten Problemfelder auch im konkreten nicht wirklich bearbeitet werden können, wenn sie nicht neu gedacht werden – weil nämlich die jeweiligen Lösungsmöglichkeiten immer wieder nach den alten Schemata und Begriffen konzipiert werden und insofern die Probleme perpetuieren.

Man könnte sich nun unmittelbar an die Arbeit machen und untersuchen, wie wir über Wissenschaft, Natur, den Menschen und die Geschichte denken. Das wird nicht ohne historische Perspektive möglich sein, weil die Kontingenz, also das Besondere und nicht Notwendige dieser Denkweisen, erst zugänglich wird, wenn man sie in ihrer Gewordenheit versteht bzw. mit Alternativen konfrontiert – die in der Regel ebenfalls der Geschichte entnommen sind. Die historische Perspektive würde zeigen, daß die genannten Themen in bestimmter Weise miteinander zusammenhängen und die jeweils für uns relevanten Weichenstellungen des

Denkens in diesen Bereichen in ein und dieselbe Epoche fallen. Die Denkweisen, die uns beschäftigen werden, sind durchweg *neuzeitliche* Denkweisen. Sie haben sich im wesentlichen in der Zeit zwischen 1550 und 1750 entwickelt. Insofern man unsere Gegenwartsprobleme durch Denkweisen der Neuzeit bestimmt sieht, kann man auch zusammenfassend von einer Krise der Moderne reden. Dabei wird, das sollte man beachten, mit Moderne nicht die künstlerische Moderne bezeichnet, die man etwa von der Mitte des 19. Jahrhunderts an, also der Zeit Baudelaires, datiert, sondern eher dem englischen Sprachgebrauch entsprechend *modernity*, die Neuzeit. Andererseits ist zu beachten, daß moderne Denk- und Lebensformen zwar allesamt irgendwie ihren Ursprung im Aufbruch des Bürgertums in der Renaissance haben, aber keinesfalls in allen Bereichen und in allen Gegenden zur selben Zeit einsetzen. Vielmehr muß man mit traditionalen Denk- und Redeformen rechnen, die noch weit in unser Jahrhundert hineinreichen. Aber die Anfänge sind eben doch in die genannte Zeit zu setzen, und das um so mehr, als sie – was für geschichtliche Prozesse keineswegs selbstverständlich ist – ›Autoren‹ haben. Diese Tatsache ist für unsere Zugangsweise zu den Gegenwartsproblemen sogar von besonderer Wichtigkeit. Sie besagt nämlich, daß die historischen Veränderungen, die für unsere Gegenwartsprobleme maßgeblich sind, zuvor *gedacht* wurden, bevor sie Wirklichkeit wurden. Man kann deshalb, wie das Habermas sehr glücklich getan hat, von einem ›Projekt der Moderne‹ sprechen.[1] Die Neuzeit ist nicht irgendwann einmal angebrochen, sondern sie wurde vorausgedacht, propagiert, entworfen, gefordert. Die sprachlich-begriffliche Prägung neuzeitlicher Erfahrungen, Lebensformen und spezifisch neuzeitlicher Probleme ist insofern besonders greifbar und, was noch viel wichtiger ist, revidierbar.
Wenn wir uns selbst als historisch geworden verstehen, dann liegt es nahe, den Prozeß unseres Werdens einer Revision zu unterziehen, wenn wir unseren gegenwärtigen Zustand als problematisch erfahren. Es ist die Frage, wie weit man aber mit einer solchen Revision zurückgehen soll. Es gibt Autoren, die Weichenstellungen revidieren wollen, die mit Platons Philosophie vollzogen

1 Jürgen Habermas, »Die Moderne – ein unvollendetes Projekt«, in: *Kleine politische Schriften I-IV*, Frankfurt am Main: Suhrkamp 1981, S. 444-464.

worden sind. Und in der Tat kann man wohl sagen, daß die Wirkung Platons, insbesondere seiner Ideenlehre, viel tiefgreifender ist als alles, was wir unter dem Titel Neuzeit zusammenfassen können. Es gibt Autoren, die zu den Vorsokratikern zurückgehen wollen, und es gibt Autoren, die die Wurzel allen Übels im Neolithikum, d. h. dem Übergang des Menschen vom Jäger- und Sammlertum zum Ackerbau, sehen. Um uns selbst besser zu verstehen, scheint es mir durchaus gerechtfertigt, auch solche größeren Zeithorizonte mit in die Untersuchung einzubeziehen. Je größer sie aber werden, desto geringer ist die Chance, aus dieser Perspektive Möglichkeiten zur Lösung von Gegenwartsproblemen zu gewinnen. Für die kürzere Pespektive, also für diejenige, in der unsere Gegenwartsprobleme als solche der Neuzeit erscheinen, spricht aber nicht nur, daß wir uns damit in Entwicklungen einordnen, die wir noch unmittelbar als die unseren erkennen, sondern der schon genannte Projektcharakter der Moderne als solcher. Man kann die Neuzeit gegen alle vorhergehende Zeit dadurch absetzen, daß in ihr der Mensch sich selbst und daß ihm seine Entwicklung zum Thema geworden sind. Die Chance, die Wirklichkeit wieder durch Begriffsarbeit in Bewegung zu bringen, ist naturgemäß besonders dort gegeben, wo diese Wirklichkeit selbst einem Projekt entsprang.

Der Zusammenhang unserer Themen ist ein Zusammenhang im Projekt der Moderne. Es wird deshalb der Orientierung dienlich sein, dieses Projekt der Moderne nach diesen vier Dimensionen zu charakterisieren, bevor wir uns den einzelnen Themen zuwenden. Dabei sollte ihr Zusammenhang deutlich werden, und wir sollten uns jeweils die Frage stellen, ob unsere Gegenwartsprobleme daraus resultieren, daß das Projekt der Moderne nicht zu Ende geführt wurde, oder dadurch, daß es schon als solches mit Ambivalenzen belastet war. Es geht also philosophisch gesehen um die Frage Vollendung oder Revision der Moderne.

Man kann die Neuzeit mit Ereignissen beginnen lassen, wie etwa mit der Entdeckung Amerikas oder der kopernikanischen Wende in der Astronomie oder mit der Reformation. Für das Projekt der Moderne sind diese Ereignisse schon vorauszusetzen. Sie sind Produkte mühsamen Ringens, eruptiver Auflehnung oder einer zufälligen Konstellation. An ihnen wurde deutlich, daß die Welt prinzipiell veränderbar ist, und an ihnen entzündete sich dann der Wille, solche Veränderungen intentional herbeizuführen. Kopernikus, Kolumbus, Luther waren Männer der Tat. Sie haben die Welt wirklich verändert. Ihnen folgen Männer des *Programms*, die Veränderungen langfristig vorausdenken. Sie fordern gewissermaßen eine Verallgemeinerung der Reformation, nämlich eine ›Reform der ganzen weiten Welt‹.[2] Diese großen neuzeitlichen Projekte betreffen die Wissenschaft, die Natur, den Menschen und die Geschichte. – Ich will nun im folgenden das Projekt der Moderne nach diesen Dimensionen charakterisieren.

Wissenschaft als Projekt

Der Typ neuzeitlicher Wissenschaft ist wesentlich mit dem Namen Francis Bacon (1561-1626) verbunden. Natürlich kann man die neuzeitliche Wissenschaft auch durch einige bahnbrechende neue Erkenntnisse und Erfindungen von der mittelalterlichen absetzen, Einzelerkenntnisse wie etwa das Fallgesetz des Galilei oder sehr weitreichende wie die Heliozentrik des Kopernikus. Für den Wissenstyp ist aber entscheidend nicht so sehr der Inhalt dieser Erkenntnisse, sondern daß sie als Anfang eines unendlichen Wissensfortschritts verstanden wurden. Es ist Bacon, der in diesem Sinne Wissenschaft zum Programm gemacht hat. Von der Antike bis ins Mittelalter wurde Wissen als ein im Prinzip abschließbarer Kanon verstanden, als systematischer Zusammenhang allen Wissens, das überhaupt dem Menschen zugänglich sei. Ein Mann des Wissens war dementsprechend der Gelehrte, der dieses Wissen im ganzen überblickte und sich mittels der Logik argumentierend und schließend darin bewegen konnte. Durch Bacon wurde die Wissenschaft zur Forschung, das heißt, sie definierte sich fortan durch einen jeweils aktuellen Stand von Wissen, der durch die Arbeit des einzelnen Wissenschaftlers beständig erweitert und revolutioniert wird. Wissenschaftler ist man nach diesem Wissensverständnis deshalb nicht als Wissender, geschweige denn als Gelehrter, sondern vielmehr als jemand, der zum Fortschritt des Wissens einen ›Beitrag‹ leistet. Das Werkzeug des Wissens, das Organon, ist demnach für Bacon auch nicht

2 *Allgemeine und General Reformation der Gantzen Weiten Welt*, so heißt ein Buch des Rosenkreuzers Johann Valentin Andreae aus dem Jahre 1614.

mehr die aristotelische Logik; vielmehr setzt er in seinem *Novum Organon* (1620/1990) – so der Titel eines seiner Hauptwerke – ihr eine Methode des Erfindens entgegen. Nicht mehr Argumentieren- und Schließen-Können macht die Kompetenz des Wissenschaftlers aus, sondern vielmehr Forschen- und Entdecken-Können. An dieser Entgegensetzung wird das Baconsche Programm besonders deutlich. Bacon ist sich bewußt, daß bereits entscheidende Entdeckungen gemacht worden sind, die die Menschheit aus dem Mittelalter herausgeführt haben, wie der Kompaß, das Schießpulver, das Fernrohr. Er selbst aber rühmt sich einer Erfindung gewissermaßen auf der Metaebene oder der reflexiven Ebene, nämlich der Erfindung einer Methode, Erfindungen zu machen. »Wieviel bedeutender wird es erscheinen«, sagt er, »etwas zu erfinden, durch das alles leichter erfunden werden kann« (1620/1990, Aphor. 129). Wir halten also als ersten Grundzug des Baconschen Programms fest: die Dynamisierung von Wissen. Wissenschaft wird Forschung, sie wird zu einem Unternehmen, das beständig auf Innovationen ausgerichtet ist.

Das zweite Moment ist die Vergesellschaftung – und das dritte, um das gleich zu sagen: die Ausrichtung auf Nützlichkeit. Bacon, der selbst kein produktiver Wissenschaftler war, hat sein ganzes literarisches Talent darauf verwendet, die neue Wissenschaft den Herrschenden zur Förderung zu empfehlen. Man kann ihn mit Recht als Propagandisten und Ideologen der neuen Wissenschaft bezeichnen. Praktisch hatte er zu seinen Lebzeiten damit wenig Erfolg und hat deshalb sein Programm in der Staatsutopie *Neu-Atlantis*[3] niedergelegt. In *Neu-Atlantis* ist die Wissenschaft organisiert als das ›Haus Salomon‹. Mit dieser Institution hat Bacon in seinem utopischen Staat eine zweite Instanz neben der politischen Herrschaftsinstanz konzipiert, die mit dieser zusammen, aber doch unabhängig operierend für das Gemeinwohl sorgt. Das Haus Salomon betreibt eine große Reihe von Forschungslabors, in denen die Wissenschaft nicht nach Disziplinen, sondern nach gesellschaftlichem Nutzen bzw. Anwendungsfeldern organisiert ist. So gibt es etwa Klimalabors, Labors für Züchtungsforschung, optische Werkstätten etc. Ferner ist im Haus Salomon die Sammlung, Tradierung und Verbreitung von Wissen organisiert. Zu

3 Francis Bacon, *Neu-Atlantis* (1624), in: Kl. J. Heinisch (Hg.), *Der utopische Staat*, Reinbek: Rowohlt 1960.

letzterer gehört auch die Popularisierung von Wissen und, umgekehrt, auch die Erkundung von Wissenslücken im gesellschaftlichen Anwendungsfeld. Schließlich obliegen dem Haus Salomon eine ganze Reihe von direkten gesellschaftlichen Dienstleistungen, wie etwa Vorhersagen von Unwettern und Erdbeben, Überschwemmungen, möglichen Hungersnöten. Vermittelt über staatliche Beamte organisiert ferner das Haus Salomon den öffentlichen Gesundheitsdienst.
Das Haus Salomon ist die konkrete Ausführung von Bacons Überzeugung, daß die menschlichen Verhältnisse vor allem durch eine Entwicklung von Wissenschaft und Technik zu verbessern seien. Er sieht darin eine Ausführung des Schöpfungsgebots »Macht Euch die Erde untertan«. Die Macht und Herrschaft des menschlichen Geschlechts über die Gesamtnatur (*Novum Organon*, 1620/1990, Aphor. 129) ist nur zu erreichen durch eine Entwicklung des Wissens von der Natur, denn – um auch diesen berühmten Aphorismus noch zu zitieren – »Menschliches Wissen und Können laufen auf ein und dasselbe hinaus, weil nämlich die Unkenntnis der Ursache die Wirkung in Frage stellt. Die Natur beherrscht man nämlich nur, wenn man ihr gehorcht. Und was in der Theorie als Ursache erscheint, ist in der Praxis ein Handlungsprinzip.« In diesem Aphorismus 3 des *Novum Organon* bringt Bacon zum Ausdruck, daß die Herrschaft des Menschen über die Natur nicht darin bestehen kann, daß der Mensch etwas gegen die Natur inszeniert – das war ja die antike Auffassung der Mechanik –, sondern dadurch, daß er durch genaue Kenntnis natürlicher Ursachen sie zu seinen Zwecken benützen kann. Es gilt, die Ursachenkenntnis in Handlungsregeln, d. h. in technische Verfahren, umzusetzen. Das Entscheidende nun, das Bacon in seiner programmatischen Schrift *Neu-Atlantis* vollbrachte, ist, daß er bei dieser quasi erkenntnistheoretischen Einsicht nicht stehenblieb, sondern eine gesellschaftliche Institution forderte, die die Vermittlung von Naturerkenntnis und gesellschaftlichen Bedürfnissen leistete. Er hat damit eine Gesellschaft entworfen, in der wissenschaftliches Wissen selbst eine gesellschaftliche Instanz ist und in der Wissenschaft als Forschung einen gewichtigen Teil des öffentlichen Lebens ausmacht. – Diese Gesellschaft haben wir.
Bacon ist in die Gruppe der großen Reformer, der Autoren des Projekts der Moderne, einzuordnen. Was ihn aber von anderen Reformern, für die Namen wie Cromwell oder Comenius stehen,

unterschied, war, daß er nicht auf eine politische Umwälzung und auch nicht auf pädagogische Reformen setzte, sondern sich den Fortschritt des Menschengeschlechts von der Entwicklung der Wissenschaft und Technik versprach. Er war sich dieses Unterschieds auch bewußt. Ich zitiere aus dem berühmten Aphorismus 129 des *Novum Organon*, 1. Buch: »Die Wohltaten der Erfinder können sich auf das ganze Menschengeschlecht erstrecken, die politischen dagegen nur auf bestimmte Siedlungen der Menschen; auch währen diese nur kurze Zeit, jene quasi ewig. Auch kommt eine Zustandsänderung im politischen Bereich meistens nicht ohne Gewalt und Aufruhr zustande: die Erfindungen dagegen beglücken und nutzen, ohne jemandem Unrecht zu tun oder Kummer zu bereiten.«

Bacon hatte die Hoffnung, daß mit dem Fortschritt von Wissenschaft und Technik zugleich ein Fortschritt der humanen und gesellschaftlichen Verhältnisse herbeigeführt würde. Man kann unsere Lage gegenüber der Wissenschaft wohl heute dadurch charakterisieren, daß das Baconsche Programm einer Vergesellschaftung und auf Nützlichkeit ausgerichteten Wissenschaft zwar durchgeführt wurde, daß sich seine damit verbundenen Hoffnungen aber nicht erfüllt haben (Böhme 1993).

Natur als Projekt

Wenn wir das Projekt Natur als einen Teil des Projekts der Moderne ins Auge fassen, so fällt einem dazu als erstes das Projekt der Naturbeherrschung ein. Hier liegt auch die Verbindung zum Baconschen Programm, denn die Nützlichkeit der Wissenschaft, die er sich vorstellte und forderte, war eine Nützlichkeit durch Beherrschung der Natur. Bacon glaubte, damit nun endlich das biblische Gebot »Macht Euch die Erde untertan« in die Tat umzusetzen bzw. durch Wissenschaft die verlorene Herrschaft über Natur wiederzugewinnen. Tatsächlich kommt aber, wie sein schon zitierter Satz zeigt, das Programm der Naturbeherrschung bei ihm noch gar nicht in voller Radikalität zur Sprache. Er sagt, man könne die Natur nur beherrschen, indem man ihr gehorche. Deshalb ist die Vorstellung von Natur als einem Projekt viel stärker mit den Namen Galilei und Descartes verbunden.

Für Galilei ist eine Wende in der Stellung zur Natur charakteri-

stisch, die man am besten dadurch charakterisiert, daß mit ihm die Mechanik zum Prototyp von Naturwissenschaft überhaupt wird.[4] Die Mechanik war nach der antiken, vor allem der aristotelischen Auffassung von Natur etwas der Natur Äußerliches, eine List, nämlich das Unternehmen, der Natur Leistungen abzuverlangen, die eigentlich ihrer Tendenz entgegen sind. Mechanik war deshalb nicht eine Sache der Naturphilosophen, d.h. derjenigen, die die Natur kennen und ihr Wesen erkennen, sondern Sache des niederen Standes, der Techniker. Die Blickveränderung, die sich durch Galilei vollzieht, besteht darin, im technischen Zusammenhang die Natur selbst wirksam zu sehen – mehr noch in der Auffassung, daß man im technischen Zusammenhang sogar viel deutlicher und klarer als in der ›Natur da draußen‹ das Wirken der Natur erkennt. Dieses Moment nennt man auch die Idealisierung: Galilei unterstellt, daß man die Natur in ihrem eigentlichen Wesen gerade durch Isolierung von Objekten, durch Kontrolle von Randbedingungen erkennt. Dann zeige sich nämlich, daß sie sich *gesetzmäßig* verhält – während in der »Natur da draußen« das aristotelische Mehr oder Weniger, das ›Meistens, aber Nicht-immer‹ herrscht.
Durch diese Sicht Galileis wurde der antike Gegensatz von Technik und Natur überwunden und der Grundstein für die intime Beziehung von Wissenschaft und Technik gelegt, der für die neuzeitliche Naturwissenschaft charakteristisch ist. Natur war nach Galilei nicht mehr das Gegebene, sondern das, was im Prinzip technisch herstellbar ist, das gesetzlich Mögliche.
Descartes hat gewissermaßen das Baconsche Programm methodischer Erfindungen mit dem Galileischen von ›Natur als Projekt‹ zusammengenommen, indem er die Methode von Analyse und Synthese als den wahren Weg zur Erkenntnis in seiner Schrift *Regulae ad directionem ingenii* (1701/1962), das heißt ›Regeln zur Orientierung des Erfindungsgeistes‹, niedergelegt hat. Erkenntnis ist damit für europäische Wissenschaften im wesentlichen Erkenntnis durch Rekonstruktion geworden. Der Gegenstand wird zerlegt und aus dem Zerlegten, den Daten, theoretisch rekonstruiert. Descartes hat diesen Erkenntnistyp wieder als Forschungsprogramm entworfen, wobei aber nun im Unterschied zu Bacon in dieses Programm die Idee der Natur als Projekt ausdrücklich

4 Fr. Krafft, »Die Stellung der Technik zur Naturwissenschaft in Antike und Neuzeit«, in: *Technikgeschichte* 37 (1970), S. 189-209.

eingeht. Er sagt, wir sollten die Natur so verstehen wie das Vorgehen der Handwerker.[5] Dieser Gedanke konnte zwar auch zu der Bewunderung der ›Technik der Natur‹ im 18. Jahrhundert führen, enthält aber vor allem den Gedanken der Gleichsetzung von Erkennen und Herstellen: Ein Etwas, ein Naturding, gilt gerade dann als erkannt, wenn man weiß, wie man es herstellen kann.

Schließlich erhält das ›Projekt Natur‹ durch Descartes' Unterscheidung von *res extensa* und *res cogitans*, d. h. ausgedehnter Substanz und denkender Substanz, seine letzte Radikalität.[6] Die Natur – übrigens auch die Natur des Menschen, d. h. sein Körper – wurde als bloß ausgedehnte Substanz angesehen. Diese Auffassung entlastete den Menschen von jeder Rücksicht auf Natur, die etwa durch Sympathie und Mitleid, durch die Unterstellung von Seele und Gefühl in der Natur hätte geboten erscheinen können. Natur, einschließlich des menschlichen Körpers, wird damit zu einem Feld, das schrankenlos ausbeutbar, manipulierbar und vor allem als prinzipiell veränderbar erscheint.

Daß die Natur ein Projekt ist, ein menschliches Projekt, mag auch uns heute noch manchmal paradox erscheinen. Faktisch haben wir uns aber auf dieses Programm in einer Weise eingelassen, daß es uns kaum noch möglich ist, zwischen natürlich und künstlich zu unterscheiden (Böhme 1992). Unsere Probleme mit der Natur und die Orientierungsprobleme, die wir mit uns selbst haben, werden sich insofern als typisch neuzeitliche Probleme erweisen, als sie damit zusammenhängen, daß wir Natur zum Projekt gemacht haben.

Der Mensch als Projekt

Unter den großen Reformern der Neuzeit ist es Comenius (1592-1670), der die Weltreform zu einem pädagogischen Programm macht. Sein großes siebenteiliges Werk *Allgemeine Beratung und Verbesserung der menschlichen Dinge* (1645-1670) enthält als vierten Teil die Pampaedia, d. h. soviel wie die ›Allerziehung‹. Tat-

5 René Descartes, *Von der Methode des richtigen Vernunftgebrauchs und der wissenschaftlichen Forschung* (1637), Hamburg: Meiner 1960, S. 101.

6 René Descartes, *Meditationen* (1641), Hamburg: Meiner 1965.

sächlich hat Comenius Erziehung als ein Programm entworfen, das nicht nur jedermann, sondern jedermann von der Wiege bis zur Bahre formt. Erziehung und Schule ist seit der Antike natürlich ein fester Bestand der europäischen Kultur. Sie bezogen sich aber niemals auf jedermann, sondern sie waren für die Reichen und die Herrschenden da und dienten der Ausbildung höherer Kompetenzen und der vornehmen Selbststilisierung. Außerdem bezogen sie sich fast ausschließlich auf das männliche Geschlecht. Erst durch Comenius wird Erziehung etwas, was den Menschen als Menschen betrifft.

Die Radikalität dieses Programms hat Kant erst später richtig auf den Begriff gebracht, indem er in seiner *Pädagogik* sagte: »Der Mensch wird zum Menschen erst durch Erziehung.«[7] Das ist es: Der Mensch nimmt sich nicht mehr hin, sei es als ein Geschöpf Gottes oder als ein natürliches Wesen, sondern er macht sich zum Projekt. Für Kant heißt dieses Projekt: Kultivierung, Zivilisierung, Moralisierung. Kants Anthropologie trägt den Titel *Anthropologie in pragmatischer Hinsicht* (1803/1964). Kant behandelt darin die Frage, was der Mensch aus sich machen kann. Er unterscheidet die Anthropologie in pragmatischer Hinsicht von der physischen Anthropologie. Letztere interessierte ihn weniger, sie behandelte den Menschen als Naturwesen, als das, als was er sich selbst gegeben ist. Was der Mensch aus sich machen kann und was er aus sich machen muß, um eigentlich Mensch zu werden, ist das Thema der *Anthropologie in pragmatischer Hinsicht*. Es ergibt sich aus der Überwindung und Beherrschung seiner Physis.

Die Auffassung des Menschen als eines Projekts führt zu einer Verschulung und Durchschulung der Gesellschaft. Sie setzt praktisch im 18. Jahrhundert ein und erfaßt nach und nach alle Bevölkerungsgruppen und Lebensalter. Die Schulprogramme standen im allgemeinen unter humanistischem Vorzeichen, das heißt, sie dienten der Bildung des Menschen als Menschen oder zum Menschen. Charakteristisch ist aber, daß das Proprium des Menschen nicht einfach mehr als schlicht gegeben angesehen wird, sondern als etwas, das es zu erreichen gilt. Typisch ist hier Kant, der den Menschen nicht als *animal rationale*, d. h. als vernünftiges Lebe-

7 Immanuel Kant, *Pädagogik* (1803), in: *Werke in sechs Bänden*, hg. von Wilhelm Weischedel, Bd. VI, Darmstadt: Wissenschaftliche Buchgesellschaft 1964.

wesen, sondern als *animal rationabile*, als Lebewesen, das vernünftig werden kann, bestimmt. Dies ist eine typisch bürgerliche Haltung, die kritisch gegenüber dem Feudalismus die Auffassung vertritt, daß man seinen Status nicht als angeborenen *hat*, daß man ihn vielmehr erwerben muß. Diese Auffassung betrifft sogar die Gottesebenbildlichkeit. Der Mensch muß sich aus seiner Kreatürlichkeit erheben.

Im Rahmen dieser allgemeineren humanistischen Erziehungsideale geht es aber auch um die Heranbildung des Menschen zum Bürger oder zum Arbeiter. Tatsächlich erwies sich die Schule als Anstalt, in der viel fundamentalere Dinge als etwa Lesen und Schreiben erlernt wurden, nämlich Disziplin und Pünktlichkeit. Hier wurden durch die bürgerlichen Erziehungsprogramme bereits die Arbeitsfähigkeiten herausgebildet, die dann in der industriellen Revolution gebraucht wurden. Die Heranbildung des Zöglings zum sozialen Wesen und zum Berufsmenschen zeigt sich schon deutlich in Rousseaus Erziehungsroman *Emile* (1762/1978), in dem es allerdings eher um die Fähigkeit wohlgeborener Zöglinge geht, ihren Status auch notfalls durch eigene Arbeit zu erhalten. Deutlicher wird dieses Programm dann bei Pestalozzi, dem es darum geht, arme Kinder als spätere Arbeiter sozial zu integrieren.

Als zweite Linie der Selbstproduktion des Menschen ist die sich im 18. Jahrhundert ausbreitende Diätetik zu nennen. Hier versuchen Ärzte und Pädagogen in breitangelegten Kampagnen, die alltägliche Lebensführung rationalen Prinzipien zu unterwerfen. Es geht um Bekleidung, Ernährung, um Schlafen und Spazierengehen und das rechte Maß an körperlicher Liebe. Das generelle Ziel ist die Makrobiotik[8], d. h. die Langlebigkeit. Die Diätetisierung des Lebens enthält eine Verbindung zum Thema Wissenschaft als Projekt, insofern sie mit einer steigenden Verwissenschaftlichung des Alltagslebens verbunden ist. Dadurch wächst zugleich die Abhängigkeit des Menschen im Alltagsleben von wissenschaftlicher Kompetenz.

Das neuzeitliche Projekt der Selbstproduktion des Menschen hat Norbert Elias unter dem Titel des *Prozesses der Zivilisation* (1937/1976) zusammengefaßt. Er hat die Selbststilisierung des

8 Chr. W. Hufeland, *Makrobiotik oder die Kunst das menschliche Leben zu verlängern*, Wien und Prag: Haas 1797.

neuzeitlichen Menschen zum Vernunftwesen verstanden als einen Prozeß, der die zunächst höfische Selbststilisierung des Menschen Schritt für Schritt durch alle Gesellschaftsschichten verallgemeinert. In dieser Sicht ist der heutige disziplinierte Arbeits- und Verkehrsmensch ein Abkömmling des in allen seinen Verhaltensweisen bewußten und disziplinierten Höflings.
Für uns ist häufig die Anstrengung, die historisch nötig war, um diesen durchschnittlichen Arbeits- und Verkehrsmenschen unserer Gegenwart hervorzubringen, kaum noch verständlich. Wir sind dieses Produkt einer Selbstformation des Menschen, als sei es selbstverständlich und natürlich. Andererseits haben wir mit unserer Lebensform außerordentliche Probleme, die sich vor allem psychosomatisch niederschlagen, und wir stecken in einer tiefgehenden Orientierungskrise, insofern das Projekt der Selbstproduktion des Menschen heute durch die Anwendung naturwissenschaftlich-technischer Mittel eine neue Stufe erreicht.

Geschichte: Die menschliche Gesellschaft als Projekt

Eine der Leitformeln der Neuzeit ist Vicos Satz »Verum et factum convertuntur: Der Mensch sieht nur das ein, was er selbst hervorgebracht hat«. Dieser Satz, Anfang des 18. Jahrhunderts von Vicos *Scienza nuova*[9] geprägt, entspricht Descartes' Maxime der Naturforschung, die Natur in der Weise der Herstellung zu verstehen, und sollte auch später Kants Erkenntnistheorie prägen. Von Vico war dieser Satz aber als Maxime der Geschichtswissenschaft formuliert worden, der er mit Entschiedenheit einen Vorrang vor der Naturwissenschaft einräumen wollte. Die Geschichte sei vom Menschen gemacht, nicht aber die Natur, und deshalb könne es wahre Wissenschaft eigentlich nur von der Geschichte geben.
Faktisch ist es natürlich mit dem Machen der Geschichte nicht weit her. Die Maxime des Vico verwandelte sich deshalb rückblikkend in die Erkenntnisstrategie einer rationalen Rekonstruktion des Gewordenen und wurde vorblickend zu der Forderung, der Mensch solle nun endlich seine Geschichte in die Hand nehmen.

9 Giambattista Vico, *Die neue Wissenschaft über die gemeinschaftliche Natur der Völker* (1725), Reinbek: Rowohlt 1966.

Rationale Rekonstruktion des Gewordenen: das ist die Maxime der Aufklärung. Aufklärung besteht in der Destruktion von Legitimationsprinzipien wie Herkunft oder Gottesgnadentum und ihrer Ersetzung durch Vernunftprinzipien. Eigentum, Recht, Staat und Gesetze, ständische Ungleichheit und Herrschaft werden tendenziell ihrer Legitimität beraubt, bzw. Herrschaft wird rational rekonstruiert. Der Prototyp für solche rationale Rekonstruktion ist in Hobbes' Staatstheorie zu sehen. Er unterstellt einen Urzustand, in dem die Menschen asozial an einer Beziehung aggressiven Egoismus stehen (*homo homini lupus*). Der Staat wird auf der Basis eines solchen fiktiven Naturzustands gerechtfertigt als die Eindämmung und Zügelung der Einzelinteressen – zum wechselseitigen Nutzen. Diese Unterstellung eines Naturzustands des Menschen und die rationale Rekonstruktion des faktischen bürgerlichen, also sozialen Zustands findet sich entsprechend bei Locke, Montesquieu und Rousseau. Was bei solchen rationalen Rekonstruktionen der Faktizität und der Suche nach einer vernünftigen Legitimität von Gesellschaft herauskommt, ist natürlich im Einzelfall eine Konfrontation des Faktischen und des Idealen oder Vernünftigen. So werden die Aufklärer zugleich Kritiker der bestehenden Verhältnisse – man denke an Montesquieus *Perserbriefe* oder an Rousseaus Schrift *Über den Ursprung der Ungleichheit unter den Menschen*[10] – und sie werden Architekten einer künftigen, vernünftigen Gesellschaft. Die politischen Philosophen der Aufklärung werden zu Vordenkern der kommenden Revolutionen.

Die Aufklärung hat die menschlichen Verhältnisse grundsätzlich zur Disposition gestellt. Mit ihr wird die menschliche Geschichte reflexiv. Sie ist oder soll nicht mehr sein, was dem Menschen geschieht, sondern soll in eigene Regie genommen werden. Geschichte wird selbst zu einem Projekt, zum Projekt der Hervorbringung einer vernünftigen Gesellschaftsordnung.

Man kann diesen Prozeß als Säkularisierung der Heilsgeschichte ansehen.[11] Auch Menschheitsgeschichte als Heilsgeschichte ist ja

10 Montesquieu, *Perserbriefe* (1721), Frankfurt am Main: Insel 1988; Jean-Jacques Rousseau, *Schriften zur Kulturkritik*, Hamburg: Meiner, 3. Auflage 1978.

11 Karl Löwith, *Weltgeschichte und Heilsgeschehen* (1949), Stuttgart: Kohlhammer 1967.

auf ein Ziel gerichtet, nämlich den Jüngsten Tag und das Jüngste Gericht. Die Aufklärung bestimmt der Geschichte innerweltliche Ziele, nämlich die Freiheit und die schrittweise Emanzipation des Menschen.

Es scheint, daß wir heute am Ende eines solchen geschichtlichen Selbstverständnisses des Menschen angelangt sind. Man sagt, daß sich die utopischen Ressourcen erschöpft hätten. Der Glaube an die fortschreitende Zivilisierung des Menschen in seinen Beziehungen ist durch schrecklichste Barbarei in unserem Jahrhundert zutiefst erschüttert worden. Die Machbarkeit der menschlichen Verhältnisse ist gerade dort am deutlichsten widerlegt worden, wo man auf eine rationale Planung der gesellschaftlichen Verhältnisse gesetzt hatte, im ›realexistierenden‹ Sozialismus. Auch das war eine der konsequentesten Ausformungen des Projekts der Moderne.

Wissenschaft als Projekt, Natur als Projekt, der Mensch als Projekt, die Geschichte als Projekt – es besteht kein Zweifel, daß das Projekt Moderne in einer tiefen Krise steckt. Natürlich kann man immer sagen, daß die Vernunft noch nicht vernünftig genug gewesen ist, die Rationalität nicht umfassend genug, daß die Technik noch vorsintflutlich, die menschlichen Verhältnisse noch weitgehend traditionalistisch, die Naturbeherrschung eben noch unvollständig geblieben sei. Natürlich kann man den allgemeinen Problemen unserer Gegenwart auch mit Vorwärtsstrategien begegnen: die Wunden, die die Technik schlug, durch mehr Technik heilen; die Gesellschaft durchsichtiger machen, sprich: in Daten erfassen; die Wissenschaft von der inneren und äußeren Natur vorantreiben, um diese besser beherrschen zu können.

Man kann aber die Probleme auch zum Anlaß nehmen, die Begriffe, nach denen Wissenschaft, Natur, Mensch und Geschichte im Projekt der Moderne konzipiert wurden, einer Revision zu unterziehen. Das wäre philosophische Arbeit, der Anteil der Philosophie an der Bewältigung der Gegenwartsprobleme.

3. Wissenschaft

Welche Probleme haben wir heute mit der Wissenschaft?

Die neuzeitliche Wissenschaft ist zweifellos eine der größten Errungenschaften nicht nur Europas, sondern der Menschheit, und zumindest im akademischen Raum sollte man voraussetzen, daß ein Konsens der Achtung der Wissenschaft, des Vertrauens in Wissenschaft und des persönlichen Engagements für die Wissenschaft besteht. Man sollte auch nicht glauben, daß wir irgend noch die Möglichkeit einer Wahl hätten zwischen einem Leben mit der Wissenschaft oder ohne sie. Wissenschaft ist zu einem so selbstverständlichen und unentbehrlichen Element unserer Zivilisation geworden, daß man sie gar nicht mehr wie im Baconschen Programm instrumentell betrachten kann, d.h. als ein Mittel der Verbesserung der menschlichen Lebensverhältnisse. Die außerordentlichen gesellschaftlichen Anstrengungen und finanziellen Mittel, die die Wissenschaft verlangt, werden deshalb gegenwärtig auch nicht mehr durch die Anpreisung gesellschaftlicher oder humaner Fortschritte gerechtfertigt, sondern durch das pure Argument des Überlebens, sei es nun des Überlebens in den gegenwärtigen Menschheitsproblemen oder sei es auch nur des Überlebens im internationalen Konkurrenzkampf. Die sich darin manifestierende öffentliche Einschätzung der Wissenschaft bedeutet gegenüber dem Baconschen Programm bereits eine tiefe Ernüchterung. Aber es ist darüber hinaus auch der Verdacht entstanden, daß die ökologischen, reproduktionsbiologischen, die politisch-militärischen und sogar viele Alltagsprobleme gerade Folgen des wissenschaftlich-technischen Fortschritts sind. Deshalb wird die Wissenschaft gerade bei der Anerkennung ihrer Erfolge zum Thema. Die Wissenschaft wird als *Wissenstyp* problematisch. Versuchen wir, diese Problematisierung der Wissenschaft durch einige Kernsätze gegenwärtiger Wissenschaftskritik zu umreißen.

Als *erstes* und schwerstes Problem muß man wohl die Militarisierung der Wissenschaft nennen. Hier werden noch immer die größten Investitionen für die Wissenschaft getätigt, und von den Naturwissenschaftlern und Technikern sind etwa 40 Prozent weltweit in diesem Sektor beschäftigt. Die Orientierung der Wissenschaft auf den Krieg hat ihre gesellschaftliche Nützlichkeit im ganzen diskreditiert und hat dazu geführt, daß das Zerstörungspotential, das die Wissenschaft den Menschen in die Hand gegeben hat, bei weitem die Leistung der Wissenschaft für Frieden und Wohlergehen des Menschen übertrifft. Das hier vorhandene Wissen ist auch nicht ohne weiteres konvertierbar. Deshalb muß man sagen, daß das wissenschaftliche Wissen zum großen Teil destruktiv ist, eher der Vernichtung als dem Leben dient. Als ein *zweiter* kritischer Punkt ist zu nennen, daß Wissenschaft in jedem Fall Expertenwissen ist. Die wachsende Bedeutung der Wissenschaft für die Gesellschaft und die zunehmende Verwissenschaftlichung aller Lebensbezüge hat zu einer durchgängigen Abhängigkeit von Experten geführt und damit zu einer neuen Unmündigkeit – wenn Mündigkeit bedeutet, nach eigener Orientierung und aus eigener Verantwortung leben zu können. Diese Abhängigkeiten im Binnenbereich finden ihr Pendant im internationalen Bereich. Neben den ökonomischen und militärpolitischen Abhängigkeits- und Herrschaftsbeziehungen sind heute die Abhängigkeiten getreten, die durch das Verfügen bzw. Nichtverfügen über wissenschaftliche Kompetenz und Information geschaffen werden. Der *dritte* Problemkreis hängt mit dem zweiten zusammen, hat aber nicht einfach mit dem Unterschied von Wissen und Nichtwissen zu tun, sondern mit der Beziehung der Wissensformen untereinander. Wissenschaft ist in unserer Gesellschaft als Wissensform so dominant, daß alle anderen Wissensformen danach trachten, Wissenschaft zu werden, oder in eine Abhängigkeitsbeziehung zur Wissenschaft geraten. Das ist ja auch, wie schon erwähnt, bei der Philosophie der Fall. Wenn diese Anpassung an die Wissenschaft nicht gelingt, dann werden die entsprechenden Wissensformen als ›unwissenschaftlich‹ diskreditiert und verkommen. Eine *vierte* Art von Problemen wird heute insbesondere im Bereich medizinischer Forschung und, allgemeiner, im Bereich der Forschung am Leben sichtbar. Der rücksichtslose, vergegenständlichende und ›wertfreie‹ Zugriff der Wissenschaft wird in dem Moment problematisch, wo er dem Menschen zu sehr auf den Leib rückt oder, besser gesagt, grundlegende humane Werte tangiert. Hier wird der Ruf nach einer Ethik der Wissenschaft laut, nach Beschränkungen, die dann aber mit dem Grundrecht der Wissenschaftsfreiheit kollidieren.

Das möge genügen, um die Probleme, die wir mit der Wissenschaft haben, in Erinnerung zu rufen. Diese Probleme liegen in verschiedenen Bereichen der Wissenschaft und betreffen auch jeweils nur bestimmte Aspekte von ihr. Es wäre deshalb nicht gerechtfertigt, aus diesem Problem eine Charakterisierung von Wissenschaft zu aggregieren. Trotzdem ist es schon schlimm genug, daß es überhaupt möglich ist, Wissenschaft als destruktiv, entmündigend, dominant, unmoralisch zu bezeichnen. Das bedeutet zumindest, daß Wissenschaft in ihrem humanen Wert zutiefst ambivalent ist und daß angesichts der Tatsache, daß Wissenschaft eine unverzichtbare Grundlage unseres Lebens in den fortgeschrittenen Industrienationen darstellt, eine vordringliche Aufgabe darin besteht, *mit der Wissenschaft fertigzuwerden.*[1] Die Wissenschaft ist eine jener Produktionen des Menschen – eine gesellschaftliche Wirklichkeit –, die sich gegenüber ihrem Produzenten verselbständigt haben, so daß der Mensch in gewisser Weise heute nicht mehr Herr der Wissenschaft ist. Man kann diese Situation mit der Marxschen Entfremdungsterminologie beschreiben: Die Wissenschaft ist gegenüber dem Menschen zu einer fremden Macht geworden – oder sie mit Günter Anders in den Rahmen der ›Antiquiertheit des Menschen‹[2] einordnen: Der Mensch ist politisch-moralisch hinter seinen wissenschaftlich-technischen Kompetenzen zurückgeblieben. Die Wissenschaft zu bewältigen hieße, ihr gegenüber souverän werden, das heißt, sie als ein sehr wertvolles, auch zerbrechliches, aber auch sehr gefährliches Instrument zu behandeln, dessen man sich nur in bestimmten, ausweisbaren Fällen bedient.

Unsere allgemeine These ist nun, daß die Bewältigung der Wissenschaft nicht gelingt, weil die Art und Weise, wie wir über Wissenschaft denken und nachdenken, uns immer wieder zur Wissenschaft zurückführt und sie in dem bestätigt, was sie ist. Insbesondere ist der Teil der professionellen Philosophie, der sich mit der Wissenschaft beschäftigt, die Wissenschaftstheorie, durch und durch affirmativ. Gerade dort, wo es darum ginge, die Wissenschaft als einen besonderen Erkenntnistyp herauszuarbeiten, das heißt, sie in einem Spektrum gleich- oder verschiedenartig

1 Gernot Böhme, *Coping with Science*, Boulder, Col.: Westview 1992.

2 Günther Anders, *Die Antiquiertheit des Menschen*, München: Beck, Bd. 1, 7. Aufl. 1987, Bd. 2, 4. Aufl. 1987.

berechtigter Wissenstypen zu sehen, diskreditiert Wissenschaftstheorie durch sogenannte Demarkation, also durch Ab- und Ausgrenzung alle anderen Wissensformen als nichtwissenschaftlich.

Wie reden wir über die Wissenschaft?

Wie denkt man öffentlich über die Wissenschaft, in welcher Ideologie von Wissenschaft bewegen wir uns? Wie ist Wissenschaft als soziale Realität konstituiert? Machen wir zunächst ein paar Proben mit dem Wort ›wissenschaftlich‹.

Wir reden etwa davon, etwas sei ›wissenschaftlich erwiesen‹, jemand sei ›eine wissenschaftliche Autorität‹, wir reden von ›wissenschaftlichem Fortschritt‹, von ›wissenschaftlichen Standards‹ von einer ›wissenschaftlichen Expertise‹. In einem Teil der fortgeschrittenen Industrienationen redete man bis vor kurzem vom ›wissenschaftlichen Sozialismus‹ und von der ›wissenschaftlichen Weltanschauung‹. Man sieht an diesen Beispielen, daß das Wort ›wissenschaftlich‹ generell meliorativ verwendet wird, das heißt, es bezeichnet eine Sache als etwas Gutes, bzw. die Hinzusetzung von ›wissenschaftlich‹ macht etwas besser, als es ohne dieses Attribut wäre. Es ist an den sprachlichen Verwendungen von ›wissenschaftlich‹ auch nicht ein Hauch der Ambivalenz zu spüren, die wir gerade eben durch einen kurzen Blick auf die Probleme, die wir mit der Wissenschaft haben, feststellen mußten. Das dürfte schon ein Signal sein. Wir können ferner an diesen Verwendungsformen von ›wissenschaftlich‹ feststellen, daß darin die Wissenschaft als etwas Autoritatives auftritt. Was ›wissenschaftlich‹ ist, gilt als maßgeblich, unangreifbar, über jeden Zweifel erhaben. Von diesem Effekt macht ja auch die Werbung Gebrauch, indem sie zur Absicherung der zweifelsfreien Qualität ihrer Produkte auf wissenschaftliche Untersuchungen mit Doktor- und Professorentiteln verweist. Übrigens kontrastiert diese autoritative Verwendung des Ausdrucks ›wissenschaftlich‹ eigentümlich mit dem in der Wissenschaftstheorie ziemlich allgemein anerkannten Fallibilismus. Dieser besagt ja, daß die Wissenschaft prinzipiell irrtumsträchtig und korrekturbedürftig ist. In diesem Fall könnte die Wissenschaftstheorie tatsächlich auch etwas zur Auflösung der sprachlich-begrifflichen Verhärtung des Verständnisses von

Wissenschaft tun. Das war ursprünglich auch Poppers Absicht.[3] Faktisch ist sie aber in ihr Gegenteil umgeschlagen, nämlich in Demarkation: Gerade Popper hat dazu beigetragen, daß die Wissenschaft als das einzig wahre Wissen angesehen wird und daß sie eine Problematisierung von außen nicht zuläßt (siehe auch Kapitel III,7: ›Wissenschaftstheorie‹).

Der Ausdruck ›wissenschaftlich‹ suggeriert übrigens auch eine Einheit und Einmütigkeit unter den Wissenschaften, die überhaupt nicht existiert. Im konkreten ist die nicht vorhandene Einmütigkeit in der Wissenschaft gerade dort manifest, wo man sie auf die Bühne ruft, um die wahre Realität festzustellen. Damit kommen wir zu einer anderen gewichtigen Verwendung des Ausdrucks ›wissenschaftlich‹ bzw. von ›Wissenschaft‹, nämlich zur Rede von der wissenschaftlich festgestellten Tatsache. Wenn Seiendes oder Geschehnisse problematisch werden, das heißt, wo immer es unterschiedliche Erfahrungen und Aussagen gibt, wird die Wissenschaft auf den Plan gerufen. Sei es nun vor Gericht, sei es zur Feststellung von Unfallursachen, zur Frage, ob jemand die Wahrheit sagt oder nicht, ob jemand wirklich krank ist oder nur simuliert, ob jemand Hilfe braucht oder nicht – schließlich ist es immer der Experte, der sagen kann, ›was der Fall ist‹. Zur Tatsache wird die Wirklichkeit, insofern sie thematisiert wird. Es gibt viele Weisen der Thematisierung und deshalb auch durchaus verschiedene Tatsachentypen, und selbst innerhalb der Wissenschaft gibt es ganz unterschiedliche Arten von Thematisierung, wodurch je nach Wissenschaft sich die Welt auch aus ganz unterschiedlichen Tatsachen aufbaut. Gegenüber dieser prinzipiellen Mannigfaltigkeit der Thematisierungen erweist es sich als Grundzug der Verwendung des Ausdrucks ›wissenschaftlich‹, daß ›Tatsache‹ im allgemeinen mit ›wissenschaftliche Tatsache‹ identifiziert wird und ›wissenschaftlich‹, wie schon erwähnt, eine Einheit der Wissenschaften unterstellt. Wo Experten in ihren Ansichten divergieren – etwa vor Gericht –, wird im allgemeinen nicht damit gerechnet, daß diese Divergenz prinzipiell sein könnte oder vielleicht nur eine Reproduktion der divergierenden Sichtweisen, die auch gewöhnliche Menschen im strittigen Fall haben mögen; es

3 Karl Popper, »The Autobiography of Karl Popper«, in: P. A. Schilpp (Hg.), *The Philosophy of Karl Popper*, La Salle, Illinois: Open Court 1974.

heißt dann vielmehr, die Experten seien sich noch nicht einig. Es wird unterstellt, daß man sich über Tatsachen im Prinzip müsse einigen können und daß Wissenschaft zu treiben die probate Art ist, diesen Konsensus herbeizuführen.

Verlassen wir damit den engeren Bereich des Vokabulars und gehen wir zur Ideologie über, d.h. zu dem, was durchschnittlich öffentlich von der Wissenschaft gesagt wird, was sagbar ist und was nicht. Die Wissenschaft gehört in unseren Gesellschaften zu den obersten Werten und zu den öffentlich geschützten und geachteten Gütern. Die Freiheit zu lehren und zu forschen ist sogar grundgesetzlich geschützt. Was das bedeutet, wird klar, wenn man sich vor Augen führt, daß es Perioden und Kulturen gegeben hat, in denen die Wissenschaft als gefährlich galt, nur im privaten und geheimen Zirkel betrieben wurde und der Zensur unterlag. Aber der Blick auf diese anderen Jahrhunderte bzw. Kulturen nutzt uns nicht viel, weil wir mit diesem Blick wieder die Ideologie, die die Wissenschaft bei uns trägt, reproduzieren – indem wir auf nämlich diese anderen Jahrhunderte als borniert und abergläubisch herabblicken. Wissenschaft und Freiheit der Wissenschaft sind so eng mit unserem tragenden politischen Selbstverständnis verbunden, daß ihre In-Frage-Stellung wie eine Tabuverletzung geahndet wird. Etwa Einschränkungen der Wissenschaftsfreiheit zu ventilieren oder umgekehrt zu behaupten, daß diese Freiheit vielleicht gar nicht existiere, oder die Hierarchie der Wissensformen in Frage zu stellen, kann einem leicht die wildesten Beschimpfungen von faschistisch bis irrationalistisch eintragen. Gehen wir Einzelzügen dessen, was man durchschnittlich und öffentlich über Wissenschaft denkt, nach:

Eine der Hauptfunktionen der Ideologie, die die Wissenschaft trägt, ist die Legitimierung der Hierarchie der Wissensformen und damit die primäre oder letztinstanzliche Zuständigkeit von Wissenschaft in allen Fragen. Warum meint man, daß Wissenschaft das beste Wissen ist? Die Frage wird in der Regel beantwortet, indem man die Wissensformen nach den Normen skaliert, die eben die Wissenschaftlichkeit ausmachen: Wissenschaft sei genauer, objektiver, sicherer etc. Dabei wird also unterstellt, daß alle Wissensformen dasselbe und in derselben Weise und in derselben Hinsicht und sogar in derselben Absicht wissen – nur die Wissenschaft eben besser. Man könnte das schlicht als eine *petitio principii* bezeichnen, wenn es nicht gerade die Funktion des öffentlichen Denkens über die Wissenschaft wäre, die Wissenschaft in ihrem öffentlichen Rang zu bestätigen und zu legitimieren. Aber natürlich ist klar, daß man die Besonderheit anderer Wissensformen nur würdigen kann, wenn man sie *nicht* an Normen der Wissenschaftlichkeit mißt. Und auch die Besonderheit von Wissenschaft als Wissenstyp wird man nur verstehen, wenn man nicht unterstellt, daß sie dasselbe und in derselben Weise und in derselben Hinsicht und Absicht wie andere Wissensformen erkennt. Auch hier sieht man wieder, wie das öffentliche Denken über Wissenschaft die Lösung der Probleme, die wir mit der Wissenschaft haben, blockiert – diese Probleme sogar verschärft und ihre Thematisierung verhindert. Die öffentliche Anerkennung der Meinung, daß die Wissenschaft in jedem Fall die beste Wissensform sei, führt ja dazu, daß die Träger anderer Wissensformen – wir nannten die Philosophen, es ist aber ebenso an die Theologen zu denken, dann ferner natürlich an Träger eher praktischer und lebensweltlicher Wissensformen wie Krankenpflege, Geburtshilfe, Erziehung –, daß die Träger dieser anderen Wissensformen danach streben, ihren Beruf zu professionalisieren, d. h. ihm eine wissenschaftliche Basis zu geben und ihm nach Möglichkeit den Rang eines Universitätsfaches zu verleihen. Wo das nicht gelingt, ergibt sich in der Praxis eine soziale Hierarchie, wie sie von der Antike her zwischen dem Architekten und dem Maurer bekannt ist. Aber – um ein einigermaßen durchsichtiges Beispiel zu nennen: Ist es denn selbstverständlich, daß bei der Geburt die Hebamme die Gehilfin des Arztes ist und nicht umgekehrt der Arzt der Gehilfe der Hebamme?[4]

Wir haben damit ein deutliches Beispiel, wie das, was man öffentlich über die Wissenschaft denkt, für die Wissenschaft selbst affirmativ wird. Die Wissenschaft erfreut sich in der öffentlichen Achtung des höchsten Ranges unter allen möglichen Wissensformen. Deshalb werden die anderen Wissensformen an der Elle der Wissenschaftlichkeit gemessen, und das Ergebnis bestätigt, daß die Wissenschaft die beste Wissensform ist. Wenn etwa jemand glaubt, daß solche Legitimationsstrategien unwirksam wären,

4 Gernot Böhme, »Wissenschaftliches Wissen und lebensweltliches Wissen am Beispiel der Verwissenschaftlichung der Geburtshilfe«, in: ders., *Alternativen der Wissenschaft*, Frankfurt am Main: Suhrkamp, 2. Aufl. 1993.

dann braucht man ihn bloß darauf verweisen, daß beispielsweise Ersatzkassen nur für solche Heilmethoden zahlen, die ›wissenschaftlich anerkannt sind‹.
Noch ein paar weitere Züge der Ideologie, die die Wissenschaft trägt. Man sagt, die Wissenschaft sei objektiv und wertfrei. Ich möchte jetzt nicht bezweifeln, daß das so ist, ebensowenig wie ich bezweifelt habe, daß die Wissenschaft im Spektrum der Wissenstypen das Wissen mit der größten Exaktheit, Sicherheit und Reproduzierbarkeit ist. Vielmehr möchte ich behaupten, daß die Gewohnheit, die Wissenschaften nach diesen ›Wahrheiten‹ zu denken, verhindert, die Probleme, die wir mit der Wissenschaft haben, einer Lösung zuzuführen. Wenn es also heißt, daß die Wissenschaft objektiv und wertfrei sei, dann wird darunter im durchschnittlichen Alltagsverständnis verstanden, daß ihr Wissen unparteilich sei und daß die Träger dieses Wissens, die Wissenschaftler, im Betreiben der Wissenschaft, d.h. also der Lehre, der Forschung, der Publikation, nicht durch eigene Interessen bestimmt seien. Daraus folgt, daß die wissenschaftliche Sicht im Unterschied zur subjektiven Sicht der Individuen, der Gruppen, der Parteien usw. den Sachverhalt selbst repräsentiere und daß die Wissenschaftler folglich auch für die sachgerechteste, unparteilichste Lösung der Probleme zuständig seien. Diese Auffassung geht so weit, daß man nicht erst die *Lösung* der Probleme der Zuständigkeit der Wissenschaft zuweist, sondern bereits die Wissenschaft anruft, um einem Problem als Problem überhaupt erst öffentliche Anerkennung zu verschaffen. Charakteristische Beispiele liefern dafür die Bürgerinitiativen, die ja an sich die Stimme der Betroffenen öffentlich zur Geltung bringen wollen: Sie haben in der Regel nichts Eiligeres zu tun, als sich an Wissenschaftler zu wenden, damit sie das empfundene Problem auch als objektives öffentlich darstellen können. Man sieht daraus: die Attribute ›Objektivität‹ und ›Wertfreiheit‹ legitimieren die gesellschaftliche Zuständigkeit von Wissenschaft und erweitern sie beständig – was im *Interesse* der Wissenschaftler, als Berufsstand gesehen, liegt. Auch hier wieder: Wissenschaft im Sinne der Wahrheit zu denken, daß sie objektiv und wertneutral sei, verhindert, die mit ihr verbundenen Interessen zu thematisieren.
Nehmen wir als weiteres Beispiel die Nützlichkeit der Wissenschaft. Nützlichkeit ist ja eins der Hauptelemente der Ideologie, unter deren Schutz die Wissenschaft ihre gesellschaftliche Bedeu-

tung gewann. Es war Bacons Programm, den Bereich der Gelehrsamkeit in einen Prozeß der Produktion von nützlichem Wissen zu verwandeln. Tatsächlich hat diese Verwandlung stattgefunden, und die Ideologie der Nützlichkeit stellt noch immer die Legitimation für die bedeutenden gesellschaftlichen Aufwendungen für Wissenschaft dar. Die Wissenschaft wird keineswegs um der Wahrheit willen oder der Erleuchtung der Menschheit oder des einzelnen oder der Bildung wegen mit so außerordentlichen Mitteln versehen, sondern weil man sie für ›im Prinzip nützlich‹ hält. Diese öffentliche Wahrheit, daß Wissenschaft nützlich sei, verhindert in verschiedener Hinsicht, ihre Schädlichkeit überhaupt zu thematisieren, obgleich sie es in vielen Fällen ganz offensichtlich ist. Wo etwa durch wissenschaftliches Vorgehen Schaden angerichtet worden ist, denken wir an irgendeine medizinische Therapie, so heißt das, daß die Wissenschaft offenbar an dieser Stelle noch nicht weit genug getrieben worden sei – *an sich* ist sie ja nützlich. Wo sich etwa erwiesen hat, daß die Wissenschaft in der Anwendung sowohl schädlich als auch nützlich sein kann, also denken wir etwa an die Kerntechnologie für die Atombombe oder für Energieerzeugung, da fällt diese Ambivalenz nicht etwa auf die Wissenschaft selbst zurück, sondern sie präsentiert sich weiterhin als nützliches Wissen, das man aber auch unter gewissen Umständen oder bei bösem Willen zum Schaden verwenden kann. Dieses Modell trägt das ärztliche Wissen seit der Antike: Es wird als an sich gut angesehen, man muß nur dafür sorgen – etwa durch den hippokratischen Eid –, daß es nicht ›mißbraucht‹ wird. Daß ärztliches Wissen faktisch sogar viel leichter zum Töten als zum Heilen dienen kann, wird dabei verschleiert. Schließlich ist hinzuzufügen, daß unter Nützlichkeit der Wissenschaft schon bei Bacon auch die Nützlichkeit für den Krieg verstanden wurde. Der Begriff der Nützlichkeit hatte seine ideologische Wirkung, d. h. seine Funktion zur Rechtfertigung öffentlicher Aufwendungen, in einem nur nationalstaatlichen Kontext. Deshalb konnte nicht thematisiert werden, ob diese Nützlichkeit nur eine vorübergehende war, nämlich nur den wissenschaftlich-technischen Vorsprung einer Nation vor der anderen betraf und langfristig sich wegen der Universalität der Wissenschaft als allgemeiner Schaden erweisen mußte. Im Bereich des Krieges ist also Wissenschaft sogar ›an sich‹ schädlich. Die Wissenschaft hat die Kriege über die Jahrhunderte immer grausamer, zerstörerischer und inhumaner werden lassen.

Wissenschaft als gesellschaftliche Wirklichkeit

Soweit zur Ideologie. Wenn wir uns an unser in Kapitel 1,1 entwickeltes Schema von sprachlich-begrifflicher Prägung der Wirklichkeit durch Vokabular, durch Ideologie und durch begriffliche Konstitution halten, wäre jetzt danach zu fragen, inwiefern der Begriff Wissenschaft eine Realität konstituiert. Ich erinnere daran, daß gerade diese begriffliche Konstitution von Wirklichkeit für die Frage, was die Philosophie für die Veränderung der Wirklichkeit zu leisten habe, von besonderer Bedeutung war. Wenn die Begriffe die Wirklichkeit prägen oder die Wirklichkeit vielleicht sogar in ihrem Sein hervorbringen, dann ist die begriffliche Arbeit zumindest eine Voraussetzung für die Veränderung der Wirklichkeit, wenn nicht der Anfang der Veränderung selbst. Wissenschaft nun ist gesellschaftliche Realität, und das heißt nach dem zuvor Gesagten, daß sie nicht bloß in ihrer Erkennbarkeit, sondern auch in ihrem Sein begrifflich konstituiert ist. Ich will das noch einmal kurz erläutern.

Wenn es um die Frage der Wirklichkeit von Begriffen geht, dann sagen gerade heute einige Philosophen mit gewissem Stolz, sie seien Nominalisten. Sie wollen damit etwa sagen, daß es nicht so etwas wie den Menschen an sich gäbe, sondern jeweils nur konkrete Einzelmenschen. Der Begriff ›Mensch‹ habe deshalb als solcher keine Wirklichkeit. Diese Auffassung hat aber bloß dann Plausibilität, wenn man die Frage nach der Wirklichkeit von Begriffen nur in der Alternative zwischen abgetrennten platonischen Ideen und Einzeldingen sieht. Nicht erfaßt wird von dieser Dichotomie die Wirklichkeit von Begriffen, insofern sie eine gesellschaftliche Realität organisieren. Wissenschaft ist ein Begriff dieser Art, bzw. wir müssen sagen, daß Bacon die Wissenschaft zu etwas derartigem gemacht hat. Vor ihm konnte man die Wissenschaft ›haben‹, das heißt, man war ein Gelehrter und besaß das Wissen, das dazu gehörte, konnte es auch als solches weitergeben. Die Transformation von Wissenschaft in Forschung hat sie zu einem radikal sozialen Phänomen gemacht. Die Wissenschaft beruht auf akkumulierter Erfahrung, aber die lebenden Wissenschaftler zusammen und jeder einzelne haben den größten Teil dieser Erfahrungen nicht selbst gemacht. Die Wissenschaft ist ein kollektives und sich ständig revolutionierendes Wissensgebäude, und das heißt, daß der einzelne Wissenschaftler nur partiell daran partizipiert und daß er Wissenschaftler gerade dadurch ist, daß er zur Fortentwicklung dieses Gebäudes etwas beiträgt. Um Wissenschaft begrifflich aufzuarbeiten, ist es also ganz unzureichend, das zu tun, was professionelle Philosophie unter dem Titel Wissenschaftstheorie tut, nämlich zu sagen, was ein Experiment ist, was Daten sind, was eine Theorie ist, was ein Gesetz, eine Überprüfung, eine Widerlegung, was Methode und Erklärung sind. Das heißt, es ist gänzlich unzureichend, die Wissenschaft nur auf der kognitiven Ebene zu betrachten. Es kommt vielmehr auf die ›soziale Bedeutung kognitiver Strukturen‹ an. Dann wird man sehen, daß die Wissenschaft, die ›an sich‹ eines der größten Gemeinschaftsprodukte der Menschheit ist, im Stil höchst egoistischer Konkurrenz und kleinlicher Eifersucht betrieben wird, daß eine wissenschaftliche Erkenntnis nicht durch den Prozeß des Erkennens, sondern erst durch die Darstellung und Publikation zur wissenschaftlichen wird, daß der einzelne seinen Status als Wissenschaftler jeweils durch einen geringen Vorsprung gegenüber Kollegen an der Forschungsfront erringen muß, daß die oberste Maxime in der Wissenschaft nicht die Wahrheit, sondern die Innovation darstellt, daß die Wissenschaft im ganzen ein höchst arbeitsteiliges Unternehmen ist, so sehr, daß der einzelne sie niemals überblickt und nicht wirklich weiß, wofür er arbeitet. Als ein ausgesprochen menschliches Unternehmen wälzt sie sich dennoch naturwüchsig getrieben voran. Da die Wissenschaft beständig das gesamte vergangene Wissen in sich reproduziert und Innovationsschritte an der durch das Bisherige definierten Forschungsfront mißt, ist die Wissenschaft im ganzen ein kumulatives Unternehmen. Man hat in jüngster Zeit durch den Kuhnschen Begriff der wissenschaftlichen Revolution und die Feyerabendsche Rede von Wissenschaft als Kunst diese Tatsache verschleiert. Die Charakterisierungen von Wissenschaft durch Kuhn und Feyerabend[5] treffen aber gerade nicht die Wissenschaft im ganzen, sondern nur die Geschehnisse an esoterischen Forschungsfronten. Im ganzen zeigt die Wissenschaft ein typisches Wachstumsverhalten, das heißt, bei hinreichender Mittelzufuhr ist

5 Thomas Kuhn, *Die Struktur wissenschaftlicher Revolutionen* (1962), Frankfurt am Main: Suhrkamp 1967; Paul Feyerabend, *Wissenschaft als Kunst*, Frankfurt am Main: Suhrkamp 1984.

der Zuwachs an Wissenschaft, gemessen an allen möglichen Parametern, proportional dem schon Vorhandenen.[6] Das bedeutet aber, daß Wissenschaft immer teurer wird und umgekehrt entscheidende Fortschritte der Wissenschaft relativ immer seltener und relativ auch immer kostspieliger werden. Damit wächst die Bindung von Wissenschaft an Ökonomie und die Notwendigkeit, sich beständig durch ihre Nützlichkeit zu legitimieren.

Diese kurze Charakterisierung von Wissenschaft als sozialem System zeigt, daß Wissenschaft als soziale Wirklichkeit vor allem Forschung ist. Es legt sich daher der Gedanke nahe, die Probleme, die wir mit der Wissenschaft haben, auf diesen Charakterzug der Wissenschaft zu beziehen.

Die Aufgabe der Philosophie gegenüber der Wissenschaft besteht darin, dazu beizutragen, daß wir *mit der Wissenschaft fertig werden*. Die Wissenschaft ist in unserer Gegenwart endgültig zu dem geworden, als was sie Bacon geplant hat: ein bedeutender, weitgehend selbständiger Sektor des gesamtgesellschaftlichen Lebens und der Produktion, ein Sektor, in dem beständig Innovationen und nützliches Wissen produziert werden. Dieser Sektor ist für die Art unseres Lebens in den fortgeschrittenen Industrienationen unentbehrlich, und er durchdringt und dominiert zum Teil fast alle Lebensbereiche. Worum es hier geht, ist tatsächlich gegenüber der Wissenschaft souverän zu werden, zu wissen, wo sie zuständig ist und wo nicht, sie als ein Mittel anzusehen, das in sich ambivalent ist, klar einschätzen zu können, was Wissenschaft ist und *was Wissenschaft nicht ist.*[7] In einer Einführung in die Philosophie kann diese Arbeit natürlich nicht geleistet werden. Aber ein Anfang der Verflüssigung dessen, was wir offiziell über Wissenschaft denken, und daran anschließend, was Wissenschaft als gesellschaftliche Wirklichkeit ist, dürfte geleistet sein. Darüber hinaus gilt es, die Aufgabe zu benennen.

Neuzeitliche Wissenschaft ist vergesellschaftete Forschung. Um dieses Konzept herum ranken sich in der Tat die meisten Bestimmungen von Wissenschaft:

6 Derek J. de Solla Price, *Little Sciene, Big Science. Von der Studierstube zur Großforschung* (1965), Frankfurt am Main: Suhrkamp 1974.

7 Gernot Böhme, »What science is and what it is not«, in: S. J. Doorman (Hg.), *Images of Science. Scientific Practice and the Public*, Aldershof: Gower 1989.

- Nämlich daß sie ein kollektiver Prozeß der Wissenserzeugung ist und daß sie beruflich aufgrund eines fachspezifischen Trainings betrieben wird. Damit ist das Ideal des Gelehrten verabschiedet, und die Beziehung von Wissen und Person spielt keine Rolle für die Ausübung von Wissenschaft.
- Ferner, daß Wissenschaft ein auf Innovation gerichteter Prozeß ist und methodisch den Fortschritt erzeugen soll. Von daher ist die jeweilige Dominanz des Neuen und das systematische Vergessen der eigenen Geschichte herzuleiten.
- Daß sie als vergesellschaftete auf Nützlichkeit gerichtet ist und durch den Ausweis der Nützlichkeit beständig ihre gesellschaftliche Legitimation erneuern muß. Nützlichkeit soll über die Beherrschung der Mittel erreicht werden.
- Daraus folgt das letzte Charakteristikum, daß nämlich Wissenschaft sich selbst als ein *Mittel* versteht. Sie ist auf die Beherrschung und Manipulation des Gegenstandes gerichtet.

Die begriffliche Arbeit an der Wissenschaft als gesellschaftlicher Wirklichkeit zielt nun genauer darauf, anderen Wissensformen neben der Wissenschaft eine Chance zu eröffnen, die Mannigfaltigkeit innerhalb der Wissenschaften sichtbar werden zu lassen und schließlich Prozesse der Veränderung in der Wissenschaft selbst einzuleiten oder zu fördern.

Hier interessiert uns naturgemäß zuallererst der Unterschied zwischen Wissenschaft und Philosophie. Wir haben gesehen, daß die Philosophie sich in unserem Jahrhundert selbst weitgehend verwissenschaftlicht hat, daß aber verwissenschaftlichte Philosophie nur eine von mehreren Möglichkeiten zu philosophieren darstellt. Gesehen von ihrem Ursprung her, hat sich die Philosophie als verwissenschaftlichte ihres Ranges begeben. Das ist an sich nicht tragisch, diese Entwicklung folgt vielmehr einer Grundtendenz der Moderne, der Ausdifferenzierung. Um so wichtiger ist es aber, daran festzuhalten, daß es einen Typ von Philosophie gibt und ein Element in der Philosophie, das auch auf andere Weisen des Philosophierens ausstrahlen kann, in dem die traditionelle Einheit von Person und Wissen einerseits und das Gelehrtentum andererseits gewahrt bleibt. Philosophie in dieser Hinsicht und in dieser Weise ist nicht Wissenschaft, sie ist nicht auf Wissensproduktion gerichtet, sie ist nicht an der Idee eines Wissensfortschritts orientiert, es geht ihr vielmehr um Bildung, um Gutsein und Erfüllung des Daseins.

Außer der Philosophie werden andere Wissenstypen neben und hoffentlich auch in Konkurrenz zur Wissenschaft sichtbar. Sie müßten, darin bestünde die eigentlich philosophische Arbeit, benannt und in ihrer Eigenart dargestellt werden, um ihnen gegenüber der Wissenschaft eine gesellschaftliche Chance zu eröffnen und um, in Abhängigkeit von ihrer besonderen Struktur, ihre andere Zuständigkeit und Funktionalität sichtbar werden zu lassen. Dabei geht es neben den Formen des Weisheitswissens wie etwa der Philosophie vor allem um die Mannigfaltigkeit der nichtprofessionalisierten Wissensformen, es geht um das lebensweltliche Wissen und das nichtthematische, insbesondere das leibliche Wissen. Unter nichtprofessionalisierten Wissensformen sollen hier diejenigen verstanden werden, die nicht auf ausdifferenziertem und Theorie-bestimmtem Wissen basieren und die nicht durch ein formalisiertes und unpersönliches Training erworben werden. Vielmehr sind es solche Wissensformen, die in Lehrer-Schüler-Traditionen erworben werden, für die die Beziehung von Wissen und Person relevant bleibt und deren Ausübung in die Lebenspraxis eingebunden bleibt. Hier ist an Kunst, Pflegeberufe, handwerkliches und agrarisches Wissen zu denken. All diese Berufe und Wissensformen sind heute von Verwissenschaftlichung bedroht, und man erkennt im allgemeinen, daß sie dadurch nicht einfach besser werden, sondern anders, und daß sie nach ihrer Transformation bisherige Funktionen *nicht* mehr ausüben können.

Schließlich ist an den breiten Bereich des nichtthematisierten Wissens zu denken. Selbst in der Wissenschaft hat man versucht, die Bedeutung von *tacit knowledge* zu würdigen.[8] Das geschah allerdings mehr aus konservativem Interesse, um auch dem heutigen Wissenschaftler ein Stück von der Aureole des Gelehrten zu bewahren. Es wurde aber nicht der entscheidende Unterschied deutlich, der zwischen thematisierendem und nicht-thematisierendem Wissen besteht. Nicht-thematisierendes Wissen, etwa in der Form des Know-how – man denke an Radfahren, Schwimmen usw. –, bleibt in den Gegenstand eingelassen, nimmt nicht Abstand von ihm. Genaugenommen dürfte man eigentlich nicht von einem Gegenstand dieses Wissens reden, weil ein Gegenstand

8 Michael Polanyi, *Personal Knowledge. Towards a Post-Critical Philosophy*, New York, Evanston: Harper 1964.

auch dem Wortsinne nach ja etwas ist, von dem man als Wissender gerade getrennt ist. Mit jeder Thematisierung von etwas, und das heißt mit der Entstehung des entsprechenden Wissenstyps, wird ein Gegenstand überhaupt erst gebildet. Was dem, was erkannt wird, im Prozeß der Gegenstandsformation geschieht, ist eine der wichtigsten Erkenntnisse, die die Philosophie in der Bewältigung von Wissenschaft zu erbringen hat.

Die Untersuchung von Gegenstandsformationen gehört nach der traditionellen Einteilung der Philosophie in die Erkenntnistheorie. Sie hätte für die unterschiedlichen thematisierenden Wissensformen die Beziehung zwischen der Zugangsweise zum Gegenstand und dem, was in dieser Zugangsweise überhaupt erkannt werden kann, zu bestimmen. Auf diesem Wege wird dann auch die Vielheit der Wissenschaften verständlich, und es wird verständlich, warum es viele sein *müssen*. Es wird dann deutlich werden, daß – ebensowenig wie die Hierarchisierung der Wissensformen – auch das Programm ›Einheit der Wissenschaften‹ oder, besser gesagt, eine Einheitswissenschaft gar nicht wünschenswert ist.

Schließlich sei noch einmal der Blick auf die von Bacon geforderte Vergesellschaftung der Wissenschaft gerichtet. Schon bei Bacon war mit der Konzeption des Hauses Salomon ein Verständnis von Vergesellschaftung von Wissenschaft als Verstaatlichung von Wissenschaft nahegelegt. Allerdings war in Bacons Staatsutopie *Neu-Atlantis* die Wissenschaft doch eine unabhängige Instanz gegenüber der staatlichen Bürokratie. Die Erfahrungen, die wir mit der Wissenschaft gemacht haben, d. h. vor allem die Militarisierung von Wissenschaft, geben aber Anlaß, explizit nach der Vergesellschaftungs*form* von Wissenschaft zu fragen. Wissenschaft ist ein kollektives Unternehmen zur Wissensproduktion. Mit dieser Grundauffassung ist aber durchaus offen, ob dieses Kollektiv allumfassend ist, ob es groß oder klein, ob es selbst eher staatsbürokratisch oder eher kapitalistisch organisiert ist. Von der Vergesellschaftungsform von Wissenschaft hängt allerdings viel ab, auch zum Beispiel, welches Wissen für wen zur Verfügung steht. Es gehört zu einer der Grundeigenschaften, die die Wissenschaft sich selbst normativ zuschreibt und die zu dem gehört, was man von der Wissenschaft durchschnittlich glaubt, *daß die Wissenschaft öffentlich sei*. Dieses Öffentlichsein kann heißen: für jedermann zugänglich, durch jedermann kritisierbar, und es kann auch heißen: für jedermann dienlich. In keinem dieser Sinne ist Wissenschaft faktisch öffentlich. Sie ist nur Experten zugänglich, sie ist im Einzelfall nur durch Spezialisten kritisierbar, und wem sie dient, hängt davon ab, wo und durch wen sie betrieben wird. Sie kann rein staatlichen Interessen dienen, sie kann privatwirtschaftlichen Interessen dienen, sie kann auch unter Umständen dem Mann auf der Straße, dem letzthin Betroffenen, dienen. Betrachtet man die Wissenschaft unter Gesichtspunkten der Zugänglichkeit und der Dienlichkeit, so muß sie entgegen der Wissenschaftsideologie auch heute oder heute wieder in vielen Fällen als esoterisch oder als geheim, als exklusiv und als hermetisch bezeichnet werden. Die Wissenschaft hier wieder in Bewegung zu bringen kann heißen, ihr gegenüber die von ihr selbst proklamierte Norm der Öffentlichkeit einzuklagen, oder es kann auch heißen – und das ist im Sinne der Aufgabe, mit der Wissenschaft fertig zu werden, das aussichtsreichere Unternehmen – die Vergesellschaftungsformen der Wissenschaft zu untersuchen und sie mit möglichen Alternativen zu konfrontieren. Letzteres ist geschehen beispielsweise in den Projekten der Wissenschaftsläden, in den Unternehmungen unter dem Titel der ›Betroffenen-Wissenschaft‹, also Wissenschaft für die Arbeitnehmer oder Wissenschaft für die Frauen, und schließlich in den gemeinnützigen Organisationsformen der Wissenschaft.

Die begriffliche Arbeit an der Wissenschaft hat also vor allem drei Aufgaben: 1. Die Einordnung der Wissenschaft in ein größeres Spektrum von Wissensformen und die Bestimmung ihrer jeweiligen Funktionalität. 2. Die Analyse der Herausbildung von wissenschaftlichen Gegenständen, d. h. der jeweiligen Thematisierungsformen. 3. Die Untersuchung unterschiedlicher Vergesellschaftungsformen von Wissenschaft. Die Arbeit an diesen Themen wäre die Aufgabe einer neuen Wissenschaftsphilosophie.

4. Natur

Welche Probleme haben wir mit der Natur?

Es scheint sich zu erübrigen, die Probleme, die wir mit der Natur haben, noch einmal in Erinnerung zu rufen. Sie sind so umfassend und so durchdringend, daß sie mit den Wörtern ›Umwelt‹ und ›ökologisch‹ sich in den alltäglichsten Alltagsverrichtungen in Erinnerung bringen. Ernst Ulrich von Weizsäcker (1990) hat in seinem Buch *Erdpolitik* vorausgesagt, daß das Thema Natur das zentrale Problem des kommenden Jahrhunderts sein wird. Die Tatsache, daß uns Natur und unsere Beziehung zur Natur zutiefst zum Problem geworden sind, kontrastiert in eigentümlicher Weise damit, daß man sich beständig auf Natur beruft. Natur wird weiterhin als das Selbstverständliche und darüber hinausgehend als das Maßgebliche vorausgesetzt. Dieser Kontrast von Fraglichkeit und Selbstverständlichkeit könnte anzeigen, daß die Art und Weise, wie wir über Natur reden und denken, uns die tiefe Krise unseres Naturverhältnisses noch verdeckt. Insofern lohnt es sich, die Beschäftigung mit dem Thema Natur mit einer Auflistung unserer Probleme im Verhältnis zur Natur zu beginnen.

Das bekannteste Problem, das wir mit der Natur haben, wird als *Umweltproblem* bezeichnet. Worin besteht es eigentlich? Wenn wir das Umweltproblem nach der Seite der Effekte bezeichnen wollen, dann läßt es sich wohl um drei Begriffe herum bündeln: Dissipation, Ressourcenverbrauch, Änderung von Kreisläufen und Klima. Unter Dissipation ist die irreversible Verteilung von Stoffen und Energie in die Umweltmedien, d. h. Luft, Wasser und Boden, zu verstehen. Bei den zerstreuten Stoffen handelt es sich um Abfall, Abrieb, um Verbrennungsprodukte und Düngemittel. Diese verteilten Stoffe verändern die quantitative Zusammensetzung der Medien und damit häufig schon ihre physikalische Konsistenz. Ferner wirken sie teils als Gifte, die sich dann über Nahrungsketten in bestimmten Organismen ansammeln, teils wirken sie als Katalysatoren, die etwa wie die Fluor-Kohlenwasserstoffe natürliche Kreisläufe verändern. Energie dissipiert natürlich ohnehin, und Leben ist auch nur möglich quasi als Katalysator beschleunigter Entropieerhöhung, aber in Zusammenwirkung mit anderen Faktoren wie insbesondere der CO_2- und Methan-Immission ist die Strahlungsbilanz zwischen Erde und Weltraum gestört, so daß es zu einer Aufheizung der Atmosphäre kommt.

Der Ressourcenverbrauch ist seinerzeit vom Club of Rome als die katastrophalste Umweltdimension herausgestellt worden.[1] Faktisch hat sich aber dieser Parameter noch nicht als so dramatisch erwiesen, weil teils die Erschließung neuer Ressourcen den Verbrauch wettmachte oder sogar überholte, teils durch technische Innovationen Engpässe abgefangen werden konnten. Ferner wird über die Möglichkeit des Recycling für sehr viele Stoffe das Problem auf die zentrale Ressource Energie zurückgeführt – und hier wird immer wieder die Hoffnung geweckt, daß sie eines Tages für die Menschheit in praktisch unbeschränktem Maße zur Verfügung stehen wird. So erscheint gegenwärtig als das zentrale Problem des Ressourcenverbrauchs das Problem Boden, wegen des Verlusts von Boden durch Versiegelung und Erosion, sowie das Problem Kreisläufe und Klima. Wenn wir den Beginn des Kulturlebens der Menschheit mit dem Neolithikum ansetzen, d. h. dem Seßhaftwerden und der Entwicklung von Ackerbau, also etwa um 10000 vor Christus, dann haben wir für die Menschheitsgeschichte mit Größenordnungen zu tun, in denen das Erdklima bisher im wesentlichen stabil war. Durch Aufheizung der Atmosphäre, Abholzung des Regenwaldes, Zerstörung der Ozonschicht und ähnliche Faktoren könnten sich Klimaveränderungen aber innerhalb von historischen Fristen einstellen. Das heißt, die Menschheit müßte erdgeschichtliche Dimensionen in zeitgeschichtlicher Perspektive verarbeiten. Das wird bei der dichten Besiedelung auch der bedrohten Gegenden der Erde nicht ohne Massenkatastrophen abgehen. Bangladesch ist ein Beispiel dafür.

Dies mag als Skizze des Umweltproblems durch Beschreibung der Effekte auf seiten der Natur genügen. Aber daß diese Effekte überhaupt als Problem anzusehen sind, liegt ja nicht eigentlich auf der Naturseite – denn was immer bei der sogenannten Umweltzerstörung herauskommt, es bleibt Natur –, sondern in der Relation des Menschen zu ihr. Der Mensch oder, sagen wir besser, der

1 D. und D. Meadows, E. Zahn, P. Milling, *Die Grenzen des Wachstums*, Reinbek: Rowohlt 1973.

in bestimmter Weise gesellschaftlich organisierte Mensch zerstört die Natur, insofern sie seine eigene Lebensgrundlage ist. – Aber hatten wir nicht gesagt, daß der Entwurf der Natur als Projekt ein Teil des Projekts der Moderne darstelle? War hierin nicht die Veränderung der Natur im ganzen immer schon mitprojektiert? Tatsächlich muß man diese Frage verneinen. Natur als Projekt bezog und bezieht sich auf die materielle und intellektuelle Aneignung der Natur, auf ihre Einbeziehung in den gesellschaftlichen, und das heißt in diesem Fall vor allem: in den technischen Gestaltungsbereich. Die Behandlung der Natur unter dem Aspekt der Aneignung bzw. im Zusammenhang der Aneignung impliziert gerade ein Wegblicken von der Natur ›da draußen‹. Die faktischen Veränderungen, die sich dabei in der ›Natur da draußen‹ ergeben, waren gerade nicht Projekt, es waren unbeabsichtigte Nebenfolgen. Es zeigt sich heute, daß sich das Projekt der Naturaneignung immer auf dem Hintergrund einer fraglos vorausgesetzten, nichtangeeigneten Natur hat realisieren lassen. Das Umweltproblem ist so gesehen die dialektische Kehrseite der sogenannten Naturbeherrschung. Heute müssen wir sagen, daß die Entgegensetzung von Welt und Umwelt, d. h. von menschlich angeeigneter Natur und fraglos zur Verfügung stehender Umgebung, nicht mehr durchzuhalten ist. Global ist die ganze Natur heute im Hause – diesen Sinn könnte man auch dem Wort ›ökologisch‹ geben –, das heißt, was als unintendierte Folge sich ergab, muß heute in das bewußte Kalkül der Naturgestaltung einbezogen werden.

Das zweite Problem mit der Natur hängt durchaus mit dem ersten zusammen, ist aber von ganz anderer Art. Es handelt sich um die *Natur des Menschen*. Dabei soll hier unter Natur des Menschen nicht sein Wesen verstanden werden, sondern gewissermaßen seine Kreatürlichkeit, das, was ihm von Natur her zukommt. Der Mensch hat schon lange, jedenfalls ausdrücklich in der Neuzeit, sein Wesen nicht in dieser Natur gesehen, sondern in der Auseinandersetzung mit ihr und genauer genommen sogar in der Absetzung von ihr. Trotzdem waren die Auseinandersetzungen mit der Natur gerade derart, daß die Natur darin als das Gegebene, als dasjenige, mit dem man sich abzufinden hat, angesehen wurde. Es handelt sich hier um Konstitution und Geschlecht, um Phänomene des Krankseins und Alterns und um die Kinder und ihre Artung. Die Auseinandersetzung mit diesen Gegebenheiten, die vielleicht als Segen oder Fluch erfahren wurde, vielleicht auch als

Bedrohung oder als Beglückung, war in jedem Fall eine *moralische*. Das Problem, in das wir in bezug auf die Natur, die wir selbst sind, hineingeraten sind, besteht darin, daß jetzt die Auseinandersetzung mit diesen ›Gegebenheiten‹ nicht mehr oder nicht mehr nur moralisch, sondern technisch ist. Wir können, was bisher gegeben schien, im Prinzip verändern bzw. wählen – durch Antikonzeptiva, durch pränatale Diagnostik und Kinderselektion, durch Prothesentechnik, durch Psychopharmaka und sonstige Mittel der Steuerung des Organismus. Damit aber ist die Grenze zwischen der menschlichen Natur als dem Gegebenen und dem, was der Mensch aus sich macht, verschiebbar geworden. Natur in diesem Sinne ist grundsätzlich zur Disposition gestellt, und man fragt sich, ob es so etwas wie eine feste menschliche Natur überhaupt noch gibt.

Ein weiteres Problem besteht darin, daß die Natur ihre traditionelle Rolle als *normative Instanz* in unserer Kultur verliert. Als Naturrecht gegenüber dem gesetzten politischen Recht, als natürliche Lebensweise oder als Kosmos, d. h. als größere Ordnung, in die sich der Mensch einzufügen hat, hat Natur in unserer europäischen Kultur immer diese normative Funktion gehabt. Unter dem Begriff Nachahmung, Mimesis, ist Natur ferner sowohl für künstlerische Gestaltung wie für technischen Entwurf über große Epochen Vorbild gewesen. Technik und Ästhetik haben sich längst von diesem Vorbild emanzipiert. Das mag man noch als die wahre Befreiung der menschlichen Kreativität feiern. Problematisch wird aber die Berufung auf Natur, wenn im ›Zeitalter technischer Reproduzierbarkeit von Natur‹ (Böhme 1992) der Unterschied von natürlich und künstlich verschwindet. Wie soll Natur Vorbildcharakter behalten bzw. zur Norm dienen, wenn sie prinzipiell als machbar entworfen wird oder als gemachte die gegebene, gemessen an bestimmten interessierenden Parametern, sogar übertrifft? Es scheint, daß die Berufung auf Natur in dem Maße, wie sich das Projekt Natur erfüllt, zur Ideologie wird.

Neben der Erosion der normativen Bedeutung von Natur tritt das Schwinden des *Vertrauens* in Natur. Gerade mit dem Anwachsen der Manipulationsmöglichkeiten gegenüber der Natur und natürlich auch mit den spürbaren Nebenfolgen dieser Manipulation, die wir als dialektische Kehrseite der Naturbeherrschung bezeichnet haben – also gerade mit der Durchsetzung des Projekts Natur –, wird deutlich, daß wir immer schon auf Natur gesetzt haben als dasjenige, was sich von selbst vollzieht. Das Projekt der Naturbeherrschung setzte voraus, daß die Natur ›mitmacht‹. In Umkehrung der Baconschen Formulierung – Bacon sagte, man kann die Natur nur beherrschen, indem man ihr gehorcht[2] – könnte man sagen, der Mensch habe in seinem Projekt der Naturbeherrschung vorausgesetzt, daß die Natur auch gehorcht. In jedes Gerät, in jede Brücke ist ein hohes Maß an Vertrauen auf die Verläßlichkeit der Natur investiert, ein Vertrauen darauf, daß die Natur ›an sich‹ regelmäßig und normal verläuft. Dieses Vertrauen ist auch die Basis unserer Beziehung zur Natur, die wir selbst sind. Die naturwissenschaftlich-technische Medizin, die sich selbst als Reparaturmedizin und Störungsbeseitigungsmedizin verstanden hat, setzte auf der anderen Seite eine an sich normal funktionierende Natur des Menschen voraus. Ihr Fortschritt aber und natürlich auch das Fortschreiten der Zerstörung der Umweltmedien, der Vergiftung der Nahrungsmittel usw., hat dieses Vertrauen aber zutiefst erschüttert. Der Mensch der fortgeschrittenen Zivilisation hat heute aufs Ganze gesehen das Vertrauen in seinen Organismus als der ihn tragenden Natur verloren. Von der Geburt über Schlaf, Ernährung, Verdauung bis zur Liebe – auf nichts verläßt man sich mehr und vertraut darauf, daß es sich von selbst und von selbst auch richtig vollzieht.

Als letztes Problem, das wir mit der Natur haben, möchte ich ein *ästhetisches* nennen. Der Mensch hat in der Natur, gerade wo er sie ästhetisch würdigte, das Andere seiner selbst gesucht. Natur war gerade im Zusammenhang des Projekts der Moderne ästhetisch der Gegenpol zur kulturell-zivilisatorischen Selbstgestaltung der Menschen und zur nutzenorientierten Aneignung von Natur. Natur wurde gesucht als dasjenige, was unberührt ist, auch wild, was Ordnung von sich aus zeigt oder den Menschen dimensional oder dynamisch überragt. Natur wurde gesucht und erfahren als dasjenige, was von selbst da ist und sich von sich her zeigt. Dieses ästhetische Bedürfnis nach Natur macht auch heute noch einen bedeutenden Anteil der ästhetischen Bedürfnisse des Menschen in der technischen Zivilisation aus. Das Problem, das sich dabei ergibt, könnte man auch als ein Paradox bezeichnen, nämlich daß dieses Bedürfnis nach Natur, das ja gerade auf ihre Natürlichkeit,

2 Francis Bacon, *Neues Organon* (1620), hg. von Wolfgang Krohn, 2 Bde., Hamburg: Meiner 1990, Aphor. Nr. 3.

d. h. auf ihr Von-selbst-Dasein sich richtet, mehr und mehr durch künstliche Natur befriedigt wird. Dabei ist an das ganze Spektrum inszenierter Natur vom Blumendruck auf Stoffen über künstliche Blumen im Restaurant und Hydrokulturen in Fußgängerzonen bis hin zur Natur als Staffage und Bühnenarrangement der Touristik zu denken.

Wenn wir diese Liste überblicken, dann werden wir zu dem Schluß kommen, daß in unserer Beziehung zur Natur eigentlich nichts mehr selbstverständlich ist. Um so notwendiger wird es sein, unsere Weise, über Natur zu reden und zu denken, einer Revision zu unterziehen. Gerade die Fortsetzung traditioneller Verwendungsformen des Wortes Natur und bisheriger Naturideologien erscheint angesichts der realen Bedrohungen, die uns aus unserer Beziehung zur Natur erwachsen, geradezu leichtfertig.

Wie reden und denken wir über Natur?

Es ist klar, daß unsere Art, über Natur zu reden und zu denken, unsere Wahrnehmung der Probleme, die wir mit der Natur haben, mitbestimmt und die Lösungsmöglichkeiten präjudiziert. Wie aber denken wir und wie reden wir über Natur? Diese Frage kann hier nicht im entferntesten beantwortet werden. Es ist aber auch die Absicht dieser Einführung in die Philosophie, nur die Ansatzmöglichkeiten zu skizzieren. Die Auswahl von typischen Rede- und Denkformen muß deshalb sehr selektiv sein. Insbesondere werde ich mich im folgenden auf den Terminus und den Begriff Natur im engeren Sinne konzentrieren, während natürlich für das Thema, um das es hier geht, andere Begriffe und Termini ebensowichtig sind, wie etwa Landschaft, biologische Evolution, Naturwissenschaft, Umwelt.

Beginnen wir mit einem Beispiel auf der Ebene des Vokabulars. Ich wähle das Wort ›natürlich‹. In welchen Zusammenhängen benutzen wir dieses Wort, welchen Sinn evozieren wir damit? Wir sagen etwa ›natürlich komme ich‹ oder ›natürlich habe ich schon gegessen‹. In diesen Verwendungsformen bedeutet das Wort soviel wie ›es versteht sich von selbst‹. In welchem Licht erscheint diese Redeweise, wenn man bedenkt, daß wir oben festgestellt haben, daß in bezug auf die Natur sich heute nichts mehr von selbst versteht?

Wir reden ferner von der natürlichen Geburt, den Naturvölkern, auch von den natürlichen Zahlen und der freien Natur. Natur und ›natürlich‹ in diesen Zusammenhängen bedeutet soviel wie das, was von selbst da ist, das Ursprüngliche. Ferner reden wir von der natürlichen Lebensweise und meinen damit eine einfache, eine naturgemäße Lebensweise. Dabei wird also weiterhin unterstellt, daß uns Natur als etwas Vorgegebenes und in seiner Vorgegebenheit Maßgebliches gilt.

Wenn man diese Liste von Beispielen überblickt, dann zeigt sich, daß im Alltagsvokabular die Worte ›Natur‹ und ›natürlich‹ dem Abruf von Selbstverständlichkeiten dienen. Dieser Eindruck wird noch verstärkt, wenn man die Verwendung des Wortes Natur als Präfix (Naturseife, Naturschwamm, Naturprodukt) hinzunimmt. Diese Redeweisen transportieren ein älteres, letztlich auf die Antike zurückgehendes Verständnis von Natur, nach dem die Natur die vorgegebene gute Ordnung des Ganzen darstellt, die auch für den Menschen in seiner Lebensführung maßgeblich ist. In einer Zeit, in der uns Natur durch und durch zum Problem geworden ist, verhindern solche Redeweisen, daß man sich auf diese Probleme wirklich einläßt. Insofern kann man sagen, daß diese Beschwörung verlorener Selbstverständlichkeiten im Alltag im engeren Sinne ideologisch ist, nämlich falsches Bewußtsein erzeugt. Deutlicher wird dieser Sachverhalt noch, wenn man nicht den Ausdruck Natur selbst, sondern Neologismen betrachtet, die mit den Präfixen Bio-, Vita- usw. zusammengesetzt sind: Bio-Äpfel, Vita-Korn ... Solche fadenscheinigen Euphemismen lassen wenigstens zugleich unser gestörtes Verhältnis zur Natur spürbar werden.

Wenden wir uns der Ebene der Ideologie zu, d. h. der öffentlichen Wahrheiten in bezug auf die Natur. Wir werden sehen, daß die öffentlichen Wahrheiten in bezug auf die Natur durchweg von den traditionellen Entgegensetzungen bestimmt sind, die dem Begriff Natur seit der Antike in unserer Kultur seine Kontur gegeben haben. Natur wird verstanden im Gegensatz zu Technik, im Gegensatz zu Kultur, im Gegensatz zu Geist, im Gegensatz zu Gesetz, im Gegensatz zu Zivilisation. Das heißt, wo immer man mit Natur etwas Bestimmtes meint, erhält es seine Bestimmtheit durch den Gegensatz zum menschlichen Bereich. Wir wollen jetzt nicht der Geschichte dieser Entgegensetzungen nachgehen, sondern die Wahrheiten aufspüren, die man heute durchschnittlich in bezug auf die Natur voraussetzt.

Das Umweltproblem hat in den letzten Jahrzehnten zu einer Naturpolitik geführt. Das heißt, Natur ist etwa neben Wissenschaft, Bildung, Verteidigung, Arbeit und Gesundheit ein eigenständiger und gewichtiger Sektor der Politik geworden. Die Naturpolitik nun hat sich als Natur*schutz*politik formiert. Sie versteht ihre Aufgabe darin, dem menschlichen Verhalten gegenüber der Natur Schranken zu setzen, d.h. umgekehrt die Natur gegen Einwirkungen des gesellschaftlich organisierten Menschen zu schützen. Solche Politik konkretisiert sich etwa als Immissionsschutzpolitik, als Grenzwertpolitik, als Reservoirpolitik. Es ist nur allzu deutlich, daß dieses ganze Politikkonzept von der traditionellen Entgegensetzung von Natur zum menschlichen Bereich etwa im Sinne von Technik, Ökonomie, Zivilisation lebt. Natur wird darin als etwas ursprünglich Gutes, Bewahrenswertes und als Norm verstanden. Dieser ganzen Politik soll ihre heilsame oder, sagen wir besser, Katastrophen-verzögernde Wirkung nicht bestritten werden. Sie ist aber dem Problem, das wir mit der Natur haben, dem sogenannten Umweltproblem, in keiner Weise adäquat. Zum ersten ist sie dysfunktional und muß langfristig unterliegen. Denn wenn man Natur als dasjenige, was gegenüber den Einwirkungen des Menschen geschützt werden muß, begreift, dann wird dieses Zu-Schützende auf Dauer immer kleiner werden. Ferner aber ist sie historisch blind, weil sie das Gegebene schlicht als Natur hinnimmt und dann noch als Norm begreift, obgleich es – jedenfalls in unseren Breiten – immer schon ein historisches und soziales Produkt ist. Die Natur, die uns umgibt, ist niemals Natur im Sinne des Ursprünglichen oder dessen, was von selbst da ist, sondern sie ist ein kulturelles Produkt der Arbeit der vergangenen Generationen. Schließlich aber ist Naturschutzpolitik auch ideologisch, insofern sie sich auf Natur als das Gegebene beruft und das im Rahmen einer Epoche und eines Handlungskontextes, in dem Natur längst zum Projekt gemacht worden ist. So kann man sagen, daß die Naturschutzpolitik die wahre Politisierung von Natur gerade verhindert. Sie unterstellt, daß wir Natur schon haben und wüßten, was gute Natur ist, während uns das Projekt Moderne schon längst in eine Situation gebracht hat, in der es eigentlich um die Frage gehen müßte, welche Natur wir überhaupt wollen.

Die Naturpolitik qua Naturschutzpolitik beruht also auf dem Glauben, daß Natur und menschlicher Bereich Gegensätze seien und daß uns Natur als gute gegeben sei. Ein ähnlicher Glaube

wirkt sich in der Beziehung zur Natur aus, die wir in der Naturheilkunde, der natürlichen Kosmetik, in der Lehre oder Praxis von der natürlichen Geburt finden. Diese Methoden haben ihre Anhänger und repräsentieren als solche natürlich nicht die Öffentlichkeit im ganzen, ja, sie stehen sogar in einer gewissen Opposition zu der dominanten Zugangsweise zum menschlichen Leib, nämlich der medizinisch-technischen. Aber sie teilen mit ihrem Gegner doch die Grundauffassung, daß Natur etwas der Technik Entgegengesetztes sei. Sie werten diese Entgegensetzung nur so, daß dem Natürlichen gegenüber dem Technischen in jedem Fall der Vorzug zu geben sei. Dabei wird von beiden Seiten verkannt, daß neuzeitliche Naturwissenschaft und damit auch naturwissenschaftliche Medizin ihren Ursprung einer *Aufhebung* des Gegensatzes von Natur und Technik verdankt und daß man sich auf der anderen Seite mit Naturheilkunde, Naturkosmetik etc. gerade in dem Moment ein Vertrauen auf Natur beruft, in dem es zutiefst erschüttert ist. Das zeigt sich daran, daß solche Verfahren nur dann konsequent lebbar, d. h. durchhaltbar sind und daß sie häufig sogar auch nur dann effektiv sind, wenn sie in einen quasi religiösen Lebenszusammenhang eingebettet sind.
Eine weitere öffentliche Wahrheit in bezug auf die Natur ist der Glaube, daß wir uns in einem Prozeß der fortschreitenden Naturbeherrschung befänden. Dieser Glaube ist ja die offizielle Ideologie des Projekts der Moderne und erhält seinen ideologischen Charakter im engeren Sinne, nämlich den Charakter, falsches Bewußtsein zu sein, nicht dadurch, daß er moderne Entwicklungen mit traditionalen Begriffen denkt oder die Natur als schlechthin gut unterstellt. Die Rede von der Naturbeherrschung rechnet mit der Natur als Bedrohung und als Gegner, sie rechnet, wenn man das überhaupt sagen darf, auch mit der Unberechenbarkeit der Natur, mit ihrer inneren Dynamik und Spontaneität. Der Glaube an die fortschreitende Naturbeherrschung verleugnet aber die beschriebene Dialektik der Naturbeherrschung; er behandelt jedes Phänomen von Spontaneität der Natur als eine ›noch nicht‹ beherrschte Seite oder Region der Natur. Typisch ist dafür etwa das Verhalten der naturwissenschaftlichen Medizin. Sie ist so angelegt, als sei ihr eigentliches Ziel die Abschaffung von Krankheit. Faktisch hat sie aber die Krankheiten nicht abgeschafft, sondern nur verschoben bzw. neue erzeugt. Jedenfalls sind durch sie die Krankheiten nicht weniger geworden, und das Leben des Men-

schen ist zwar durchschnittlich verlängert worden, aber der Krankheitsstand der Bevölkerung nicht verbessert. Diese Verhältnisse sind noch keineswegs durchsichtig. Soviel können wir aber vielleicht hier doch sagen: Das Projekt der Naturbeherrschung verleugnete die allgemeine Wahrheit, daß der Herrscher auf den Beherrschten angewiesen bleibt. Ferner ist es, wie ich schon sagte, als Naturaneignung, d.h. Domestizierung von Natur für einen humanen Innenraum angelegt worden, wodurch als unbeachtete Nebenfolge das Jenseits dieses Innenraums um so bedrohlicher wurde.

Schließlich möchte ich auch an dieser Stelle noch einmal auf die Naturästhetik zu sprechen kommen. Zu dem, was man öffentlich in bezug auf die Natur für wahr hält, gehört auch die Anerkennung eines ästhetischen Grundbedürfnisses des Menschen nach Natur. Worin dieses Bedürfnis besteht, ist im wesentlichen durch die bürgerliche Ästhetik im Rahmen des Projekts der Moderne entfaltet worden. Es ist das Bedürfnis des in der fortschreitenden Zivilisation bedrängten Menschen nach dem Anderen, nach dem, was von sich aus da ist. Gerade aber die Anerkennung dieses Bedürfnisses hat zu einer allgegenwärtigen künstlichen Produktion von Natur geführt. Sie wird langfristig zu einer Verkehrung des Bedürfnisses selbst führen. Das gibt Anlaß zu der Frage, ob das ästhetische Bedürfnis des Menschen nach Natur im Rahmen der klassischen Ästhetik, die auf dem Gegensatz von Natur und Zivilisation beruht, nicht überhaupt falsch gedeutet ist.

Wenn man die öffentlichen Wahrheiten unter den Stichpunkten Naturpolitik, Naturprodukte, Naturbeherrschung, Naturästhetik überblickt, so zeigt sich, daß sie durchweg auf den klassischen Entgegensetzungen, insbesondere auf dem Gegensatz von Natur und Technik bzw. Natur und Zivilisation, beruhen. Im Rahmen des Projekts der Moderne, innerhalb dessen Natur als Projekt gefaßt wird, ist die Fixierung auf einen Begriff von Natur als dem Gegebenen gegenüber dem vom Menschen Gemachten ohnehin ideologisch. Die Strategien, mit denen man dem Umweltproblem beikommen und dem Vertrauensschwund in Natur begegnen möchte, mit denen man die immer wieder aufbrechende Spontaneität der Natur beherrschen und schließlich dem ästhetischen Bedürfnis nach Natur Befriedigung verschaffen will, zeugen allesamt davon, daß man in diesen öffentlichen Wahrheiten die Erosion des klassischen Naturbegriffs nicht zur Kenntnis nimmt.

Weder haben wir die Natur noch irgend als schlicht gegebene, noch kann die faktische Natur normative Funktionen erfüllen; weder stellt sie noch den verläßlichen Grund unseres Lebens dar, noch ist sie einfach das Andere zu uns selbst. Was sich hier auflöst, ist ein Naturbegriff, der durch Entgegensetzung zum menschlichen Bereich gedacht war. Wenn man dieses Verhältnis umzudenken versucht, dann entdeckt man, daß der Kern dieses Naturbegriffs darin lag, daß der Mensch sich selbst im Gegensatz zur Natur verstand. Er verstand sein Eigenes, sein Proprium, als Gottesebenbildlichkeit, Seele, Vernunft, *res cogitans*. Danach hätte die Aufgabe, Natur neu zu denken, dabei anzusetzen, daß zunächst der Mensch sich selbst als Natur denkt, die Natur, insofern er sie selbst ist, sein Leib. Aber dieses Thema können wir hier nicht weiter verfolgen, wir müssen uns vorerst der Ebene der am tiefsten gehenden begrifflichen Prägung zuwenden, das heißt der Konstitution von Wirklichkeit durch den Begriff Natur und damit der Naturwissenschaft.

Die Konstitution von Wirklichkeit durch den Begriff Natur

Hier haben wir nun mit dem entscheidenden Punkt zu tun, nämlich mit der Frage, inwiefern unsere wissenschaftliche Erkenntnis von Natur durch den Naturbegriff geprägt und das heißt auch präjudiziert ist. In der Wissenschaft wird Wirklichkeit als Natur thematisiert. Wir müssen uns danach fragen, wie dadurch der Gegenstand der Erkenntnis formiert wird und ob es dazu Alternativen gäbe.

Zunächst mag auffällig sein, daß ich nicht sage, die Natur würde durch die wissenschaftliche Thematisierung in bestimmter Weise formiert, sondern die *Wirklichkeit* werde durch den Begriff der Natur formiert. Sicherlich kann man den Ausdruck Natur auch in vager Weise wie den Ausdruck Wirklichkeit verwenden, also etwa wie die Vorsokratiker zur Bezeichnung von allem. Uns geht es aber um einen ganz bestimmten Naturbegriff, der unsere Sicht der Wirklichkeit prägt. Wir fragen deshalb nach der Thematisierung von Wirklichkeit *als* Natur.

Nun könnte man einwenden, daß der Begriff Natur in der Naturwissenschaft gar nicht vorkommt. Das ist richtig. Faktisch wird der Naturbegriff in der Wissenschaft durch seine Explikate wirksam: durch Begriffe wie Gesetz, Kausalität, Quantität usw. Von diesen Explikaten her könnten wir unsere Frage nach der Konstitution von Wirklichkeit in der Naturwissenschaft auch als die Frage formulieren, wie ›Natur‹ in der Naturwissenschaft gedacht wird.

Ich gehe für das weitere von einigen klassischen Formulierungen aus, die sich in Kants *Metaphysischen Anfangsgründen der Naturwissenschaft* (1786) finden. Kant unterscheidet Natur in formaler Bedeutung und in materieller Bedeutung, wir würden sagen: er unterscheidet die intensionale und die extensionale Bedeutung von Natur. Im extensionalen Sinne ist Natur die Gesamtheit aller Gegenstände unserer Sinne. Da es einen äußeren und einen inneren Sinn gibt, scheint es deshalb zunächst so, als ob es zwei Naturreiche gäbe. Aber die Phänomene des inneren Sinns lassen sich nicht als Gegenstände konstruieren. Kant spricht dem Bereich des Seelischen die Wissenschaftsfähigkeit ab, weil er der Mathematik nicht zugänglich sei und sich im Strom des Bewußtseins nichts Bleibendes finde. Also bleibt übrig: Natur in extensionaler Bedeutung ist die Gesamtheit aller Gegenstände vor dem *äußeren* Sinn.

Natur in intensionaler Bedeutung ist nach Kant »das erste innere Prinzip alles dessen ..., was zum Dasein eines Dinges gehört« (*MA*, A III). Das innere Prinzip, das zum Dasein eines Dinges gehört, ist der Gesetzeszusammenhang, der es als Erscheinung möglich macht. Nach dieser Explikation des Naturbegriffs bei Kant können wir also sagen, daß sie der gesetzmäßige Zusammenhang der Erscheinung vor dem äußeren Sinne ist.

Daß hier eine besondere Thematisierung von Wirklichkeit vorliegt, läßt sich bereits an zwei Stellen erkennen. Das erste ist, daß die Natur, die wir selbst sind, der Leib, in dieser Thematisierung ebenfalls als ein Gegenstand vor dem äußeren Sinn erscheint, und das heißt in der Regel vor dem Sinn eines anderen, der ihn von außen betrachtet und untersucht. Die Selbstgegebenheit unseres Leibes wäre ja wohl eine Gegebenheit vor dem inneren Sinne. Sie wäre nicht Naturwissenschaft und nach Kant überhaupt nicht Wissenschaft, sie kommt bei ihm einfach nicht vor. Der zweite Punkt ist, daß aus diesem Konzept von Natur alles Nichtgesetzmäßige herausfällt. Als Natur wird überhaupt nur mitgerechnet, was sich gesetzmäßig ereignet. Das bedeutet, daß Spontaneität aus der Natur ausgeschlossen ist und daß einmalige oder praktisch einmalige Erfahrungen für die Naturwissenschaft irrelevant sind bzw. einmalige oder praktisch einmalige Ereignisse nicht zur Natur gehören.

Wir haben damit durch den schnellen Zugriff auf eine philosophische Analyse von Naturwissenschaft eine wesentliche Charakterisierung der Konstitution von Wirklichkeit qua Natur, wie sie sich in der Neuzeit herausbildete, gewonnen. Wenn wir in Erinnerung der allgemeineren Ausführungen über Thematisierung danach fragen, in welchem Interesse bzw. mit welcher Perspektive diese Thematisierung erfolgt, so werden wir auf das Projekt Natur zurückverwiesen, wie es sich von Galilei an herausbildete. Vielleicht ist es sinnvoll, sich noch einmal vor Augen zu führen, was Thematisierung hier heißt: Natürlich hat man mit der Natur auch in nichtthematischer Weise zu tun, also etwa indem man lebt oder wahrnimmt. Die Naturwissenschaft, das ist wichtig festzuhalten, ist nicht etwa eine Fortsetzung dieser leiblichen Beziehung zur Natur oder eine Verbesserung der Wahrnehmung. Zwischen den unmittelbaren leiblichen Bezügen zur Natur und der Naturwissenschaft liegt ein Bruch, den wir als Thematisierung bezeichnen. Die Natur wird als *etwas* betrachtet, sie wird in bestimmter Hinsicht entworfen. Diesen Vorgang nannten wir allgemein Thematisierung. Die besondere Art der Thematisierung in der neuzeitlichen Naturwissenschaft ist das Experiment. Das Experiment könnte man als eine Fragesituation ansehen, aber genaugenommen ist das eine unvollständige oder sogar täuschende Beschreibung, insofern hier dem Antwortenden die Art und Weise zu antworten nicht freigestellt ist. Das Experiment ist ein im Prinzip technischer Zusammenhang, das heißt, es werden bestimmte Randbedingungen, Isolierungen und reine Verhältnisse (etwa reine Stoffe, Ausschaltung von Reibung etc.) hergestellt und dadurch Vorgänge in gewisser Weise provoziert. So studiert etwa Galilei, wenn er am Vorgang des Fallens interessiert ist, nicht etwa das Herunterfallen von Gegenständen, sondern er konstruiert die schiefe Ebene, läßt auf ihr eine Kugel herabrollen und mißt die erreichten Endgeschwindigkeiten durch die erzielten Wurfweiten dieses Katapults. Was hier als Natur angesprochen wird, ist ein reguläres Verhalten, das durch die Herstellung bestimmter Bedingungen hergestellt wird. Natürlich kann man nicht sagen, daß damit die Natur in ihrem Sein geschaffen werde. Sie ist schon von selbst da, und es wird schon vorausgesetzt, daß sie von sich aus ein gewisses regelmäßiges Verhalten zeigt, auf das man sich verlassen kann. Aber dieses regelmäßige Verhalten ist keineswegs von gesetzmäßiger Allgemeinheit und Notwendigkeit. Vielmehr kann man diese Regelmäßigkeit sehr gut durch das aristotelische ›Mehr oder Weniger‹ und ›meistens, aber nicht immer‹ charakterisieren. Die im technischen Zusammenhang thematisierte Natur dagegen erscheint gesetzmäßig. Diese Rekonstruktion des Regelmäßigen als Gesetzmäßiges ist der Anteil der Prägung, der sich durch den experimentellen Entwurf in der Naturwissenschaft vollzieht. Soviel ist schon bei Galilei klar. Später, nämlich bei Newton, wird dann auch der Typ der Gesetze im Prinzip festgelegt. Durch die beiden ersten Prinzipien Newtons, d. h. durch das Trägheitsprinzip und durch die Festlegung, daß Bewegungsänderungen einwirkenden Kräften proportional sein sollen, werden die Naturgesetze prinzipiell in der Weise entworfen, daß sie Zustandsänderungen mit äußeren Kräften in Verbindung bringen. Damit ist klar, als was Natur in der neuzeitlichen Naturwissenschaft thematisiert wird: als Mechanismus, als eine Mannigfaltigkeit von Zuständen, deren Änderung auf äußere Kräfte zurückgeführt wird. Es lohnt sich, um diesen Vorgang der Thematisierung von Natur zusammenzufassen, noch einmal Kant zu zitieren, der sehr klar gesehen hat, daß mit der neuzeitlichen Naturwissenschaft die Natur zum Projekt wurde. Er schreibt in der Vorrede zur *Kritik der reinen Vernunft* (B XII f.):

»Als Galilei seine Kugeln die schiefe Fläche mit einer von ihm selbst gewählten Schwere herabrollen oder Torricelli die Luft ein Gewicht, was er sich zum voraus mit dem einer ihm bekannten Wassersäule gleichgedacht hatte, tragen ließ, oder in noch späterer Zeit Stahl Metalle in Kalk und diesen wiederum in Metall verwandelte, indem er ihnen etwas entzog und wiedergab; so ging allen Naturforschern ein Licht auf. Sie begriffen, daß die Vernunft nur das einsieht, was sie selbst nach ihrem Entwurfe hervorbringt, daß sie mit Prinzipien ihrer Urteile nach beständigen Gesetzen vorangehen und die Natur nötigen müsse, auf ihre Fragen zu antworten ...«

Daß Natur etwas Äußeres und ein Gesetzeszusammenhang ist, entspringt also einer Thematisierung, die Natur im technischen Zusammenhang zur Erscheinung bringt. Das Interesse dieser Thematisierung liegt bereits in der Herstellung des experimentellen *setting*. Es ist das Interesse der Naturaneignung, das Interesse,

die Natur in möglichst sicherer Weise zur Verfügung zu haben, d. h. als Mechanismus. Dieser Entwurf impliziert zunächst noch nicht die Absicht, die Natur für den Menschen arbeiten zu lassen. Dahingehend wurde das Projekt Natur erst gegen Ende des 18. Jahrhunderts und dann vor allem im 19. Jahrhundert fortentwickelt. Damit wurde die Natur zur ›arbeitenden Maschine‹.[3]
Daß diese neuzeitliche Thematisierung von Natur eine besondere ist, d. h. eine unter mehreren Alternativen, kann man sich historisch klarmachen etwa durch den Gegensatz zur aristotelischen Natur. Es wird uns aber heute auch durch Veränderungen innerhalb der Naturwissenschaft selbst deutlich. Wir befinden uns gegenwärtig in einer Phase, in der die Frage nach dem Gesetz allmählich in der Naturwissenschaft relativiert wird. Die Frage nach dem Gesetz war von so entscheidender Bedeutung, weil bei einem Entwurf von Natur, in dem man technisch die Randbedingungen kontrolliert, das Verhalten der Natur bei Kenntnis ihrer Gesetze kontrollierbar ist. In der jüngsten Entwicklung der Naturwissenschaft zeigt sich aber, daß einerseits der Feststellung der Randbedingungen unter Umständen (das ist der Fall in der Quantentheorie) prinzipielle Grenzen gesetzt sein können und andererseits eine minimale Unkenntnis oder Unschärfe der Anfangsbedingungen bei bestimmten Gesetzen das weitere Verhalten chaotisch und somit unvorhersehbar werden läßt (das sind die Tatsachen, mit denen sich die Chaostheorie beschäftigt). Schließlich ist zu erwähnen, daß ein Naturgesetz genaugenommen nur dann ein Gesetz ist, wenn es einen Vorgang in einer Weise charakterisiert, der vom zufälligen Beobachtungszeitpunkt bzw. Beobachtungsstandpunkt unabhängig ist, das heißt, wenn es gegenüber gewissen Transformationen invariant ist. Diese Tatsache richtete seit Einstein die Aufmerksamkeit auf die Symmetrien, die für eine Natur als Gesetzeszusammenhang vorauszusetzen sind. Das ist eine andere Relativierung des Begriffs des Naturgesetzes als zentraler Charakterisierung von Natur. Symmetrien scheinen uns heute fundamentalere Charakterisierungen von Natur zu sein als Naturgesetze. Wenn wir diese Entwicklungen betrachten, dann müssen wir feststellen, daß der Naturbegriff hier durch die Ent-

3 Herbert Breger, *Die Natur als arbeitende Maschine. Zur Entstehung des Energiebegriffs in der Physik 1840-1850*, Frankfurt/New York: Campus 1982.

wicklung der Naturwissenschaft selbst in Fluß gekommen ist. Diese Veränderung als eine Auflösung des Begriffs von Natur als Mechanismus zu bezeichnen scheint nach unserer Analyse ganz treffend. Wohin die Entwicklung tendiert, ist aber noch nicht ausgemacht.

Ich möchte aber die Besonderheit des Entwurfs von Natur, wie er sich in der neuzeitlichen Naturwissenschaft herausgebildet hat, noch in zweierlei Weise charakterisieren. Die erste Charakterisierung gelingt durch die Konfrontation mit dem aristotelischen Naturbegriff, dem Physisbegriff. Nach Aristoteles ist *physis*, wie das griechische Wort sagt, das Aufgehende. Für ihn ist das natürlich Seiende dasjenige, das das Prinzip seiner Bewegung in sich hat. Technische Gegenstände erhalten dagegen das Prinzip ihrer Bewegung von außen, nämlich vom Menschen. Natürlich Seiendes entwickelt sich aus sich heraus und reproduziert sich selbst. Aristoteles war in seinem Naturbegriff offenbar an Organismen orientiert. Von daher wurde auch anderes Naturgeschehen, etwa das Herabfallen von Gegenständen, als die Erfüllung einer Tendenz, die in der Sache selbst schon liegt, angesehen: Herabfallende Gegenstände haben ein Bestreben, an ihren natürlichen Ort, nämlich möglichst zum Zentrum der Welt zu gelangen. Wir haben gesehen, daß demgegenüber Naturdinge im neuzeitlichen Sinne keine inneren Kräfte haben. Das kommt vor allem im Begriff der Trägheit zum Ausdruck. Natur ist im Grunde Materie, und die Materie agiert nicht von selbst, sondern sie verharrt. Kräfte treten nur als äußere Kräfte auf, d. h. als Wechselwirkungen zwischen Gegenständen, nicht als spontane Antriebe oder Tendenzen zur Veränderung oder Entwicklung.

Die andere Alternative, die ich erwähnen möchte und die wiederum die Besonderheit neuzeitlichen Naturverständnisses heraushebt, ist das Verstehen der Natur vom Leibe aus. Da wir selbst Natur sind, haben wir von der Natur ein Wissen, das sich grundsätzlich von der neuzeitlichen Naturwissenschaft unterscheidet, insofern diese Natur ja immer als etwas Äußeres thematisiert. Dieses Wissen ›von innen‹, wie es Hans Jonas genannt hat, ist allerdings ganz unausgearbeitet, und wir sind auch ganz ungeübt darin, von diesem Wissen Gebrauch zu machen. Aber soviel ist sicher: es ist jedenfalls ein wichtiges Wissen, insofern es das für uns relevanteste Stück Natur oder, sagen wir, den relevantesten Bereich von Natur, nämlich unseren Leib betrifft. Die ›Naturwissenschaft‹, die daraus entspringen könnte, wäre schon hier, nämlich für den Umgang mit uns selbst und von da aus für die Medizin, von äußerster Bedeutung. Darüber hinaus ist aber zu vermuten, daß sie auch ein anderes Wissen von der Natur, die wir nicht selbst sind, entwickeln könnte. Dann wäre allerdings die Fähigkeit der Sympathie, d.h. die Fähigkeit, was wir äußerlich wahrnehmen, am eigenen Leibe mitzuvollziehen, erst als Erkenntnisfähigkeit auszubauen.

Schluß

Wenn wir die Übersicht über die Probleme, die wir mit der Natur haben, konfrontieren mit der Art und Weise, wie wir über Natur reden und wie wir im Rahmen neuzeitlicher Naturwissenschaft und Technik Wirklichkeit als Natur behandeln, dann zeigt sich eine erschreckende Diskrepanz: Die wissenschaftlich-technisch angeleitete gesellschaftliche Aneignung von Natur zerstört langfristig die menschlichen Lebensgrundlagen. Der Fortschritt der Möglichkeiten, die Natur zu manipulieren, hat eine tiefe Unsicherheit darüber ausgelöst, was der Mensch selbst noch als Natur an sich anerkennen soll, und er hat sein Vertrauen in Natur untergraben. Der Naturbegriff hat seine normative Rolle verloren, und Natur als das ganz Andere, das sich von selbst zeigt, wird mehr und mehr erfahrbar nur noch in künstlichen Inszenierungen. Gleichwohl wird über Natur geredet, als sei sie noch immer das Selbstverständlichste von der Welt, als sei sie uns noch immer als bewahrenswerter und maßgeblicher Hintergrund unseres Lebens gegeben, als seien wir immer noch in einem Fortschritt der Naturaneignung befindlich. Und schließlich: Das Projekt Natur, wie es in der Neuzeit entworfen wurde, wird ungebrochen fortgesetzt. Es geht um die Eroberung des Weltraums, künstliche Biosphären werden – zunächst noch – auf der Erde unter riesigen Glaskuppeln eingerichtet, die Selbstregulation in der Natur soll durch ein raffiniertes Ökomanagement ersetzt werden, künstliche Lebewesen werden zu bestimmten Funktionen geplant und patentiert, der Mensch nimmt seine biologische Reproduktion in eigene Regie, macht durch Prothesen seinen Organismus zum biotechnischen System und plant sich selbst als Teil eines solchen. Den Problemen des Projekts Natur begegnet man mit traditionalen Naturbegriffen und klassischen Dichotomien, deren Gültigkeit längst durch dieses Projekt aufgezehrt wurde. Man solle die Natur schützen und bewahren, natürlich leben und die Natur achten. Was not täte, wäre statt dessen eine gründliche Revision des Projekts Natur. Mit der dazu notwendigen begrifflichen Arbeit haben wir in diesem Kapitel zumindest begonnen.

Zwei Ergebnisse wären festzuhalten: *Erstens* hat der Mensch sich durch die Entgegensetzungen, die dem klassischen Naturbegriff Kontur gaben, selbst aus der Natur herausdefiniert. Insofern kommt es bei einer Neufassung des Naturbegriffs zunächst darauf an, Natur zu denken, insofern sie der Mensch *selbst ist. Zweitens:* Die Thematisierung von Wirklichkeit als Natur, wie sie in der neuzeitlichen Naturwissenschaft sich entwickelt hat und die heute für fast alle praktischen Zusammenhänge des Umgangs mit der Natur maßgeblich ist, hat sich als äußerst eingeschränkt erwiesen. Was sich in solcher Thematisierung als Natur zeigen kann, ist durch das technische Nutzungsinteresse bestimmt, es ist dem Menschen äußerlich, schließt Spontaneität aus, ist eingeschränkt auf gesetzliche Reproduzierbarkeit.

Solche Feststellungen und die Andeutung von Alternativen sind wirklich nur der Anfang der begrifflichen Arbeit, die hier nötig wäre. Sie könnte nur ausgeführt werden im Rahmen einer umfassenden Philosophie der Natur, nämlich einer Naturphilosophie, die zugleich eine Philosophie des menschlichen Leibes wäre.

5. Der Mensch

Welche Probleme haben wir mit dem Menschen?

Wenn wir in Analogie zu unserer Behandlung des Themas Wissenschaft und des Themas Natur nun fragen, welche Probleme wir mit dem Menschen haben, so wird die Fragesituation dadurch bestimmt, daß wir das, wonach wir fragen, selbst sind. Es müßte also besser heißen: Welche Probleme haben wir mit uns selbst, oder vielleicht auch schlicht: Welche Probleme haben wir? Die letztere Formulierung wäre allerdings doch zu weit, da wir hier unter der Perspektive philosophischer Arbeit uns auf unsere Probleme nur insoweit einlassen können, als sie sprachlich begrifflich konstituiert oder zugänglich sind. Deshalb geht es im folgenden um unsere Probleme, insofern wir uns selbst als Menschen darin zum Thema werden, d.h. also um Probleme des menschlichen Selbstverständnisses. Im Vorblick auf das, was im einzelnen zu sagen wäre, kann man diese Probleme als Orientierungsprobleme zusammenfassen: Wir, die Menschen unserer Zivilisation, befinden uns in einer tiefen Krise unseres Selbstverständnisses als Menschen.

Ich beginne, um der Anknüpfung an das vorhergehende Kapitel willen, mit dem Thema *menschliche Natur*. Dabei möchte ich jetzt den Ausdruck ›menschliche Natur‹ nicht im Sinne von ›Wesen‹ verstehen, sondern mich auf das beziehen, was am Menschen Natur ist, auf das, was man traditionell auch als das Animalische oder Kreatürliche am Menschen verstand. Es handelt sich also um die Natur, die wir selbst sind, den Leib. Inwiefern sind wir heute in unserem Verständnis dieser unserer Natur in Probleme geraten? Die eigene Natur wurde in unserer Kultur ebenfalls im Sinne der traditionellen, im letzten Kapitel behandelten Entgegensetzungen aufgefaßt, speziell der Entgegensetzung von Natur als dem Gegebenen, dem, was durch sich selbst da ist und sich selbst reproduziert, zu dem vom Menschen Gemachten. Ich habe schon an Kants Unterscheidung von Anthropologie in physischer Hinsicht und Anthropologie in pragmatischer Hinsicht erinnert. Die Anthropologie in physischer Hinsicht handelt von dem, was der Mensch als seine Natur hinnehmen muß, während die Anthropologie in pragmatischer Hinsicht das bestimmt, was der Mensch aus sich machen kann und soll. Kant formulierte dieses Programm der menschlichen Selbstgestaltung – das wir ja als einen Teil des Projekts der Moderne identifiziert haben – mit den Stichworten Kultivierung, Zivilisierung, Moralisierung. Entscheidend ist, daß dieses Programm allerdings auch die Auseinandersetzung mit der eigenen Natur einbezog – es ging nämlich um die Beherrschung und Kontrolle der eigenen Natur –, aber diese Auseinandersetzung lag prinzipiell auf der moralischen Ebene. Das, was uns in der Fortsetzung des Projekts der Moderne in Orientierungsprobleme hineingebracht hat, ist die Auseinandersetzung mit der eigenen Natur mit *technischen* Mitteln: Durch die Möglichkeiten der Pharmakologie, der Prothesentechnik, der Konzeptionsverhütung, pränataler Diagnostik und Fötenselektion sowie schließlich durch die sich anbahnende Technik extrauteriner Reproduktion des Menschen und der Genmanipulation ist das, was ursprünglich als menschliche Natur hingenommen werden mußte, prinzipiell in den Bereich der Verfügbarkeit geraten. Es ist fraglich geworden, was der Mensch an sich selbst überhaupt noch als Natur hinnehmen muß. Diese Disponibilität der menschlichen Natur hat auch weitreichende Konsequenzen für die andere Seite des menschlichen Selbstverständnisses, also für das, was Kant die pragmatische Hinsicht genannt hat. Das Programm Kultivierung, Zivilisierung, Moralisierung des Menschen war ja wesentlich als eine Abarbeitung an seiner gegebenen Natur konzipiert worden, das heißt, das moralische Selbstverständnis des Menschen beruhte wesentlich auf seiner Fähigkeit zur Disziplin und Selbstbeherrschung. Ebenso sind auch die mehr traditionellen christlichen Tugenden, wie Demut und Geduld, in Frage gestellt, wenn es prinzipiell nichts mehr gibt, was man hinnehmen muß. Insofern ist mit dem Fraglich-Werden der menschlichen Natur zugleich fraglich geworden, was der Mensch als moralisches Wesen eigentlich ist.

Das zweite Problem, das wir mit uns selbst haben, möchte ich *das Unbehagen im Leibe* nennen. Das Projekt der Moderne war von Anfang an mit einer tiefen Verunsicherung des europäischen Menschen in seiner Leiberfahrung verbunden. Diese Verunsicherung zeigt sich gerade an den ›fortgeschrittenen‹ Individuen, d. h. fortgeschritten im Sinne der Zivilisation. Ich rede von der Hypochondrie im 18. Jahrhundert, der ersten großen Zivilisationskrankheit. Hypochondrie wird heute rückblickend – wahrscheinlich beein-

flußt durch Molières Lustspiel – als eingebildete Krankheit verstanden. Tatsächlich hat Hypochondrie viel mit Einbildungskraft zu tun. Man muß diese dann aber als eine mächtige, selbsttätige und den Leib formende Kraft verstehen, wie das im Anfang des 18. Jahrhunderts noch der Fall war. Es läßt sich zeigen, daß Einbildungskraft als Verursacher der Hypochondrie im 18. Jahrhundert den Teufel ablöste: Was vorher als bösartige Anmutung und Besessenheit verstanden wurde, mußte der aufgeklärte Mensch ideologisch in sich selbst hineinverlegen. Und damit stieß er auf die gefährliche Macht der Einbildung. Der aufgeklärte Mensch, der so die Welt dämonischer Anmutungen losgeworden war, entdeckte in sich selbst etwas Fremdes und Beängstigendes. Hinzu kommt, daß er im Zuge der Zivilisierung sein Selbstverständnis mehr und mehr in die Fähigkeit zu Disziplin und Vernunft verlegte und daß ihm der Körper, mit Descartes als Maschine verstanden, in seinen Regungen fremd und unverständlich wurde.[1]
Hypochondrie ist als Krankheit natürlich nur eine Erscheinungsform und historische Konkretion einer fundamentalen Selbstbeziehung des Menschen. Medizingeschichtlich hat sie ihren Vorläufer in der Melancholie und ihre Nachfolge in der Neurasthenie und heute in der Depression. Der Prozeß der Zivilisation hat aber dieser Grunderfahrung des Menschen die spezielle Form einer Unfähigkeit des Umgangs mit der eigenen Leiblichkeit verliehen. Der gegenwärtige Mensch kann seine leiblichen Regungen nur noch als Symptome verstehen, d. h. als Anzeichen für etwas anderes, ihm Fremdes, das ihm als Individuum im Lebensalltag nicht zugänglich ist, so daß er für die Deutung dieser Symptome stets den Fachmann, letzten Endes den Arzt braucht. Als Beziehung zum eigenen Körper kennt er vor allem den Sport und dann die medizinisch-technische Manipulation. Wenn wir dieses Problem als Orientierungsproblem verstehen wollen, dann ist hier wieder zunächst der Verlust des Vertrauens in Natur zu nennen, dann aber überhaupt das Fehlen einer Orientierung im Leiblichen, der Mangel an Leibsein-*Können*. Der Orientierungsmangel zeigt sich heute besonders deutlich im diffusen Eindringen östlicher Techniken der Leibbeherrschung. Hier versuchen die europäischen Menschen die Probleme, die sie mit sich selbst in bezug auf die

1 Hartmut und Gernot Böhme, *Das Andere der Vernunft*, Frankfurt am Main: Suhrkamp 1983, Kapitel VII.

eigene Natur, nämlich den Leib, haben, auf individuelle Weise zu lösen. Dies führt aber zu keiner grundsätzlichen Revision des Selbstverständnisses, sondern ist nur additiv und wirkt kompensatorisch gegenüber der weiterhin dominanten Lebensform.

Das nächste Orientierungsproblem im Selbstverständnis des gegenwärtigen europäischen Menschen bezieht sich auf das *Geschlechterverhältnis*. Ein Teilprojekt des Projekts der Moderne steht unter der allgemeinen Forderung der Emanzipation. Diese hat Schritt für Schritt den einzelnen Ständen die gleichen bürgerlichen Rechte gebracht, hat zur Emanzipation der Juden und schließlich der Frauen geführt. Die Gleichberechtigung der Frauen im politischen Sektor und auf dem Arbeitsmarkt ist für sich genommen zweifellos ein positives Ergebnis dieser Entwicklung. Im Ringen um die Gleichberechtigung der Frau ist aber zugleich deutlich geworden, daß sie bisher in einer politisch und kulturell von Männern dominierten Gesellschaft als das zweite und das heißt auch als das zweitrangige Geschlecht angesehen wurde. Das ist eine zentrale Aussage des klassischen Werks von Simone de Beauvoir *Das andere Geschlecht*.[2] Dieses Verhältnis könnte durch den historisch-politischen Schritt zur Gleichstellung revidierbar sein. Tatsächlich hat sich aber gezeigt, daß die weibliche Kultur, die weiblichen Charaktereigenschaften, kurz das, was man unter ›Weiblichkeit‹ verstand, nicht bloß etwas war, das, gemessen am Maßstab einer Männergesellschaft, als zweitrangig angesehen wurde – tatsächlich wurde ja die Frau als *Frau* in der klassisch-patriarchalen Gesellschaft etwa des 19. Jahrhunderts viel höher geachtet als heute –, sondern daß die Propria, die Eigentümlichkeiten des weiblichen Geschlechts, selbst ein Ausdruck ihrer abhängigen Stellung vom Mann waren. Die Kultur der Fürsorge, die Sensibilität für menschliche Beziehungen, der Sinn fürs Konkrete, Einfühlungsgabe, Schamhaftigkeit – all diese Besonderheiten des weiblichen Charakters wurden als Eigenschaften und Tugenden von jemandem entlarvt, der in abhängiger, eher dienender Stellung auf den engen häuslichen Bereich beschränkt war. Diese Destruktion der Weiblichkeit wurde – wenn man vielleicht auch Georg Simmel[3] als ihren ersten Autor bezeichnen muß

2 Simone de Beauvoir, *Das andere Geschlecht. Sitte und Sexus der Frau*, Reinbek: Rowohlt 1968.

3 Georg Simmel, »Das Relative und das Absolute im Geschlechter-Pro-

– vor allem von den Frauen selbst betrieben. Sie hat zu einer tiefen Verunsicherung im Geschlechterverhältnis geführt und vor allem zu einer großen Verlegenheit im Selbstverständnis der Frauen. Man kann die entstandene Lage vielleicht am besten in einer Analogie zu der Kritik, die Karl Marx Mitte des letzten Jahrhunderts an der Judenemanzipation geübt hat, formulieren.[4] Marx sagte damals, daß die Judenemanzipation keine Emanzipation der Juden, sondern eine Emanzipation vom Judentum gebracht habe. Die Juden mußten sich nämlich, um als Bürger voll anerkannt zu werden, ›assimilieren‹. Entsprechend könnte man heute sagen, daß die Emanzipation der Frauen keine Emanzipation der Weiblichkeit, sondern ein Emanzipation von der Weiblichkeit gebracht hat.[5] Wie die Juden sich zum abstrakten Bürger, so mußten die Frauen sich zum abstrakten Menschen machen – und dieser, das wurde schon bei Simone de Beauvoir deutlich, ist zunächst durch die männliche Kultur definiert. Die Verlegenheit, in der wir uns befinden, äußert sich in den verschiedenen und divergierenden Lösungsansätzen. Ein Weg könnte darin bestehen, den Menschen grundsätzlich als zweigeschlechtlich zu denken, d. h. ihn anthropologisch so zu verstehen, daß es Menschsein immer nur in der Konkretheit von Mannsein und Frausein gibt. Auf die Problematik dieses Ansatzes werde ich noch zu sprechen kommen. Eine andere Möglichkeit ist die Idee der Androgynität, d.h. der Behauptung oder besser der Forderung, daß Männer und Frauen beide auf ihre Weise am Männlichen und Weiblichen partizipieren. Diese Lösung raubt aber der Geschlechterbeziehung die Attraktivität durch das jeweilige Andere, welche Attraktivität wohl für Erotik unentbehrlich ist. Eine weitere Lösung, die von weiblichen Theoretikern vorgeschlagen wird, ist die Auflösung des Geschlechtstypus überhaupt. So sagt etwa die Philosophin Kristeva, es gebe für sie soviel Weiblichkeiten wie Frauen. Und schließlich wird vorgeschlagen, Geschlechtlichkeit als etwas Situationsspezifisches zu leben, das heißt, daß die einzelnen Menschen nur

blem«, in: ders., *Philosophische Kultur,* Potsdam: Kiepenheuer, 3. Aufl. 1923, S. 65-103.

4 Karl Marx, »Zur Judenfrage« (1843), in: ders., *Werke,* hg. von P. Furth, Bd. 1, Darmstadt: Wissenschaftliche Buchgesellschaft 1971, S. 451-487.

5 Karen Böhme, *Zum Selbstverständnis der Frau. Philosophische Aspekte der Frauenemanzipation,* Meisenheim/Glan: Anton Hain 1973, Kapitel 1.3.

›gelegentlich Mann‹ oder ›gelegentlich Frau‹ sind.[6] Die Verlegenheit der Orientierung im Geschlechterverhältnis ist in allen diesen Vorschlägen unverkennbar.

Als letztes der größeren Orientierungsprobleme, in denen wir uns gegenwärtig befinden, möchte ich das Problem der *Fremdheit* nennen. Ich meine damit nicht das Problem der Ausländer, das ein politisches, soziales und rechtliches ist. Freilich hängt das Fremdheitsproblem als Orientierungsproblem auch mit der Ausländerfrage zusammen. Ich möchte es aber, um es nicht schlicht damit zusammenfallen zu lassen, zunächst an unserem vorhergehenden Problemfeld, nämlich dem Geschlechterverhältnis, erläutern. Simmel schon hatte festgestellt, daß das Selbstverständnis der Geschlechter sehr weitgehend relativ auf das andere Geschlecht sich auslegte. Das war nach seiner Analyse wegen der hierarchischen Beziehung zwischen Mann und Frau zwar für Männer und Frauen in ungleichem Maße der Fall; er meinte, daß die Männer sich doch weitgehend unabhängig von den Frauen verstünden, während die Frauen sich in Beziehung auf die Männer definierten. Aber auch bei Männern kann man sagen, daß, was als männlich bezeichnet wird, sich sehr häufig als eine Absetzung von den Frauen darstellt; das heißt, männlich sein heißt ›nicht weibisch sein‹. Dieses Beispiel zeigt, daß Selbstverständnis sehr häufig durch Abgrenzung und Ausgrenzung von anderen erreicht wird. Was aber, wenn dieses Andere einem bedenklich naherückt und man in ihm gar das eigene, nur verdrängte Andere erkennen muß? So hat die Frauenemanzipation in der Tat auch bei den Männern eine sehr große Verunsicherung im Selbstverständnis zur Folge gehabt. Diese Feststellung ist in gewisser Weise ein Nachtrag, um das im vorhergehenden Abschnitt Gesagte wieder ins Lot zu bringen. Worum es jetzt aber geht: Das Fremde stellt prinzipiell eine Bedrohung des eigenen Selbstverständnisses dar. Die üblichen Strategien, es sich vom Leibe zu halten, sind die Etablierung einer Rangfolge, die räumliche Distanz oder eine Vorkehrung, die Fremden in jedem Fall in der Minderheit zu halten. Die Beispiele für Distanzierung durch Rangfolge sind bekannt. In dieser Weise unterschied man schon im Altertum zwischen den Griechen und den Barbaren, zwischen Christen und Heiden, dann zwischen den

6 Farideh Akashe-Böhme, *Frausein – Fremdsein*, Frankfurt am Main: Fischer 1993.

Zivilisierten und den Wilden, heute ist es vielleicht die Rangfolge der ersten zur dritten Welt oder der Aufgeklärten zu den Fundamentalisten.
Die Situation, in der wir uns mit dem Fremden oder den Fremden befinden, ist dadurch zu kennzeichnen, daß beide Distanzierungsstrategien kaum mehr wirksam sind. Die Rangordnungen, nach denen das Fremde stets als das Mindere auf Distanz gehalten werden konnte, sind durch die Emanzipationsbewegungen entwertet, wenn auch noch nicht ganz unwirksam geworden. Und durch die gewaltigen, meist politisch verursachten Wanderungsbewegungen sind Fremde heute überall, sie gehören zu *jeder* sozialen Situation dazu. Es kann gelegentlich sogar vorkommen, daß sie einmal in der Mehrzahl sind. Die Verunsicherung in der Orientierung läßt sich vielleicht wieder am besten veranschaulichen durch die Irritiation, die Männer erfahren, wenn sie einmal allein oder nur mit wenigen anderen Männern an einer Frauenveranstaltung teilnehmen. Das Fremde ist uns bedenklich nahegerückt, das geschlechtlich Fremde, das staatlich Fremde, das ethnisch Fremde, das Kulturfremde, das religiös Fremde. Das damit verbundene Orientierungsproblem läßt sich keineswegs durch eine Vorwärtsstrategie im Sinne des Projekts der Moderne, also etwa in Richtung auf Kosmopolitismus, lösen. Im Gegenteil zeigt sich ja, daß sich im Fortschritt der Moderne gerade immer wieder neue partikulare Identitäten, wie Nationalismen oder Sekten, herausbilden.

Wie reden und denken wir über den Menschen?

Fragen wir nun, ob unsere üblichen Rede- und Denkweisen in bezug auf den Menschen zur Lösung unserer Probleme hilfreich sind oder sie vielleicht gerade perpetuieren. In Analogie zu den vorhergehenden Kapiteln über Wissenschaft und Natur wähle ich für die Ebene des Vokabulars den Ausdruck ›menschlich‹.
Man sagt, jemand solle sich doch menschlich zeigen oder jemand zeige menschliche Schwäche, wir sagen auch, Irren sei menschlich, wir reden von einer menschlichen Geste, einem menschlichen Bedürfnis. Diese Redeweisen sind höchst befremdlich, wir verwenden nämlich den Ausdruck ›menschlich‹ eher pejorativ,

d.h. eher im abschätzigen Sinne. Wenn sich jemand menschlich zeigen soll, dann heißt das, er soll seinen eigenen menschlichen Schwächen und nicht etwa den harten Maßstäben der Gerechtigkeit und der Leistung folgen und für menschliche Schwächen Verständnis haben. Wenn Irren als menschlich bezeichnet wird, so heißt es soviel, daß es der fehlbaren und beschränkten menschlichen Natur zuzurechnen ist. Wenn man ein Bedürfnis als menschlich bezeichnet, so meint man damit gerade kein besonderes hehres und ausgreifendes Bedürfnis.

Wenn wir nach Verwendungsformen des Wortes ›menschlich‹ fragen, die weniger ein Unten als vielmehr ein Abgrenzen gegen Unten bezeichnen, dann stoßen wir auf Ausdrücke wie ›menschliche Verhältnisse‹ oder ›eine menschenwürdige Behandlung erfahren‹. In diesen Ausdrücken wird ›menschlich‹ als ein Minimum des Erträglichen bzw. Zumutbaren bezeichnet.

Wenn wir nach dem Grund dieser eigentümlichen Verwendungsformen von ›menschlich‹ fragen, dann stoßen wir in ihnen auf ein Selbstverständnis des Menschen, das einer überholten Anthropologie entstammt. Traditionell, d.h. mindestens bis ins 18. Jahrhundert hinein, aber vielleicht auch in Ausläufern bis in unser Jahrhundert, hat sich der Mensch durch Abgrenzung einerseits gegen die Götter und andererseits gegen die Tiere verstanden. Die Verwendungsformen von ›menschlich‹, die das Menschliche eher als etwas Kleines und Schwaches und Hinfälliges benennen, tun dies ursprünglich in Abgrenzung gegenüber den Göttern. Diejenigen Ausdrücke, die das Menschliche als ein Minimum des Erträglichen oder Zumutbaren bezeichnen, tun dies in Abgrenzung gegen ›die bloße Kreatur‹, die Tiere. Ich habe diese Form der Anthropologie sogleich als überholt bezeichnet, überholt nämlich in Hinblick auf die Art und Weise, wie sich der Mensch heute selbst zum Problem geworden ist. Für keines der genannten Probleme, nämlich die eigene Natur, die Beziehung zum Leib, die Beziehung der Geschlechter untereinander, die Beziehung zum Fremden, kann uns diese Anthropologie, deren wir uns aber offensichtlich noch in unserem Vokabular bedienen, etwas helfen. Alle diese Probleme haben mit der Beziehung des Menschen zu sich selbst bzw. zum anderen Menschen oder zu einem anderen Typus von Mensch zu tun.

Wenden wir uns nun der Ebene der Ideologie, d.h. der öffentlichen anerkannten Wahrheiten über den Menschen zu. Vom Menschen und von Menschenrechten wird viel geredet. Eine der wichtigsten Wahrheiten, auf die man sich da bezieht, ist der Satz von der Gleichheit aller Menschen. Dieser Satz, zumindest als politisch wirksamer Satz und als öffentliches Dogma ein Produkt des Projekts der Moderne, ist sicherlich eine große Errungenschaft. Er verbietet, rassische Unterschiede, ethnische und geschlechtliche Unterschiede zur Basis von politischen und juristischen Entscheidungen zu machen. Faktisch führt er aber in die größten Schwierigkeiten, wenn man versucht, die Gleichheit an irgend etwas festzumachen. Man kommt dann nämlich zu einer ›minimalen‹ Anthropologie, nämlich einer Anthropologie, die das eigentliche Menschliche in demjenigen findet, was alle Menschen teilen. Das dürfte sehr wenig sein und häufig mit ihrem Selbstverständnis als Menschen wenig zu tun haben. Außerdem ergeben sich speziellere Probleme, je nachdem, was man als dieses Minimum des Menschlichen angibt. Wenn man es etwa im Person-Sein oder gar der Vernunft findet, dann ist man in der Gefahr, Kleinkinder, Altersschwache, Geisteskranke und andere Behinderte aus der Menschheit auszuschließen. Findet man es andererseits im bloßen Vermögen zum Leiden, dann hat man etwas angegeben, das der Mensch mit den Tieren teilt. Diese Situation hat bereits in der Abtreibungsdebatte und der Euthanasiedebatte heftige Kontroversen veranlaßt. Ferner enthält die minimale Anthropologie implizit eine Entwertung des Besonderen. Ich habe beim Thema Geschlechterverhältnis schon an die ältere Marxsche Kritik am Gleichheitsbegriff erinnert. Die Anerkennung als ›gleich‹ erzwinge vom einzelnen die Loslösung, die Abstraktion von seiner Besonderheit. Die weitere philosophische Analyse zeigt, daß der Gleichheitsbegriff in den Menschenrechten Gleichheit durch Identität denkt. Eine Reihe von Dingen werden als gleich bezeichnet, wenn sie in einem (etwa einer Eigenschaft) übereinkommen. Dazu gäbe es nun allerdings Alternativen. Etwa die von Wittgenstein eingeführte Familienähnlichkeit (die Identitätsbeziehung braucht dann nur paarweise zu gelten). Oder eine genetisch rekursiv definierte Gleichheit (Mensch ist jedes von zwei Menschen abstammende Wesen). Oder eine synthetisch partizipatorisch definierte Gleichheit (Mensch ist jeder, der zur Familie der Menschheit gehört). Aber die herrschende Ideologie der Gleichheit ist eine moderne Fortsetzung der Identitätsphilosophie und hat einige der Probleme, die wir mit uns selbst haben, etwa die Infragestellung der Geschlechterbeziehung oder die Ausgrenzung von Fremdheit durch Hierarchisierung, entweder geschaffen oder doch mitgetragen.

Eine weitere öffentliche Wahrheit über den Menschen besagt, traditionell formuliert, daß er die Krone der Schöpfung darstellt, modern, daß er das höchste Evolutionsprodukt ist. Es ist interessant zu sehen, daß die Evolutionstheorie als Ideologie tatsächlich das Erbe der Schöpfungslehre insofern angetreten hat, als auch sie die Herrschaftsstellung des Menschen gegenüber allen anderen Kreaturen bzw. Lebewesen legitimiert. Im öffentlichen Bewußtsein präsentiert die Evolutionstheorie den Menschen als letztes und sofern bestes und höchstes Produkt eines linearen evolutionären Fortschritts. *Wissenschaftlich* gesehen ist diese Auffassung natürlich falsch. Der Mensch ist, ebenso wie alle anderen einzelnen Lebewesen, nur das letzte Produkt *seiner* Evolutionslinie. Ferner ist Evolution auch nicht ein reiner Fortschrittsprozeß, sondern mit Verlusten, Rückbildungen, Vereinseitigungen verbunden. Die Evolutionslehre als Ideologie teilt nun aber mit der traditionellen Anthropologie die Auffassung, daß Vernunft bzw. Rationalität und Sprache das Proprium des Menschen seien, das ihn von allen Kreaturen unterscheidet und ihnen gegenüber auszeichnet. Dieses Selbstverständnis des Menschen, das allerdings ursprünglich eine Absetzung von den Tieren bezweckte, erwies sich aber gerade mit dem Projekt der Moderne als eine Absetzung des Menschen von sich selbst, nämlich von seiner eigenen Animalität. Damit zeigt sich erneut, wie die öffentlichen Wahrheiten über den Menschen die Probleme, die er heute mit sich hat, fortschreiben. Denn die Absetzung von der eigenen Natur, der Natur, die wir selbst sind, nämlich dem Leib, sei sie nun moralisch oder technisch, führt ja gerade in die Probleme, die wir genannt haben: die Fraglichkeit der menschlichen Natur und das Unbehagen im Leib.

Wenden wir uns von der Ebene der Ideologie zur Ebene der Konstitution: Hier ging es ja darum, daß das Denken über etwas dessen Erkennbarkeit oder gar sein Sein konstituiert. Hier müssen wir also fragen, wie durch den Begriff des Menschen oder, besser gesagt, durch die Art und Weise, wie der Mensch sich selbst versteht, er sich zu dem macht, was er ist. Hier haben wir also erneut mit der pragmatischen Seite der Anthropologie zu tun. Die Selbsterschaffung des modernen Menschen vollzieht sich nun einerseits durch Erziehung oder, allgemeiner, durch Sozialisation, andererseits durch seine Selbstthematisierung in der Wissenschaft und deren praktische Anwendung. Was nun den Bereich der Erziehung angeht, so ist er in unserem Kulturkreis, also vor allem dem europäischen und dem nordamerikanischen, fast durchgängig durch sogenannte Entwicklungslogiken und Leistungsziele organisiert. Die Basis dafür bildet für den kognitiven Bereich Piagets Theorie von den Stufen der Intelligenzentwicklung, für den moralischen Bereich Kohlbergs Theorie von den Stufen der moralischen Entwicklung und für die Persönlichkeitsentwicklung Eriksons Theorie von den Stufen der Identitätsbildung.[7] In allen diesen Theorien und der ihr folgenden pädagogischen Praxis wird der Mensch in linearen Fortschrittsdimensionen konzipiert, deren Ziel normativ vorgegeben ist. So ist etwa für die Intelligenzentwicklung unverkennbar, daß Piaget sich bei der Formulierung des Ziels der Intelligenzentwicklung an Einsteins Relativitätstheorie orientiert hat. Für die moralische Entwicklung zeigt sich, daß Kohlberg seine sechste Stufe des moralischen Urteils an Kants kategorischem Imperativ orientiert hat. Für Eriksons achte Stufe der Persönlichkeitsentwicklung scheint ›der Philosoph‹ das Vorbild gewesen zu sein: Der Umkreis der Bezugspersonen sei auf dieser Stufe ›die Menschheit‹, das führende Element der Sozialordnung die Weisheit und die psychosoziale Modalität ›sein, was man geworden ist; wissen, daß man einmal nicht mehr sein wird‹. Es ist hier nicht der Ort, diese Entwicklungstheorien im einzelnen zu analysieren. Wichtig ist zunächst nur festzuhalten, daß die Theorien, die die pädagogische Selbstgestaltung des Menschen leiten, lineare Fortschrittstheorien sind, die einerseits nicht mit Entwicklungsverlusten rechnen, andererseits die Menschen in eine Rangfolge des Leistungsstands einordnen und diejenigen, die mit den Leistungsforderungen nicht mithalten können, als zurückgeblieben oder regressiv einordnen. Ferner fällt auf der Eurozentrismus: Diese Autoren orientieren sich bezüglich der Zielvorstellungen deutlich an ›Spitzenleistungen‹ der europäischen Kultur, an ›formal operationalem Denken‹, prinzipiengeleitetem, universalistischem Moralurteil und schließlich am Typ des Philo-

7 Einen Überblick über diese Theorie gebe ich in dem Kapitel »Kindheit und Entwicklung« in meinem Buch *Anthropologie in pragmatischer Hinsicht*, Frankfurt am Main: Suhrkamp, 3. Aufl. 1991.

sophen oder Intellektuellen. Es liegt auf der Hand, daß durch solche Selbstkonstitution des Menschen auf pädagogischem Wege die Probleme, die wir beispielsweise mit dem Geschlechterverhältnis oder mit der Fremdheit haben, mitproduziert bzw. verlängert werden. Einer wahren Anerkennung der Gleichberechtigung der Geschlechter und einem multikulturellen Zusammenleben dienen sie jedenfalls nicht.

Die Selbstkonstitution des Menschen erfolgt ferner durch seine wissenschaftliche Selbstthematisierung. Diese ist durch die Verwissenschaftlichung fast aller Lebensbezüge und die Abhängigkeit von Experten auch für die konkrete Lebenswelt von größter Bedeutung. Außerdem darf man nicht vergessen, daß die Wissenschaft in der technischen Zivilisation immer auch zugleich als Ideologie wirkt, insofern sie nämlich als anerkannte Wahrheit dogmatisiert wird. Wie man öffentlich über den Menschen denkt, ist also zum großen Teil ein Spiegel der Art und Weise, wie er in der Wissenschaft thematisiert wird. Leitend für diese Thematisierung ist noch immer der Dualismus in der cartesischen Form, wie sie die Wissenschaft vom Menschen im Projekt der Moderne geprägt hat: *res extensa* und *res cogitans*. Der Mensch ist ein Körperding, für das Anatomie, Physiologie, neuerdings Genetik und Mikrobiologie zuständig sind. Auf der anderen Seite ist er aber auch etwas Seelisches oder hat Seele, das heißt, er denkt, fühlt und spricht, und dafür gibt es dann die Human- und Geisteswissenschaften. Selbst dort, wo man es mit Zwischenphänomenen zu tun hat, spiegelt sich der Dualismus, etwa in der Psychosomatik. Hier gibt es ein Hin und Her, eine Wechselwirkung, aber es ist doch eine Wechselwirkung zwischen zweien: der Seele und dem Körper. Nun möchte ich hier keineswegs im Gegenzug für den Holismus plädieren. Im Gegenteil meine ich ja, daß der Dualismus, wie er die Selbstthematisierung des Menschen prägt, tatsächlich unsere menschliche Wirklichkeit konstituiert. Faktisch reproduzieren wir ja diesen Dualismus beständig im Verhalten zu uns selbst. Wir steuern und kontrollieren uns wie Maschinen, wir reden von uns selbst als von Gehirnen, und andererseits leben wir in imaginativen Räumen – etwa Büchern, Fernsehen, Musik –, denen wir keine leibliche Bedeutung zutrauen. Ferner verhalten wir uns, vermittelt durch die Experten, denen wir unsere Lebensführung anvertrauen, zu uns selbst im Sinne der wissenschaftlichen Thematisierung des Menschen.

Wenn wir diese Weisen der Selbstkonstitution des Menschen überblicken, so wird deutlich, daß sie ganz in der Linie des Projekts der Moderne liegen und keinerlei Hilfe für die Lösung von Problemen etwa der menschlichen Natur oder seiner Leiblichkeit versprechen. Im Gegenteil ist ja gerade diese Selbstkonstitution über die wissenschaftliche Technisierung des Menschen mitverantwortlich für die Entfremdungserfahrung, die sich in diesen Problemfeldern manifestiert.

Schluß

Der Philosoph François Lyotard hat die anbrechende Postmoderne unter anderem durch den Verlust der großen Erzählungen gekennzeichnet.[8] Wenn irgendwo, so kann man jedenfalls im Bereich der Anthropologie von einem solchen Verlust sprechen. Was abhanden gekommen ist, ist die Mär von dem erhabenen Wesen Mensch. Weder seine Gottesebenbildlichkeit noch seine Vernünftigkeit scheinen uns heute überzeugend. Freilich als Vernunftwesen war sich der Mensch selbst Projekt. Aber wir haben verstanden, mit welchen Unkosten dieses Projekt verbunden war: mit der Leib-Seele-Dichotomie, der inneren Repression, dem Patriarchat und dem Eurozentrismus. Die historisch-politischen Katastrophen unseres Jahrhunderts haben tiefe Zweifel daran aufkommen lassen, ob das Projekt Vernünftigkeit selbst vernünftig angelegt war.

Während aber die Kapitel über Wissenschaft und Natur deutlich gemacht haben, daß in diesen Themenbereichen die eigentliche philosophische Arbeit noch zu leisten ist, während diese Kapitel deshalb mit der Forderung nach einer neuen Wissenschaftsphilosophie und einer neuen Naturphilosophie ausklangen, so ist das beim Thema Mensch nicht notwendig. Vielmehr ist im Denken über den Menschen in unserem Jahrhundert bereits vieles in Bewegung, und wir könnten sagen, daß wir die neue philosophische Anthropologie in Umrissen schon haben. Ich möchte deshalb am Schluß dieses Kapitels kurz die Hauptlinien skizzieren, auf denen sich ein neues Denken über den Menschen angebahnt hat.

8 François Lyotard, *Das postmoderne Wissen. Ein Bericht*, Wien/Graz: Böhla/Passagen 1986.

Als erstes ist hier die Existenzphilosophie in Verbindung mit der historischen Anthropologie zu nennen. Sie hat mit der Vorstellung aufgeräumt, daß es so etwas wie ein vorgegebenes Wesen des Menschen gäbe. Heidegger spricht in seinem Buch *Sein und Zeit*[9] von dem Vorrang der Existenz vor der Essenz. Im Rahmen einer Einführung in die Philosophie kann man das so erläutern: Was sich ein Mensch als Wesen vorsetzt, entscheidet er erst mit seiner Lebensform. Wesensbestimmungen des Menschen werden deshalb von Lebensformen abhängig. Damit ist so etwas wie ›Wesen des Menschen‹ nicht abgeschafft, aber dieser Begriff fungiert nur als Ideal eigentlichen Menschseins, mit dem sich der Mensch jeweils von seiner empirischen Existenz absetzt. Damit ist allerdings eine radikale Historisierung des Menschen gegeben. Insofern ist auch die historische Anthropologie heute eine Fortsetzung des Existentialismus. Aber auf der anderen Seite haben wir uns durch dieses Selbstverständnis auch aus den Fallen befreit, die durch Dichotomien wie Leib-Seele, innen-außen, Vernunft-Irrationalität gegeben sind. Denn solche Dichotomien sind nicht mehr als anthropologische Invarianten zu verstehen, sondern als Folgen bestimmter Lebensformen, durch die der Mensch einen Schnitt in seine Bestände einzieht, sich gewissermaßen von sich selbst absetzt. So gibt es, um ein Beispiel zu nennen, nicht einfach den Körper und die Seele, sondern in bestimmten Lebensformen setzt sich der Mensch qua Seele von seinem Körper ab und benutzt ihn instrumentell.
Als weitere wichtige Denkbewegung, durch die der Begriff des Menschen in Bewegung geraten ist, ist die Psychoanalyse zu nennen. Neben Freud könnte man hier allerdings auch Nietzsche als den Initiator des neuen Denkens über den Menschen nennen. Es geht mir hier nicht um die Psychoanalyse, insofern sie selbst, etwa in ihrer psychischen Topik, eine Art neuer Anthropologie geschaffen hat, sondern vielmehr um ihren Denktyp: das Begreifen des Menschen als ein psychodynamisches Geschehen, in dem sich so etwas wie Ich oder Subjekt oder Gewissen erst herausbildet und gewisse Funktionen übernimmt. Gegenüber der traditionellen Anthropologie war Freuds Psychoanalyse vor allem kritisch, indem sie aufwies, daß das Seelische nicht als Bewußtsein gedacht

9 Martin Heidegger, *Sein und Zeit* (1928), Tübingen: Niemeyer, 7. Aufl. 1957.

werden kann, sondern vielmehr zum größten Teil unbewußt ist und daß das Ich gegenüber diesem Unbewußten eher ein Epiphänomen ist, eine notwendige Funktion, um den Verkehr mit der Außenwelt, d. h. der gesellschaftlichen und der dinglichen Realität, zu regeln. Das Ich wurde damit entthront, seine Autorschaft entzaubert: Das Ich ist weder Urheber der Gedanken noch Initiator der Handlungen, sondern vielmehr eine Kontrollinstanz, die Einfälle und Motivationen am Realitätsprinzip mißt. Heute findet diese Kritik ihre Fortsetzung in der Kritik an der Subjektphilosophie. Das Subjekt wird damit nicht abgeschafft, aber Subjektsein erweist sich als ein nur mühsam errungener und prekärer Zustand des Menschseins.

Als dritte Bewegung, die das Denken über den Menschen verändert hat, ist die Phänomenologie zu nennen. Phänomenologie ist ein methodischer Zugang zur Wirklichkeit, der versucht, Vorkenntnisse, Theorien und spezielle Begriffe in der Untersuchung zu suspendieren, um die Phänomene zunächst rein als sie selbst zur Geltung kommen zu lassen. Da insbesondere durch die wissenschaftliche Begrifflichkeit das Denken über den Menschen immer schon vorgeprägt ist, also etwa im Sinne der Leib-Seele-Dichotomie, und da ferner auch die Alltagserfahrungen sehr stark durch diese Begriffe mitbestimmt sind, hat die Phänomenologie nicht nur für die Wissenschaft vom Menschen, sondern auch für die Selbsterfahrung des Menschen außerordentliche Entdeckungen bzw. Wiederentdeckungen gemacht. Hier möchte ich vor allem die Wiederentdeckung des menschlichen Leibes nennen und die Entdeckung des Phänomens der Atmosphäre. Die Philosophie des menschlichen Leibes und der Gefühle als ergreifender Mächte (der sogenannten Atmosphären) ist inzwischen ein reiches Feld. Ich möchte aber hier vorläufig darüber nichts weiter sagen, weil ich im dritten Teil des Buches, wo ich Typen der professionellen Philosophie vorführe, auf die Phänomenologie näher eingehen will.

Als vierte Instanz, die das Denken über den Menschen verändert hat, möchte ich eine Wissenschaft nennen, nämlich die Ethnologie oder, im englischen Sprachgebrauch, die Anthropology. Die Ethnologie ist, historisch gesehen, gerade für den Eurozentrismus mitverantwortlich, insofern sie sich ursprünglich definiert hat als Wissenschaft, die die außereuropäischen Völker als die Primitiven, die Naturvölker, die Eingeborenen untersucht. Sie arbeitete mit dem aufklärerischen Schema einer Stufenleiter der Zivilisiertheit und betrachtete außereuropäische Völker mit dem Maßstab der europäischen Zivilisation. Der Fortschritt der Anthropologie hat aber gerade in unserem Jahrhundert zu einer Überwindung des Eurozentrismus geführt. Heute kann man sagen, daß Begriffe wie ›primitive Kultur‹ oder ›Naturvölker‹ praktisch abgeschafft sind. Man hat festgestellt, daß auch Naturvölker eine hoch differenzierte, wenngleich durchaus fremde und befremdende Kultur haben. Die Entwicklung zur Zivilisation wird heute mehr als ein Prozeß gesehen, der durch Wirtschaft und Technik erzwungen wird, als daß er die Entwicklung des Menschen zum Menschen darstellt. Freilich ist mit der Überwindung des Eurozentrismus das Thema des Fremden und der Fremdheit um so mehr auf die Tagesordnung gesetzt worden.

Wenn wir die Beiträge des Existentialismus, der Psychoanalyse, der Phänomenologie und der Ethnologie zusammennehmen, so müssen wir feststellen, daß das Denken des Menschen in bezug auf sich selbst tatsächlich in Bewegung geraten ist. Ansätze zu einer neuen philosophischen Anthropologie sind vorhanden. Das heißt aber noch nicht, daß das generelle Selbstverständnis des Menschen, d. h. die Ideologie vom Menschen, die wir in der Alltagsrede und in den öffentlichen Wahrheiten miteinander teilen, schon verändert wären. Da gibt es noch viel zu tun.

6. Geschichte als gesellschaftlicher Fortschritt

Deutsche Verhältnisse

Wenn wir in Analogie zu den bisherigen Kapiteln danach fragen, welche Probleme wir gegenwärtig mit der Gesellschaft haben und ob die Lösung dieser Probleme vielleicht durch das Denken über Gesellschaft, wie es sich mit dem Projekt der Moderne herausgebildet hat, behindert wird, dann stoßen wir auf ein eigentümliches Phänomen. Die Antwort, die der gegenwärtigen öffentlichen Meinung entspricht, muß nämlich lauten: Wir haben keine Probleme mit der Gesellschaft. Was wir brauchen, ist lediglich Stabilität. Worte wie ›gesellschaftlicher Fortschritt‹, ›Gesellschaftsveränderung‹, ›gesellschaftlicher Wandel‹, die noch vor wenigen Jahren die öffentliche Debatte beherrschten und insbesondere im akademischen Bereich den Blick auf Gesellschaft bestimmten, sind außer Gebrauch gekommen. Wenn Geschichte als gesellschaftlicher Fortschritt verstanden wird, so scheint es, sind wir am Ende der Geschichte angekommen.[1] Das Grundgesetz, die soziale Marktwirtschaft und die parlamentarische Demokratie haben sich offenbar als Optimum gesellschaftlicher Organisation erwiesen. Man fragt sich bei diesem allgemeinen Optimismus, ob es, wie im 18. Jahrhundert durch das Erdbeben von Lissabon, einer großen Erschütterung bedarf, um wieder ein Bewußtsein davon zu erzeugen, daß wir *nicht* in der besten aller Welten leben.

Vielleicht genügt es aber daran zu erinnern, welche Themen noch bis vor kurzem Anlaß waren, an gesellschaftlichen Fortschritt zu denken. Vor etwa zwanzig Jahren haben eine große politische Fraktion und die Studentenbewegung durch die Forderung ›Mehr Demokratie wagen‹ einen Demokratisierungsprozeß in allen Lebensbereichen in Gang gesetzt – der freilich nach wenigen Jahren steckenblieb. Offenbar hatte man damals den Eindruck, daß die Partizipationsmöglichkeiten an der Gestaltung des gesellschaftlichen Geschicks nicht ausreichen. Beflügelt durch die Hoffnung einer tendenziellen Abschaffung der Arbeit sah man das ›politi-

1 Francis Fukuyama, *Das Ende der Geschichte*, München: Kindler 1992.

sche Zeitalter‹ anbrechen, in dem, wie in den griechischen Stadtstaaten, bürgerliche Tätigkeit nicht so sehr durch Arbeit, sondern durch politische Mitwirkung definiert sein würde. Andererseits machte die wachsende Arbeitslosigkeit, die man als strukturelle ansah, erhebliche Sorgen. Man hatte den Eindruck, auf eine Zweidrittel-Gesellschaft zuzusteuern, in der ›noch Arbeit haben‹ oder ›keine Arbeit mehr haben‹ eine tiefe Kluft in der Gesellschaft aufzureißen drohte. Dem Schwinden des gesamtgesellschaftlich notwendigen Anteils an lebendiger Arbeit wollte man mit der Einrichtung einer an die Staatsbürgerschaft gekoppelten Grundrente begegnen, um nichtarbeitende Bevölkerungsteile nicht zu marginalisieren. Der drohenden Auflösung der Arbeitsgesellschaft und der damit verbundenen gesellschaftlichen Desintegration versuchte man von seiten der Administration durch verschärfte Überwachungs- und Kontrollmechanismen zu begegnen. Diese Tendenz wurde manifest im Volkszählungsprojekt, das dann schließlich durch Massenproteste und Klagen vor dem Bundesverfassungsgericht zu Fall gebracht wurde. Die Auseinandersetzungen um Großtechnologien und deren Sensibilität gegenüber Sabotage zwangen zu staatlichen Maßnahmen, die vielen eine Tendenz zum Überwachungs- und Sicherheitsstaat zu enthalten schienen. Schließlich ist daran zu erinnern, daß die letzte Phase des Ost-West-Konflikts zu einer fortschreitenden Militarisierung der Gesellschaft und Verwandlung des deutschen Territoriums in ein Aufmarschgebiet und Waffenlager geführt hatte.

Die Auflösung des Ost-West-Konflikts hat eine wesentliche Veränderung gebracht, die nicht nur den militärischen Sektor betrifft, sondern auch die innere Formation unseres Gemeinwesens. Die ständige Bedrohung von außen wie auch die Projektion aller inneren Probleme auf einen äußeren Feind hatte ja zu einer Forcierung innerer Ordnungsstrukturen und einer Durchsetzung der Gesamtgesellschaft mit Verfassungsschützern geführt. Man denke nur an die Berufsverbote und die Neurotisierung der Gesamtgesellschaft im sogenannten ›deutschen Herbst‹. In Rückblick auf all diese Probleme ist heute ein Aufatmen gerechtfertigt. Allerdings muß man sagen, daß damit auch die Ansätze zu einer ›Verbesserung der Bundesrepublik‹ vergessen worden sind. Mit der Auflösung des Ost-West-Konflikts hat die Bundesrepublik durch den Anschluß der neuen Bundesländer so erhebliche neue Probleme erhalten, derentwegen man nun wirklich keine Zeit mehr hat, dar-

über nachzudenken, ›in welcher Gesellschaft wir leben‹.[2] Die Probleme, die sich die Bundesrepublik durch ihre Erweiterung aufgeladen hat, sind in ihrer vollen Tragweite noch gar nicht absehbar. Die gegenwärtig im Vordergrund stehende wirtschaftliche Belastung ist dabei das geringste Problem. Sie wird sich wie im Keynianismus langfristig positiv auf die Konjunktur auswirken. Viel schlimmer ist das Ost-West-Gefälle nach allen nur denkbaren gesellschaftlichen Parametern, wie Lebensqualität, Umweltqualität, Arbeitsmarkt, Löhnen, Konsummöglichkeiten etc. Das kann stabilitätsgefährdend sein. Verstärkt wird das Ost-West-Gefälle durch etwas, was man die innerstaatliche Okkupation nennen kann. Von der Wirtschaft über die Wissenschaft bis zum Beamtentum ist für lange Zeit die ostdeutsche Bevölkerung in eine Abhängigkeitssituation gegenüber dem Westen geraten. Und schließlich ist als Folge der jahrzehntelangen Unterdrückung bei der östlichen Bevölkerung von einer Massenpathologie zu sprechen, deren Symptom die potentielle In-Frage-Stellung jeglicher Authentizität auf dem Hintergrund der Stasi-Akten darstellt.
Wenn man die deutschen Verhältnisse überblickt, so zeigt sich, daß die optimistisch beurteilte Grundverfassung unseres gesellschaftlichen Lebens durch erhebliche Probleme belastet ist. Aber was sind das für Probleme? Haben sie irgend etwas Grundsätzliches zu sagen, etwas, das die Entwicklung der europäischen Zivilisation, wie wir sie als Projekt der Moderne gefaßt haben, betrifft? Oder zeichnet sich hier nur wieder ein deutscher Sonderweg ab? Hat Deutschland erneut die Aussicht, ›eine verspätete Nation‹ zu werden? Verdecken uns vielleicht die aktuellen Probleme mit den neuen Bundesländern die grundsätzlichen, in denen sich die fortgeschrittenen Industrienationen befinden, und könnte das dazu führen, daß sich Deutschland zu spät an deren Bearbeitung macht?

2 Gernot Böhme, »Was heißt ›sich in der Gesellschaft orientieren‹?«, in: *Deutsche Zeitschrift für Philosophie 3* (1991), S. 225-244.

Probleme der gesellschaftlichen Entwicklung in den fortgeschrittenen Industriegesellschaften

Versuchen wir also durch die besonderen deutschen Verhältnisse hindurch die grundsätzlichen Probleme unseres Gesellschaftstyps, nämlich der fortgeschrittenen Industriegesellschaften, zu identifizieren. Es könnte sich dann erweisen, daß sich in manchen der deutschen Sonderprobleme diese grundsätzlichen spiegeln. So ist, was Deutschland als innerstaatliches Ost-West-Gefälle zu verarbeiten hat, ja eine Situation, die als internationale Beziehung alle westeuropäischen Länder betrifft.

Beginnen wir gleich mit den internationalen Beziehungen. Hier ist an das Reichtumsgefälle Ost-West, aber auch Nord-Süd zu denken und an die Völkerwanderungen weltweit. Die fortgeschrittenen Industrienationen haben ein Lebens- und Konsumniveau erreicht, das nicht nur *praktisch nicht*, sondern aus ökologischen Gründen *schlechthin nicht* auf die ganze Erde ausgedehnt werden kann.[3] Die Spannung, die sich aus diesem Reichtumsgefälle ergibt, kann politisch nur durch Machtstrukturen neutralisiert werden. Die Machtpositionen, in denen sich die Industrienationen gegenüber den Ländern des Ostens und des Südens befinden, haben ihre Basis in ökonomischer Überlegenheit, militärischer Macht und schließlich in einem ungeheuren Wissensvorsprung. Die Abhängigkeit, in der sich die Länder des Ostens und des Südens gegenüber den reichen Industrienationen befinden, kann man als eine Form von neuem Kolonialismus bezeichnen. Der Bevölkerungsdruck und der Versuch der Länder der dritten Welt, selbst über ihre Ressourcen zu verfügen, führt politisch wie militärisch in den reichen Industrienationen zu einer Art Festungshaltung. Wenn wir die entstandene internationale Lage nun in Verbindung mit unserer Frage nach der Moderne betrachten, dann könnte man natürlich sagen, daß die Festungshaltung, daß dieser Egoismus dem Geist des Projekts der Moderne widerspricht, denn Universalismus ist ein Grundzug der Moderne: Immer ist von dem Menschen oder der Menschheit die Rede. Freilich haben wir schon beim Baconschen Programm und der Idee der gesellschaft-

3 Ernst Ulrich von Weizsäcker, *Erdpolitik. Ökologische Realpolitik an der Schwelle zum Jahrhundert der Umwelt*, Darmstadt: Wissenschaftliche Buchgesellschaft 2. Aufl. 1990.

lichen Nützlichkeit von Wissenschaft und Technik gesehen, daß im Falle der Nützlichkeit für den Krieg eine Inkonsistenz in diesem Programm liegt. Denn die Nützlichkeit für den Krieg kann ja immer nur partikularistisch sein. Wäre es denkbar, daß auch der gesellschaftliche Fortschritt im Sinne von Konsum und Lebensniveau partikularistisch ist, d. h. den Unterschied der Nationen braucht? Es gibt Theoretiker, die behaupten, daß der Reichtum der westlichen Industrienationen auf internationaler Ausbeutung beruht. Jedenfalls kann man sagen, daß die Denker der Moderne durch die Hierarchie von zivilisiert und nichtzivilisiert immer schon für die europäischen Nationen einen Herrschaftsanspruch legitimiert haben.

Das zweite große Problem, in das die fortgeschrittenen Industrienationen hineingeraten, ist zweifellos das Problem der Arbeit. Es ist keineswegs notwendig, daß der Mensch arbeiten muß, um zur Gesellschaft zu gehören. Im Gegenteil ist über große Perioden der Menschheitsgeschichte Arbeit eher etwas Verächtliches gewesen, das die Angehörigen der ›Gesellschaft‹ gerade nicht taten. Es ist eine Errungenschaft der europäischen Neuzeit, die Arbeit zu einem menschlichen Wert gemacht zu haben und zur Basis, auf die jedermann seine Zugehörigkeit zur Gesellschaft gründen konnte. Wenn man zuvor die Basis der Gesellschaftlichkeit in der Zugehörigkeit zu einem Stand oder im Besitz sah, so wurde etwa seit dem 19. Jahrhundert Arbeit zum gleichwertigen Ausweis von Gesellschaftlichkeit. Man kann mit gutem Recht sagen, daß wir in der Arbeitsgesellschaft leben, insofern nicht nur der Status des einzelnen auf Arbeit gegründet ist, sondern auch der Zusammenhang des ganzen neben dem Markt auch auf Arbeitsteilung beruht. Der Fortschritt der Moderne hat aber gleichzeitig eine Verringerung der gesamtgesellschaftlich notwendigen Arbeit und der Arbeitszeit für den einzelnen mit sich gebracht. Neben sonstigen Emanzipationszielen war auch die Befreiung von Arbeit ein Ziel. Diese beiden Linien – Gründung von Gesellschaft auf Arbeit und Ziel der Befreiung von Arbeit – widersprechen einander. Dieser Widerspruch ist keinesfalls gelöst. Er wird vielmehr eifrig verdeckt, teils durch Schaffung beständig neuer Arbeit – und sei sie auch noch so sinnlos und seien die Produkte der Arbeit oder ihre ökologischen Nebenfolgen noch so gefährlich –, teils dadurch, daß man Nichtarbeitende als Arbeitslose und damit weiterhin als potentielle Arbeiter erhält. In der Bundesrepublik wird durch die laufende zweite Wiederaufbauphase das Problem noch in besonderer Weise verdeckt. Langfristig ist aber klar, daß weder gesellschaftlicher Status noch der gesellschaftliche Zusammenhang auf Dauer auf Arbeit gegründet sein kann. Die Erhöhung der Arbeitsproduktivität durch Technik macht eben mehr und mehr lebendige Arbeit überflüssig.

Den dritten Problemkreis, den wir in fortgeschrittenen Industriegesellschaften haben, hat man euphemistisch als ein Reflexivwerden der Moderne bezeichnet. Durch diesen Ausdruck ist zumindest angezeigt, daß es sich hierbei um Probleme handelt, die aus dem Projekt der Moderne erwachsen. Das Reflexivwerden der Moderne besagt, daß Denken wie Handeln in modernen Gesellschaften bereits wesentlich durch die Probleme motiviert sind, die von der Moderne selbst erzeugt wurden. So ist beispielsweise Technik zum großen Teil Reparaturtechnik für vorhergehende Technikgenerationen; so ist die primäre Auseinandersetzung des Menschen in der reflexiven Moderne nicht mehr die mit der Natur, sondern die mit der zweiten Natur, d.h. mit der schon menschlich angeeigneten. So sind neuere Wissenschaftstypen solche, die sich schon auf bestehende beziehen, wie Wissenschafts- und Technikforschung. Man kann diese Situation auch dadurch beschreiben, daß gegenwärtig die Unkosten der Modernisierung den ›Fortschritt‹ herausfordern, das heißt, die Fortschritte liegen auf dem Gebiet der Müllbeseitigung, der Entsorgung, der Renaturalisierung, der Risikobegrenzung. Dieses Dominantwerden des Risikoaspekts – dominant nämlich gegenüber dem Produktionsaspekt – hat auch Anlaß gegeben, unsere Gesellschaft als Risikogesellschaft zu bezeichnen.[4] Darin werden die gesellschaftlichen Disparitäten nicht mehr bezüglich der Verteilung des gesellschaftlichen Reichtums, sondern bezüglich der Verteilung des gesellschaftlichen Risikos gesehen.

Alle drei Problembereiche – die Auflösung der Arbeitsgesellschaft, die Partikularisierung des Fortschritts und schließlich das sogenannte Reflexivwerden der Moderne – zeigen, daß das Fortschrittsdenken an eine Grenze gekommen ist bzw. in sein Gegenteil verkehrt wird. Alle drei Entwicklungen sind aber aus einer linearen Fortschreibung des Projekts der Moderne verständlich.

4 Ulrich Beck, *Risikogesellschaft. Auf dem Weg in eine andere Moderne*, Frankfurt am Main: Suhrkamp 1986.

Sie alle scheinen nicht mit den ideologischen Hauptzielen von Aufklärung und Emanzipation zu kollidieren. Daß das auch der Fall ist, wird erst durch eine genauere Analyse der technischen Zivilisation als dem vorläufigen Endprodukt des Projekts der Moderne deutlich.

Ganz anders ist es aber mit einer Gruppe von gesellschaftlichen Problemen, die nun geradezu ein Scheitern der Moderne an ihren eigentlichen Zielen, also Aufklärung und Emanzipation, anzeigen. Ich meine die neue Barbarei des 20. Jahrhunderts, das Auftreten neuer Regionalismen und Nationalismen und schließlich den neuen Fundamentalismus. Die Barbarei des 20. Jahrhunderts – ich denke an den Völkermord, an die Massenvernichtungslager, die Folter – verbietet uns, weiterhin an eine geschichtliche Verbesserung des Menschengeschlechts etwa im Sinne des kantischen Programms einer Kultivierung, Zivilisierung, Moralisierung zu glauben. Die kantische Frage, ob das menschliche Geschlecht im beständigen Fortschreiten zum Besseren sei[5], würde wohl heute niemand mehr zu stellen wagen. Das Erstaunen darüber, ›wie so etwas überhaupt unter zivilisierten Völkern passieren konnte‹, zeigt nur, daß im Programm der Zivilisierung etwas grundsätzlich falsch angelegt war. Die furchtbaren Tatsachen unseres Jahrhunderts verbieten es, Geschichte weiterhin als gesellschaftlichen Fortschritt zu denken. Wer es dennoch tut, verharmlost diese Ereignisse zu bedauerlichen Zwischenfällen, vorübergehenden Regressionen oder gar notwendigen Lernschritten.

Dem Erstaunen über die moderne Barbarei in zivilisierten Nationen ist verwandt das Erstaunen über das Auftreten der neuen Regionalismen und Nationalismen. Auch dieses Erstaunen drückt nur aus, daß man glaubt, weiterhin die Geschichte als einen Fortschritt denken zu können, nämlich in diesem Fall als einen Fortschritt zu immer größeren Einheiten bis zu einer Weltföderation oder einem Weltstaat. Es wäre darüber nachzudenken, ob nicht Fortschritt der Modernisierung dialektisch sein Gegenteil mit hervorbringt. Natürlich mögen einige Interpreten geneigt sein, solche Prozesse, wie sie sich etwa in Osteuropa abspielen, als ›Nachholprozesse‹ zu deuten und dadurch ihr Bild von einer

5 Immanuel Kant, *Der Streit der Fakultäten* (1798), 2. Abschnitt, in: *Werke in sechs Bänden*, hg. von Wilhelm Weischedel, Bd. VI, Darmstadt: Wissenschaftliche Buchgesellschaft 1964.

Hauptlinie gesellschaftlichen Fortschritts in Richtung Universalisierung zu retten. Daß ähnliche Phänomene aber in Westeuropa auftreten, spräche dagegen. Ist es nicht andererseits plausibel, daß mit zunehmender Abstraktheit und Größe staatlicher und überstaatlicher Gebilde die Menschen ein Gegengewicht in mundartlich und anschaulich vermittelten Zusammenhängen suchen?
Auch der neue Fundamentalismus ist vielleicht kein ›erstaunlicher Rückfall‹ in die Zeit vor der Aufklärung. Deutlich ist das in jenen Ländern, wo der neue Fundamentalismus als Gegenkraft gegen kulturelle und ökonomische Überfremdung – sprich Verwestlichung – auftritt, nämlich in den arabischen Ländern. Aber der neue Fundamentalismus ist ja keineswegs auf Länder der Dritten Welt beschränkt. Vielmehr hat sich auch in Europa, insbesondere Polen, gezeigt, daß religiöse Zusammenhänge wieder politische Bedeutung gewinnen können. Ferner gibt es einen Fundamentalismus der katholischen Kirche, der sich insbesondere in Fragen, in denen es um die menschliche Natur geht, formiert. Allgemein kann man wohl sagen, daß sowohl der Fundamentalismus als auch das sich ausbreitende Sektenwesen eine Folge der durch die Moderne produzierten Orientierungskrise darstellen. Auch hier kann man nicht eigentlich von einem Rückfall reden, weil der neue Fundamentalismus selbst durch den Fortschritt der Moderne produziert wird und aus ihr seine Motivationen bezieht.
Alle drei Bereiche, neue Barbarei, neuer Regionalismus und neuer Fundamentalismus, haben das einfache Fortschrittsdenken, das im Projekt der Moderne impliziert war, ad absurdum geführt. Man könnte hier vielleicht von einer Blindheit gegenüber der Natur des Menschen reden, die diesem Fortschrittsdenken zugrunde liegt. Jedenfalls muß man sagen, daß das Projekt der Moderne in bezug auf die Geschichte blind und illusionistisch war. Für uns ist es heute nicht mehr möglich, Geschichte als gesellschaftlichen Fortschritt zu denken.

Wie denken wir über Geschichte?

Ich möchte jetzt nicht wie in den anderen Kapiteln einem sprachlich impliziten oder ideologisch expliziten Denken über Geschichte nachgehen in der Absicht, Hindernisse zu beseitigen, die uns an der Auseinandersetzung mit Problemen unserer Gesellschaft hindern können. Es scheint, daß es ein verfestigtes Denken von Geschichte als Fortschritt, wie es dem Projekt der Neuzeit entspringt, gar nicht mehr gibt. Diese Desillusionierung gegenüber gesellschaftlichem Fortschrittsdenken korrespondiert aufs beste mit dem Affirmativwerden des öffentlichen gesellschaftlichen Selbstverständnisses. Da könnte man wirklich versucht sein, gegenüber dem sich anbahnenden Biedermeier darauf zu bestehen, daß die Geschichte *nicht* zu Ende und das Projekt der Moderne in Hinblick auf seine Ziele, Emanzipation und Aufklärung, nicht vollendet ist. Das soll hier nicht geschehen, da die schrecklichen geschichtlichen Erfahrungen, die der neuzeitliche Mensch mit sich selbst gemacht hat, uns gelehrt haben, daß diese Ziele nicht in der direkten Linie eines Fortschritts oder einer Entwicklungslogik zu erreichen sind. Gerade wenn man gegenüber dem selbstgenügsamen Zeitgeist an den Zielen der Emanzipation und Aufklärung festhält, ist es notwendig, das Projekt der Moderne zu revidieren.

Die historischen Erfahrungen des neuzeitlichen Menschen mit sich selbst verbieten schlechthin, Geschichte noch als Fortschritt zu denken. Das ist eine andere Formulierung für die Einsicht Adornos, daß Philosophie nach Auschwitz gegenüber der gesamten europäischen Tradition fundamental anders sein muß. Wie aber sollen wir Geschichte denken? Was bleibt von dem Geschichtsbegriff übrig, wenn die Geschichte nicht mehr auf etwas hinausläuft?

Karl Löwith hat in seinem Buch *Weltgeschichte und Heilsgeschehen* (1967), das in ursprünglich englischer Fassung *Meaning in History* hieß, gezeigt, daß ein Denken, das von der Geschichte einen Sinn erwartet, ursprünglich im christlichen Zusammenhang entstanden ist. Es ist die Heilsgeschichte, die zum erstenmal die vielen Erzählungen über menschliche Ereignisse in einen großen Zusammenhang brachte. Von der Schöpfung über den Sündenfall, die Sintflut, die Propheten ist in der Geschichte das auf die Rück-

gewinnung des menschlichen Geschlechts gerichtete Wirken Gottes zu spüren. Das Bemühen Gottes um die Menschheit findet seinen Höhepunkt und seine Erfüllung in Jesus. In Jesus ist die Menschheit im Prinzip erlöst, die Weltzeit nach ihm ist Endzeit, sie ist in Furcht und Zittern die Erwartung des Weltgerichts.
Diese Darstellung der Menschheitsgeschichte als ein großes Drama kontrastiert allerdings auffällig mit dem, was wir aus der vorchristlichen Antike kennen. Hier dominiert ein zyklisches Denken. Die Wiederholung des im Prinzip Gleichen – von Generation zu Generation wie auch von Äon zu Äon – ist der Hintergrund, auf dem einzelne Erzählungen, wie etwa die des Peloponnesischen Krieges erscheinen. Weder Sinn noch Ziel wollen solche Erzählungen dem Geschehen abverlangen, vielmehr demonstrieren, daß sich an ihnen grundsätzlich Menschliches zeige. Daß der griechische wie römische Begriff von *Historia* keineswegs ein sinngerichtetes und weltveränderndes Geschehen meint, kann man auch daran sehen, daß ganz parallel von einer *historia naturae*, einer Naturgeschichte, gesprochen wurde.
Man kann nun in gewissem Sinne sagen, daß das Projekt der Moderne, nämlich durch ein bewußtes Machen von Geschichte eine vernünftige Gesellschaft hervorzubringen, als eine Säkularisierung des christlichen Heilsprogramms anzusehen ist. Der Mensch wollte das Versprochene und durch immer erneute Verlängerung der Endzeit versagte Heil schließlich selbst und innerweltlich herbeiführen. Aufklärung und Sozialismus sind sicherlich in diesem Sinne säkularisierte Heilslehren. Wenn ich vorsichtig sagte, man könne in einem ›gewissen Sinne‹ von einer Säkularisierung sprechen, so, weil Hans Blumenberg in seinem Buch *Die Legitimität der Neuzeit*[6] mit Vehemenz der Säkularisierungsthese widersprochen hat. Dabei handelt es sich allerdings bei näherem Zusehen nur um eine bestimmte Nuance dieser These, nämlich die Behauptung, daß der Nachweis der Herkunft eines Gedankens aus christlichem Zusammenhang diesem seine Eigenständigkeit nehme und ihn damit deligitimiere. Blumenberg besteht darauf, daß die Eschatologie (endzeitliche Heilserwartung) der Idee des Fortschritts geradezu widerstreite: »Zwischen Eschatologie und Fortschrittsidee bestehen entscheidende, die Umsetzung blockierende

6 Hans Blumenberg, *Die Legitimität der Neuzeit*, Frankfurt am Main: Suhrkamp 1966.

Differenzen, die das Kriterium der Identifizierbarkeit des theologischen Moments in der Geschichtsidee problematisch machen« (Blumenberg 1966, S. 23). Die Fortschrittsidee sei aus wissenschaftlich-technischen Zusammenhängen entstanden. Aber – können wir jetzt auch gegen Blumenberg sagen: darin besteht ja gerade die Säkularisierung der Heilserwartung, daß das Heil jetzt nicht mehr durch ein von außen hereinbrechendes Ereignis erwartet wird, sondern von dem bewußt betriebenen Fortschritt.

Im übrigen möchte ich hinzufügen, daß Blumenberg einen quasi häretischen Einfluß aus dem Christentum auf die Formierung des neuzeitlichen Denkens nicht berücksichtigt, nämlich das Denken Jakob Böhmes. Jakob Böhme hat auf die Reformbewegung im England des 17. Jahrhunderts einen deutlichen Einfluß gehabt. Es hat geradezu böhmische Sekten in England gegeben. Böhme hat den Weltprozeß selbst als eine permanente Schöpfung oder, besser gesagt, sogar als die Geburt Gottes verstanden. Das ist nun sicherlich eine heterodoxe christliche Auffassung. Sie ist aber gerade von der Art, daß sie dem innerweltlichen Prozeß selbst einen religiösen Fortschrittssinn zuweist. Dieser Gedanke ist dann über die Vermittlung Oetingers zu Schelling und Hegel gelangt. Hegel deutet die Kulturgeschichte als eine Phänomenologie des Geistes, d. h. als ein stufenweises Zu-sich-selbst-Kommen des Absoluten. Für Schelling liegt der Geist in der Materie, und er kommt über die Vermittlung des Menschen und insbesondere über seine wissenschaftliche und künstlerische Tätigkeit zur Erscheinung.

Damit haben wir die Hauptstationen der Geschichtsphilosophie genannt. Sie alle sind ›große Erzählungen‹ im Sinne von Lyotard, sie alle deuten das Ganze des Weltgeschehens als einen Zusammenhang mit Sinn und Ziel und weisen dem Menschen darin eine wesentliche Funktion zu. Das ist geradezu die Definition von Philosophie der Geschichte, die Karl Löwith gibt. Sie sei, sagt er, »die systematische Ausdeutung der Weltgeschichte am Leitfaden eines Prinzips, durch welches historische Geschehnisse und Folgen in Zusammenhang gebracht und auf einen letzten Sinn bezogen werden« (Löwith 1967, S. 11). Wenn man so Geschichtsphilosophie definiert, dann ist allerdings mit dem Schwund des Glaubens an die großen Erzählungen auch die Zeit der Geschichtsphilosophie vorüber.[7] Aber einerseits ist das keineswegs

7 Odo Marquard, *Schwierigkeiten mit Geschichtsphilosophie*, Frankfurt

der Fall, vielmehr begegnet uns bei Heidegger eine Rückkehr der Geschichtsphilosophie als Eschatologie, indem er nämlich Geschichtlichkeit dem Sein selbst meint zusprechen zu können. Zwischen ›Seinsvergessenheit‹ und ›Ereignis‹ erfüllt sich ihm das Geschick des Seins. Auf der anderen Seite finden wir bei Habermas in Verlängerung eines Denkens, das das Projekt der Moderne geprägt hat, eine Konzeption von Geschichte als Lernprozeß. In Umkehrung des Haeckelschen biogenetischen Grundgesetzes, nämlich daß das einzelne Individuum ontogenetisch die Phylogenese wiederholt, meint Habermas, daß menschheitsgeschichtlich sich eine Entwicklung vollziehe, die der von Piaget und Kohlberg festgestellten Intelligenz und Moralentwicklung des Kindes entspreche. Sicherlich reagieren auch beide Autoren irgendwie auf die tiefe Ernüchterung, die die Geschichtsphilosophie durch die wirkliche Geschichte erfahren hat. Mir scheint aber doch, daß Löwith die radikalste und den einschneidenden historischen Erfahrungen angemessenste Konsequenz gezogen hat. Er schreibt: »Geschichtliche Ereignisse als solche enthalten nicht den mindesten Hinweis auf einen umfassenden, letzten Sinn. Die Geschichte hat kein letztes Ergebnis. Eine Lösung ihres Problems aus ihr selbst hat es nie gegeben und wird es nie geben, denn die menschliche Geschichtserfahrung ist Erfahrung dauernden Scheiterns« (Löwith 1967, S. 175). Dieses Zitat bringt allerdings nur die Hälfte der Konsequenz, die Löwith zieht, und die andere Hälfte halte ich für viel problematischer. Löwith rekurriert nämlich nun seinerseits wieder auf Ewigkeit und die gleichbleibende Natur, wobei er sogar die menschliche Natur mit einschließt. »Nicht die historische Welt, sondern die menschliche Natur überdauert allen geschichtlichen Wandel« (1967, S. 183). Er bedauert nur, daß er mit diesem Rückgang auf vorchristliches, nämlich antikes Denken nicht auch gleichzeitig deren Kreislaufdenken wieder aufnehmen kann (1967, S. 189). Und das macht in der Tat diese Konsequenz inkonsistent.

Trotz des Verlusts der Geschichtsphilosophie und des Fortschrittsglaubens ist die Historisierung unseres Denkens vorangeschritten. Konnte man noch Anfang unseres Jahrhunderts einen Unterschied zwischen den Geisteswissenschaften und den Ge-

am Main, Suhrkamp 1973. Nach Auffassung Marquards tritt die philosophische Anthropologie an die Stelle der Geschichtsphilosophie.

schichtswissenschaften auf die Ansicht bauen, daß die Natur nicht geschichtlich sei, so hat sich inzwischen die Historizität der Natur im ganzen in einem geradezu überwältigenden Maße herausgestellt. Ferner ist, wie wir in einem anderen Kapitel festgestellt haben, die Geschichtlichkeit des Menschen selbst so bedeutsam geworden, daß man Mühe hat, überhaupt noch von einer Natur des Menschen zu sprechen. So reinigend also die Radikalität von Löwith ist, sie läßt uns doch ratlos.

Die Konstitution von Geschichte und die Möglichkeit einer neuen Geschichtsphilosophie

Man hat gesagt, die Geschichte sei zu Ende, aber das menschliche Geschehen wälzt sich natürlich weiter. Also sollte man besser sagen, die Geschichtsphilosophie sei am Ende, wenn anders Geschichtsphilosophie nach der angegebenen Definition darin besteht, für dieses Geschehen einen übergreifenden Sinn anzugeben. Aber geht es wirklich ohne Geschichtsphilosophie? Oder müssen wir nach Möglichkeiten einer veränderten Geschichtsphilosophie fragen?

In einem muß man Löwith recht geben: Es ist offenbar nicht notwendig, daß der Mensch das Geschehen, an dem er teil hat, als Geschichte versteht. Es hat riesige Zeiträume gegeben, in denen der Mensch quasi geschichtslos lebte. Insofern ist Geschichte selbst ein ›geschichtliches‹ Produkt und Phänomen und könnte also auch ›geschichtlich‹ wieder verschwinden. Geschichte ist, wie wir gesehen haben, tatsächlich eng an das Projekt der Moderne gebunden. Geschichtliches Denken entsprang einer bestimmten Selbstthematisierung des Menschen, die wir etwa zur Zeit von Vico lokalisiert haben. Wir haben gesehen, daß die besondere Selbstthematisierung des menschlichen Geschehens darin bestand, daß sie als erkennbar in dem Maße angesehen wurde, als sie vom Menschen selbst hervorgebracht wird. Die Thematisierung des menschlichen Geschehens als Geschichte entsprang also am Beginn der Neuzeit dem Interesse, die menschlichen Verhältnisse in die Hand zu nehmen, also dem Interesse der bewußten Herbeiführung einer vernünftigen Gesellschaft. *Dieser* Geschichtsbegriff ist also aufs engste mit der Fortschrittsidee verbunden und mit ihrem Scheitern zugleich in Frage gestellt. Tatsächlich müssen wir heute sagen, daß der Bereich, aus dem die Fortschrittsidee in der frühen Renaissance sich entwickelt hat, nämlich der wissenschaftlich-technische, faktisch auch der einzige geblieben ist, in dem sich bis heute ein Fortschritt nachweisen läßt. In allen anderen Bereichen oder Dimensionen menschlicher Praxis, also etwa Kunst, Ökonomie, Moral, gibt es nur vorübergehende, nur epochale Fortschritte, die in der Regel noch zu ihren Lebzeiten von Rückschritten konterkariert werden. Fürs Ganze, für die Weltgeschichte oder die Geschichte der Menschheit im ganzen jedenfalls eignet sich der Begriff des Fortschritts als organisierendes Prinzip nicht.

Wenn wir uns nun der Frage nach einer neuen Geschichtsphilosophie oder, was dasselbe ist, nach einem neuen Begriff von Geschichte umschauen, dann müssen wir jetzt endlich – im Verhältnis zu anderen Vorlesungen verspätet – die Frage nach der Konstitution stellen: Was konstituiert die Wirklichkeit als Geschichte?

Ereignisse und Geschehnisse werden zur Geschichte, indem man sie erzählt. Diese Auffassung bietet sich vom Wort Geschichte her ohnehin an, sie wird aber noch gestützt durch begriffsgeschichtliche Untersuchungen des Wortes Geschichte. Der Historiker Koselleck[8] hat nachgewiesen, daß das deutsche Wort ›Geschichte‹ ein Kollektivsingular ist, d. h. eigentlich ein Bündel von Geschichten meint. Die Weltgeschichte war nach der klassischen Geschichtsphilosophie eine große Erzählung, und auch nachdem man diese Geschichtsphilosophie hinter sich gelassen hatte und nur noch Wissenschaftstheorie der Geschichte betrieb, erwies sich diese Aussageform der Geschichtswissenschaft als das entscheidende Charakteristikum. Während die Naturwissenschaft nach Windelband Gesetze aufstellt, geht es in der Geschichte um die Darstellung des Einmaligen. Heute ist die Historik, also die Theorie der Geschichtswissenschaft, über weite Strecken eine Theorie der Erzählformen (Hayden White 1986). Es ist danach die Aufgabe der Geschichtswissenschaft, Geschehenes zu erzählen und dadurch erst zur Geschichte zu machen. Aber was ist der Unterschied zwi-

8 Reinhart Koselleck, »Geschichte, Historie«, in: O. Brunner, W. Conze und R. Koselleck (Hg.), *Geschichtliche Grundbegriffe. Historisches Lexikon zur politisch-sozialen Sprache in Deutschland*, Bd. 2, Stuttgart 1975.

schen Geschehnissen und Geschichte? Zur Geschichte werden Geschehnisse, Ereignisse, Fakten erst, wenn sie in einen Zusammenhang gebracht werden und ein Ganzes ausmachen. Der Zusammenhang darf nicht ein Kausalzusammenhang sein, sondern er muß von einem Thema oder Sinn gestiftet werden. Kant hat eine solche Einheit eine qualitative genannt. Er versteht darunter »die Einheit der Zusammenfassung des Mannigfaltigen der Erkenntnisse..., wie etwa die Einheit des Thema in einem Schauspiel, einer Rede, einer Fabel« (*KdrV*, B 114). Wir sehen schon hier, daß Geschichte als Fortschritt nur *eine* mögliche Form von Geschichte darstellt, nämlich diejenige, deren Thema der Fortschritt ist.

Nun wird wohl jeder zugeben, daß eine zusammenhanglose Ereignisfolge keine Geschichte ist, aber trotzdem bleibt der Einwand bestehen: Leben wir nicht schon in der Geschichte, wird sie wirklich erst als erzählte dazu? In der Tat leben wir jeweils schon in einer Geschichte; und zwar liegt das daran, daß auch die Teilnehmer die Geschichte schon erzählen und weiterdichten, während sie noch geschieht. Diese Funktion hat im allgemeinen die politische Ideologie. So lebten beispielsweise die Menschen im Dritten Reich schon im Dritten Reich. Wir müßten heute umgekehrt fragen, ob diese Selbsterzählung der damaligen Propagandisten überhaupt zutrifft. Ein tausendjähriges Reich, wie sie auch behaupteten, war es jedenfalls nicht. Es scheint, daß diese Selbstthematisierung der eigenen Zeit ein typisches Phänomen der Neuzeit ist. Es gehört zu demjenigen Teil des Projekts der Moderne, den wir Geschichte als Projekt genannt haben. Die Menschen des Mittelalters lebten nicht im Mittelalter, aber die neuzeitlichen Menschen lebten von Anfang an in der Neuzeit.

Wenn Geschichte also in jedem Fall thematisierte Wirklichkeit ist, fragt man sich, in welchem Interesse die Geschehnisse als Geschichte thematisiert werden. Diese Fragen hat zuerst Nietzsche in seinem Aufsatz ›Vom Nutzen und Nachteil der Historie für das Leben‹[9] gestellt. Die Antwort ist für unsere Zeit sehr bündig von Hermann Lübbe[10] gegeben worden. Er sagt, Geschichten zu er-

9 Friedrich Nietzsche, »Vom Nutzen und Nachteil der Historie für das Leben«. *Unzeitgemäße Betrachtungen*, 2. Stück, in: *Werke in drei Bänden*, hg. von Karl Schlechta, München: Hanser o.J.

zählen, Ereignisse und Geschehnisse zur Geschichte zu machen, sei eine Strategie der Kontingenzbewältigung. Der Mensch versuche mit dem Kontingenten, dem Zufälligen in seinem Leben, fertigzuwerden, indem er ihm Sinn verleihe. Ein klassisches Beispiel dafür ist Helmut Gollwitzers Buch *Und führen wohin du nicht willst*[11], in dem er das Grauen der russischen Kriegsgefangenschaft als Gottesstrafe für die Naziverbrechen deutet. Ich erwähne dieses Beispiel, weil sich inzwischen in vielen Einzelbiographien, die die *oral history* aufgedeckt hat, genau dieses Muster findet. Vielen Deutschen sind die Leiden von Gefangenschaft und Vertreibung nur erträglich gewesen, weil sie sie als Strafe deuteten und dadurch ihr Gewissen erleichterten. In diesem Sinne bestimmt Hayden White, wohl der bedeutendste der gegenwärtigen Theoretiker der Geschichte, die Aufgabe des Historikers dahingehend, »ausdrücklich an der Befreiung der Gegenwart von der *Last der Geschichte* mitzuwirken« (1986, S. 51). Man muß allerdings gleich hinzufügen, daß es Ereignisse solch schrecklicher Dimension gibt, wie die Verbrechen des Naziregimes, daß sie sich quasi nicht wegarbeiten lassen. Insofern muß man auch sagen, daß bisher die Geschichtsschreibung an diesen Ereignissen aus guten Gründen gescheitert ist.

Nun ist aber nach unserer Definition die rückwärtsgewandte Geschichte, d. h. die Geschichtsschreibung, nur ein Teil der Konstitution von Geschichte. Der andere betrifft die Gegenwart und die anbrechende Zukunft. Die Funktion dieser Thematisierung von Ereignissen und Geschehnissen besteht in ihrer handlungsleitenden und handlungslegitimierenden Funktion. Man versucht, sich in seinem Handeln zu orientieren, indem man das, was geschieht, als Anzeichen von Kommendem bzw. als Teil einer im Gang befindlichen Geschichte deutet. Der darin liegende Ausgriff auf die Zukunft ist keineswegs etwas Geheimnisvolles oder eine Wahrsagekunst, es sei denn, sie gehöre zu jener Wahrsagerei, von der Kant sagt, daß »der Wahrsager die Begebenheiten selber macht und veranstaltet, die er zum voraus verkündet« (*Der Streit der Fakultäten*, A 131). Es handelt sich um jenen Zugriff auf die Zu-

10 Hermann Lübbe, *Geschichtsbegriff und Geschichtsinteresse. Analytik und Pragmatik der Historie*, Basel: Schwabe 1977.

11 Helmut Gollwitzer, ... *und führen wohin du nicht willst. Bericht einer Gefangenschaft*, München: Kaiser, 4. Aufl. 1952.

kunft, durch den überhaupt erst Handeln zum Handeln wird. Im politischen Raum wird der Entwurf von Geschichte, in der man sich angeblich befindet, zur Legitimation von Einzelhandlungen. Ob es sich dabei um Ideologie im engeren Sinne, d. h. um falsches Bewußtsein handelt, ist nicht leicht zu sehen. So befinden wir uns beispielsweise gegenwärtig im ›Einigungsprozeß‹, in dem ›zusammenwächst, was zusammengehört‹. Wer vermag heute zu sagen, ob rückblickend die Geschichtsschreibung diesen Prozeß vielleicht ganz anders darstellen wird?

Damit habe ich die Konstitution von Wirklichkeit als Geschichte in Grundzügen umschrieben. Sind dies aber nur allgemeine Grundzüge der Historik, oder sind darin schon die Erfahrungen aufgenommen, die heute zu einer neuen Geschichtsphilosophie zwingen?

Wir haben festgestellt, daß die Erfahrungen, die der europäische Mensch mit sich selbst gemacht hat, es verbieten, Geschichte weiterhin als Fortschritt zu lesen. Aber dieser Einsicht ist noch nicht hinreichend Rechnung getragen, indem man etwa von der Dialektik des Fortschritts oder der Ambivalenz des Fortschritts redet.

Ich möchte zwei grundlegende Momente einer neuen Geschichtsphilosophie nennen. Erstens: In jeder Erfahrung der Gegenwart als Geschichte liegt ein teleologisches Moment, denn es geht ja um Entwurf und Handlungsorientierung. Daraus folgt, daß das Verhältnis von propagierter und rekonstruierter Geschichte immer prekär sein muß. Natürlich muß man die Handlungen von Akteuren an ihren Zielen messen, und doch wird sich nachträglich herausstellen, daß sie sich in einer ganz anderen Geschichte befanden, als sie meinten. Aus dieser Spannung von propagierter und rekonstruierter Geschichte folgt, daß es in jedem Fall gefährlich ist, Gegenwartsgeschichte schlicht aus den intendierten Zielen zu verstehen. Wenn man diese Art von Vorsicht als ein Reflexivwerden der Moderne verstehen will, dann wäre der Ausdruck wohl gut verwendet. Denn das hieße, daß man gut neuzeitlich zwar weiterhin versuchte, Geschichte zu machen, gleichzeitig aber dafür offen wäre, zu erfahren, daß Geschichte geschieht.

Als zweites Moment einer neuen Geschichtsphilosophie möchte ich nennen, daß man auch die Beziehung der Geschichte zu den vielen Einzelgeschichten, deren Bündel sie sein soll, für etwas äußerst Prekäres hält. Es kann Zeiten geben, in denen die Geschichte keineswegs das Bündel der Einzelgeschichten ist, in denen man vielmehr versucht, mit einer propagierten Gesamtgeschichte die Einzelgeschichten zu dominieren. Das war jedenfalls im Dritten Reich der Fall. Andererseits hat sich gezeigt, daß der Sinn der Einzelgeschichten durchaus von dem der Gesamtgeschichte abweichen, ihm geradezu widerstreiten kann. Ein klassisches Beispiel dafür ist Hannah Arendts Buch *Eichmann in Jerusalem*[12], dessen zentrale These in seinem Untertitel ausgesprochen ist: Von der Banalität des Bösen. Es zeigt sich nämlich, daß das schier Entsetzliche der Vernichtung der europäischen Juden auf der Ebene der Einzelbiographie eines Täters zu etwas ganz Banalem werden kann, hier im Falle Eichmann zu einem kleinbürgerlichen Leben mit bürokratischer Pflichterfüllung.

Ferner haben die Forschungen der *oral history* gezeigt, daß die große Geschichte es dem einzelnen unmöglich machen kann, sein Leben überhaupt noch als Biographie zusammenzubringen. Charakteristisch heißt ein Buch, in dem Lutz Niethammer Arbeiten zur ›Lebensgeschichte und Sozialkultur im Ruhrgebiet 1930-1960‹, zusammengetragen hat: *Die Jahre weiß man nicht, wo man die heute hinsetzen soll.*[13] Das bedeutet zusammengenommen, daß Geschichte heute nicht mehr mit eindeutigem Sinn geschrieben werden kann. Wenn auch weiterhin der Sinn- und Kontinuitätsstiftung verpflichtet, muß man damit rechnen, daß die Geschichte, verstanden als Kollektivsingular, mit dem Sinn zugleich auch Gegensinn[14] produziert, und daß, was für das ganze Kontinuität heißen mag, für die Einzelgeschichte Diskontinuität ist und umgekehrt.

Was ist die Geschichte aufs Ganze gesehen, wenn sie nicht länger als Fortschritt gelesen werden kann? Ich hatte die drei Gegeninstanzen historischer Erfahrung, die das historische Fortschrittsdenken in unserem Jahrhundert in Frage stellen, genannt: die neue Barbarei, den neuen Nationalismus bzw. Regionalismus und den Fundamentalismus. All diese Phänomene können im Rahmen eines Konzepts von Geschichte als Fortschritt nur als Regressionen, Rückfälle, als Abweichungen oder als bedauerliche Unterbre-

12 Hannah Arendt, *Eichmann in Jerusalem. Ein Bericht von der Banalität des Bösen*, Stuttgart: Piper 1987.

13 Lutz Niethammer, *Die Jahre weiß man nicht, wo man die heute hinsetzen soll. Faschismus-Erfahrungen im Ruhrgebiet*, Berlin/Bonn 1983.

14 Gernot Böhme, »Sinn und Gegensinn. Über die Dekonstruktion von Geschichten«, in: *Psyche* 44 (1990), S. 577-592.

chungen gelesen werden. So wird aber nicht verstanden, daß diese Geschehnisse durch das Projekt der Moderne mitproduziert worden sind. Warum ist das so? Mit dem Ausdruck Dialektik, etwa *Dialektik der Aufklärung* (Horkheimer, Adorno 1944, 1969), ist das Problem nur benannt. Ich schlage deshalb in Analogie zu psychoanalytischer Sprechweise vor, Geschichte als einen Prozeß von Manifestation und Verdrängung zu lesen. Jedes geschichtliche Leben ist quasi eine Selbststilisierung, die durch Selektion und Verstärkung auf der einen Seite und Abdrängung und Verleugnung auf der anderen Seite geschieht. Geschichte, die sowohl als propagierte wie als rekonstruierte ein ordnungs- und sinnstiftendes Unternehmen ist, produziert so immer – zunächst unsichtbar – ein Chaos von Namenlosem, Unbefriedigtem und Ungelöstem mit. Die damit verdrängten Kräfte können gegebenenfalls eruptiv werden oder sich sammeln und einen Gegensinn proklamieren. Dieses Schema, scheint mir, würde uns die Geschehnisse in unserem Jahrhundert jedenfalls besser verständlich machen als die Vorstellung einer Geschichte als Fortschritt mit Abweichungen und Zwischenfällen. Die Geschichtsphilosophie würde mit dieser Revision des Geschichtsbegriffs den Erfahrungen Rechnung tragen, die wir bisher mit dem Projekt Geschichte gemacht haben.

7. Technische Zivilisation

Das Projekt der Moderne und die technische Zivilisation

Es wird Zeit für einen Rückblick. Wir haben uns einen Überblick über die großen Probleme verschafft, in denen sich der gegenwärtige Mensch bei uns, d. h. der Mensch in der technischen Zivilisation, befindet. Wir haben versucht, uns in der Auseinandersetzung mit diesen Problemen zu orientieren, indem wir sie in die Hauptdimensionen des Projekts der Moderne einordneten. Das Projekt der Moderne ist die Selbstermächtigung des Menschen seit der frühen Neuzeit, durch die er seine Geschicke, die Gestaltung seiner Welt und schließlich seiner selbst in die Hand nimmt. Als Teile des Projekts der Moderne haben wir benannt erstens das Baconsche Programm einer Vergesellschaftung von Wissenschaft als Forschung und ihre Ausrichtung auf Nützlichkeit, zweitens das Galileische Programm eines Entwurfs der Natur auf ihre Möglichkeiten, drittens das Programm des Comenius und anderer aufklärerischer Reformer, den Menschen überhaupt erst zum Menschen heranzubilden und sein Leben rationalen Prinzipien zu unterwerfen, und schließlich viertens den revolutionären Entwurf einer Geschichte als Fortschritt. Es erwies sich als kurzsichtig und unzureichend, die zum Teil katastrophalen Probleme, die in der Verfolgung des Projekts der Moderne aufgetreten sind, nur als vorübergehende Rückschläge, als Zwischenfälle, als Ambivalenz des Fortschritts zu betrachten oder auch als ›Dialektik der Aufklärung‹. Es erschien uns wenig aussichtsreich, mit den traditionellen Begriffen, die das Projekt der Moderne prägten, ihre Probleme zu bearbeiten, ja geradezu gefährlich, weil ein solcher Zugang die Probleme eher perpetuiert und vergrößert. Die Art und Weise, wie wir über Wissenschaft, über Natur, über uns selbst und über die Geschichte denken, schien uns einer gründlichen Revision bedürftig. Mit dem Ausdruck Revision, insbesondere in der Formulierung ›Revision der Moderne‹, sollte angedeutet sein, daß es sich weder um eine bloße Abschaffung dieser Begriffe handeln kann noch um einen Ausstieg aus der Moderne. Der Schritt in die Moderne, der Schritt zur bewußten Gestaltung unserer Welt und unserer selbst, ist nicht mehr rückgängig zu machen. Es geht aber um eine Revision der grundsätzlichen Entscheidungen und Entwürfe, unter denen dies geschieht. Die Randbedingungen bewußter Welt- und Selbstgestaltung müssen bedacht werden, die Ziele neu formuliert und die Erwartungen, die damit verbunden waren, restringiert werden. Aus der begrifflichen Arbeit an den vier Hauptdimensionen des Projekts der Moderne und ihrer Probleme ergeben sich neue, inhaltlich bestimmte Bereiche der Philosophie, nämlich eine neue Wissenschaftsphilosophie, eine neue Naturphilosophie, eine neue philosophische Anthropologie und eine neue Geschichtsphilosophie. Deren Anfänge sind bereits mehr oder weniger absehbar. Eine neue Wissenschaftsphilosophie hat außer der Aufgabe zu sagen, was Wissenschaft ist, vor allem die Aufgabe zu sagen, was Wissenschaft nicht ist, d. h. die Wissenschaft in ein größeres Spektrum von Wissensformen einzuordnen, die von ihr strukturell verschieden und von anderer Funktion für den Menschen sind. Die Aufgaben einer neuen Naturphilosophie und einer neuen Anthropologie sind in gewissem Sinne komplementär. In beiden geht es darum, die Entgegensetzung von Mensch und Natur zu überwinden. Die uns nächstliegende und für uns relevante Natur ist als menschliches Produkt ernst zu nehmen und unter normativen Gesichtspunkten zu betrachten. Der Mensch selbst muß lernen, sich als Natur zu verstehen, d. h. die Natur, die er selbst ist, den Leib, in sein Selbstverständnis zu integrieren. Es ist zu erwarten, daß aus einem bewußten Leibsein-Können auch die Natur, die wir nicht selbst sind, in neuer Weise erkannt werden kann. Ein neues Selbstverständnis des Menschen muß ferner ein anderes Verständnis von Vernunft und Rationalität einschließen. Vernunft und Rationalität sind unentbehrlich, sie sind aber keine gegebenen Wesensbestandteile des Menschen, sie sind vielmehr mühsam errungene Leistungen, die zugleich ihre Unkosten haben. Schließlich Geschichte: Geschichte kann nicht mehr als Fortschrittsprozeß gesehen werden, sondern muß als ein Umwälzungsprozeß von Manifestation und Verdrängung verstanden werden. Die immer erneuten Anstrengungen des Menschen, Geschehnisse zu Geschichte zu machen, entspringen dem Bedürfnis der Kontingenzbewältigung und der Notwendigkeit der Handlungsorientierung. Die dabei wirksame Ausrichtung auf einen Sinn sollte aber nach den historischen Erfahrungen in unserem Jahrhundert stets Gegensinne zulassen und sich bewußt sein, daß Kontinuität in der einen Geschichte Diskontinuität in der anderen bedeuten kann. Die notwendigen Prozesse des Umdenkens sind im Gange oder, sagen wir besser, in Arbeit, aber sie sind schwierig und langwierig. Keineswegs verlassen wir die Neuzeit durch einen fröhlichen Marsch in die Postmoderne.

Dasjenige, was hier zur Revision ansteht, das Projekt der Moderne, befindet sich gegenwärtig unter dem Namen der technischen Zivilisation in einem Prozeß weltweiter Expansion. Diese Tatsache ist verblüffend und bedenklich zugleich. Man könnte nämlich sagen, daß die technische Zivilisation sich heute weltweit verbreitet ohne die ›Gegengifte‹, die sich im alten Europa seit seiner Etablierung gebildet haben. Man könnte mit Habermas sagen, daß sich die Moderne universalisiert ohne den Diskurs der Moderne. Um es bildhaft und drastisch zu sagen: Gerade in Ländern der dritten Welt findet man die radikalste Vereinseitigung therapeutischen Handelns auf Aspirin, Penizillin und Kaiserschnitt. Es ist in Ländern der dritten Welt kaum ein Bewußtsein dafür vorhanden, daß man aus den Fehlern und Irrwegen europäischer Entwicklung auch lernen könnte. Vielmehr findet sich dort die ungebrochenste Hoffnung auf Fortschritt und die fragloseste Wertschätzung von Modernität. Noch einmal: Gerade in dem historischen Moment, wo Europa seinen Eurozentrismus abbaut und ihm tiefe Zweifel gekommen sind daran, daß gerade seine Zivilisation der Gipfel des Menschenmöglichen ist – gerade in diesem Moment werden bestimmte Grundmuster der europäischen (und amerikanischen) Zivilisation zu einer Art Weltkultur. Das gilt es nun genauer zu betrachten.

Die erste Frage, die wir uns stellen müssen, ist die, was man eigentlich unter technischer Zivilisation zu verstehen hat und inwiefern sie als ein Produkt des Projekts der Moderne anzusehen ist. Zunächst: Die technische Zivilisation ist selbst kein Projekt, und sie wurde mit dem Projekt der Moderne auch nicht intendiert. Zivilisation oder Zivilisiertheit allerdings war ein Projekt. Norbert Elias hat in seinem Buch *Der Prozeß der Zivilisation* (1936/1976) über weite Strecken das beschrieben, was uns hier als Projekt der Moderne interessierte, und zwar insbesondere in dem Bereich der menschlichen Selbstgestaltung und der bewußten Gestaltung der gesellschaftlichen Verhältnisse. Der zivilisierte Mensch ist derjenige, der sich über die Natur erhoben hat und in grundsätzlicher Distanz zur Natur lebt. Seine Beziehung zur Natur wird über den Markt und die Diener vermittelt. In direkter Auseinandersetzung mit ihr befindet er sich nicht mehr. Von seiner eigenen Natur distanziert er sich durch Selbstbeherrschung und durch Scham. Elias hat den Prozeß der Zivilisation auch durch ein ›Vorrücken der Schamgrenze‹ beschrieben. Essen und Trinken verschwinden als physiologische Vorgänge unter Sitten und Riten; Körperfunktionen werden im öffentlichen Leben unterdrückt und die notwendigsten in die Unsichtbarkeit verbannt; in der öffentlichen Erscheinung dominiert der gesellschaftliche Mensch den natürlichen. Der zivilisierte Mensch ist selbstbeherrscht, er hat Langsicht und Planungsvermögen, er dämpft seine Affekte. Die zivilisierte Gesellschaft ist im modernen Staat organisiert. Modern ist er dadurch, daß er dem Prinzip der Gewaltenteilung folgt, den inneren Frieden garantiert und in seinem Handeln selbst Rechtsnormen unterworfen ist. Der Staat selbst verliert tendenziell sein hoheitlich-patriarchalisches Wesen und wird zur rationalen Verwaltung. Diese Grundzüge von ›Zivilisation‹, die im einzelnen bei Elias und auch bei Max Weber unter dem Stichwort ›okzidentale Rationalität‹ nachzulesen wären, machen schon deutlich, daß sie als solche nichts mit Technik zu tun haben und offenbar der Technik auch nicht bedürfen.

Wenn wir die beiden anderen Dimensionen betrachten, also neben der Dimension Mensch und Geschichte die Dimensionen Wissenschaft und Natur, dann liegen hier die Verhältnisse offenbar anders. Der neuzeitliche Entwurf von Natur war offenbar ein technischer Entwurf von Natur, und die neuzeitliche Wissenschaft war zumindest auf Technikerzeugung gerichtet. Trotzdem muß man sagen, daß das Erreichen von Technik auch in diesen beiden Dimensionen tiefe Modifikationen bewirkt hat. In der Physik ging es bis zum Ende des 18. Jahrhunderts, also etwa bis zu Kant, deutlich um Naturphänomene, die auch noch den Sinnen zugänglich sind – wenn auch unter technischen Bedingungen. Erst im 19. Jahrhundert entstehen Wissenschaften, die Phänomene behandeln, die überhaupt erst im technisch-experimentellen Zusammenhang entdeckt wurden. Ferner waren faktisch Naturwissenschaft und Technik noch disziplinär getrennt. In unserem Jahrhundert wurde diese Trennung nur noch ideologisch aufrechterhalten, sie besteht aber faktisch nicht mehr. Heute muß man sagen, daß selbst Grundlagenforschung zugleich Entwicklung ist – nämlich die Entwicklung der Spitzentechnologie, die in den dazu notwendigen Geräten steckt – und daß umgekehrt Grundlagen von vornherein als Grundlagen für Anwendungen gesucht und entworfen werden. Aber in diesen beiden Dimensionen, in Natur und Wissenschaft, scheint das Vordringen der Technik eigentlich selbstverständlich und auch der ursprünglichen Intention gemäß. Gleichwohl sollten wir alle vier Dimensionen durchgehen, um festzustellen, in welcher Weise das Projekt der Moderne durch Technik modifiziert wurde. Diese Modifikation zeigt zugleich, wo wir im Projekt der Moderne stehen. Meine These ist dabei, daß die Existenz von Technik die Randbedingungen einer Revision des Projekts der Moderne festlegt. Verstanden als ein Mittel oder Motor der Modernisierung, hat die Realisierung von Technik das Projekt der Moderne zum Teil stillgestellt, zum Teil in sein Gegenteil verkehrt, so daß es nun notwendig wird, die ursprünglichen Ziele des Projekts der Moderne nicht *mit* Technik, sondern *unter der Bedingung von* Technik zu realisieren. Bevor wir dieser These in den einzelnen Dimensionen nachgehen, muß zuvor gesagt werden, was wir hier unter Technik verstehen.

Unter Technik konnte man seit den Griechen ein bestimmtes Wissen verstehen, nämlich dasjenige Wissen, das den Menschen bei Herstellungsprozessen leitet. In diesem Sinne kann man bis in unsere Zeit das Wissen des Architekten und des Ingenieurs als technisches Wissen bezeichnen, nämlich als ein Wissen, das der Hervorbringung von Dingen dient. Dieser Technikbegriff ist vor allem in der Technikphilosophie Heideggers (1962) dominant geworden. Er versteht nicht nur unser Jahrhundert, sondern die ganze Neuzeit als eine Epoche, in der das Sein als ›Gestell‹ verstanden wird und deshalb jedes Seiende als hergestelltes oder vorgestelltes. Ein anderes Technikverständnis ist vor allem für die erste Analyse der technischen Zivilisation bei Jacques Ellul (1954) leitend geworden. Man kann Technik nämlich auch als Verfahren oder Methode verstehen. Dieses Verständnis hängt sicher mit dem ersten zusammen, ist aber sehr viel weiter, weil es in Verfahren und Methoden ja nicht unbedingt um Herstellen gehen muß. So redet man etwa von der Technik des Klavierspiels oder auch sogar von der Technik der Meditation. Nach Jacques Ellul ist für die technische Zivilisation kennzeichnend, daß sie alles technischen Verfahren, nämlich effizienzorientierten rationalen Methoden unterwirft. Beide Technikbegriffe sind für unsere Zwecke nicht brauchbar. Schon bei Heidegger hatte sich gezeigt, daß Technik qua Herstellen eher einen Grundzug der Neuzeit überhaupt beschreibt als Modifikationen der Neuzeit, die erst im 19. oder gar in unserem Jahrhundert wirksam geworden sind. Entsprechendes kann man von Jacques Elluls Technikbegriff sagen. Er ist im Grunde nur eine andere Formulierung des Grundzugs der Moderne, den Max Weber okzidentale Rationalität genannt hat. Uns geht es vielmehr um das, was wir gerade für die Dimensionen Wissenschaft und Natur hervorgehoben haben, nämlich um das *faktische Erreichen von Technik*. Hier wird nicht von einem grundsätzlich technizistischen Entwurf von Natur oder von einer im Prinzip auf Technik gerichteten Wissenschaft geredet, sondern davon, was es bedeutet, daß Technik tatsächlich zur Verfügung steht und schließlich ubiquitär zur Verfügung steht. Es geht, um es kurz zu sagen, um die Existenz von Technik als System materieller Mittel. Es geht um die technischen Gegenstände, um Apparate, um Einrichtungen. Ich habe sogleich von Systemen materieller Mittel gesprochen, weil für Technik in unserem Jahrhundert mehr und mehr der Systemcharakter maßgebend wird. Es geht nicht mehr um den einzelnen technischen Gegenstand oder Apparat, den man für bestimmte Ziele verwenden kann, sondern es geht um ganze Systeme und Netze, innerhalb deren einzelne Apparate nur noch Sinn haben. Wichtig dabei ist auch das Wort ›Existenz‹. Die Frage, die wir für die einzelnen Dimensionen beantworten wollen, ist also nicht bloß, wie die Teildimension des Projekts der Moderne durch technische Mittelsysteme verändert werden, sondern was schon die bloße Existenz dieser Mittelsysteme für das Projekt bedeutet.

Ich gehe jetzt unsere vier Dimensionen in umgekehrter Reihenfolge durch, beginne also mit der Dimension Gesellschaft und Geschichte. Das Projekt Geschichte war ja angelegt als ein Fortschrittsprojekt zur Verbesserung der menschlichen Verhältnisse. Ich habe gezeigt, daß es uns unmöglich ist, Geschichte weiterhin so zu verstehen. Gleichwohl ist es ebensowenig möglich, zu einer Ewigkeitsvorstellung oder zyklischen Vorstellung im Sinne von Löwith zurückzukehren. Die Irreversibilität, die Unilinearität des Verlaufs menschlichen Geschehens bleibt erhalten, und das liegt zum großen Teil an Technik. Die technische und ökonomische Weltveränderung geht in den fortgeschrittenen Industrienationen so schnell vor sich, daß das Leben von Generation zu Generation anders wird. Ich habe deshalb vorgeschlagen, überhaupt nicht mehr allgemein von Gesellschaft zu sprechen, sondern vielmehr von Generation.[1] Was Reisen ist, was Kommunizieren ist, was Haushaltsführung bedeutet, was Verwaltung bedeutet, überhaupt was es heißt, ein gesellschaftlicher Mensch zu sein, hat sich in unserem Jahrhundert praktisch von Generation zu Generation verändert. Und diese Veränderungen sind dadurch bestimmt, daß sich die entsprechenden menschlichen und gesellschaftlichen Verhaltensweisen jeweils auf der Basis und im Rahmen des vorliegenden technischen Mittelsystems vollziehen und entfalten. Wir müssen also sagen, daß heute eine Gesellschaft sich nicht einfach selbst reproduziert, sondern von Generation zu Generation neue Rahmenbedingungen gesellschaftlichen Lebens produziert. Und diese Rahmenbedingungen sind besonders durch die jeweilige technische Infrastruktur gegeben – und natürlich auch umgekehrt durch die negative Produktion wie Industrieruinen, Verseuchung der Umweltmedien, Landschaftsverbrauch und Müll. Soweit wir auch von jeder Fortschrittsgläubigkeit entfernt sind, wir müssen doch ganz nüchtern sagen, daß wir gegenwärtig nicht einfach uns selbst erhalten und unser Leben vollziehen, sondern beständig, und zwar in der Regel nebenher und unbewußt, die Lebensbedingungen der nächsten und der kommenden Generationen produzieren. Das ist der Gedanke, an den Hans Jonas seinen Verantwortungsbegriff, nämlich der Verantwortung gegenüber den kommenden Generationen, festgemacht hat.[2]

Obgleich sich also das gesellschaftliche Leben von Generation zu Generation aufgrund der technischen Rahmenbedingungen ändert, wollen wir doch versuchen, einige grundsätzliche Veränderungen festzustellen, die gegenüber der Moderne, d. h. der großen Linie seit etwa dem 17. Jahrhundert, festzustellen sind. Nehmen wir als erstes die Frage, was die Gesellschaft im ganzen zusammenhält und was die Zugehörigkeit des einzelnen zur Gesellschaft, also sein gesellschaftliches Sein, bestimmt. Man unterscheidet in der Soziologie bisher zwei Haupttypen der gesell-

1 Zuerst in: »Die Entfremdung der Wissenschaft und ihre gesellschaftliche Aneignung«, in: Bundesministerium für Wissenschaft und Forschung (Hg.), *Symposium: Wissenschaftliche Forschung und gesellschaftliche Zukunft*, Wien 1979, 26-39.

2 Hans Jonas, *Das Prinzip Verantwortung*, Frankfurt am Main: Suhrkamp 1984.

schaftlichen Integration, der Zusammenfassung des Ganzen, die man mechanische und organische Solidarität nennt.[3] Mechanische Solidarität ist jene Form von Einheit, die auf der gleichen Ausrichtung aller beruht, also entweder auf ihrer Ausrichtung auf einen König, dem sie loyal folgen, oder ihrer gleichen ›Gesinnung‹, ihrer gleichmäßigen Innenorientierung durch ein verbindliches Weltbild. Diese Art von gesellschaftlicher Integration war vor allem für das Feudalsystem kennzeichnend. In der bürgerlichen Gesellschaft dagegen wird die Einheit durch Markt und Arbeitsteilung gestiftet. Wenn jeder ein spezialisierter Arbeiter oder Produzent ist, dann ergänzt er sich einerseits mit allen anderen zu einer Art gesellschaftlichem Gesamtarbeiter, andererseits ist er zur Befriedigung seiner Bedürfnisse auf den Warenaustausch über den Markt angewiesen. Die so zustande kommende Einheit nennt man organisch, weil sie durch wechselseitige funktionale Abhängigkeit und durch Vernetzung bewirkt wird. Wenn wir uns an diesen Formen der Einheit orientieren, dann stellen wir fest, daß neben sie und teils als Ersatz für sie in unseren Gesellschaften eine neue, *technisch* vermittelte Form von Einheit tritt. Gerade in dem Maße, in dem sich die Arbeitsgesellschaft auflöst und mehr und mehr gesellschaftliche Gruppen marginalisiert werden, in dem Maße wächst die Notwendigkeit, Menschen zu registrieren, um die Gesellschaft noch zusammenzuhalten. Diese Registrierung wird bei uns erreicht über den Zwang der Meldepflicht. Sie kommt in anderen Ländern wie Amerika zustande etwa über das System der Versicherungsnummern bzw. Kreditkarten. Am rigidesten ist dieses System in Schweden, wo jeder Bürger seine Personnummer hat, die für alle möglichen Weisen des gesellschaftlichen Seins, von der Kontonummer über das Strafregister, die Meldekartei bis zur Sozialversicherung relevant ist. Diese Art von gesellschaftlicher Integration ist faktisch nur möglich geworden durch die technische Datenverarbeitung. Wichtig ist folgendes: Natürlich muß nicht jeder lebende Mensch registriert sein, um zu existieren, aber er muß registriert sein, um *gesellschaftlich* zu existieren. Das sieht man insbesondere in Amerika. Amerika ist im Verhältnis zu Deutschland in der Hinsicht liberaler, daß nicht jeder Mensch registriert zu sein braucht. Aber wenn er nicht registriert ist, hat er auch keine gesellschaftlichen Partizipations-

3 Diese Terminologie geht auf Émile Durkheim zurück.

rechte. Das heißt, er kann dann weder wählen noch irgendwelche Sozialleistungen in Anspruch nehmen. Die gesellschaftlichen Rechte des einzelnen werden also durch das Registriertsein begründet. Wir können deshalb sagen, daß wir uns heute in einer Entwicklung von der Arbeitsgesellschaft zur Erfassungsgesellschaft oder Registriergesellschaft befinden.

Betrachten wir nun das gesellschaftliche Sein des einzelnen. Zum Teil habe ich darüber schon gesprochen, indem ich feststellte, daß die Partizipationsrechte mehr und mehr auf dem Status des Registriertseins beruhen. Das heißt aber, daß man seine Codenummer und sein *file* in einem der gesamtgesellschaftlichen Datenspeicher hat. Diese Art gesellschaftlichen Seins wird auch dadurch realisiert, daß man in irgendeiner Weise einen ›Anschluß‹ an einen der großen gesamtgesellschaftlichen Netze hat: also eine Telefonnummer, eine Kreditkartennummer oder auch nur einen Elektrizitätszähler. Daß solche Codenummern bzw. Anschlüsse mehr und mehr das gesellschaftliche Sein einer Person ausmachen, läßt sich in positiver und negativer Weise charakterisieren. Auf der einen Seite nämlich kann man den größten Teil der notwendigen gesellschaftlichen Vollzüge über diese Codes und Anschlüsse erledigen. Man braucht dazu als Person überhaupt nicht anwesend zu sein, ja man kann, um in dieser Weise gesellschaftlich zu existieren, sogar schon gestorben sein – so wie das Gogol in seinem Roman *Die toten Seelen* beschreibt. Auf der anderen Seite kann man, um als ›natürliche Person‹ zu existieren, zwar auch auf all diese Codes und Anschlüsse verzichten, aber dann existiert man als Individuum gesellschaftlich nicht mehr.

Ich möchte betonen, daß im Projekt der Moderne diese Wirkung von Technik in keiner Weise vorgedacht war. Daß Gesellschaft nach rationalen Prinzipien funktionieren sollte, daß die vernünftige Gesellschaft überhaupt ein Ziel sei, hat mit Technik zunächst und hat auch heute noch mit Technik eigentlich nichts zu tun. Allenfalls könnte man sagen, daß die Rationalisierung des gesellschaftlichen Lebens, von der Max Weber redet, also etwa die Rationalisierung der Verwaltung, schon als Tendenz enthält, daß Verwaltung einmal Datenverarbeitung sein würde und daß die Verwaltung die Gesellschaft einmal als Datenmenge behandeln würde. Aber Technik war im Baconschen Programm als *Mittel* zur Verbesserung der menschlichen Verhältnisse gedacht worden, während wir sie heute als gesellschaftliche *Infrastruktur* erkennen

müssen, d. h. als eine Bedingung, auf deren Basis sich so etwas wie gesellschaftliches Leben überhaupt erst entfaltet.
Gehen wir zur zweiten Dimension; fragen wir nach dem Menschen in der technischen Zivilisation. Auch hier hat die Existenz technischer Mittel und Mittelsysteme das Projekt der Moderne erheblich modifiziert, so sehr, daß wir hier geradezu von einer Umkehrung der Richtung des Prozesses der Zivilisation reden können. Wir sind darauf zum Teil schon eingegangen, als es um die Natur des Menschen ging. Wenn im Projekt der Moderne auch der Mensch sich selbst zum Projekt wurde, dann hieß das vor allem, daß er durch Rationalität und Disziplin mit seiner Kreatürlichkeit fertig werden wollte. Heute ist aber der Umgang mit der eigenen Natur weitgehend ein technischer. Durch Drogen und Prothesen bringt der Mensch sich jeweils in die Form, die ihm die gewünschte gesellschaftliche Leistung ermöglicht. Moral oder Charakter sind dazu nicht mehr nötig. Man könnte hier von einem Veralten von Moral und Charakterbildung reden. Noch deutlicher werden die Verhältnisse, wenn man sie mit Hilfe von Norbert Elias' Begriff des Prozesses der Zivilisation untersucht. Elias hat seit dem ausgehenden Mittelalter in der Neuzeit einen schrittweisen Abbau von äußeren Zwängen zur Regelung des menschlichen Verhaltens festgestellt – bei gleichzeitigem Zunehmen innerer Zwänge. Das heißt in Kurzfassung: Was ursprünglich der Knüppel der Obrigkeit zuwege brachte, leistete schließlich das Gewissen. Seit unserem Jahrhundert nun können wir ein schrittweises Abbauen innerer Zwänge feststellen, ein Nachlassen innerer Disziplin und Rigidität. Und das wird gerade möglich, weil äußere Zwänge die entsprechende Funktion der Verhaltenskontrolle wieder übernommen haben. Und, das ist für uns jetzt der wichtige Punkt, diese äußeren Zwänge sind im wesentlichen technische, sie liegen in den Notwendigkeiten und Rhythmen der modernen Arbeits- und Verkehrsformen. Um das an einem klassischen Beispiel zu demonstrieren: Während im 18. Jahrhundert Pünktlichkeit eine der höchsten Disziplinierungsleistungen war und mit äußerster pädagogischer Strenge andressiert wurde, ist Pünktlichkeit heute für die Pädagogik kaum noch ein Thema, weil sie ohnhin durch den technischen Lebenszusammenhang erzwungen wird. Man braucht keine Moral mehr, um pünktlich zu sein, denn wenn man es nicht ist, folgt die Strafe der Sachzwänge unmittelbar auf dem Fuße. Hier können wir also sagen, daß der

Prozeß der Zivilisation geradezu umgekehrt wird, indem äußere Zwänge zunehmen und dadurch innere Zwänge gelockert werden können.

Wir sehen also, wie durch die Existenz von Technik die Programme der Zivilisierung und Moralisierung verändert werden. Ähnliches kann man bei der Kultivierung des Menschen feststellen. Unter Kultivierung könnte man auch verstehen, was Marx die Humanisierung der Natur genannt hat. Die Liebe etwa ist eine Kultivierung der Sexualität, das gesellschaftliche Essen eine Kultivierung der Ernährung. In diesen Beispielen sehen wir, daß sehr häufig, eingebunden in kulturelle Lebensformen, nebenher, gewissermaßen unauffällig, bestimmte Naturzwecke erreicht werden. Man liebt sich, und nebenher oder implizit führt das zu Kindern; man ißt miteinander, und das dient auch der Ernährung.

Wir können nun feststellen, daß die Existenz technischer Mittel und Mittelsysteme die Lebensformen von ihrem rationalen Zweck abspalten. Genaugenommen können wir überhaupt nur aus der Erfahrung einer Zivilisation, in der durch technische Mittel ein direktes Ansteuern des Zweckes möglich wird, davon reden, daß etwa Liebe eine Kultivierung der Sexualität ist. Denn erst jetzt tritt so etwas wie die nackte Sexualität hervor. Die Abspaltung des zweckrationalen Anteils durch Technik macht andererseits die kulturelle Form zur *bloß* kulturellen Form. Ein typisches Beispiel ist hier das Beispiel von Bewegung und Verkehr. Die Existenz von Verkehrsmitteln macht Bewegung überflüssig, wenn man irgendwo hinkommen will. Im Gegenteil, es ist geboten, sich ›auf dem Wege‹ möglichst ruhig zu verhalten. Im Gegenzug dazu wird die leibliche Bewegung des Menschen zur rein kulturellen Form, die dann als solche im Tanz oder im Sport vollzogen wird. Eine analoge Trennung vollzieht sich heute im Bereich des Denkens auf Grund der Existenz von Computern. Die Computer übernehmen den zweckrationalen Teil, d. h. dasjenige, was man methodisch und zielgerichtet erreichen kann, während dem Menschen dann das mehr Phantasievolle, das sogenannte Intuitive, bleibt. Auch hier sehen wir wieder, daß das Faktum der Technik bestimmt, was überhaupt noch Kultivierung heißen kann.

Die dritte Modifikation des Projekts Mensch, die ich nennen möchte, wird häufig unter den Schlagworten einer ›Ästhetisierung des Realen‹ oder einer ›Ersetzung des Realen durch Simulakren‹

oder auch durch die McLuhansche These ›das Medium ist die Botschaft‹ beschrieben.[4] Zum Projekt der Moderne gehört auch eine bestimmte Ästhetik und Kunstauffassung. Man kann im allgemeinen sagen, daß die Kunst in der Neuzeit in einer komplementären oder gar kompensatorischen Beziehung zur dominanten Linie des Realitätsbezugs stand. Während es im Realitätsbezug um Objektivität und zweckrationales Handeln, d. h. letzten Endes um Naturbeherrschung ging, wurde im Gegenzug dazu eine Ästhetik des freien Spiels der Kräfte, des interesselosen Wohlgefallens und eine Autonomie der Künste entwickelt. Diese klassische Bifurkation der Moderne in *fact* und *fiction* wurde radikal in Frage gestellt durch das, was Walter Benjamin in seinem Essay über »Das Kunstwerk im Zeitalter seiner technischen Reproduzierbarkeit« (1936/1979) feststellte. Durch die technischen Möglichkeiten in diesem Bereich verlor das Kunstwerk seine Aura, der Künstler seine Autonomie; Kunst wurde tendenziell Massenkultur, und die Ästhetisierung des Realen bahnte sich an. Walter Benjamin hat letzteres vor allem in der Ästhetisierung des Faschismus festgestellt. Natürlich ist die Kunst im Sinne der ›hehren‹ und esoterischen Kunst nicht Massenkultur geworden. Aber es hat sich eben doch eine ästhetische Massenkultur entwickelt, wobei die Medien, die Benjamin primär im Auge hatte, nämlich Fotografie, Film und technische Tonträger, tatsächlich entscheidend geworden sind. Heute müssen wir ein Überwuchern der Realität durch ästhetisches Design feststellen. Ästhetische Arbeit, und zwar durchaus bewußte Gestaltung, fehlt heute an keinem Gegenstand, keinem Gebäude, keiner Umgebung mehr, und reproduzierbare Kunstwerke sind allgegenwärtig. Schließlich hat die Ästhetisierung der Politik auch im demokratischen Bereich ihre Fortsetzung gefunden. Politik vollzieht sich heute wesentlich auf der Bühne, der Bühne des Fernsehens. Auch hier sehen wir wieder, daß, was Moderne und das Projekt der Moderne überhaupt heißen kann, ganz wesentlich durch die Existenz von Technik, hier vor allem der Reproduktionstechnik im audiovisuellen Bereich, bestimmt wird.

4 Zur ›Ästhetisierung des Realen‹ siehe *werk und zeit*, 1. Quartal 1991; die ›Ersetzung des Realen durch Simulakren‹ ist eine These von Jean Baudrillard, *Der symbolische Tausch und der Tod*, München: Matthes und Seitz 1982. *The Medium is the Message*: Titel eines Buches von Marshall McLuhan (1967).

Für die beiden Dimensionen Natur und Wissenschaft sind die Veränderungen des Projekts der Moderne durch die Existenz technischer Mittelsysteme nicht so gravierend, weil diesen Dimensionen Technikentwicklung gewissermaßen von Anfang an implizit war. Ich habe darauf schon hingewiesen. Es ließe sich für den Bereich Natur hinzufügen, daß heute die gemachte Natur an verschiedenen Stellen so opak erscheint wie die ursprünglich gegebene. Von einem bestimmten Komplexitätsgrad an, eines Computers etwa, weiß man nicht mehr von vornherein, was er im einzelnen tut. Sein Verhalten, schließlich das Verhalten eines bewußt erzeugten Gegenstands, muß nun eigens erforscht werden. Der Satz, den wir in verschiedener Form bei Vico und auch bei Kant gefunden haben (siehe Kapitel 1,6), nämlich daß man genau das einsieht, was man hervorgebracht hat, scheint an eine Grenze seiner Gültigkeit gekommen zu sein. Man kann heute vieles hervorbringen, was man – zumindest im einzelnen – nicht versteht.
Im Bereich der Wissenschaft, für die ja von Anfang an die Forschungsinstrumente sehr bestimmend waren, zeichnet sich ab, daß die Instrumentenentwicklung zur dominanten Linie der Wissenschaftsentwicklung wird. Was heute in der naturwissenschaftlichen Grundlagenforschung überhaupt Thema sein kann, hängt weitgehend von den vorhanden Geräten ab, von herstellbarer Energie, von Auflösungsvermögen, von Rechnerkapazität und Geschwindigkeit. Wissenschaftliche Probleme und Forschungsvorhaben organisieren sich um technische Großgeräte herum. Auch hier sieht man, daß die Technik nicht mehr in der Rolle eines Mittels ist, das man zu bestimmten vorgewählten Zwecken anwendet, daß vielmehr die jeweils existierende Technik die Randbedingung für mögliche wissenschaftliche Fragestellungen darstellt.
Wir wollen das jetzt aber nicht weiter im einzelnen verfolgen. Die Grundthese bezüglich der technischen Zivilisation ist klar: Innerhalb des Projekts der Moderne spielt Technikentwicklung eine wichtige Rolle. Die Technikentwicklung wurde vorangetrieben, weil man sich von technischen Hilfsmitteln eine Verbesserung der menschlichen Verhältnisse erwartete. Heute sind diese Erwartungen sehr eingeschränkt. Der Baconsche Glaube an eine Harmonie von wissenschaftlich-technischer Entwicklung und humaner Entwicklung besteht nicht mehr. Die Analyse der technischen Zivilisation hat uns eine andere Einschätzung der Technik gelehrt.

Technik ist heute nicht mehr ein Instrument zu bestimmten, davon unabhängigen Zwecken, sondern eine Voraussetzung, eine Rahmenbedingung, eine Infrastruktur, innerhalb deren sich überhaupt erst Zwecksetzungen entfalten können. Es geht also nicht um die Frage, ob durch Technikentwicklung die menschlichen Verhältnisse verbessert werden können; es geht heute um die Frage, was unter technischen Bedingungen überhaupt menschliche Verhältnisse sind. Daß wir in der technischen Zivilisation leben, bedeutet, daß für uns gegenüber früheren Epochen die Technik an Bedeutung ungeheuer zugenommen hat und daß gleichzeitig unsere Erwartungen an die Technik sehr ernüchtert worden sind. Was heute Wissenschaft, was heute Natur, was heute der Mensch und was heute Gesellschaft ist und sein kann, hängt fundamental von der vorhandenen Technik ab. Das zwingt uns aber dazu, neu zu bestimmen, was Wissenschaft, Natur, Mensch und Gesellschaft in der technischen Zivilisation sein *sollen*.

11. Philosophie als Lebensform

1. Einleitung: Philosophische Lebensform und technische Zivilisation

Wir wenden uns mit diesem Kapitel der zweiten Weise des Philosophierens zu, nämlich der Philosophie als Lebensform. Wir haben gehört, daß Philosophie als Lebensform nicht notwendig mit den anderen Weisen des Philosophierens verbunden ist. Weder muß man, um Philosoph zu sein, Bücher schreiben und Beiträge zu wissenschaftlichen Diskursen leisten, noch muß man sich um die öffentlichen Angelegenheiten kümmern. Für das erste denke man an Sokrates, für das zweite an Diogenes in der Tonne. Auf der anderen Seite hat es sich ergeben, daß Philosophie als Lebensform unter den verschiedenen Weisen zu philosophieren einen gewissen Vorrang erhält, weil dieses Moment der Philosophie es erlaubt, sie von den Wissenschaften zu unterscheiden. Philosophie kann nie ganz in Wissenschaft aufgehen, weil zu ihr die Einheit von Wissen und Person essentiell gehört. In der Philosophie als Lebensform geht es nicht so sehr um inhaltliches Wissen als vielmehr um die Reife und die Weisheit der Person. Allerdings, im Unterschied zu anderen Weisheitslehren, insbesondere des Ostens, ist Philosophie ein Weg zur Weisheit, der dem Wissen und sogar dem wissenschaftlichen Wissen eine wesentliche Rolle zuschreibt. Wir werden versuchen, unter dem Thema ›Wahrheit‹ uns einem Verständnis der notwendigen Einheit von Wissen und Person in der Philosophie zu nähern. Zunächst aber noch ein paar allgemeinere Feststellungen zur Einleitung in diesen Teil des Buches.

Wir haben bisher, um eine Formel für ›Weisheit‹ zu haben, uns an eine landläufige Auffassung gehalten, nach der Weisheit soviel bedeutet wie ›über den Dingen stehen und anderen raten können‹. Diese Formel ist nicht falsch, muß aber jetzt doch erweitert werden. Das griechische Wort *sophia*, Weisheit, steht nicht für sich allein, sondern ist die Zusammenfassung oder besser die Übersteigung einer ganzen Reihe von Tugenden. Da das Wort Tugend im Deutschen inzwischen einen etwas altbackenen Ton hat, möchte ich lieber von ›Weisen des Gutseins‹ reden. *Sophia* verstanden die

Griechen als eine Weise des Gutseins des Menschen bzw. als dessen höchste Ausbildung. Sehr schön kann man das in Platons ›Pädagogik‹[1] sehen, die ja genaugenommen eine Erziehung der Philosophen ist: Die Philosophen müssen einen lebenslangen Weg durch verschiedene Stufen des Kompetenzerwerbs und der praktischen Tätigkeit absolvieren – unter anderem des Staatsdienstes und auch des Militärdienstes –, um durch eine Beschäftigung mit der Wissenschaft schließlich zur Philosophie zu gelangen. Auf diesem Wege werden eine ganze Reihe anderer Weisen des Gutseins erworben und eingeübt: die Selbstbeherrschung, die Tapferkeit, die Besonnenheit, die Gerechtigkeit. Die Beschäftigung mit dem Wissen hat neben dem Nutzeffekt der erworbenen Kenntnisse die besondere erzieherische Bedeutung, daß dadurch der werdende Philosoph seine Seele, sich, von der Befangenheit in die sinnliche Welt löst und zur Schau der ewigen Ideen, schließlich der Idee des Guten aufsteigt. Ich möchte mich für das folgende keineswegs auf den platonischen Weg festlegen, obgleich er immer wieder für die Orientierung wichtig sein wird. Mir kommt es vielmehr auf zwei Dinge an: nämlich erstens auf den Zusammenhang des Ziels der *sophia* mit der Ausbildung der anderen klassischen Tugenden. So ist zum Beispiel deutlich, daß die geistige Überschreitung der sinnlichen Welt nicht gelingen kann, wenn man ihr weiterhin durch die eigenen Begierden leiblich-sinnlich verfallen ist. Das zweite, das ich hervorheben möchte, ist, daß Gutsein hier als Fähigkeit verstanden wird. Also: Tugenden sind Vermögen; der Gute ist der Kompetente, der *dynatos*. Das ist es, was Sokrates in den platonischen Dialogen *Hippias Minor* und *Protagoras* mit aller Schärfe herausarbeitet (Böhme 1988). Aus diesem Grunde ist auch der deutsche Ausdruck Tugend so wenig geeignet, den griechischen, *areté*, zu übersetzen, weil ›Tugend‹ im Deutschen durchaus als so etwas wie ›gutes Wesen‹ oder auch ›schöne und reine Seele‹ verstanden werden kann. Der Gute ist der Fähige, derjenige, der eine Sache versteht und damit zugleich besser ist als andere.

Damit haben wir ein weiteres sehr wichtiges Moment im griechischen Begriff des Gutseins genannt. Es handelt sich um einen Steigerungsbegriff, die Guten sind die *arestoi*, d. h. genauer diejenigen, die besser sind als die vielen. Das Wort Aristokratie hängt

1 Gemeint ist Platons Dialog *Staat*.

damit zusammen. Es meint eine Herrschaftsform, nach der die gesellschaftlich Besseren, die Tüchtigeren, die Vornehmeren, die Reicheren herrschen. Es läßt sich nun zeigen – ich habe das in meinem Buch *Der Typ Sokrates* (1988) getan –, daß das Ideal des Philosophen eine Modifikation und Steigerung aristokratischer Tugenden darstellt. Damit ist es aber zugleich Fortentwicklung einer ursprünglich kriegerischen Selbststilisierung des Mannes.
Man kann daraus die Folgerung ziehen, daß Philosophie als Lebensform für eine Frau durchaus problematisch sein kann. Oder man kann daraus die Folgerung ziehen, daß das Ideal ›Philosophin‹ erst im Gegenzug gegen diese Tradition entwickelt werden müßte.[2]
Wichtiger für uns ist zunächst eine andere Folgerung, nämlich daß Philosophie eine Lebensform nicht für jedermann ist, daß sie sogar zur Absetzung gegen ›jedermann‹ geübt wurde, zur Absetzung gegen ›die vielen‹. Philosophie als Lebensform hat zweifellos etwas Elitistisches, und die Philosophie ist auch traditionell von nur wenigen und häufig sogar in sich gegen die Außenwelt abschirmenden Zirkeln gelebt worden. Philosophie war und ist in diesem Sinne esoterisch, obgleich sie beständig auch Protreptik treibt, nämlich sich nach außen hin jedermann empfiehlt und jedermann einlädt, Philosoph zu sein.
Man könnte fast glauben, diese Einladung sei gelungen. Jedenfalls sehen wir uns mit der merkwürdigen Tatsache konfrontiert, daß sehr viele Eigenschaften des traditionellen Philosophenideals heute ›jedermann‹ zukommen. Man kann von einer Verallgemeinerung oder Trivialisierung der Attribute des Philosophen reden. Wie ist es dazu gekommen, was bedeutet diese Situation? Einen Hinweis haben wir schon durch die Feststellung erhalten, daß, was man heute als platonische Pädagogik ansieht, genaugenommen der Herausbildung einer bestimmten Elite, nämlich der der Philosophen, diente. In dem Kapitel zum Thema Mensch (1,5) erwähnte ich, daß Pädagogik erst mit dem Projekt der Moderne Erziehung von jedermann wurde, während sie vorher Elitenbildung war, insbesondere der höfischen und patrizischen Elite diente. Mit den Erziehungsprogrammen der Aufklärung ist nun in

2 Siehe die Kontroverse um Herta Nagel-Docekals Artikel »Von der feministischen Transformation der Philosophie«, in: *Ethik und Sozialwissenschaften. Streitforum für Erwägungskultur*, Heft 4 (1992).

der Tat, was ursprünglich die Steigerung des Menschen zum Philosophen war, transformiert worden in eine Erziehung des Menschen *zum Menschen.* Diese neuzeitliche Entwicklung ist natürlich nicht nur einer pädagogischen Ideologie zu verdanken, sondern auch sozialen und ökonomischen Entwicklungen, insbesondere der Herausbildung moderner Arbeits- und Verkehrsformen. Ohne das jetzt im einzelnen zu analysieren, möchte ich die Momente herausheben, die ursprünglich Ziele philosophischer Lebensform waren und heute Mindestforderungen an den durchschnittlichen Bürger darstellen. Da ist als erstes die Instrumentalisierung des Körpers zu nennen. Die Herausbildung einer inneren Instanz, die dem Körper entgegentritt und diesen *gebraucht,* ist bei Platon und Sokrates noch deutlich als etwas Neues und keineswegs Selbstverständliches nachzuweisen. Die Distanzierung vom eigenen Körper, die dazu notwendig ist, gehört zu dem allgemeineren Programm des ›Absterbens‹, der Loslösung der Seele vom Körper, die dem Philosophen Freiheit und Erleuchtung bringen soll. Heutzutage ist die instrumentelle Einstellung zum eigenen Körper das Allertrivialste, etwas, das man sich keineswegs abringen muß, das man auch nicht etwa moralisch oder durch Übung zustande bringt, sondern das bereits die technische Lebensform mit sich bringt.

Als zweites möchte ich das Gewissen nennen. Natürlich hat es schon vor Errichtung des Philosophenideals in der Zeit von Sokrates so etwas wie innere Auseinandersetzung, ein Zu-sich-selbst-Sprechen gegeben. Die Instanz dafür war in der Regel der *thymos*, der Sitz der Ehre und des Mutes. Mit der Errichtung des Philosophenideals geht es aber um eine Instanz der Selbstkontrolle und Selbstbeobachtung, die nach verallgemeinerbaren Gesichtspunkten arbeitet. Warum sollte ›jedermann‹ innerlich so strukturiert sein? Norbert Elias hat in seinem Buch *Der Prozeß der Zivilisation* (1936/1968) gezeigt, daß dieser Prozeß zugleich der Prozeß einer allgemeinen Formation des inneren Menschen ist, der unter anderem auf die Herausbildung des Gewissens oder, mit Freud gesprochen, des Über-Ich hinausläuft. Auch heute kann man natürlich nicht sagen, daß jedermann Gewissen hat, *aber es wird offenbar von jedermann verlangt.* Die Rechtsprechung beispielsweise setzt im Prinzip der Zurechenbarkeit eine innere Struktur voraus, die es ursprünglich auf dem Wege des Philosophen erst mühsam zu erringen galt.

Nehmen wir ferner die Fähigkeit, ›aus Wissen zu handeln‹, die schon nahe an die Erfüllung des Philosophenseins, an die Weisheit heranreicht. Sie ist keineswegs eine triviale Fähigkeit, denn sie setzt Abstand sich selbst gegenüber, sie setzt Selbstbeherrschung, sie setzt ›einen kühlen Kopf‹ in bedrängter Lage zu behalten voraus, also das, was wir auch das ›Über-den-Sachen-Stehen‹ genannt haben. Was hier als Beispiel immer wieder vorkommt, ist das Einnehmen einer widrigen Medizin, wobei man mit dem affektiven Widerstand, dem Ekel fertig wird, weil man das zukünftige Gute gegen das geringere gegenwärtige Übel kalkuliert. Und nun bedenke man, wie selbstverständlich inzwischen eine solche Fähigkeit ist, allgemeiner gesagt: wie mühelos der gegenwärtige Mensch über seine Affekte hinweggehen kann, wenn es gewisse Entscheidungen sachlich zu treffen gilt.
Denken wir ferner an die Beherrschung der Affekte selbst. Wie wenig sagen uns doch für unser durchschnittliches Selbstverständnis die dramatischen Auseinandersetzungen der Philosophen mit ihren Begierden und später der Heiligen mit ihren Versuchungen! Man könnte Verwandtes allenfalls noch im Zusammenhang von Suchtphänomenen finden. Der Durchschnittsmensch heute kennt solche Kämpfe überhaupt nicht mehr. Nun könnte man natürlich sagen, daß er einfach generell schon so domestiziert ist, daß seine Affekte eine Auseinandersetzung kaum noch lohnen. Das scheint mir aber nicht der Fall zu sein. Vielmehr findet die Auseinandersetzung gar nicht statt, weil nämlich der Bereich des affektiven Lebens und des sachlichen Handelns voneinander abgekoppelt sind und in der technischen Zivilisation weitgehend nebeneinander herlaufen. Die Affekte werden im imaginären Bereich befriedigt und sind für das sachbezogene Handeln dann nicht gefährlich; umgekehrt verbietet der Sachzwang im technisch-instrumentellen Handeln das ›Ausleben von Affekten‹. Charakteristisch ist der Ehekrach am Steuer, währenddessen der Mann weiter ganz korrekt und sachgemäß das Fahrzeug lenkt.
Als letzten Punkt einer Trivialisierung der Attribute des Philosophen möchte ich den Willen zur Wahrheit nennen. Davon soll das nächste Kapitel handeln. Hier nur soviel, daß nämlich der Wille zur Wahrheit, durch den sich der Philosoph radikal von jedermann unterschied, zugleich zur Wissenschaft geführt hat. Inkorporiert in die verselbständigten Wissenschaften ist der Wille zur

Wahrheit also auch eine Verallgemeinerung und Trivialisierung philosophischen Strebens.

Was bedeuten diese Feststellungen? Sind wir heute alle trivialerweise Philosophen? Was bedeutet es, in *unserer* Zeit philosophisch sein Leben zu führen? Die folgenden Kapitel gehen von der Vermutung aus, daß philosophische Lebensführung unter den Bedingungen der technischen Zivilisation (als dem vorläufigen Endprodukt der Moderne) gegenüber der Tradition durchaus anders ausgelegt werden muß. Warum sollte man heute Philosoph sein? Warum sollte man heute Philosoph sein wollen? Eine an sich recht überzeugende neuere Definition von Philosophie lautet: Philosophie ist Sichbesinnen des Menschen auf sein Sichfinden in seiner Umgebung. Sie stammt von Hermann Schmitz.[3] Diese Definition trägt aber dem nicht Rechnung, daß eine philosophische Lebensform eine besondere ist, die sich von anderen unterscheidet und auch unterscheiden will. Auch heute noch ist ein Grundmotiv, Philosoph zu sein, nicht sein zu wollen ›wie die anderen‹. Darin braucht keine Menschenverachtung zu liegen noch Hochmut mitzuschwingen, vielmehr kann die Absetzung von der durchschnittlichen Lebensform, die einen umgibt, d.h. der durchschnittlichen Lebensform in der technischen Zivilisation, einfach einem Urteil über diese Lebensform entspringen. Dieses Urteil besagt allgemein, daß das durchschnittliche Leben nicht das ›wahre‹ sein kann. Das Motiv zur Philosophie entspringt dem Unbehagen an der Verlogenheit und der Unaufrichtigkeit des durchschnittlichen Lebens, seiner Entfremdung, Verfallenheit, oder, um es mit Heidegger noch deutlicher zu sagen, seiner ›Uneigentlichkeit‹, dem Unbehagen an der Beschränktheit, der Armut, der Verschlossenheit des durchschnittlichen Lebens und überhaupt dem Gefühl, daß einem das Leben entgeht, um nicht zu sagen, daß man um sein Leben betrogen wird. Damit sind die Themen der folgenden Kapitel, nämlich Wahrheit, Leib, Emotionalität und Kommunikation und schließlich Dasein, schon umrissen. Ich nenne die einzelnen Gesichtspunkte noch einmal im einzelnen:

Wahrheit: Das durchschnittliche gesellschaftliche, aber auch privatkommunikative Leben läuft darauf hinaus, ›sich ein Ansehen‹ zu geben. Der gesellschaftliche Zwang, sich zu ›dissimilieren‹, ist

3 *System der Philosophie*, Bd. 1, *Die Gegenwart*, Bonn: Bouvier 1964, S. 15.

schon im 18. Jahrhundert als Last empfunden worden und hat zur Forderung der Authentizität in der Periode des ›Sturm und Drang‹ geführt. Die größere Unmittelbarkeit, die in vielem seitdem erreicht ist, hat aber die Schwelle von Schein und Sein nicht aufgehoben, sondern nur verschoben, und zwar zum Teil so, daß man sich in der Regel sogar selbst etwas vormacht. Das lehnt der Philosoph ab.

Leib: Der Fortschritt der Moderne hat auch zu einer fortschreitenden Selbstentfremdung des Menschen geführt. Die schließlich perfekte Instrumentalisierung des Körpers durch Manipulation ruft heute den philosophischen Willen zur Wiederaneignung des Leibes hervor.

Emotionalität und Kommunikation: Das Durchschnittsleben in der technischen Zivilisation ist emotional verarmt, das Ausleben der Gefühle abgespalten und in den imaginären Raum verwiesen. Versicherungen und Manipulationsmöglichkeiten haben das menschliche Leben emotional verarmen lassen und verhindern, daß Ereignisse noch als Erlebnisse erfahren werden. Demgegenüber wird heute philosophisch zu leben verlangen, sich emotional einzulassen. Die technische Zivilisation bringt ferner eine progressive Monadologisierung der Gesellschaft mit sich, das heißt, jeder sichert seinen Status für sich, und man hat sich nichts mehr zu sagen. Demgegenüber setzt der Philosoph emphatisch auf Kommunikation, auf Selbstgewinnung in der Auseinandersetzung mit anderen.

Dasein: Die Totalisierung der Zeichenwelt, die technische Aufhebung von Räumen und Zeiten hat das Leben seiner Präsenz beraubt. Dabei ist der gegenwärtige Vollzug noch immer das, was Leben in seiner Hinfälligkeit ausmacht. In Philosophie als Lebensform geht es also um Da-sein, um das Erreichen des Lebens in seiner Präsenz.

2. Wahrheit

Der Wille zum Wissen gehört untrennbar zur Philosophie. *Philosophia* könnte man so übersetzen. Zwar gibt es auch Weise, die nicht Philosophen sind, und es gibt viele, die über manches Bescheid wissen und sich in vielem auskennen. Aber Philosophie fängt mit dem Stachel des Nichtwissens an. Das ist das, wodurch Sokrates sich von den Sophisten unterschied und wodurch Platon dann die Philosophie begrifflich von konkurrierenden Bildungsangeboten seiner Zeit abhob. »Ich weiß, daß ich nichts weiß«, sagte Sokrates. Man sollte besser übersetzen: »Ich bin mir meiner selbst als eines Nichtwissenden bewußt«. Der Wille zum Wissen treibt noch bis heute die Wissenschaften an. Aber man sollte sich davor hüten, diesen Willen mit Neugier, und sei es theoretischer, zu verwechseln und ihn gar auf Anfänge im Tierreich zurückzuführen. Faust mit seinem Streben, ›alles wissen zu wollen‹, ist nicht besonders philosophisch. Man kann viel wissen, man kann in vielem Bescheid wissen, man kann sich gut auskennen in der Welt, und man mag vieles für wahr halten. Der Philosoph bezweifelt, ob es sich dabei überhaupt um Wissen handelt. Weiß man denn überhaupt die richtigen Dinge und kann man sein Wissen begründen, hat man nicht das meiste auf Treu und Glauben angenommen, oder bildet man sich gar nur ein zu wissen? Die Philosophie ist in der Tat ein Wissenwollen, aber ein ganz besonderes. Es beginnt mit der In-Frage-Stellung allen Bescheidwissens, Meinens und Glaubens und erhält erst dadurch seine Radikalität – und, fügen wir gleich hinzu, seine Gefährlichkeit. Erst auf dem Hintergrund von Zweifel und In-Frage-Stellung, von Rechtfertigungszwang und Begründungspflicht erhält das Wissen eine Beziehung zur Wahrheit, wird der Wille zum Wissen ein Wille zur Wahrheit. Hat Wissen keine notwendige Beziehung zur Wahrheit? Landläufiges Wissen offenbar nicht. Machen wir die Probe, ob uns der Unterschied geläufig ist. Wir können beispielsweise sagen: »Es ist richtig, was du sagst, aber ist es auch wahr?« Im Rückblick auf Kapital 1,6 könnten wir formulieren: »Ich weiß, daß alle Menschen gleich sind, aber ist es auch wahr?« Schließlich möchte ich daran erinnern, wie leicht und leichtfertig die Wissenschaft den Anspruch auf Wahrheit aufgibt. Alles sei ja nur Hypothese und

Modell, heißt es dann. Im Willen zur Wahrheit ist der Philosoph weder bereit hinzunehmen, was die Leute so glauben und als Wissen ausgeben, noch die Dinge einfach so hinzunehmen, wie sie sich geben. Im Willen zur Wahrheit wird der Unterschied von Sein und Schein, von Wissen und Meinung gesetzt. Martin Heidegger hat versucht[1], im griechischen Wort für Wahrheit, nämlich ἀλήθεια, selbst diesen Unterschied aufzudecken. Wahrheit sei Unverborgenheit, wobei λήθη das Verborgene, Entschwundene, Vergessene meint und durch das Alpha privativum das Wahre dann als dasjenige, das dem Verborgensein, dem Vergessensein, dem Entschwundensein Entrissene genannt wird. Tatsächlich ist der Wille zur Wahrheit nicht einfach ein Wissenwollen, sondern ein Fragen und Nachfragen, ein Aufdecken, Aufschneiden, ein Kampf gegen Verschleierung, Verdeckung, Verleugnung und Täuschung. Hierin liegt auch das Gefährliche und Gewalttätige des Willens zur Wahrheit. Auch hierin sind die europäischen Wissenschaften Erben der Philosophie. Skepsis und Kritik sind ihnen eingeboren, die Rücksichtslosigkeit des Nachfragens, des Aufdeckens, die Gewalttätigkeit des Zerlegens, Zerschneidens und des Reduzierens bestimmen sie bis heute. Einen Schleier der Maja lassen sie nicht gelten.

Für Philosophie als Lebensform ist nun entscheidend, daß der Philosoph diesen Willen zur Wahrheit auf sich selbst anwendet, man könnte auch sagen, gegen sich selbst wendet. Der Wille zur Wahrheit wird dann zum Willen zur Wahrhaftigkeit. Das ist kein kleiner Schritt, und er ist nicht jedermanns Sache – und wir werden später sehen, daß es keineswegs leicht ist, ihn zu realisieren. Der Philosoph hört das Gerede um sich, sieht den Anschein, den sich die Leute geben, bemerkt die Lebenslügen, von denen sie zehren. Er will das alles nicht mitmachen, er will sich vor allem und zunächst sich selbst nichts vormachen. Man bemerkt, was wir allgemein schon festgestellt haben, daß der philosophische Wille zur Wahrhaftigkeit einem aristokratischen Ideal entspringt. Es ist ein Stolz und eine Verachtung der durchschnittlichen Alltäglichkeit, die den Philosophen veranlassen, von sich Wahrhaftigkeit und intellektuelle Redlichkeit zu fordern. Wahrhaftigkeit ist eher ein Luxus. Wir müssen das festhalten, um die Besonderheit der

1 Martin Heidegger, *Platons Lehre von der Wahrheit*, Bern: Francke, 2. Aufl. 1954.

philosophischen Lebensform nicht aus dem Augen zu verlieren bzw. auch hier danach zu fragen, was es bedeutet, daß man die Forderung nach Wahrhaftigkeit bzw. Authentizität verallgemeinert hat und zu Forderungen an den Menschen qua Menschen gemacht hat. Wahrhaftigkeit ist nicht jedermanns Sache. Viele Menschen orientieren sich in ihrem Verhalten an ganz anderen Zielen. Ja, unter Umständen kann Wahrhaftigkeit sogar als *dégoutant*, aufdringlich oder gewalttätig empfunden werden. Die meisten Menschen sind daran interessiert, sich ein Aussehen zu geben, d.h. einen guten Ruf zu haben, ihr Image zu pflegen, ihr Ansehen zu verbessern. Sie fragen nicht danach, wer sie eigentlich selbst sind, sondern sie sind vielmehr daran interessiert, überhaupt etwas Bestimmtes zu sein und als solches für sich und andere kenntlich zu sein. Dem Leben zugewandt, wäre ein ständiges Mißtrauen sich selbst gegenüber auch schädlich, und es ist besser, manche Sachen zu vergessen, zu übersehen oder, stärker noch, zu verdrängen. Sigmund Freud, durch den der Begriff der Verdrängung ja einen bestimmten Sinn erhalten hat, akzeptiert Verdrängung auch als selbstverständliches Moment normalen Lebens. Nur zum Zwecke der Therapie arbeitet er daran, Verdrängung aufzugeben. Heute, bei der gegebenen Möglichkeit erbbiologischer Aufklärung des Menschen über sich selbst, spricht man sogar von einem ›Recht auf Nichtwissen‹.[2] Es gibt also gute Gründe, es mit der Wahrheit in bezug auf sich selbst nicht so weit zu treiben, sehr ›menschliche‹, und es ist klar, daß der Wille zur Wahrheit, wenn man ihn auf sich selbst anwendet, sich für die Realisierung vieler anderer Lebensziele als schädlich erweisen kann. Man könnte leicht die gesellschaftlichen Normen verletzen, man könnte auch einmal blauäugig und weltfremd erscheinen, jedenfalls wird man zögerlich im Handeln und man wird es überhaupt an der notwendigen Bestimmtheit und Berechenbarkeit fehlen lassen.

Der Philosoph dagegen ist der Selbsterkenntnis verpflichtet. Das *Gnothí s'autón* – ›Erkenne dich selbst‹ – war ja die Maxime, mit der Apollon den Besucher des delphischen Orakels empfing. Sokrates hat sie zur Leitlinie seines Lebens gemacht. Als Forderung des delphischen Orakels hat das *Gnothí s'autón* vermutlich be-

2 Wolfgang van den Daele, *Mensch nach Maß? Ethische Probleme der Genmanipulation und Gentherapie*, München: Beck 1985.

deutet: »Erkenne, daß du Mensch bist«. Es war eine Aufforderung zur Demut gegenüber den Göttern. Sokrates hat dem Spruch allerdings eine Ausdeutung gegeben, die ihn keineswegs demütig und bescheiden erscheinen ließ, sondern eher sogar arrogant, und die ihn bis an die Grenze der Hybris führte. Bekanntlich war es ja auch ein Ausspruch des delphischen Orakels – eingeholt durch Sokrates' Freund Chairephon –, er sei der Weiseste unter den Lebenden. Sokrates nun hat seine Methode, das Wissen seiner Zeitgenossen einer Prüfung zu unterziehen, als eine empirische Überprüfung des Orakelspruchs ausgegeben.[3] Sein Ergebnis: Es habe sich gezeigt, daß viele Menschen zu wissen glaubten, ohne zu wissen. Er aber, Sokrates, sei darin weiser als sie, daß er sich wenigstens bewußt sei, nichts zu wissen. Es geht in der philosophischen Selbsterkenntnis, wie sie durch Sokrates geprägt wurde, also nicht um Bescheidenheit, sondern um Bewußtsein oder, besser gesagt, Bewußtheit. Das wird besonders deutlich, wenn man danach fragt, *was* denn in der Selbsterkennntnis eigentlich erkannt wird. Wir würden heute so etwas wie die heimlichen Motive, die Hintergedanken, die versteckten Wünsche, deren Zweideutigkeit erwarten. In dieser Richtung hat sich das Programm der Selbsterkenntnis tatsächlich weiterentwickelt. Bei Sokrates ist von all dem nicht die Rede. Vielmehr heißt es ausdrücklich in Platons Dialog *Charmides*, daß die erforderliche Erkenntnis keinen bestimmten Inhalt habe, sondern daß es die Kenntnis der Kenntnis und der Unkenntnis sei. Und diese Form der reflexiven und inhaltsleeren Erkenntnis wird dann mit der Besonnenheit gleichgesetzt. Es geht in der philosophischen Selbsterkenntnis also gar nicht primär darum, sich selbst als diesen oder jenen, mit diesen oder jenen Schwächen, Stärken, Eigenschaften etc. zu erkennen, sondern es geht um den reflexiven Akt, die Reflexion auf sich selbst. Durch diese wird die Persönlichkeit fundamental verändert. Man gewinnt Abstand von sich selbst, eine gewisse Freiheit gegenüber sich selbst, man ist nicht nur einfachhin, sondern man ist bewußt. Diese Bewußtheit verleiht eine ungeheure, d. h. sowohl große als auch unheimliche Überlegenheit über die anderen, die in der Befangenheit ihrer Wünsche, der gesellschaftlichen Zumutungen und Verlockungen oder, wie die Griechen meinten, den Anmutungen der Götter leben. Bewußtheit ist konstitutiv für die Ent-

3 Siehe dazu Platons Schrift *Apologie*.

stehung einer inneren Instanz, die bei Platon noch Seele genannt wird, später auch Ich oder Gewissen heißt. Es ist jedenfalls eine Instanz, aus sich selbst heraus handeln zu können oder, besser gesagt, überhaupt handeln zu können und nicht einfach getrieben zu werden.

Die Veränderung, die mit dem Menschen durch das Betreiben der Selbsterkenntnis geschieht, hat man auch die Entstehung des Selbstbewußtseins genannt. Dieser Ausdruck ist etwas täuschend, so als gäbe es zunächst einmal ein Selbst, das sich dann auch seiner bewußt würde. Es ist entscheidend für Selbsterkenntnis als einem Moment der philosophischen Lebensform, daß sich so etwas wie ein Selbst in der kritischen Reflexion auf sich überhaupt erst herausbildet.

Selbsterkenntnis ist keineswegs einfach und kann auch nicht durch bloßen Entschluß herbeigeführt werden. Die Theorien des Selbstbewußtseins von Sokrates/Platon über Hegel bis in unser Jahrhundert bei Lacan, Georg Herbert Mead, Jaspers behaupten vielmehr, daß dazu der andere Mensch notwendig sei, an dem man sich spiegelt, mit dem man konfrontiert ist und mit dem man gegebenenfalls auch kämpft. Wir werden auf die Rolle des Anderen noch zurückkommen. Hier sei nur noch hinzugefügt, daß es in der Regel die Erfahrung des Negativen ist – also im Leiblichen: Angst, Schmerz, im Gesellschaftlichen: Demütigung, Blamage –, die Selbstbewußtsein auslöst. Das ›Erkenne dich selbst‹ muß eben auch ein Motiv haben. Ohne das wird der durchschnittliche Mensch aus seiner Tendenz zur Unmittelbarkeit und seinem Wunsch, sich auszuleben, gar nicht herausgerissen. Es ist übrigens auch bezeichnend, daß Sokrates, der die Maxime ›Erkenne dich selbst‹ seinen Zöglingen verbal vorhält, als könnten sie einfach seinen Ratschlägen folgen, sie faktisch in Bedrängnis bringt und sie Demütigungen, Blamagen und Enttäuschungen aussetzt. Die Rolle des Anderen hier ist also zunächst auch nur die negative.

Wir haben den Willen zur Wahrhaftigkeit als einen Luxus bezeichnet. Wir sehen jetzt in seiner Konkretion als Selbsterkenntnis, daß es dem Philosophen darin doch nicht bloß darum geht, besser zu sein als die vielen. Vielmehr spürt er, daß er – zunächst und zumeist – auch so ist wie die vielen, und er leidet darunter. Er möchte von den Abhängigkeiten frei sein, er möchte frei sein gegenüber den Anmutungen und Zumutungen, er empfindet seine

»Verfallenheit an das Man«[4] demütigend und spürt, daß er so eigentlich überhaupt nicht er selbst ist.

Neben diesem gibt es aber noch ein zweites Motiv, das sich zeigt, wenn wir nun doch danach fragen, was in der Selbsterkenntnis erkannt wird. Diese Frage ist am Anfang bei Sokrates, wie erwähnt, nicht relevant. Sie gewinnt erst in der historischen Entfaltung des Programms der Selbsterkenntnis an Bedeutung. Dabei spielt die christliche Übung der Gewissenserforschung eine große Rolle (Hadot 1991).

Ich hatte gesagt, daß im Programm der Selbsterkenntnis Selbstbewußtsein konstituiert wird als eine innere Instanz bewußten Handelns. Ich hätte auch sagen können, daß durch dieses Programm der Unterschied zwischen dem äußeren und dem inneren Menschen gesetzt wird. Die Forderung der Wahrhaftigkeit unterstellt eine mögliche Differenz zwischen dem, was man sagt, und dem, was man denkt, zwischen dem, wie man sich gibt, und dem, wie man ist. In der Selbsterkenntnis nun versucht man, sich selbst auf die Schliche zu kommen, fragt, ob man eigentlich glaubt, was man sagt, ob man mit dem Gefühl auch bei der Sache ist, ob man bei einer Geste oder einer Handlung keinen Hintergedanken hat. Die Methode des Zweifelns, des Mißtrauens, des Nachforschens, wendet man auf sich selbst an. Das ist der Weg nach innen. Auf diesem Weg entdeckt man innen aber keineswegs so etwas wie einen Kern oder die ›Wahrheit‹ im Gegensatz zum bloßen äußeren Schein. Vielmehr entdeckt man den ›Möglichkeitsmenschen‹.[5] Das nicht ausgesprochene Gefühl hat eine eigentümliche Unbestimmtheit; jeder Gedanke läßt innerlich auch sein Gegenteil zu; jedes Motiv wird durch ein Hintergrundmotiv dementiert. Das eigentümlich schillernde und widersprüchliche Wesen, als das man sich kennenlernt, ist natürlich auch zugleich der Grund der Freiheit, die dem bewußten Menschen eignet: Man kann auch immer ganz anders sein. Diese Entdeckung des Möglichkeitsmenschen bringt in die philosophische Lebensform einen neuen Zug, um nicht zu sagen: eine neue Leidenschaft. Dabei meine ich nicht einmal die Leidenschaft, dem Weg nach innen weiter zu folgen – auch die gibt es. Aber sie ist eine verzweifelte und letztlich irrige,

4 Heideggers Formulierung in *Sein und Zeit*.
5 Der Ausdruck geht auf Robert Musils Roman *Der Mann ohne Eigenschaften* zurück.

weil es den Grund, nach dem sie gräbt, nicht gibt. Nein, ich meine gerade das Umgekehrte, die Leidenschaft der Veräußerlichung. Durch diese Leidenschaft zur Veräußerlichung erhält der Wille zur Wahrhaftigkeit erst seinen vollen Sinn. Der Philosoph will aussprechen, was er denkt, er will wirklich das sein, was er im geheimen ist. Aus diesem Willen heraus entwickeln sich als Bestandteile der philosophischen Lebensform das Tagebuch, das intime Gespräch, der Briefwechsel und schließlich die Bekenntnisschriften. Während erstere schon zum stoischen Repertoire der Selbstsorge gehören (Foucault 1986), scheint die Bekenntnisschrift christlichen Ursprungs zu sein. Jedenfalls sind das erste große Beispiel einer radikalen Konfession, also einer solchen, in der der Autor versucht, sich selbst ohne jede Verdeckung darzustellen, die *Confessiones* des Heiligen Augustinus. Das bekannteste Beispiel säkularer Art sind Rousseaus 1781 veröffentlichte *Bekenntnisse*. Rousseau eröffnet seine Schrift mit dem Satz: »Dies ist das einzige Bild eines Menschen, genau nach der Natur und in seiner ganzen Wahrheit gemalt, das es gibt und wahrscheinlich je geben wird.« Mit seinem Prioritätsanspruch irrt sich Rousseau natürlich. Neben Augustinus hat er auch in der Neuzeit einen Vorläufer, nämlich Adam Bernd, der in seiner eigenen Lebensbeschreibung vierzig Jahre früher sich mindestens ebenso radikal decouvriert.[6] Aber Augustinus' *Confessiones* waren, wenngleich ein Buch, doch immer noch an Gott gerichtet, wie viele gebetsartige Anreden in den *Confessiones* zeigen. Und auch Adam Bernds Lebensbeschreibung ist noch ganz religiös gedacht, wenngleich er sie zur Belehrung und Aufklärung seiner Zeitgenossen verfaßt hat. Erst Rousseaus Schrift ist wirklich säkular, sie ist an Leser, an ein Publikum gerichtet. Erst dadurch wird sie wirklich zu einem Stück philosophischer Lebensform. Aber warum und woher dieses Bedürfnis, sich so radikal zu decouvrieren? Was bringt den Philosophen dazu, mit der Wahrhaftigkeit bis an die Grenze des Peinlichen und der Exhibition zu gehen?

Der Weg der Selbsterkenntnis, der Weg nach innen, ich sagte es schon, führt ins Unbestimmte. Man bewegt sich in Schichten und Assoziationen, in Identifikationen und Verdichtungen, um mit Freud zu sprechen. Gefühle, nur gefühlt und nicht ausgedrückt,

6 Adam Bernd, *Eigene Lebenbeschreibung* (1738), München: Winkler 1973.

sind vage; Wünsche widersprüchlich, Gedanken unbestimmt. Wenn man hier zu einer Klarheit über sich selbst kommt, so braucht man den Zuhörer oder zumindest Papier und Bleistift, um Stationen des Weges festzuhalten. So entstehen die Tagebücher, vielleicht zunächst noch als ›geheime‹, wie bei Wittgenstein[7], aber als geschriebene doch im Prinzip für Leser gemacht. So entstehen auch die Bekenntnisschriften. Die erste Funktion ist also darin zu sehen, daß der Philosoph im Versuch, sich selbst durchsichtig zu werden, einer äußeren Hilfe bedarf. Es gibt aber noch einen tiefer liegenden Grund. Ich möchte ihn deutlich machen durch den Vergleich mit den religiösen Bekenntnisschriften. Religiöse Bekenntnisschriften sind ja paradox, denn sie machen etwas offenbar, was an sich offenbar ist, nämlich vor dem Auge Gottes. Gott sieht auch in die geheimsten Winkel der Seele und bewahrt in seinem goldenen oder schwarzen Buch auch die flüchtigsten Gedanken und Regungen. Wozu also sie aufschreiben? Die Funktion kann also für den religiösen Menschen kaum darin bestehen, sich selbst darzustellen, sie besteht wohl, wie auch in der Beichte, im Sich-dazu-Bekennen im engeren Sinne, nämlich im Sinne von ›Dazu-Stehen‹, also darin, diese geheimen Regungen und flüchtigen Gedanken als die eigenen anzuerkennen. Für den Philosophen – und ich möchte hinzufügen: in gewisser Weise für den neuzeitlichen Menschen überhaupt – fehlt diese Instanz, vor der alles offenbar ist und in der alles bewahrt wird. Deshalb geht es ihm tatsächlich um Selbstdarstellung, um Herstellung der Sichtbarkeit. Der Philosoph auf der Suche nach sich selbst macht die Erfahrung, daß er ständig sich zu verlieren in Gefahr ist, daß das, was er als sein Eigenstes zu finden glaubt, sich im Nebel verliert, in der Flüchtigkeit zerstiebt. Es geht ihm in der Leidenschaft nach Veräußerlichung also im Grunde um *Sein*. Eine Tat, die niemand gesehen hat, ist wie nicht geschehen; ein Gedanke, der nicht Wort wurde, ist nicht mehr wert als sein Gegenteil; ein Gefühl, das seinen Ausdruck nicht fand, bleibt namenlos und unbestimmt. In der Wahrhaftigkeit als Moment philosophischer Lebensform, in dem Wunsch, die Wahrheit über sich auch zu sagen, schlägt also eine alte philosophische Grundauffassung durch, nämlich die Identifi-

7 Ludwig Wittgenstein, *Geheime Tagebücher 1914-1916*, Wien/Berlin: Turia und Kant 1991.

zierung von Wahrheit, Sein und Sichtbarkeit. Das Wahre ist das Offenbare, und nur dieses ist im vollsten Sinne wirklich.
Aber wahrhaftig zu sein ist nicht einfach, um nicht zu sagen unmöglich. Die Darstellung läßt das, was man darstellt, nicht unverändert. Ein Gefühl, das man ausgedrückt hat, nimmt eine eigentümliche Bestimmtheit und Unverrückbarkeit an, die es einem fremd macht, insbesondere dann, wenn der Ausdruck in Form von Sätzen geschieht. Jeder kann das mit Sätzen wie ›Ich liebe dich‹ oder ›Ich bin traurig‹ erfahren. Sie sind immer schon halbe Lügen. Ein Erlebnis, das man erzählt, gerät einem zur Geschichte, es verliert den Kontingenzcharakter, mit dem es einen traf. Ein Gedanke, den man äußert, wird zur Behauptung, die man macht, obgleich man doch spürt, daß man vielleicht auch das Gegenteil sagen könnte. Selbst noch bei radikaler Aufdeckung von Peinlichkeiten und Selbstbezichtigungen erlebt man diesen Umschlag. Die Peinlichkeit gerät zur Kuriosität oder zum ästhetischen *soupçon*, die Selbstbezichtigung wird zur Rechtfertigungsstrategie. So kann man seine Wahrheit nur bewahren in ständiger Dekonstruktion des Gesagten, in ständiger Wiederaufnahme des Themas, im Dementi des Vorhergehenden.
Die zweite Schwierigkeit ergibt sich aus der Angewiesenheit des Philosophen auf einen Partner oder eine Partnerin. Der Wunsch nach Sein und Sichtbarkeit ist ja der Wunsch, von jemandem gesehen zu werden und jemanden zu finden, der an dem, was einen ›im Innersten bewegt‹, teilnimmt oder der zumindest Begleiter ist. Ein anonymes Lesepublikum ist da natürlich nur ein unzureichender Ersatz; in dessen allenfalls ästhetischer Teilnahme kann, was an Gedanken, Wünschen, Hoffnungen, was an Leiden, Demütigungen, Perversionen mitgeteilt wird, nicht eigentlich verstanden werden, weil das Moment der Betroffenheit, nämlich die Frage, wie es mir bei alldem geht, nicht mitvollzogen wird. Das könnte allenfalls ein nahestehender Mensch tun. Wir sehen hier eine radikale Angewiesenheit des Philosophen auf den anderen Menschen, die am Ursprung bei Sokrates gar nicht deutlich wurde, die sich allerdings in den Freundschaftskulturen der Stoiker langsam herausbildete und schließlich dann in der Existenzphilosophie unseres Jahrhunderts, insbesondere der von Jaspers[8], völlig klar wurde. Aber wer ist dieser andere Mensch? Was ist

8 Karl Jaspers, *Philosophie*, 3 Bde., Heidelberg: Springer 1956.

vorauszusetzen, daß dieser Andere die radikale Offenheit, die ihm der Philosoph anträgt, auch aushalten kann? Es gibt hier ein berühmtes Beispiel aus dem letzten Jahrhundert. Leo Tolstoi hat seiner Braut kurz vor der Hochzeit all seine Tagebücher, die offenbar von einer Rousseauschen Rücksichtslosigkeit und Radikalität gewesen sind und ein recht bewegtes Junggesellenleben darstellten, zu lesen gegeben. Er meinte, seine zukünftige Frau müsse wissen, was er für ein Mensch ist. Sie hat es ausgehalten – aber das ist keineswegs selbstverständlich. Dieser Drang zur Offenheit, ich wiederhole es, ist nicht natürlich und nicht jedermanns Sache, und nicht jedermann muß oder will Philosoph sein. Es ist schwer zu verstehen, was der Philosoph eigentlich mit seiner Offenheit will. Und im Alltagsleben ist sie auch schwer erträglich, denn hier befindet man sich nicht in handlungsentlasteter Situation. Hier steht zunächst einmal jeder Gedanke für sich und ist schon Behauptung, und jedes ausgesprochene Gefühl wirkt als Handlung dem anderen gegenüber, auch wenn es im Inneren vielleicht durch sein Gegenteil austariert wird. In den Augen des und vor den Ohren des Anderen wird jede Äußerung bereits zu einer Weichenstellung in der wechselseitigen Beziehung. Und es gelingt gerade nicht, was der Philosoph eigentlich möchte, nämlich *als Möglichkeitsmensch wirklich zu sein*. Im Moment der Äußerung verliert sich die Möglichkeit, und es bleibt nur noch die Wirklichkeit des Gesagten. Was Wasser war, wird zu Stein, oder, wie Sartre sich ausdrücken würde, das Für-sich wird zum An-sich.[9]

Da ist es kein Wunder, daß Philosophen seit je ihresgleichen aufgesucht haben, sich aus den Alltagsbeziehungen und den Verstrikkungen mit ›den anderen‹ zurückgezogen haben, daß sie philosophische Freundschaften und Bruderschaften gegründet haben. Aber auch das ist keine Lösung, jedenfalls für uns nicht, denn diese Lösungen implizieren zugleich den Verlust an Teilnahme und Betroffenheit, die ja gerade der inneren Welt ihre Relevanz geben. Außerdem gehören diese Formen philosophischen Lebens in den Zusammenhang des Strebens nach Autarkie, Ataraxie und Autonomie, die, wie wir sehen werden, aus anderen Gründen für ein philosophisches Dasein heute nicht mehr Ziel sein können. Philosoph sein vollzieht sich eben heute nicht mehr in der Absage

9 Jean-Paul Sartre, *Das Sein und das Nichts*, Hamburg: Rowohlt 1952.

an die Alltäglichkeit und das Leben.[10] So ist auch der Wille zur Wahrheit seiner selbst etwas, das nicht in Ausnahmesituationen realisiert werden kann, sei es nun in Männer- oder Frauengruppen oder mit dem zufälligen Partner der Eisenbahnreise. Wahrhaftigkeit ist eine Seinsweise, die mühsam dem Alltag abgerungen werden muß.

Zum Schluß möchte ich noch einmal auf die Frage zurückkommen, inwiefern dieser Zug philosophischer Lebensform, nämlich der Wille zur Wahrhaftigkeit, allgemein menschlich ist. Ich hatte ja betont, daß dieses Bedürfnis keineswegs zu allen Lebensentwürfen gehören muß. Und Philosoph sein ist wirklich nur eine unter vielen Möglichkeiten, ein Leben zu führen. Und es gibt keinen Grund, diese Lebensform gegenüber anderen als die bessere auszuzeichnen. Natürlich gibt es Grade der Vollkommenheit. Aber die Skalen der Vollkommenheit, auf denen sich die Menschen bewegen, sind viele, und sie liegen zueinander windschief. Das heißt: Im Sinne der philosophischen Lebensführung vollkommener zu werden schließt notwendig andere Vollkommenheiten aus. Dies alles festgehalten, wird man doch bemerkt haben, daß vieles von dem Gesagten von allgemeinerer Bedeutung ist. Ist es nicht ein verbreitetes Bedürfnis, sich auszusprechen? Gibt es seit dem 18. Jahrhundert nicht geradezu eine Flut von intimer Bekenntnisliteratur, Tagebüchern, Briefen, biographischen Reports? Das Bedürfnis, sich zu veräußerlichen, scheint geradezu charakteristisch für die neuzeitlichen Menschen seit dem 18. Jahrhundert zu sein. Ein Grund dafür liegt sicherlich im Verlust ›des Auges Gottes‹, das alles sieht und bewahrt. Die Endlichkeit des Daseins, die Hinfälligkeit, der Verlust an Sein wird den Menschen, die sich nicht mehr in einer Transzendenz aufgehoben fühlen, schmerzlich bewußt. Sie sind damit noch nicht Philosophen, aber sie dürften empfänglich sein für eine Einladung in die Philosophie. Als solche sollte auch diese Einführung verstanden werden.

10 Gernot Böhme, »Wir philosophieren – philosophieren wir?«, in: H. Oosterling und Fr. de Jong (Hg.), *Denken unterwegs. Festschrift für H. Kimmerle zum 60. Geburtstag*, Amsterdam: Grüner 1990, S. 1-15.

3. Leibsein

Dieses Kapitel handelt vom Leib, genauer vom Leibsein. Wir müssen im Rückblick auf die Kapitel 1, 4-7 beachten, in welcher Weise hier über den Leib gesprochen wird. Der Leib ist in diesem Kapitel nicht Thema, es geht vielmehr um Leibsein als Moment philosophischer Lebensführung. Es wird also nicht die Frage gestellt, was der Leib ist, noch werden Kategorien der Leiblichkeit entwickelt. Zwar ist ein Verständnis der Leiblichkeit für die Möglichkeit, Leib sein zu können, heute außerordentlich wichtig, vor allem um Alternativen gegenüber der herrschenden Instrumentalisierung des Leibes zum Körper theoretisch abzusichern. Aber was der Leib jeweils ist, hängt von Weisen des Leibseins ab – und um diese geht es hier. Die adäquate Weise, sich dem Leibsein als Moment philosophischer Lebensweise zu nähern, wären Übungen und nicht Reden über den Leib. In einem philosophischen Buch kann Leibsein nur über die Sprache eingeführt werden. Ich werde das tun, indem ich die Beziehung zum Leib in der traditionellen Auffassung philosophicher Lebensweise kontrastiere mit dem, was ich heute für nötig halte.

Die Tradition philosophischer Lebensführung: Distanz zum Leibe

Die klassische philosophische Lebensweise, wie sie durch Sokrates und Platon geprägt wurde, ist geradezu durch eine Distanzierung vom Leibe definiert. Ich habe schon an anderer Stelle die Partie aus Platons *Alkibiades 1* erwähnt, in der es um die Herausbildung von Seele und Selbstbewußtsein geht. Diese werden als diejenige Instanz im Menschen definiert, die alles andere gebraucht, darunter in erster Linie den Körper. Der Körper wird dadurch erst zum Instrument, zum Organismus, er dient einem Zweck, der nicht in ihm selbst begründet ist. Die Distanzierung vom eigenen Leib ist mit der Konstitution von Selbstbewußtsein zugleich auch die Konstitution des Körpers. Der Leib qua Körper ist dann nicht mehr Natur, die wir selbst sind, sondern etwas, das wir haben und dessen wir uns bedienen. Daß in diesem Sich-

Lossagen vom eigenen Leib, daß in dem Versuch, reine Seele oder Geist zu werden, die eigentlich philosophische Lebensweise besteht, läßt Platon Sokrates in seinem Dialog *Phaidon* explizit sagen. Ich zitiere die berühmte Stelle in extenso:

»Solange wir leben, werden wir, wie es scheint, der Erkenntnis nur dann sehr nahe kommen, wenn wir uns möglichst wenig mit dem Körper beschäftigen und uns nur so weit mit ihm abgeben, wie es unbedingt notwendig ist, und uns nicht von seinem Wesen anstecken lassen, sondern uns von ihm reinhalten, bis der Gott selbst uns von ihm befreit... Oder bist du anderer Ansicht? Ganz im Gegenteil, lieber Sokrates. – Sokrates fuhr fort: Wenn das aber wahr ist, mein Freund, dann besteht große Hoffnung, daß ich dort, wo ich hingehe, wenn überhaupt irgendwo, gleich nach meiner Ankunft das zur Genüge bekommen kann, worauf unser Tun im jetzt abgelaufenen Leben zielte. Darum ist der mir jetzt verordnete Abschied mit guter Hoffnung verbunden. Das gilt auch für jeden anderen, der davon ausgehen kann, daß seine Seele als gereinigt dasteht. – Ganz recht, sagte Simmias. – Bedeutet dies aber nicht schon Reinigung, worüber wir seit langem sprechen, die Seele möglichst weit vom Körper zu trennen und sie daran zu gewöhnen, daß sie sich in jeder Hinsicht vom Körper entfernt sammelt, zu sich selbst kommt und soweit wie möglich in Gegenwart und Zukunft allein und für sich existiert, vom Körper wie aus einem Gefängnis befreit? – Genau so, antwortete er. – Nennt man also den Tod: Lösung und Trennung der Seele vom Körper? – Völlig richtig, lautete seine Antwort. Aber die Lösung der Seele vom Körper streben stets mit großer Entschlossenheit nur die wahrhaft philosophischen Menschen an, und genau das ist die eigentliche Arbeit der Philosophen: Lösung und Trennung der Seele vom Körper. Oder nicht? – Offensichtlich. – Wäre es demnach, wie ich anfangs sagte, nicht lächerlich, daß ein Mann, der sein Leben lang arbeitet, in möglichst großer Nähe zum Tode zu leben, wenn dieser wirklich unmittelbar bevorsteht, darüber klagte? – Lächerlich. Wieso nicht? – Es ist also wirklich so, mein lieber Simmias, sagte er, daß die wahren Philosophen sich darum bemühen, das Sterben zu lernen, und daß sie die letzten sind, die den Tod fürchten« (*Phaidon*, 67a-e).

Dieser Text entstammt den letzten Gesprächen, die Sokrates mit seinen Freunden vor seinem Tode führte. Sie kreisen um Tod und Unsterblichkeit und haben sichtlich die Funktion, in dieser schwierigen, bedrängenden und auch beängstigenden Situation alle Anwesenden durch Worte zu einer Haltung zu führen, in der sie diese Situation männlich – und das heißt vor allem ohne Weinen und Klagen – bestehen können. Bewältigung der Todesangst ist auch sonst eines der Hauptmotive philosophischer Lebensführung. In dem Gespräch mit seinen Freunden erinnert nun Sokrates lediglich daran, daß sie als Philosophen sich ja schon ein ganzes Leben bemühten, sich möglichst vom Körper zu distanzieren und die Seele zu reinigen, indem sie sich schrittweise vom Körper loslöst. Wenn man nun nach einem verbreiteten Verständnis den Tod als Trennung der Seele vom Körper definiert, dann ist, um hier eine Formulierung Kierkegaards zu benützen, die philosophische Lebensweise nichts anderes als ein ›Sein zum Tode‹. Der Tod ist für den Philosophen dann nichts Schreckliches, meint Sokrates, denn er bringt schließlich nur das, worum sich der Philosoph sein Leben lang bemüht hat, die Trennung der Seele vom Körper. In dieser Schlußfolgerung steckt sicherlich ein Stück sokratischer Ironie, denn wenn es um die faktische Trennung von Körper und Seele ginge, könnte man ja das philosophische Ziel auch schneller erreichen. Aber die Leitlinie ist doch klar und für Jahrhunderte, um nicht zu sagen Jahrtausende philosophischer Lebensführung auch verbindlich gewesen: Die philosophische Selbstsorge gilt der Seele, dem Körper wird nur Aufmerksamkeit geschenkt ›so weit..., wie es unbedingt notwendig ist‹. Der Körper ist ein Gefängnis, ja ein Grab der Seele, eine Verunreinigung. Die entscheidende Formulierung ist hier: ›uns nicht von seinem Wesen anstecken lassen‹. Was geschieht einem, wenn man sich auf den Körper einläßt? Worin besteht die Ansteckung? Um es kurz zu sagen: Durch den Körper wird die Erkenntnis getrübt und die Freiheit eingeschränkt. Der Körper ist der Sitz der Begierden und der Ort der Widerfahrnisse. Schmerzen und Leiden, aber auch Anmutungen und Leidenschaften greifen am Körper an, gehen vom Körper aus. Sich auf ihn einzulassen oder gar Leib zu *sein* bedeutet, sich einzulassen auf den Sturm der Widerfahrnisse und auf die Macht der Begierden. Freiheit ist deshalb nur in Distanz oder, besser gesagt, sogar in einer Herrschaftsposition gegenüber dem Körper möglich. Dasselbe gilt für die Erkenntnis. Gerade Platon ist der Ansicht, daß der Körper nichts zur Erkenntnis beiträgt. Die Sinnlichkeit ist täuschend und lenkt überhaupt von den entscheidenden Dingen ab. Erkannt werden sollen nämlich nicht die Erscheinungen, sondern das Wesen der Dinge und die wahren Verhältnisse. Diese können nicht durch Wahrnehmung, sondern nur durch Denken erfaßt werden.

Soweit Platon. Philosophische Lebensführung besteht also nach Platon darin, den Körper zu disziplinieren und zu instrumentalisieren, in der Erkenntnis von der Sinnlichkeit schrittweise zur rein geistigen Schau aufzusteigen und im Bereich des Handelns eine Position zu erreichen, in der man von Begierden, Antrieben und Anmutungen unabhängig ist und rein aus Überlegung handelt. Diese Forderung einer distanzierten Beziehung zum eigenen Körper ist im wesentlichen immer ein Bestand philosophischer Lebensführung gewesen. Allerdings gibt es darin Variationen. Sie hängen, wie ich vermute, damit zusammen, wogegen, d.h. von welcher allgemeinen Lebensweise, die Philosophen jeweils die ihre absetzen mußten. So finden wir Philosophen, bei denen die gesundheitliche Pflege noch zur philosophischen Lebensweise gehört, aber auch solche, die sich in ihrem Äußeren vollständig vernachlässigen. Wir finden Philosophen, die dem sinnlichen Genuß keinesfalls abhold sind, sondern lediglich für einen mäßigen Gebrauch der Lüste plädieren. Wir finden Philosophen, für die strengste Askese selbstverständlich ist. Wir können diesen Varianten nicht im einzelnen nachgehen. Bei Platon und Sokrates jedenfalls scheint das Hauptmotiv zu sein, der Ergriffenheiten Herr zu werden, denen man ausgesetzt ist, solange man Leib ist. Der Leib wurde offenbar immer noch erfahren als ›Gefäß der Götter‹, d.h. ergreifender Mächte, denen gegenüber der Mensch versuchte, Stand zu gewinnen. Die Strategie einer Distanzierung vom Leib führte sehr schnell, nämlich schon bei Aristoteles, dazu, die eigentliche philosophische Lebensweise im *bios theoretikos*, im rein theoretischen Leben zu sehen, d.h. in einem Leben, das sich nicht nur von den Anmutungen und Antrieben aus dem eigenen Leibe distanziert, sondern schließlich von Praxis überhaupt.

Marc Aurel: Die gedankliche Destruktion des Leibes

Ich wähle als einziges weiteres Beispiel einen stoischen Philosophen, nämlich den römischen Kaiser Marc Aurel. Wir haben in seiner Schrift ΤΑ ΕΙΣ ΕΑΥΤΟΝ (Übers. 1990), was man wohl am besten übersetzt mit ›Ermahnungen an sich selbst gerichtet‹, ein sehr lebendiges Zeugnis ständiger Bemühung um eine philosophische Lebensweise. Der Kaiser hat hier eine Schrift hinterlassen, offenbar nicht zur Veröffentlichung bestimmt (sie ist in Griechisch geschrieben), die eine Art ständige und auch sich vielfach wiederholende Rede an sich selbst ist. Man muß sich wohl vorstellen, daß der Kaiser in stillen Stunden versucht hat, sich selbst zu einer bestimmten Haltung zu bringen bzw. sich darin zu festigen, und dieses getan hat, indem er sich selbst schreibend ermahnt hat bzw. sich suggestiv in eine bestimmte Haltung eingeübt hat.

Für Marc Aurel als römischer Kaiser kam natürlich ein sich Zurückziehen aus der Welt nicht in Frage. Im Gegenteil gehört für ihn ein gemeinschaftsverbundenes Denken und Wirken unmittelbar zur philosophischen Lebensführung. Auch er kennt zwar den Rückzug. Aber es ist nicht der Rückzug aus den Geschäften, sondern nur der immer wieder nötige Rückzug ›in sich selbst‹. Wenn man danach fragt, was für ihn die eigentlichen Motive philosophischer Lebensführung sind, so stößt man auf zweierlei: nämlich erstens die Unerträglichkeit der Mitmenschen und zweitens die beständige Bedrohung durch den Tod. Letzteres ist so dominant in der Schrift, daß man sich fragt, ob der römische Kaiser besondere Anlässe zur Todesfurcht gehabt haben mag. Beständig ist davon die Rede, daß ein Tod eigentlich gar nicht stattfindet, sondern nur eine Wandlung, daß Qualen entweder erträglich oder tödlich sind, daß uns als Lebende der Tod nichts angeht und als Tote wir ihn nicht mehr erfahren können, daß das Leben des Geistes sich in jedem Augenblick erfüllt und nicht erst im Drama von fünf Akten – und dergleichen. Warum hat Marc Aurel dieses Thema so beschäftigt? Natürlich kann es sein, daß Kaiser zu sein in der damaligen Zeit eine so heikle und intrigengefährdete Machtposition war, daß man jederzeit damit rechnen mußte, gewaltsam abgelöst zu werden. Außerdem war zumindest in seiner Lebenszeit Kaiser zu sein ein kriegerisches Amt. Tatsächlich ist Marc Aurel auch im Laufe eines Feldzugs in Wien an der Pest gestorben.

Im Zusammenhang seiner Auseinandersetzung mit dem Tod ist bei Marc Aurel auch die Distanzierung vom Leiblichen zu sehen. Dabei geht es aber nicht wie bei Platon primär um eine schrittweise Reinigung der Seele und ein entsprechendes Absterben am Leibe. Zwar findet sich dieses Motiv auch bei Marc Aurel. So heißt es im Aphorismus 5,26:

»Der leitende und herrschende Teil deiner Seele soll nicht berührt werden von der glatten oder rauhen Bewegung in deinem Fleisch und sich nicht damit verbinden, sondern sich selbst abgrenzen und jene in den Gliedern wirkenden Verlockungen einkreisen.«

Im Unterschied zum platonischen Entwurf soll aber von dieser Ausgrenzung die Wahrnehmung verschont werden: »Versuche zwar nicht, gegen die sinnliche Wahrnehmung, da sie natürlich ist, anzugehen« (ebd.).
Die Absetzung vom Leibe ist auch gar nicht konkret. Vielmehr gibt es – wir haben es soeben beim Thema Wahrnehmungen gesehen – sogar eine gewisse Achtung des Leibes, insofern er nämlich Natur ist. Die Natur und das natürliche Sein ist für den Stoiker die goldene Regel der Lebensführung. Das heißt zwar mäßige und gesunde Lebensführung, aber keineswegs Vernachlässigung etwa der Pflege oder direkte Unterdrückung von leiblichen Regungen. Die Absetzung vom Leibe ist eine theoretische, und sie dient dem Zweck, mit der Todesfurcht fertig zu werden. Man stelle sich die Verhältnisse nur in aller Nüchternheit vor, das ist Marc Aurels Maxime, dann werden sie einen nicht mehr beeindrucken, und man wird von ihnen nicht mehr beunruhigt. Dieses Verfahren erinnert einen geradezu an die gegenwärtigen Methoden der Konstruktivisten. Ich zitiere den für dieses Verfahren zentralen Aphorismus 5,19:

»Die Dinge selbst berühren keineswegs die Seele, sie haben keinen Zugang zur Seele und können sie auch nicht beeinflussen oder bewegen. Allein sie selbst beeinflußt und bewegt sich und nur nach Maßgabe der Urteile, die sie für sich in Anspruch nimmt, macht sie sich die Dinge bewußt, die von außen an sie herantreten.«

Um die Dinge kleinzumachen und zu vergleichgültigen, hat Marc Aurel eine Methode der Reduktion entwickelt. Was ist der Mensch? Nichts als Materie und Form. Wenn er stirbt, wird die Materie in andere Materie übergehen und die Form in andere Formen. Wie man sich mit dieser Methode die Lust an Alltagsfreuden verderben kann, sieht man im folgenden Aphorismus 6,13:

»Wie man sich bei Leckerbissen und anderen Speisen dieser Art vorstellen kann, daß es sich hier um den Kadaver eines Fisches handelt, um die Leiche eines Vogels oder Schweines, und weiter, daß der Falerner nur Saft einer Traube und das Purpurgewand nur die Wolle eines Schafes ist, die mit dem Blut der Schnecke getränkt wurde, und daß bei der geschlechtlichen Vereinigung nur ein Reiben des Gliedes und eine Absonderung von Schleim verbunden mit gewissen Zuckungen stattfindet – wie man diese Vorstellungen gewinnt, die den Kern der Sache treffen und ihren eigentlichen Gehalt bewußt machen, so daß man sehen kann, um was es sich in Wirklichkeit handelt, so muß man es das ganze Leben lang tun, und wo einem die Dinge allzu seriös vorkommen, muß man sie entblößen und ihr hohes Ansehen zerstören, auf dem ihre Wertschätzung beruht.«

Die Distanzierung vom Leibe geschieht hier also durch die Selbstsuggestion, daß alles Leibliche nichtig sei. Folglich ist auch der Tod gleichgültig, der in der Hinfälligkeit des Leibes gründet.
Wir haben damit zwei typische Strategien der Distanzierung vom Leiblichen kennengelernt, wie sie systematisch im Zuge philosophischer Lebensführung betrieben und eingeübt wurden. Die Berichte darüber muten uns heute fremd an. Wir müssen uns mühsam die Motivationen, die zu diesen distanzierenden Strategien gegenüber dem Leib geführt haben, vor Augen führen, um sie zu verstehen. Auch die Motivation übermächtiger Ergriffenheit auf der einen Seite, ständige Todesfurcht auf der anderen sind nicht mehr die unseren. Was kann man heute als philosophische Haltung zum Leibe bezeichnen?

Der Hintergrund für gegenwärtige Bemühungen um Leibsein

Ich möchte deutlich machen, daß im Gegensatz zur Tradition heute zu einer philosophischen Lebensweise gehört, sich gerade nicht vom eigenen Leib zu distanzieren, sondern sich vielmehr um Weisen des Leibseins zu bemühen. Es spiegelt sich darin die veränderte Lage des Menschen, vor deren Hintergrund sich so etwas wie philosophische Lebensweise abhebt. Diese veränderte Lage ist im wesentlichen durch die technische Zivilisation bestimmt.
Zunächst möchte ich auf die allgemeine These zurückkommen, daß in der fortgeschrittenen Zivilisation, insbesondere in der technischen Zivilisation, viele anthropologische Konstellationen, die traditionell Ziel philosophischer Lebensform oder Moment philosophischer Lebensform waren, Allgemeingut geworden sind. Das trifft insbesondere die Beziehung des Menschen zum eigenen Leib. In einer distanzierten Beziehung zum eigenen Leib zu leben ist heute kein Proprium des Philosophen mehr, sondern jedermanns Sache. Eine entfremdete Beziehung zum eigenen Leib ist ein genereller Zug moderner Lebensform. Daß der eigene Leib als Instrument gesehen und behandelt wird, ist selbstverständlich. Ebenso, was als eine Herrschaftsposition gegenüber leiblichen

Regungen angestrebt wurde. Ein Hingerissen- oder Mitgerissenwerden mit leiblichen Regungen kommt nicht vor, besser gesagt: leibliche Regungen werden überhaupt nicht als etwas Mitreißendes erfahren, sondern allenfalls als Symptome. Es bedarf also, um Distanz, instrumentelle Beziehung, Herrschaft gegenüber dem Leib zu erreichen, keiner besonderen philosophischen Bemühungen.

Wenn ich nun behaupte, daß heute die Bemühung um Leibsein-Können zu einer philosophischen Lebensführung gehört, so könnte man das zunächst dem elitistischen Zug der Philosophen zuschreiben: Sie wollen immer anders sein als die vielen, nicht ›dem Man verfallen‹, sondern ›eigentlich‹. An dieser Deutung ist etwas. Man könnte allgemein sagen, der Philosoph lebe antizyklisch. Aber das ist doch eine zu kurz greifende Deutung. Denn man muß feststellen, das, worum willen die Philosophen die Distanz zum Leibe betrieben haben, durch die jetzt ubiquitäre Entfremdung vom Leib keineswegs erreicht wurde. Es ging den Philosophen um Freiheit, Sorglosigkeit, Furchtlosigkeit und geistige Schau. Daß irgendeine dieser Erfüllungen mit der modernen Leibferne mitgegeben sei, kann man nun wirklich nicht sagen. Im Gegenteil hat die Distanz zum Körper zu einer ständigen Besorgnis des modernen Menschen um seinen Körper geführt. Wir erwähnten das schon für den Fall der Hypochondrie im 18. Jahrhundert. Heute zeigt es sich im Vertrauensschwund bezüglich der natürlichen Vorgänge und in der Besorgnis um richtige Ernährung. Zwar muß man sagen, daß die Todesbedrohung nicht so allgegenwärtig ist, wie man sie im Werk von Marc Aurel spürt. Das hat aber nichts mit einer geistigen Souveränität gegenüber der Hinfälligkeit des Daseins zu tun. Es scheint eher einerseits eine Folge der innerstaatlichen Pazifierung des Lebens zu sein, andererseits einer gesellschaftlich organisierten Verdrängung des Todes. Wenn man schließlich nach einem Korrelat für die Leibferne im modernen Leben sucht, so stößt man sicherlich nicht auf geistige Schau als eine allgemeine Errungenschaft des modernen Menschen, sondern vielmehr auf das abgelöste Leben im Fiktiven, d. h. das leiblose und handlungsentlastete Erleben und Leben in den Massenmedien.

Wir müssen also im modernen Lebenszusammenhang mit der Distanz zum eigenen Leib als einem puren Faktum rechnen, als etwas, das nicht Ergebnis eines Strebens oder eines Überwindens

von Widerständen ist. Das war es ja auch, was unsere Analyse der technischen Zivilisation zeigte: Was ehemals als Ziel innerer Disziplinierung und moralischen Ringens angesehen wurde, ist in der technischen Zivilisation ein bloßes Produkt der Verhältnisse. Das trifft in besonderem Maße für den Leib zu. Die Distanz zum eigenen Leib ist keine moralisch geschaffene, sondern sie ist faktisch durch die Existenz technisch medikamentöser Steuerungsmittel und durch den dominanten ärztlichen Blick auf den Leib mitgegeben. Was bei Marc Aurel noch mühsam und immer zu wiederholende Selbstsuggestion war, nämlich daß der Leib nichts sei als erbärmliches Fleisch, »schmutziges Blut, Knochen, Gebilde aus Sehnen, Verschlingung von Sehnen und Arterien«, das ist heute jedermann durch die medizinischen Wissenschaften zur selbstverständlichen Realität geworden. Dieser reduktionistische Blick ist der allgemeine. Der Körper ist ein Ding, das funktionieren muß und zu dessen Steuerung die entsprechenden Mittel bereitstehen. Was bei Sokrates und Platon noch als moralische Forderung formuliert wurde, nämlich sich des Körpers zu bedienen, ist eine durch die modernen Lebens- und Arbeitsformen selbstverständlich mitgegebene Einstellung. Der Körper ist ein Instrument für Arbeit und andere Verrichtungen oder gar ein Instrument der Lust. Eine eigene Wirklichkeit wird ihm nicht zugestanden. Und sollte sich in ihm selbst eine Dynamik entwickeln, so ist das Anlaß, sich an Ärzte oder andere Therapeuten zu wenden.
Die modernen Lebensformen enthalten sogar eine Entsprechung zum ›Sein zum Tode‹, d. h. zur Bemühung darum, den Leib für das eigentliche Leben überflüssig zu machen. Mit der Maschinisierung der menschlichen Arbeit und der ungeheuren Steigerung der Arbeitsproduktivität wird, wie schon Marx feststellte, ›lebendige Arbeit‹ tendenziell überflüssig. Enthält schon die erste technische Revolution die Tendenz zur Verdrängung körperlicher Arbeit, so wird durch die zweite technische Revolution, nämlich die Automation, mehr und mehr auch die pure Anwesenheit vom Menschen im Produktionsprozeß überflüssig. Für viele Produktionsprozesse ist sie sogar schädlich, weil der Mensch – noch immer ein Naturwesen – als Staubproduzent, Keimträger und überhaupt als Träger von Spontaneität prinzipiell eine Störung und Gefährdung dieser hochempfindlichen Prozesse darstellt. Schließlich ist noch einmal daran zu erinnern, daß die eigentlichen gesellschaftlichen Prozesse, also das, was man gesellschaftliche In-

teraktion nennt, mehr und mehr von leiblicher Anwesenheit unabhängig wird. Die Bildung öffentlicher Meinung, politisches Handeln, Wählen, Kommunikation, Verträge abschließen, Einkaufen – für alle diese gesellschaftlichen Aktivitäten braucht man nicht mehr leiblich anwesend zu sein. Entweder kann man sich durch Codes, wie Scheckkarten oder Personalnummer, vertreten lassen oder die Dinge telekommunikativ erledigen. Wir stellen also fest, daß in der modernen Lebensform für die relevanten menschlichen Bezüge, nämlich Arbeit und Interaktion, der Leib mehr und mehr überflüssig wird.
Dieses Überflüssigwerden kann man zugleich aber auch als eine ›Freisetzung‹ verstehen. Der Ausdruck ›Freisetzung‹ wird ja auch in euphemistischer Weise für die Entlassung in die Arbeitslosigkeit verwendet. Tatsächlich ist wie mit dem Verlust der Arbeit wie auch mit Überflüssigwerden des Leibes eine Chance verbunden. Wir können von einer Wiederentdeckung des menschlichen Leibes als verbreitetem Phänomen reden. Wie sich in der Antike vor dem Hintergrund der Sklavenarbeit die Kulturform des Sports entwickelte, so entwickelte sich in den modernen Gesellschaften eine Kultur des Leibes, die weit über den Bereich des Sports hinausgeht. Hier denke ich vor allem an das Einströmen asiatischer Praktiken des Leibumgangs von Tai Chi bis hin zu Yoga, aber auch an einige im Rahmen unserer Kultur, wenn auch in Anlehnung an diese Traditionen entwickelte Formen der Leibtherapie wie Bioenergetik oder autogenes Training. Auch die philosophische Bemühung um Leibsein-Können ist vor diesem allgemeineren Hintergrund zu sehen. Auch sie wird vorläufig um eine Anleihe bei der einen oder anderen der genannten Techniken des Leibumgangs nicht herumkommen. Das vor allem deshalb, weil es sich hier eben nicht bloß um Denken und Kennen handelt, weil vielmehr der Leib durch eine veränderte Praxis zurückgewonnen werden muß, d. h. durch Übung.

Leibsein als Aufgabe

Da es sich bei dem Bemühen um Leibsein-Können vor allem um Übung und Praxis handelt, kann in diesem Buch nur skizzenhaft umrissen werden, um welche Bereiche und Kompetenzen es sich handelt. Wenn man einen Unterschied zu den vielfältig geübten

Leibpraktiken und Therapien festhalten will, so ist es sicherlich folgender: Während die vorwiegend asiatischen Praktiken in Europa eher kompensatorisch, zum Ausgleich, als Hobby oder im Einzelfall auch therapeutisch angewendet werden, geht es im philosophischen Bemühen um Leibsein-Können, um die Reintegration des Leibes in das menschliche Selbstverständnis. Leibliche Praxis kann deshalb nicht einfach kompensatorisch neben einer an sich unangetasteten Lebensform, wie sie mit der technischen Zivilisation gegeben ist, stehenbleiben, sondern muß die Lebensform im ganzen verändern.

Das zeigt sich gleich bei dem ersten Bereich leiblicher Vollzüge, den ich nennen will. Ich möchte für diesen Bereich zwei prototypische Beispiele nennen, nämlich das Einschlafen einerseits und die leibliche Liebe andererseits. Hier von einem bewußten Leibsein-Können zu reden mag überraschen.

Diese Prozesse, so meint man, vollziehen sich von selbst, oder man macht sie. So greift man etwa, wenn das Einschlafen nicht geht, zu Schlaftabletten, oder die Liebe wird durch Stimulanzien bzw. Aktivitäten erzwungen. Die Gewaltsamkeit des Umgangs mit solchen Lebensvollzügen liegt darin, daß sie als solche eigentlich nicht dem Bewußtsein unterliegen. Sowohl das Einschlafen einerseits als auch die leibliche Liebe andererseits sind etwas, was gewissermaßen von innen aus dem Leibe aufsteigen muß, und ihre Entfaltungen sind mit einer tendenziellen Auflösung von Bewußtsein verbunden. Gerade die entfremdete Beziehung zum Leib macht es aber unmöglich, diese Prozesse einfach sich selbst zu überlassen. Die Anwendung von technischen Mitteln oder Stimulanzien ist aber nur eine Fortsetzung der Entfremdung und verschlimmert das Problem. Wenn hier eine Wiederaneignung des Leibes möglich werden soll, dann geht das nur durch eine paradoxe Form des Könnens, nämlich ein Können, das keine Aktivität ist, sondern vielmehr ein Herunterspielen von Aktivität und ein Sichenthalten – ich meine die Kunst des Sichlassens.

Leibsein-Können in der Form des Sichlassens zeigt bereits, daß die philosophische Lebensform hier auf eine fundamentale Veränderung der anthropologischen Struktur zielt. Der Leib wird darin als etwas verstanden, das man zwar selbst ist, worauf man sich aber gleichwohl als eine Aktivität einlassen muß, deren Akteur man selbst qua Ich *nicht* ist. Gerade wenn man, wie wir, von der Entfremdung vom Leibe ausgeht, so bedeutet das, sich auf das

Andere des bewußten Ichs einzulassen, sich dem Unheimlichen in einem selbst auszusetzen. Das Ich gibt darin bewußt den Anspruch auf, Herr im eigenen Haus zu sein. Man übt sich in der Kunst, sich auf Antriebe und Vorgänge einzulassen, die zwar einem tieferen Selbst angehören, deren Ursprung man als bewußte Person aber *nicht* ist. Man sollte nicht verkennen, daß der Versuch, in dieser Weise Leib zu sein, konfrontiert mit einer gesellschaftlichen, bis ins Lebensweltliche hineinreichenden Erwartung ständiger Leistungsbereitschaft, ein hohes Risiko enthält, die Möglichkeit der Blamage, des Sichaussetzens und des Versagens. Gerade für den europäischen Mann in seinem auf Autonomie, Aktivität und Unberührbarkeit verfestigten Selbstverständnis dürfte die Kunst des Sichlassens keine leichte Übung sein.
Ich möchte als nächstes von elementaren Vollzügen wie Gehen, Stehen, Sitzen und dergleichen reden. Hier wird jedem von uns jede beliebige Leibtherapeutin oder Krankengymnastin sagen, daß wir alles falsch machen, obgleich wir von Jugend auf beständig gehen, stehen, sitzen. Wir können es bis heute nicht, sind ungelenk, verkrampft, hölzern, als gingen wir nicht mit dem eigenen Leib. Und so ist es ja auch. Die fundamentale Fremdheit des eigenen Leibes hat hier eine Selbstverständlichkeit zerbrochen und ein elementares Können nie aufkommen lassen. Wir mögen die vollendete Harmonie des Hammerschlags bei einem Handwerker bewundern und uns damit trösten, daß das ja sein Beruf ist und er durch lange Übung eine solche Vollkommenheit erreicht hat. Aber war die Zeit unserer Übung im Sitzen oder Radfahren oder Zähneputzen nicht viel länger? Wenn man bedenkt, daß wir nicht einmal gehen oder stehen können, dann wird die Faszination mancher Formen des Zen verständlich. So kann es im Zen jahrelang nur darum gehen, richtig zu sitzen. Entsprechend gehört es zur philosophischen Lebensweise, heute wenigstens, *eine* leibliche Verrichtung *wirklich* zu können. Dann wird man jedenfalls eine Ahnung davon haben, was es heißen könnte, mit dem Leibe eins zu sein.
Als nächsten und gewissermaßen schwierigeren Bereich möchte ich die vegetativen Vollzüge wie Atmen und Verdauen nennen. Bekanntlich machen wir ja auch hier alles falsch. Und viele Leibtherapien, die auf ernstliche psychosomatische Störungen gerichtet sind, setzen beim Atmen an. Leibsein-Können heißt auch hier, wie in dem ersten genannten Bereich, etwas Paradoxes, nämlich

etwas zu können, das sich ›an sich‹ von selbst vollzieht. So ist etwa bewußt atmen zu können nicht wirklich eine Aktivität, sondern ein Sicheinlassen und Sicheinspielen, gewissermaßen ein Horchen auf einen Rhythmus. Beim Atmenkönnen kommt zudem noch eine Inversion der Einstellung hinzu, insofern im bewußten Atmenkönnen das Atmen nicht als ein Atem*holen* verstanden wird, sondern erfahren wird als Sicheinlassen auf ein Einströmen des Atems, gewissermaßen auf einen kosmischen Rhythmus. Vegetative Vollzüge bewußt zu können ist gerade angesichts der in Europa herrschenden manipulativen Beziehung zum Körper und der damit bekanntlich verbundenen Risiken und Schäden von großer Bedeutung. Man weiß, wozu Yogis hier fähig sind. Natürlich wird man diese Fähigkeiten nicht verallgemeinern können, sondern muß die Yogis auch als Eliten eigener Art betrachten. Aber bestimmte elementare Fähigkeiten der Selbstheilung bzw. der Mobilisierung der eigenen Heil- und Regenerationskräfte gehören zur philosophischen Lebensweise, wie entsprechend eine gewisse Zurückhaltung gegenüber der Anwendung der technisch-pharmakologischen Medizin.

Als vierten Bereich möchte ich die leibliche Anwesenheit nennen. In einem späteren Kapitel unter dem Titel ›Dasein‹ werde ich noch genauer begründen, warum die leibliche Anwesenheit für die philosophische Existenz heute von so großer Bedeutung ist. Hier nur soviel: Gerade im Gegenzug gegen die Entleiblichung aller menschlicher Vollzüge in der technischen Zivilisation muß der Philosoph lernen, die Bedeutung und das Gewicht persönlicher Anwesenheit zu schätzen und zu nutzen. Die Anwesenheit eines Menschen ist nicht bloß das Faktum seiner Präsenz im benachbarten Raum, sondern sie ist spürbar. Der anwesende Mensch strahlt eine Atmosphäre aus bzw. bestimmt durch seine Anwesenheit die Atmosphäre des Raums, in dem er sich befindet. Das Spüren solcher Atmosphären zu erlernen gehört zur Wiedergewinnung des Leibes. Der Philosoph wird darin überhaupt erst den anderen Menschen in seiner Konkretheit, Lebendigkeit und auch Hinfälligkeit zu würdigen wissen. Die Reintegration des Leibes in das Selbstbewußtsein des Menschen muß zugleich zu einer Rehabilitation der persönlichen Anwesenheit von Menschen führen. Umgekehrt wird der Philosoph auch versuchen, ein Gespür für seine eigene Anwesenheit zu bekommen. Dazu muß er nicht gerade zum Schauspieler werden, aber es würde umgekehrt das, was er als Philosoph gerade anderen Menschen gegenüber ist und beansprucht, dementieren, wenn seine Ausstrahlung etwas wäre, das nur so beiherspielte bzw. von ihm gar intellektuell geleugnet würde.

Zum Schluß möchte ich mich auf alles Gesagte noch einmal zurückbeziehen, indem ich vom leiblichen Bewußtsein spreche. Gerade in der philosophischen Tradition war Bewußtsein entweder Selbstbewußtsein oder Gegenstandsbewußtsein. Daß es ein Leibbewußtsein gibt oder gar ein Bewußtsein in der Hand, schien dem Begriff Bewußtsein gerade zu widersprechen. Bewußtsein sei stets reflexiv und intentional, hieß es. Heute dürfte für sehr viele Menschen selbstverständlich sein, daß es ein großes Spektrum von Formen des Bewußtseins gibt. Insbesondere die Möglichkeit des Leibbewußtseins dürfte durch Erfahrungen mit Yoga, autogenem Training, Atemschulung vielen geläufig sein. Solches Bewußtsein ist jedenfalls nicht reflexiv und nicht intentional, es ist eher als eine innere Helle oder Wachheit, manchmal sogar als eine Art Wärme oder auch als Spüren zu bezeichnen. Leibbewußtsein ist teils die Voraussetzung, teils das Ergebnis aller anderen genannten Übungen zur Wiedergewinnung des Leibes. Es ist in gewissem Sinne das Ziel dieser Bemühungen. Leibbewußtsein kann geradezu als Glück oder sogar als *das* Glück erfahren werden. Jedenfalls ist es in gewisser Weise die Erfüllung des menschlichen Daseins, insofern dieses nämlich als Leben an die ephemere Präsenz gebunden ist. War der Gipfel der traditionellen philosophischen Lebensweise die theoretische Schau, d.h. die leibabgewandte Zuwendung zum Ewigen, so ist die philosophische Lebensweise heute gerade auf den Gegenpol gerichtet. In der Bemühung um Leibsein-Können erfährt der Philosoph seine Erleuchtung im Leibbewußtsein, nämlich im Innewerden seiner radikalen Zeitlichkeit, im bewußten Aufgehen in der Präsenz.

In der technischen Zivilisation wird der menschliche Leib irrelevant und für die gesellschaftlichen Bezüge überflüssig. Gerade dadurch aber wird er freigesetzt, und es eröffnet sich im Schatten der technischen Zivilisation im Leibbewußtsein eine Chance persönlicher Erfüllung.

4. Emotionalität

Wovon soll die Rede sein?

In der Tradition philosophischer Lebensweise war die Auseinandersetzung mit Emotionen immer ein Hauptpunkt. Freiheit wurde im wesentlichen verstanden als Unbetreffbarkeit, als Unabhängigkeit von den Emotionen oder Herrsein über sie. Für uns ist das schwer zu verstehen. Wir haben Mühe nachzuvollziehen, warum die Welt der Emotionen, Affekte, Gefühle ein solches Gewicht hatte, daß eine lebenslange Auseinandersetzung mit ihnen ein Grundzug philosophischer Lebensführung war, ja manchmal, wie etwa in der Stoa, sogar wichtiger war als die Einsicht in bestimmte Dinge. Unser Unverständnis ist verwandt dem Unverständnis gegenüber der traditionellen Liste der Laster, wie sie noch im 18. Jahrhundert tradiert und behandelt wurde. Ich zähle die klassische Siebenzahl auf: Hoffahrt, Trägheit, Begehrlichkeit, Zorn, Genußsucht, Neid, Geiz. Diese Liste der Laster ist mit dem Grundfeind philosophischer Lebensweise, nämlich der Emotionalität, insofern verwandt, als beide den Menschen ›haben‹, er ihnen verfallen ist, sie ihn antreiben zu etwas, was er nicht will, ihn unfrei machen. Genau dieser Punkt ist es, den wir so schwer nachvollziehen können. Es fehlt uns die Erfahrung von Gefühlen als Mächten und von Lastern als Dämonen. Was wir als durchschnittliche Alltagsmenschen kennen, sind nicht übermächtige Triebe und Begehrlichkeiten, sondern allenfalls Wünsche, deren Nichtbefriedigung wir durchaus aushalten oder bereit sind, durch Ersatzbefriedigungen zu kompensieren. Es sind Emotionen wie Ärger, der sich auch wieder legt, wie eine Verliebtheit, die man auch lassen kann, wenn sie nicht aussichtsreich ist, oder eine Trauer, über die man sich schnell hinwegtröstet. Ein Verständnis, worum es eigentlich in der philosophischen Auseinandersetzung mit der Emotionalität geht, haben viele von uns allenfalls durch die Erfahrung der Eifersucht. Es ist bemerkenswert, daß von der ganzen Mannigfaltigkeit von Gefühlsmächten für die modernen Menschen ausgerechnet die Eifersucht übriggeblieben ist. Sie ist fast die einzige Emotion, die uns als durchschnittliche Zeitgenossen in der technischen Zivilisation erfahren läßt, wie außerordent-

lich schwer es ist, mit einer ›Leidenschaft‹ fertigzuwerden, sich ihrem Einfluß zu entziehen, sie gar abzuschütteln oder aufzulösen. Aus der Erfahrung der Eifersucht wissen wir, was es heißt, daß eine Emotion den ganzen inneren Menschen ergreift, die ganze innere Organisation bestimmt und gleichzeitig die ganze äußere Welt einfärbt. Jedes Wort des anderen, jede Information, die man erhält, jede Tatsache zeugt für den Verdacht und bestätigt die Eifersucht. Nur aus ihrer Erfahrung kennen wir die haltlose Selbststeigerung des Gefühls, die Nietzsche allgemein behauptet, wenn er sagt: ›Lust will mehr Lust‹. Die Eifersucht steigert sich durch ihre Befriedigung. Die Eifersucht sucht sich ständig Nahrung, um am Leben zu bleiben und sich zu steigern. Sie ist für die Betroffenen demütigend und wird gleichwohl von ihnen erfahren und ausgegeben als eine Weise von Selbstbehauptung. Auf der Metaebene gesprochen: Für uns alle ist es beschämend, daß von den großen menschlichen Leidenschaften, der Liebe, dem Willen zur Wahrheit, der Gottsuche, meinetwegen auch der Habsucht, nur diese elende Leidenschaft der Eifersucht übriggeblieben ist. Das mag mit der Dominanz des Besitzdenkens in unserer Kultur zusammenhängen.
Wenn wir sonst nach vergleichbaren Erfahrungen suchen, die uns den Kampf der Philosophen mit den Emotionen oder später den Kampf der Heiligen mit den Versuchungen verständlich machen, so wären natürlich die Süchte zu nennen. Hier mögen nun viele von uns doch zumindest minimale Erfahrungen haben oder doch durch Umgang mit Betroffenen wissen, was es heißt, einer Sucht verfallen zu sein, und wie außerordentlich schwer es ist, sich aus einer Sucht herauszuarbeiten. Wenn wir von Süchten reden, dann ist natürlich vor allem an Drogensucht, aber auch an Alkoholsucht zu denken, aber auch an andere aus dem Ruder geratene Umgangsweisen mit dem eigenen Körper. In der antiken Literatur wird hier immer wieder das ›Sich-Kratzen‹ erwähnt, ein typisches Beispiel für eine ›Lust, die mehr Lust will‹, ein Bedürfnis, das durch seine Befriedigung sich steigert. Wenn ich aber von minimalen Erfahrungen geredet habe, die heute viele teilen, so denke ich auch an das Rauchen. Typisch ist hier, daß es sich als Sucht erweist genau in dem Moment, in dem man versucht, es sich abzugewöhnen. Schließlich möchte ich noch auf die sogenannten Zwangsvorstellungen hinweisen – die ja übrigens auch mit dem Thema Eifersucht zusammenhängen –, nämlich das penetrante Sicheinstellen von Gedanken, die man gerade nicht denken will.

Der Appell an ein minimales Verständnis von Sucht, das wohl viele heute haben mögen, ist aber eine nur unzulängliche Basis, von der aus man sich einem Verständnis der Auseinandersetzung der Philosophen mit den Emotionen nähern kann. Denn typisch für unser Suchtverständnis ist ja, daß die Sucht als Krankheit verstanden wird und damit dem medizinisch-therapeutischen Sektor zugewiesen wird. Durch dieses Verständnis und durch diese Zuweisung hat man ja bereits aufgegeben, sich selbst als der Betroffene damit auseinanderzusetzen. Das geschieht heute auch häufig schon beim Thema Rauchen. Gleichwohl haben vielleicht die, die versucht haben, sich selbst das Rauchen abzugewöhnen, noch die meiste Aussicht zu verstehen, worum es hier geht. Auch hier: beschämend, sich auf solche Beispiele berufen zu müssen.
Bevor ich mich nun explizit der Abwehr von Emotionen als Moment der klassischen philosophischen Lebensform zuwende, auch hier die Bemerkung, daß in diesem Kapitel Gefühle, Affekte, Erregungen etc. nicht Thema sind, sondern in ihrer Lebenswirklichkeit vorausgesetzt werden, um nach Weisen der Auseinandersetzung mit diesem Bereich zu fragen. Deshalb werde ich auch nicht Gebrauch machen von den in der Philosophie zum Teil sorgfältig ausgearbeiteten Distinktionen etwa zwischen Gefühl und Affekt und Begierde. Die Ausdrücke, die in der Periode der Ausbildung der klassischen philosophischen Lebensform benutzt wurden, d. h. also in der griechischen und lateinischen Antike sind ἡδονή, was soviel wie Lust heißt, ἐπιθυμία, was soviel heißt wie Begierde, *pathos*, was soviel heißt wie Widerfahrnis, aber auch Leiden und Leidenschaft, *perturbatio*, was soviel heißt wie Erregung.

Die traditionellen Ziele der Apathie, Ataraxie und Autonomie

Im platonischen Dialog *Protagoras* stellt Sokrates dem Sophisten Protagoras die Frage, ob er das Wissen für etwas Herrschendes halte, ob es ein ›hegemonikón‹ sei.[1] Dieser Ausdruck *hegemonikon* wird für die philosophische Lebensführung dann zu einer Art Losungswort. Daß es im Inneren des Menschen ein *hegemonikón* gibt, eine herrschende Instanz, die den Menschen vor allem er-

1 Platon, *Protagoras*, 352 b.

laubt, gegenüber den aus dem Leibe aufsteigenden Regungen und Begierden, gegenüber den affektiven Anmutungen von außen und den Zumutungen der Gesellschaft standzuhalten, ist das Grundzeugnis philosophischer Lebensweise. Wie das *hegemonikon* dann im einzelnen aussieht oder benannt wird, ist demgegenüber gleichgültig; mag es Wissen sein, Seele, Gewissen oder mag es, wie bei Marc Aurel, einfach schlicht nur als solches, nämlich als *hegemonikon*, bezeichnet werden. Sokrates' Frage an Protagoras ist deshalb eine Art Gretchenfrage: Was hältst du im Grunde vom Menschen? Hältst du es für möglich, daß er Herr seiner selbst ist? Die ganze Auseinandersetzung, die Sokrates dann mit Protagoras führt, geht darum, ob es so etwas gibt wie ›den Lüsten unterliegen‹. Die Lüste, ἡδοναί: auch nur so ein Ausdruck unter anderen für all die Mächte, denen sich der Mensch ausgesetzt fühlt und die verhindern, daß er Herr seiner selbst ist. Protagoras vertritt die alltägliche Erfahrung und den gesunden Menschenverstand, nach dem es nur allzu häufig vorkommt, daß man sehr wohl weiß, was man eigentlich tun müßte und was das Richtige wäre, und daß man gleichwohl durch Furcht oder Begierde, im Affekt oder im Gegenteil aus Mattigkeit, etwa niederziehender Trauer, es doch nicht tut. Sokrates vertritt ihm gegenüber das Selbstbewußtsein des Philosophen: So etwas wie den Lüsten unterliegen, das gibt es gar nicht, und wem dergleichen geschieht, dem muß wohl das Wissen fehlen, denn: das Wissen ist etwas Herrschendes.

Gegenüber diesem arroganten Intellektualismus des Sokrates hat schon Aristoteles geltend gemacht, daß der Philosoph der Befestigung seines Wissens bedürfe, daß er sich in den Zusammenhang von Wissen und Handeln einüben müsse und daß überhaupt die Festigkeit gegenüber Anmutungen und Zumutungen nicht jeweils ad hoc abrufbar sei, sondern zu einer gewohnheitsmäßigen Haltung, zu einem Ethos, werden müsse.[2] Aus dieser Einsicht erwuchs das philosophische Programm, durch Übungen die Ataraxie, die Unerschütterlichkeit der Seele, auszubilden, das Programm der Apathie, die Seele gegenüber Anmutungen und Zumutungen möglichst unempfänglich zu machen. Die bloße sokratische Bewußtheit hielt man nicht für ausreichend, Erfahrung, Übung und feste Haltung sollten sie ergänzen. Die Übungen waren teils geistige Exerzitien. Sie bestanden beispielweise in der

2 So in der *Nichomachischen Ethik*.

immer erneuten Erinnerung grundlegender Maximen und darin, daß der Philosoph sich stets die Nichtigkeit der Welt und das Unheil, das aus Lüsten und Begierden erwächst, vor Augen führte. Diese Übungen konnten aber auch durchaus konkret sein, eine Art Immunisierungsstrategie. So erwähnt bereits Platon in seinen *Gesetzen*, daß es nützlich sei, Trunkenheit erfahren zu haben, um gegenüber dieser Gefahr an Standhaftigkeit zu gewinnen. Schließlich empfehlen Epikureer, später aber auch Stoiker, den mäßigen Gebrauch der Lüste. Die Klugheit gebiete, der Natur Genüge zu tun und die Begierden mäßig zu befriedigen, um sie gar nicht erst mächtig werden zu lassen. Aber auch dieser mäßige Gebrauch dient letzten Endes dem Zweck, von ihnen frei zu sein. Charakteristisch ist vielleicht ein Satz von Seneca: »Bisweilen darf man es auch bis zur Trunkenheit kommen lassen, nicht, daß sie uns untertauche, sondern eintauche.«[3] Denn worum es eigentlich geht, ist die *tranquillitas animae*, die Seelenruhe – so der Titel der Schrift, aus der ich zitiert habe.

Die Unerschütterlichkeit, die Unberührbarkeit, die Seelenruhe stehen als Ziele philosophischer Lebensführung an so zentraler Stelle, daß sie häufig sogar als das eigentliche Ziel, die Erfüllung, als die *eudaimonia* bezeichnet werden.

Autonomie und die Verallgemeinerung des Ideals der Affektfreiheit bei Kant

Wir müssen uns nun auch hier mit der Verallgemeinerung der philosophischen Lebensform zur allgemein menschlichen auseinandersetzen. Und zwar vollzog sich diese auf zwei Linien, nämlich einerseits im Grundkonzept von Moralität, wie es durch die kantische Philosophie sich durchsetzte, andererseits in der Trivialisierung der Apathie durch die technische Zivilisation.

Kant, der selbst sehr stark von der stoischen Philosophie und dem Pietismus geprägt war, versteht die Affektunabhängigkeit und das Handeln aus Wissen nicht mehr als ein Proprium des Philosophen, sondern als eine Grundbestimmung von Moralität, durch die der Mensch überhaupt erst zum Menschen wird, nämlich zum

3 L. Annaeus Seneca, *Philosophische Schriften*, 2. Bd., Darmstadt: Wissenschaftliche Buchgesellschaft 1983, S. 171.

Vernunftwesen. Wenn man das Handeln eines Menschen als moralisch bezeichnen soll, so darf dieses nicht aus Neigung – das ist Kants Ausdruck für all das, was den Menschen fremdbestimmt sein läßt –, sondern muß aus Pflicht geschehen. Es kommt darauf an, daß das Handeln nicht heteronom, durch irgendwelche Anmutungen oder Zumutungen oder Begierden bestimmt ist, sondern autonom, d.h. selbstbestimmt ist. Frei ist der Mensch, insofern er gegenüber seinem eigenen Handeln und dessen Motiven und auch gegenüber den subjektiven Maximen, also Handlungsregeln, einen Abstand hat, indem er sie nämlich *beurteilen* kann. Er kann sie darauf hin prüfen, ob das entsprechende Handeln verallgemeinerungsfähig ist. Das ist der Sinn des sogenannten kategorischen Imperativs, nämlich: »Handle nur nach derjenigen Maxime, durch die du zugleich wollen kannst, daß sie ein allgemeines Gesetz werde.«[4] Die Antriebe zum Handeln und die subjektiven Maximen dieses Handelns mögen aus unreinen Quellen stammen; entscheidend ist, daß das Handeln schließlich nicht aus diesen Quellen bestimmt wird, sondern allein vom Urteil seiner Verallgemeinerbarkeit. Das nennt Kant dann den reinen Willen.

Also auch hier das Grundmuster philosophischer Lebensführung, wie wir es von Sokrates her kennengelernt haben: Handeln aus Wissen, Unabhängigkeit vom emotionalen Bereich. Nur daß es hier nicht mehr um den Philosophen geht, sondern um Moralität überhaupt, um Gutsein überhaupt, um Willen überhaupt.

Die faktische Affektarmut in der technischen Zivilisation

Auch Kant noch setzt einen traditionellen Lasterkatalog voraus und rechnet damit, daß die Auseinandersetzung mit den ›Neigungen‹ nicht leicht ist. Deshalb muß er neben dem bloßen Wissen noch eine besondere ›Triebfeder‹ ausmachen, die dem Menschen affektiv gegen die Neigungen hilft. Er findet sie in einem Affekt gewissermaßen auf der Metaebene, nämlich in der Lust, die dem Menschen aus der Selbstüberwindung erwächst. Das mag kritikwürdig sein. Wichtiger ist aber, daß gegenüber der ganzen Tradi-

4 Immanuel Kant, *Grundlegung zur Metaphysik der Sitten*, BA 52.

tion bis einschließlich zu Kant *uns* der große Gegner ›Emotionalität‹ in unserem Alltagsleben zu fehlen scheint. Faktisch kommt in gegenwärtigen Ethiken das Thema Emotionalität auch kaum noch vor. Auch das scheint mir ein Indiz zu sein dafür, daß die technische Zivilisation im Verhältnis zu dem ganzen affektiven Bereich eine grundsätzliche Verschiebung gebracht hat. Der Prozeß der Zivilisation ist nach der Darstellung von Norbert Elias ohnehin ein Prozeß der inneren Disziplinierung, der Abdrängung vegetativ leiblicher Vorgänge, des Vorrückens der Schamgrenze. Das ist ein kulturell-psychogenetischer Prozeß, der schrittweise jedermann erfaßt und der gesellschaftlich abgestützt ist. Der moderne Mensch ist affektiv gedämpft, gewissermaßen domestiziert. Dieser Vorgang scheint mir aber zur Erklärung der habituellen Affektarmut des modernen Menschen nicht hinreichend erklärend zu sein. Im Gegenteil läßt sich ja zeigen, wie ich bei anderer Gelegenheit schon erwähnt habe, daß sich in unserem Jahrhundert der Prozeß der Zivilisation im Sinne von Elias eher sogar umdreht. Auch hier scheint mir der entscheidende Faktor die Rolle der Technik für den Zustand der Zivilisation zu sein. Durch die Entwicklung der Massenmedien und die breite Rolle, die der Konsum im durchschnittlichen Alltag der technischen Zivilisation einnimmt, spielt das affektive Leben des Menschen sich mehr und mehr überhaupt nicht im Bereich der Realität, sondern vielmehr in den imaginären Welten ab. Man weint kaum noch beim Tod der eigenen Mutter, wohl aber im Film. Das Leben in den imaginären Welten ist gewissermaßen ein Ausbau der Funktion, die das Traumleben des Menschen ohnehin hatte. Freud hat nachgewiesen, daß Träume im wesentlichen Wunscherfüllungen sind bzw., allgemeiner gesagt, daß affektive Auseinandersetzungen, die unter dem Druck der Realität – insbesondere der gesellschaftlichen und moralischen Realität – nicht austragbar sind, ihren Ort im Traumgeschehen haben. Das Leben in den fiktiven Welten der Massenmedien entlastet beides, sowohl das sachgebundene Handeln in der Realität wie die sogenannte Traumarbeit.

Das moderne Leben ist also affektarm, weil der Mensch seine Emotionen gefahrlos woanders ausleben kann und deshalb den Forderungen des coolen und sachgerechten Handelns in der Realität besser nachkommen kann. Hinzu kommt natürlich die Abpufferung von biographischen Kontingenzen, wie Krankheit, Arbeitslosigkeit, Tod, durch soziale Netze und Versicherungssy-

steme. Was hier an ›Widerfahrnissen‹ – ich erinnere daran, daß Widerfahrnis eine Übersetzung des griechischen *pathos* ist – den Menschen trifft, braucht ihn nicht ›betroffen‹ zu machen. Er braucht es nicht affektiv zu verarbeiten und biographisch zu integrieren, weil diese Ereignisse sachlich verarbeitet werden können. Bei einem Unfall geht es primär darum, wer die Kosten trägt, und einen Streit erledigt man über die Rechtsschutzversicherung.
Das moderne Leben in der technischen Zivilisation ist affektarm. Daß Erlebnisse zu Erfahrungen werden, läßt es nicht zu. Das ist entlastend, doch mancher mag sich damit nicht abfinden; die einen werden Drachenflieger, die anderen Philosophen.

Der Ansatz zu einer anderen philosophischen Haltung gegenüber dem Bereich der Emotionalität

Daß der Philosoph wie der Drachenflieger sich mit dem emotional verarmten Leben in der technischen Zivilisation nicht abfindet, zeigt, daß weitere Gründe für die veränderte philosophische Haltung gegenüber der Emotionalität angeführt werden müssen. Warum ist er Philosoph? Warum ist er nicht zufrieden damit, daß er nun endlich und ohne Anstrengung die Seelenruhe als loyaler Bürger, friedfertiger Ehemann und funktionierender Leistungsträger genießen kann? Ich werde sogleich Gründe dafür anführen, die sich aus der Kritik der zuletzt dargestellten Fortschreibung des Philosophenideals zum Ideal des autonomen Vernunftmenschen ergeben. Zunächst aber möchte ich noch einen anderen Grund anführen, der sich direkter auf die Lage des Menschen in der technischen Zivilisation bezieht. Warum kann der Philosoph nicht seinen klassischen Weg der Selbstbildung auf der Basis eines weitgehend pazifierten und meinetwegen auch domestizierten Lebens fortsetzen? Natürlich könnte man sagen: weil die Gegner und Widerstände fehlen, an denen sich diese Selbstbildung vollziehen könnte. Viel wichtiger aber scheint mir die Antwort zu sein: wegen des Verlusts von Transzendenz. Rückblickend erscheint nämlich die philosophische Absetzung vom Leib und die Herausbildung einer Unabhängigkeit von Widerfahrnissen nur sinnvoll, wenn man das Eigentliche, um das es geht, jenseits von Leib und sinnlich affektiver Welt ansetzt. Sei es nun der Gedanke an eine unsterbliche Seele oder sei es die Existenz ewiger Ideen oder einer Weltvernunft, an der man partizipieren kann, immer ist es ein Jenseits der sinnlich-leiblichen Existenz, das den philosophischen Absetzungsbestrebungen ihren Sinn gibt. Für heutige säkulare und insbesondere philosophische Existenz sind die traditionellen transzendenten Voraussetzungen nicht mehr abrufbar. Wir beobachten seit Jahrzehnten in der professionellen Philosophie ein eifriges Bemühen darum, die Metaphysik abzubauen, und neuerdings einen Stolz, nachmetaphysisch zu denken. Weder aber war das eine nötig noch ist das andere ein Verdienst, denn den Verlust der Transzendenz haben wir faktisch erlitten. Zwar kann man das nicht für die Philosophie im ganzen sagen. Denn in der Tat hat Nietzsche damit recht, daß es der Wille zur Wahrheit oder, wie er sagt, die intellektuelle Redlichkeit gewesen ist, die schließlich das große Licht zum Verschwinden gebracht haben. Aber wir heutigen jedenfalls leben längst jenseits dieses Ereignisses. Man kann die Lage auch so beschreiben, daß heute der philosophische Weg vom religiösen Weg, daß die philosophische Lebensweise von der auf Transzendenz bezogenen Lebensweise des gläubigen Menschen unterschieden ist. Das führt zu einer radikalen Verdiesseitigung der philosophischen Lebensweise, die damit – wie ich meine – auch erst in ihr eigentliches Wesen kommt. Denn erst dadurch wird sie Praxis, ein Leben, das das Ziel in sich selbst hat. Wenn aber eine philosophische Lebensweise wirklich eine Weise zu leben ist und nicht eine Strategie, sich vom Leben abzusetzen, dann ist die Entfremdung und Verarmung dieses Lebens, wie sie mit der technischen Zivilisation als Voraussetzung gegeben ist, keine vom Philosophen akzeptierbare Voraussetzung.

Nun aber zu der Selbstkritik, die sich seit der Formierung des Philosophenideals zum autonomen Vernunftmenschen ergeben hat. Man könnte sagen, daß diese Kritik bereits zeitgleich mit Kant, nämlich von Schiller formuliert worden ist, indem er nämlich in seiner Schrift *Von der ästhetischen Erziehung des Menschen* auf die Eingeschränktheit des kantischen Ideals hingewiesen hat. Aber diese humanistische ist im Grunde nicht die entscheidende Kritik. Der Humanismus mit seinem ›Ganzheitskonzept‹, wie wir heute sagen würden, also der Forderung einer allseitigen Entwicklung der Kräfte des Menschen, ist ein anderes Konzept als das philosophische. Ich habe mehrfach darauf hingewiesen, daß die philosophische Lebensweise eine bestimmte Selbststilisierung des Menschen enthält, daß sie ein Steigerungskonzept ist und daß sie als solches eine notwendige Vereinseitigung enthält. Die entscheidende Kritik an der traditionellen Selbststilisierung des Philosophen ist also nicht die humanistische, sondern es ist erst die mit Freud und Nietzsche einsetzende: Es ist diejenige Kritik, die nach der Schattenseite und den Unkosten der Selbststilisierung des Menschen zum autonomen Vernunftmenschen fragt. Es ist die Kritik, die zur Entdeckung oder, besser gesagt, Wiederentdekkung des Unbewußten geführt hat und den Leib in seinem Eigenwesen ernstgenommen hat. Vor dem Hintergrund der Freudschen und Nietzscheschen Erkenntnisse ist deutlich geworden, daß das Ideal des autonomen Vernunftmenschen nicht etwa bloß einseitig ist, sondern in gewissem Sinne sogar kontraproduktiv. Das heißt: Es zeigt sich, daß dieser Weg nicht das erreicht, was er erreichen will, sondern zum Teil sogar das Gegenteil seiner Intentionen produziert. Wir haben ein Beispiel aus dieser Sichtweise durch die Erwähnung der Hypochondrie im 18. Jahrhundert schon kennengelernt: Gerade der Versuch der Distanzierung, der ja zur Befreiung vom Leib führen sollte, hat zu neuen Beängstigungen und Beunruhigungen, d. h. zu einer veränderten und vielleicht sogar größeren Abhängigkeit vom Leib geführt. Ebenso kann man vor dem Hintergrund der Freudschen Einsichten zeigen, daß die Freiheit des Vernunftmenschen durch innere Repression erkauft wird, d. h. auch durch Unfreiheit. Die notwendigen Verdrängungen und Verleugnungen, mit denen das Handeln ›aus bloßer Vernunft‹ erkauft wird, geben dem autonomen Vernunftmenschen ein rigides, manchmal ein buchhalterisches, manchmal ein autoritäres Wesen. Die Orientierung an Universalismus und Gerechtigkeit führt zur Mißachtung der konkreten Gegebenheiten und der Individualität des Einzelmenschen. Die Distanz zu Leib und Affekt macht gegenüber anderen Menschen unempfänglich und tendenziell kommunikationsunfähig. Das Beharren auf Autonomie impliziert die Hybris, als einzelner die Menschheit repräsentieren zu können.

Diese Skizze der Kritik am autonomen Vernunftmenschen bedürfte natürlich der Ausführung und ist auch anderswo ausgeführt worden.[5] Man könnte gegen sie einwenden, daß sie nur eine

5 Hartmut und Gernot Böhme, *Das Andere der Vernunft. Zur Entwicklung von Rationalitätsstrukturen am Beispiel Kants*, Frankfurt am Main: Suhrkamp 1983.

relativ späte und in gewisser Weise auch extreme Ausführung des idealen Philosophen treffe. Gemessen am autonomen Vernunftmenschen sei etwa Sokrates geradezu eine gelassene Persönlichkeit, und die Stoiker mit ihrer Orientierung an der Natur eher umgängliche Lebenskünstler. In der Tat ist durch den Rückgang auf ältere Gestalten auch viel zu lernen. Trotzdem müssen wir uns in unserer Orientierung an der am nächsten stehenden Gestalt abarbeiten, und das um so mehr, als in der Kantschen Gestalt philosophischen Daseins zugleich dessen Universalisierung zum Menschsein überhaupt sich vollzog. Im Gegenzug gegen das kantische Ideal des autonomen Vernunftmenschen und im Blick auf dessen Unkosten und Verdrängungen zeichnet sich heute das Ideal des souveränen Menschen als neue Perspektive philosophischer Lebensführung ab. Der Philosoph erstrebt die Freiheit danach nicht mehr auf Kosten und durch Verdrängung des Anderen der Vernunft, sondern durch einen souveränen Umgang mit ihm.

Sich aussetzen lernen

Die philosophische Bemühung um eine Wiedergewinnung der Emotionalität geht aus und setzt sich ab von einem anthropologischen Zustand, der durch eine Entfremdung des Leibes, durch eine weitgehende Dämpfung der Emotionalität und durch eine durch Sachlichkeit und Kälte bestimmte Beziehung zur Umwelt und schließlich durch ein menschliches Selbstverständnis bestimmt ist, nach dem das Ich der Täter der Taten und der Denker der Gedanken ist. Die Wiedergewinnung oder sogar die Wiederentdeckung der emotionalen Sphäre hat mit der Idee des ›souveränen Menschen‹ (Böhme 1994) ein neues Leitbild. Man kann den souveränen Menschen durch Freuds Definition des humanisierten Menschen charakterisieren, nämlich durch die Formel ›lieben können, arbeiten können, Frustrationen hinnehmen können‹, oder auch durch den entsprechenden Begriff der Souveränität bei Bataille.[6] Auch Bataille hat ja den Begriff der Souveränität im Un-

6 Einen Überblick über die Bataillesche Anthropologie gibt Rita Bischof, *Souveränität und Subversion. George Batailles Theorie der Moderne*, München: Matthes und Seitz 1984.

terschied und in Absetzung zur Idee der Autonomie enwickelt. Auch er geht von einem Menschen aus, der zunächst und zumeist durch Arbeit und Restriktion (das Verbot) bestimmt ist. Die Souveränität des Menschen sieht er gerade dort und dann gegeben, wenn der Mensch sich gelegentlich aus diesen Fesseln befreien kann. Die Freiheit im Sinne der Souveränität wird nach Bataille gerade in der Verbotsüberschreitung und in der Verschwendung erfahren. Charakteristisch ist für Bataille, was auch in anderer Form für unser neues Konzept philosophischer Lebensführung gilt, daß er Verschwendung und Überschreitung gerade nicht generalisiert, also nicht als solche zu einer Lebensform macht. Der souveräne Mensch nach Bataille ist also gerade nicht der Anarchist, sondern derjenige, der bei vorausgesetzter gesellschaftlicher Ordnung und der Notwendigkeit von Arbeit *auch* zur Überschreitung und Verschwendung fähig ist. Bei Bataille wird deshalb Souveränität zu einem Begriff der psychischen Ökonomie.

Die philosophische Wiedergewinnung der Emotionalität steht als erstes unter der Maxime des Sichaussetzens. Der ganze Bereich, den wir hier mit Emotionalität bezeichnet haben, d. h. Gefühle, Affekte, leibliche Regungen, ist ja nach griechischer Terminologie der Bereich der *pathé*, d. h. der Bereich der Widerfahrnisse. Unter den Idealen der Ataraxie, Apathie und Autonomie und deren zivilisatorischer Verallgemeinerung sind wir Menschen, die sich im wesentlichen vom Handelnkönnen her verstehen und gegenüber Widerfahrnissen weitgehend unabhängig geworden sind. Das heißt natürlich nicht schlechthin unempfänglich, insofern Betroffenheit häufig nicht einfach unterbunden, sondern verleugnet wird. Deshalb setzt die philosophische Wiedergewinnung dieses Bereichs mit der Forderung der Anerkennung von Abhängigkeiten ein.

Das beginnt schon im Denken. Hier gilt es, das ›Es denkt in mir‹ im Gegensatz zum ›Ich denke‹ auch praktisch wirksam werden zu lassen. Die Anerkennung einer Abhängigkeit im Eigensten dürfte gerade für den auf Intellektualität angelegten oder, allgemeiner, den durch ›progressive Zerebration‹[7] bestimmten modernen Menschen nicht leicht sein. Wer wagt es schon, sich auf die Kleistsche Behauptung, man verfertige die Gedanken beim Reden, zu verlassen? Andererseits wird dadurch, daß man sich einübt in die

7 Ein Terminus Gottfried Benns.

Abhängigkeit, daß einem im Denken ›etwas einfallen muß‹, auch das Vertrauen wachsen, daß einem auch wirklich etwas einfällt.[8] Das jedenfalls steht fest: Man kann nichts denken, wenn einem nichts einfällt. Zur Erläuterung dieser veränderten Haltung im Denken könnte man auf eine gewisse Parallele in der Kunst hinweisen. Während in der klassischen, besser gesagt: klassizistischen Kunst und der traditionellen Ästhetik das Kunstwerk als Realisierung einer Idee verstanden wurde, so kann man wohl feststellen, daß moderne Künstler, wenn sie nicht gar im Extremfall die Produktion des Kunstwerks dem Zufall überlassen, doch explizit mit demjenigen rechnen, was sich von selber oder zufällig von seiten des Materials und anderer Konstellationen, beispielweise der Wechselwirkung mit Standort und Witterung, und schließlich auch durch ihre Eigenbewegungen ergibt. So wie die Gedanken ist auch das moderne Kunstwerk weniger als eine Produktion des Ichs und eher schon als ein Wechselspiel von Es und Ich zu verstehen.

Mit dem Sicheinlassen auf das ›Es denkt in mir‹ sind wir zwar schon im Bereich der Widerfahrnisse, aber noch nicht bei den Emotionen und Gefühlen im engeren Sinne. Das wird schon anders bei den biographischen Widerfahrnissen. Wie im klassischen philosophischen Ideal, so ist es ja auch für den modernen Menschen der technischen Zivilisation eine Grundstrategie, die Lebensführung von Kontingenzen freizuhalten. In der philosophischen Lebensführung wurde das einerseits durch die Strategie des Rückzugs – des Rückzugs aus Öffentlichkeit und Geschäften, bis hin zum Rückzug aus der Alltäglichkeit – und durch die Bemühung um Ataraxie erreicht. Beim modernen Menschen entspricht dem das System der sozialen Sicherungen wie die allgemeine *coolness.* Daß auf diese Weise faktisch überhaupt keine Biographie mehr oder nur ein geglättetes Einerlei herauskommen könnte, liegt nahe. Es ist erstaunlich, daß es trotzdem noch immer so viel Biographisches gibt – aber dies wird in der Regel nicht als das eigentliche Leben anerkannt und eher als Krankheit abgewehrt. Es ist nun eine Grundmaxime der neuen philosophischen Lebensweise, sich betreffen zu lassen und biographische Zufälle ernstzunehmen. Auch hier handelt es sich um die Aufgabe eines Stücks

8 Siehe meinen Bericht »Denken üben«, in: *Zeitschrift für Didaktik der Philosophie* 1/92, S. 26-29.

von Selbstherrlichkeit und scheinbarer Autonomie. Philosophische Lebensführung heißt, damit zu rechnen und sich darauf einzulassen, daß Ereignisse und einzelne Menschen mitbestimmen, was man ist und als was das eigene Leben sich ergibt. Souveränität heißt hier, solche Kontingenzen hinnehmen und integrieren zu können. Man sieht an dieser Stelle, an der es um die Aufgabe eines Stücks biographischer Selbstbestimmung bzw. des Scheins der Selbstbestimmung geht, daß Souveränität in diesem Sinne mehr meint als die gelegentliche Überschreitung und das Zulassen von Verschwendung wie bei Bataille. Bei Bataille sind solche Akte der Souveränität eben doch eher Ausbrüche und werden als eigentliche Freiheit verstanden, weil Arbeit und rationale Lebensordnung als generalisierte Lebensform inzwischen heteronom erscheinen.

In diesem biographischen Sicheinlassen auf Kontingenz war bereits die Anerkennung der Zufälligkeit und damit der Konkretheit des einzelnen Menschen, mit dem man zusammentrifft, enthalten. Ich hatte schon erwähnt, daß es zur neuen philosophischen Lebensform gehört, den Anspruch aufzugeben, in der eigenen Person die ›Menschheit‹ zu repräsentieren. Dieser Anspruch war ja sowohl im pädagogischen Programm des Humanismus wie auch in der Idee des Vernunftmenschen enthalten. Schon die Anerkennung der Besonderung des eigenen Menschseins im Geschlecht heißt ja, daß man nicht als Individuum das ganze Menschsein repräsentieren oder verwirklichen kann. Verallgemeinert heißt das, sich selbst in seiner Teil-Haftigkeit zu erkennen und zu akzeptieren. Als Maxime philosophischer Lebensführung gewendet heißt das: Man lasse sich auf den anderen Menschen ein als jemanden, der als wirklich *Anderer* einen ergänzt und als Gesprächspartner einem etwas sagen kann, das einem selbst *nicht* eingefallen wäre. Die Beziehung im Denken, zu dem ›es denkt‹, wiederholt sich hier in der Einstellung zum anderen Menschen, insbesondere in der Kommunikation. Erst so wird Dialog und Diskurs wirklich ernstgenommen. In der an sich begrüßenswerten Ersetzung des transzendentalen Subjekts bei Apel und Habermas durch die Kommunikationsgemeinschaft (siehe Kapitel III,10) – um das nebenher zu sagen – wird ja in der Tat eine wirkliche Kommunikationsgemeinschaft überhaupt nicht erreicht, weil man nämlich im Diskurs, insoweit er rational ist, das, was der andere sagen oder einwenden kann, immer im Prinzip antizipieren kann. In diesem

Konzept wird also die monologische Struktur der Kommunikation wie, allgemeiner, auch die monadologische Struktur der Gesellschaft noch nicht durchbrochen.

Ich komme schließlich zum Bereich der Emotionalität im engeren Sinne. Hier ist an so etwas wie Trauer und Zorn, wie Verliebtheit, aber auch an die mögliche Ergriffenheit durch Kunstwerke und Natur, an Anmutungen durch das Schöne und das Schreckliche und schließlich an die Betroffenheit durch das Leid anderer, auch anderer Lebewesen, zu denken. Die Lage des durchschnittlichen Menschen in der technischen Zivilisation ist hier einerseits durch eine weitgehende Unempfänglichkeit bestimmt, andererseits durch eine Unfähigkeit, die Gefühle und Erregungen, wenn sie einmal da sind, auch zu leben bzw. ›auszudrücken‹. Fangen wir mit dem harmlosesten Beispiel an, nämlich der Unempfänglichkeit gegenüber Kunstwerken und Natur. Es ist eine durchschnittliche touristische Erfahrung, daß man zu berühmten *sights* in der Natur, etwa Ausblicken und Landschaften, fährt, oder vor bedeutenden Kunstwerken steht und daß dann nichts mit einem geschieht, sich innerlich nichts rührt. Schließlich bleibt einem nur noch übrig, ein Foto zu machen. Es soll jetzt nicht darum gehen, die Ursachen für diese Unempfänglichkeit zu analysieren. Als Verhaltensweise und Übung ist hier wieder die Kunst des Sichlassens gefordert. Es geht hier nicht bloß um das Sicheinlassen auf ästhetische Erfahrungen oder, allgemeiner, leiblich-sinnliche Widerfahrnisse, weil sie sich von selbst schon gar nicht mehr einstellen. Vielmehr wird der Philosoph im Bemühen, diesen Bereich zurückzugewinnen, sich überhaupt erst in ein Sichöffnen-Können einüben.

Dieser Bereich der Kunst- und Naturerfahrung ist noch weitgehend handlungsentlastet, das heißt, man kann hier Erfahrungen machen und – wie ich sagen würde – den Umgang mit Atmosphären lernen, ohne daß das gleich praktische und biographische Konsequenzen hätte. Das ist anders, wenn es um ein Sichöffnen für das Leid anderer, anderer Menschen und anderer Lebewesen geht, um die Betroffenheit durch Ungerechtigkeit und Demütigung. Man hat mit guten Gründen gesagt, daß unser Leben durch ›bürgerliche Kälte‹ bestimmt sei. Tatsächlich gelingt, die durchschnittliche Seelenruhe im Alltag zu bewahren und die geforderte Leistung zu erbringen, faktisch nur durch Wegdrängen oder überhaupt Nicht-Zulassen der Teilnahme am und der Betroffenheit vom Schicksal der anderen, naher und ferner. Man darf diese Notwendigkeit nicht unterschätzen, und es ist an Freuds positive Wertung der Verdrängung im normalen Leben zu erinnern. Es ist wahrhaft gefährlich, worauf man sich hier einläßt. Aber zumindest ein partielles Einlassen muß der Philosoph von sich fordern. Dies ist übrigens auch die Stelle, an der die philosophische Lebensform als Voraussetzung für Philosophie als Weltweisheit anzusehen ist. Die notwendigen Einsichten in der Bearbeitung der Gegenwartsprobleme sind zum Teil nur dadurch zu gewinnen, daß der Philosoph sich wirklich von diesen Problemen betreffen läßt.

Ich komme schließlich zu einer letzten Gruppe von Affektionen oder Erregungen, für die ich Verliebtheit, Trauer und Zorn als Beispiele behandeln möchte. Hier ist es keineswegs so, daß es an Empfänglichkeit oder Anmutungen fehlte. Was fehlt, sind Formen des Ausdrucks oder des Austrags. Wenn wir Verliebtheit einmal – sicher verkürzend – als eine Anmutung durch Schönheit definieren, so gibt es natürlich eine institutionalisierte Form des Austrags, die etwa über Freundschaft, Liebe zur Ehe oder verwandten Formen auf Dauer gestellter emotionaler Beziehung führt. Dieser Austrag von Verliebtheit ist aber genaugenommen keine Form, die Verliebtheit als solche zu leben, sondern eine Überführung in andere Formen emotionaler Beziehung, und er steht für die Mannigfaltigkeit der Anmutungen im Alltag gerade nicht zur Verfügung. Das führt faktisch dazu, daß sie zu irgendwelchen verqueren Reaktionen führen oder gänzlich verleugnet werden. Daß hier Formen des Ausdrucks oder des Austrags fehlen, können wir besonders deutlich machen durch den Hinweis, daß sie vor einigen Generationen vorhanden waren. Ich denke an Formen wie den Flirt oder das Kompliment. Es ist charakteristisch, daß diese Formen die Anmutung als solche zum Ausdruck brachten und austrugen, d. h. in gewisser Weise auch neutralisierten. Wenn man etwa durch die Schönheit eines Menschen affiziert ist, so entzieht man sich in gewisser Weise dieser Affektion, indem man zu ihm sagt: ›Sie sind schön‹. Die genannten Formen, Flirt und Kompliment, sind historisch gesehen wahrscheinlich Relikte höfischer Lebensformen, und sie sind mit Erfolg durch die Frauenbewegung diskreditiert worden. Man kann aber nicht übersehen, daß uns der Verlust dieser Formen des Ausdrucks und Austrags gegenüber der Anmutung durch die Schönheit in Verlegenheit gesetzt hat.[9] – Der gesellschaftliche Verlust von Trauerformen ist so ausführlich dargestellt worden, daß das hier nicht im einzelnen zu geschehen hat. Es sei beispielsweise auf die *Geschichte des Todes*[10] von Ariès verwiesen. Der Verlust von Trauerformen bewirkt auf der einen Seite das Versinken in Depressionen, auf der anderen Seite verstärkt er die ohnehin vorhandene Kälte. Eine Emotion, die keinen Austrag, die keinen Ausdruck findet, ist eben in gewisser Weise nicht bzw. verharrt in der dumpfen Unbestimmtheit, die für Depression charakteristisch ist.

Schließlich zum Zorn. Zorn ist eine Wallung mit heftiger bis kämpferischer Beteiligung an etwas oder an einem Menschen – häufig auf dem Hintergrund enttäuschter Erwartungen. Zorn ist als Affektausdruck im bürgerlichen Leben diskreditiert. Man hat sachlich und argumentativ zu reagieren. Damit wird natürlich auch die heftige Beteiligung an einer Sache bzw. einem Menschen unterdrückt oder verleugnet. Die Disziplin in der Zurückhaltung des Zorns führt dazu, daß er weniger, aber dann in abrupter und unartikulierter Weise, nämlich als Jähzorn auftritt. Daß es auch hier der Mangel an Formen des Ausdrucks und Austrags ist, was das Leben dieses Affekts unmöglich macht, zeigt sich durch Vergleich mit solchen Kulturen oder auch Schichten, die über institutionalisierte Schimpf- und Fluchformen verfügen. Die philosophische Bemühung um eine Wiedergewinnung der Emotionalität bezieht sich in diesem Bereich also nicht darauf, überhaupt Anmutungen zuzulassen, sondern vielmehr Formen zu entwickeln, in denen sie gelebt werden können. Der Verlust an Leben, der hier die philosophische Bemühung motiviert, hängt in diesem Fall zusammen mit dem, was wir unter dem Thema Wahrheit bzw. Wahrhaftigkeit schon festgestellt haben: Ein Gefühl, das seinen Ausdruck nicht findet, bleibt unbestimmt und *ist* in gewisser Weise gar nicht. Der Verlust der Ausdrucksformen ist deshalb die Zerstörung der Gefühle selbst.

9 Gernot Böhme, »Schön-Sein«, in: ders., *Natürliche Natur*, Frankfurt am Main: Suhrkamp 1992.

10 Philippe Ariès, *Geschichte des Todes*, München: Hanser 1980.

Schwierigkeiten einer Wiedergewinnung der Emotionalität

Abschließend möchte ich auf die außerordentlichen Schwierigkeiten einer Wiedergewinnung der Emotionalität hinweisen. Die letzte Gruppe von Affektionen hat dies schon deutlich gemacht. Bei Verliebtheit, Trauer und Zorn handelt es sich nicht darum, daß diese Affekte gar nicht auftreten, sondern darum, daß die Formen, sie zu leben, fehlen. In seiner Bemühung um eine Wiedergewinnung der Emotionalität sieht sich der Philosoph hier wieder radikal an seine Abhängigkeit vom Mitmenschen erinnert. Denn seine Gefühle leben, d.h. sie ausdrücken und austragen heißt ja, sie gegenüber anderen Menschen ausdrücken und austragen. Das heißt, es muß ihm von diesen anderen, die ja in der Regel nicht Philosophen sind, überhaupt eine Bereitschaft entgegengebracht werden, diesen Ausdruck und den Austrag der Emotionen zu dulden und zu verstehen. Wenn es aber dabei insbesondere um die Entwicklung von neuen Formen des Ausdrucks und des Austragens geht, so handelt es sich überhaupt nicht mehr um die Lebensform eines einzelnen, sondern um die Schaffung von kulturellen und gesellschaftlichen Formen. Flirt, Trauerformen, Schimpfrituale sind – soziologisch gesehen – Institutionen, d.h. gesellschaftlich konsentierte Regeln und Symbole. Der Philosoph kann also hier, quasi im Alleingang, nichts erreichen.

Eine weitere Schwierigkeit war schon bei der Behandlung der Betroffenheit durch fremdes Leid, Unrecht und Demütigung genannt worden. Diese Betroffenheit im vollen Maße zuzulassen, würde jedes normale Leben zerstören. Das führt von vornherein zu einer Dosierungsstrategie: Man läßt sich gelegentlich und vorübergehend betreffen. Diese Strategie wird natürlich auch inhaltlich leicht selektiv und kann, vor allem beim Philosophen, dazu führen, daß man sich nur gelegentlich und vorübergehend betreffen läßt – um der Erkenntnis willen.

Am Ende mag man auch hier fragen, ob diese Neubewertung der Emotionalität für die philosophische Lebensform geradezu eine Umkehrung der klassischen darstellt. Gibt sich der Philosoph der Irrationalität anheim? Will er denn die mühsam errichtete Instanz des Selbstbewußtseins, will er denn die Selbstbeherrschung aufgeben und wieder ein von Anmutungen und Zumutungen ungetriebenes Wesen werden? Will er das Ziel der Selbstbestimmung aufgeben und schließlich nicht mehr leben, sondern gelebt werden? Auf alle diese Fragen ist mit ›Nein‹ zu antworten. Noch einmal ist zu betonen, daß der Ausgangspunkt der Bemühung um eine Zulassung der Emotionen und um Formen für ihren Ausdruck und Austrag von einer Situation des modernen Menschen ausgeht, in der Apathie, Autarkie und Autonomie verallgemeinerte, wenn auch trivialisierte Selbstverständlichkeiten sind. Natürlich wird der Philosoph nicht Rationalität zugunsten von Irrationalität aufgeben, seine Fähigkeit zur Disziplin und Selbstbeherrschung nicht verlieren wollen, auf Autonomie nicht verzichten. Deshalb darf man seine Bemühung um Emotionalität nicht verwechseln mit den landläufigen Maximen ›seine Gefühle auszuleben‹ oder gar ›aus dem Bauch zu leben‹. Für den Philosophen wird das Leben und Ausleben von Gefühlen immer gehalten und verhalten sein, d. h. im Prinzip auch rücknehmbar. Gerade deshalb sind die konsentierten Formen des Ausdrucks und des Austrags von solcher Wichtigkeit. Denn wo sie bestehen, kann von den Mitmenschen das jeweilige Ausleben von Gefühlen auch verstanden und eingeschätzt werden; ihre Temporalität und Begrenztheit ist damit klar. Wo sie nicht bestehen, bleibt der Philosoph mit seiner Fähigkeit, sich durch seine Bewußtheit von sich selbst und damit auch seinen Emotionen zu trennen, allein, und sie zu leben wird praktisch unmöglich. Damit führt die Bemühung um eine Wiedergewinnung der Emotionalität als Teil philosophischer Lebensform vorläufig in die Aporie.

5. Dasein

Poiesis und Praxis

Mit Dasein möchte ich in diesem Kapitel ein Ziel philosophischer Lebensführung nennen, das die bisher unter den Stichworten Bewußtheit, Leiblichkeit, Emotionalität behandelten zusammenfaßt. Der Ausdruck Dasein ist umgangssprachlich geläufig als ein Ausdruck für Existenz (›Da sind Pferde‹), er bezeichnet ferner die Anwesenheit, insbesondere die bewußte Anwesenheit (›Auch der Präsident war da‹, ›Ich bin heute nicht ganz da‹); philosophisch ist er von Heidegger terminologisch zur Bezeichnung des Seienden Mensch verwendet worden. Dabei war für ihn maßgeblich, daß für dieses Seiende Existenz vor Essenz geht und das Seiende Mensch vor allem durch sein Seinsverständnis und die Erschlossenheit von Welt zu charakterisieren ist. Man sieht, daß Heidegger sich damit durchaus in der Nähe der alltagssprachlichen Verwendung des Ausdrucks befindet. Ich hier will den Ausdruck Dasein vor allem an die an zweiter Stelle genannte alltagssprachliche Verwendung anschließen. Im Bemühen um Dasein geht es dem Philosophen um Präsenz, um die Erfahrung seines Lebens in leiblich bewußter Anwesenheit. Daß Dasein in diesem Sinne als ein Ziel philosophischer Lebensführung bezeichnet werden kann, setzt natürlich voraus, daß in der durchschnittlichen Lebensführung in der technischen Zivilisation einem das ›Dasein‹ entgeht – das wird näher auszuführen sein; ferner, daß ›Dasein‹ überhaupt als etwas Relevantes und Gewichtiges anzusehen ist. Dagegen gibt es zwei gewichtige Gründe, auf die ich zuvor eingehen will.

Der erste entsteht, wenn wir uns daran erinnern, daß die philosophische Existenz ein Bemühen um Gutsein ist, genauer: um ein gesteigertes Gutsein, um Bessersein. Dabei hört man im Wort ›Gutsein‹ mit Recht einen moralischen Sinn. Gutsein heißt, ein guter Mensch sein. Dieser moralische Sinn darf der philosophischen Existenz auf keinen Fall genommen werden. Blickt man in die Geschichte, so bemerkt man allerdings, daß es immer zusätzlicher Argumente bedurfte, um die Philosophen zu gesellschaftsrelevantem Handeln zu bewegen. Der Weg der Philosophen ist nun einmal in erster Linie ein Weg zur Weisheit, nicht zur Verbesserung der Welt. Auch in diesem Buch steht, daß es zur philosophischen Lebensführung keineswegs gehöre, auch ein Weltweiser zu sein, d. h. sich mit den Mitteln der Philosophie an der Lösung der gesellschaftlichen Probleme zu beteiligen. Gleichwohl erwarten wir dies vom Philosophen und werden, wie schon Platon, von einer gesellschaftlichen Verpflichtung reden, der sie zu entsprechen haben. Wir werden den Philosophen, wie Platon sagt, »zumuten, für die anderen Sorge zu tragen« (*Staat*, 550 a). Diese Verpflichtung ergibt sich sogar weniger äußerlich als bei Platon, weil es sich gezeigt hat, daß die philosophische Lebensweise unter gegenwärtigen Bedingungen eine ist, die in den Alltag eingelassen bleibt und in der der Philosoph seine Angewiesenheit auf den anderen Menschen beständig erfährt. Der entscheidende Punkt aber, an dem der philosophische Weg mit dem Gutsein im moralischen Sinne zusammenhängt, ist der sokratische: Mit Sokrates sind wir der Meinung, daß moralisches Gutsein, d. h. die Möglichkeit moralischen Handelns, im Gutsein des *Menschen* gründet. Um gut zu handeln, wird vorausgesetzt, daß man zunächst überhaupt erst ein Mensch wird, der handeln *kann* – und nicht bloß getrieben ist –, der ja sagen kann und nein. Und gerade ein solcher wird man auf dem Weg, den wir unter dem Stichwort Wahrheit und Wahrhaftigkeit beschrieben haben, dem Weg der Selbsterkenntnis.

Wir sehen also, daß das moralische Gutsein im Sinne guter Handlungen ein Ausdruck philosophischer Lebensführung ist, nicht ihr Ziel. Wenn wir als das Ziel nun ›Dasein‹ bezeichnen, dann ergibt sich als weiterer Einwand der Kontrast zu der Tradition philosophischer Lebensführung. Zumindest dem Anschein nach scheint diese Lebensführung nämlich immer auf ein Produkt hinauszulaufen, das man etwa mit ›reiner Geist‹ oder ›reine Seele‹ bezeichnen kann. Ich sage: scheint, weil das wohl zum großen Teil wirklich nur ein Schein ist und teils durch die Idee einer unsterblichen Seele bzw. dann später durch das christliche Verständnis eines ewigen Seelenheils in die Vorstellung philosophischer Lebensführung hineingemischt wurde. Gleichwohl haben wir bereits festgestellt, daß in der Tat die klassische Form philosophischer Lebensführung von der Unterstellung von Transzendenz lebt. Auch das wird, wie wir gleich sehen werden, einzuschränken sein. Klar ist jedenfalls, daß diese Voraussetzung für das Konzept philosophischer Lebensführung heute nicht mehr gilt und daß deshalb radikaler, als es je in der Tradition möglich war, gesagt werden muß, daß die philosophische Lebensführung ihr Ziel in sich selbst trägt. Damit komme ich aber zu der Behauptung zurück, daß wahrscheinlich diese radikale Verdiesseitigung erst richtig herausbringt, worum es im Grunde in der philosophischen Lebensführung immer schon ging. Ich möchte das mit der aristotelischen Unterscheidung von Poiesis und Praxis deutlich machen.

Die Unterscheidung von Poiesis und Praxis hat für die ganze aristotelische Philosophie eine außerordentliche Bedeutung, gründet aber in einem sehr einfachen Unterschied menschlicher Handlungsformen. Man kann ihn, wie Aristoteles es selbst tut, an dem Unterschied von ›bauen‹ und ›wohnen‹ klarmachen. Das Bauen ist eine Tätigkeit, die auf ein Ziel gerichtet ist, nämlich das Haus, und die mit Erreichen dieses Ziels selbst zu einem Ende kommt. Aristoteles sagt deshalb, diese Handlungsform habe ihr Ziel außer sich. Im Unterschied dazu das Wohnen: Das Wohnen dient nicht einem anderen Zweck, um dessen Erreichung es betrieben wird, sondern es hat sein Ziel in sich. Dieses Ziel besteht in seinem eigenen Gutsein. Im Wohnen geht es darum, gut zu wohnen. Diese Handlungsform, die Aristoteles dann Praxis nennt im Unterschied zu der erstgenannten, der Poiesis, wird von außen beendet. Es läßt sich nun zeigen, daß Aristoteles auch das Leben selbst unter den Begriff der Praxis begreift – das hat Rehmann nachgewiesen.[1] Natürlich muß man darin Aristoteles nicht folgen. Man kann sein Leben auch für etwas anderes verbrauchen und deshalb das ganze Leben unter die Herrschaft der Poiesis stellen. Wenn es aber um Philosophie als *Lebensform* geht, dann jedenfalls um das Leben selbst, nicht um etwas, was dabei herauskommen kann. Es geht darum, daß dieses Leben in sich gut sei, und nicht darum, daß durch dieses Leben etwas Gutes hervorgebracht werden soll. Mit dieser Auffassung glaube ich, im Einklang mit der ganzen Tradition der philosophischen Lebensführung zu stehen, wobei allenfalls heute betont werden sollte, daß es bei der philosophischen Lebensführung eben um *Leben* geht.

Die Grundthese, die heute ›Dasein‹ als Ziel philosophischer Lebensführung formuliert, zielt also auf eine Wiedergewinnung des

1 Chr. Rehmann, »Leben beschreiben«. Diss. phil., Darmstadt 1994.

Lebens als Praxis. Es wird dabei unterstellt, daß unser aller Leben von Poiesis, dem Machen und Herstellen, aufgesogen wird und uns darüber das Leben als Praxis, als Vollzug entgeht. Ein sehr eindrucksvolles Bild für diese Situation hat Sartre in seinem Film ›Das Spiel ist aus‹ geschaffen. Hier treffen sich in der Unterwelt ein Mann und eine Frau, die ›füreinander bestimmt waren‹, sich aber nicht haben lieben können, weil sie zeit ihres Lebens für die Revolution gekämpft und gearbeitet haben. Sie werden deshalb auf die Erde zurückgeschickt, um das Versäumte, das versäumte Leben, nachzuholen.

Der Augenblick

Die Bemühung um Dasein bedeutet eine Prävalenz der Gegenwart gegenüber andern Zeitmodi, ja, man kann sogar sagen, daß es eigentlich um Gewinnung oder Wiedergewinnung von Gegenwart geht. Damit befindet man sich im Einklang mit der großen Linie der philosophischen Tradition, wenngleich im Gegensatz zu gewissen neueren Philosophien, etwa der Heideggers. Heidegger hat mit Entwurf und Vorlaufen zum Tode der Zukunft das Hauptgewicht in der menschlichen Zeitlichkeit gegeben. Die Prävalenz der Gegenwart gegenüber Vergangenheit und Zukunft hängt natürlich mit der philosophischen Identifizierung von Sein und Präsenz zusammen. Das Vergangene ist nicht, das Zukünftige noch nicht, allein das Gegenwärtige ist wirklich. Auch für Philosophie als Lebensform hat die Gegenwart oder, besser gesagt, der Augenblick schon immer eine große Bedeutung gehabt. Bei Platon ist das Bemühen des Philosophen ja eigentlich von der sinnlichen Welt weg auf das Ewige gerichtet. Aber dem Philosophen, der ja selbst Angehöriger der sinnlichen Welt ist, geschieht das Erreichen des Ewigen, nämlich die Schau der Ideen, im ›Nu‹. Der Augenblick als die Erfahrung der Plötzlichkeit (τὸ ἐξαινῆς) ist nicht jeder beliebige Zeitpunkt, sondern der herausgehobene, in dem Zeit und Ewigkeit zusammentreffen. Das ist ein Konzept des Augenblicks, das dann später, insbesondere für die christliche Mystik bis hin zu Kierkegaard, leitend wird. Für die philosophische Lebensweise aber können wir festhalten, daß sie sich bei Platon ›im Augenblick‹ erfüllt.

Eine ganz andere, nämlich vom Konzept der Ewigkeit unabhän-

gige Bedeutung erlangt der Augenblick bei den Epikureern. Die Epikureer zu erwähnen ist hier auch deshalb wichtig, weil sie ein Gegenbeispiel zu der allgemeinen Behauptung darstellen, die klassische Auffassung philosophischer Lebensweise sei grundsätzlich durch den Bezug auf Transzendenz bestimmt. Die Epikureer könnten wir heute als Materialisten bezeichnen, insofern sie alles Seiende aus dem Leeren, den Atomen und ihren Bewegungen erklären. Auch die Götter sind nichts jenseits der sinnlichen Welt, sie sind auch nur ein ›Hauch‹. Die philosophische Lebensweise der Epikureer ist auf Lust gerichtet oder, besser gesagt, auf ein lustvolles Dasein – wobei sie aber wohlweislich sich auf solche Lüste beschränken, die in sich keine Steigerungstendenz enthalten. Da die Erinnerung an die Vergangenheit durch Schuldgefühl und Kummer einerseits und der Blick auf die Zukunft durch Hoffnung und Furcht andererseits die gegenwärtige Lust trüben, versuchen die Epikureer, sich in die Beschränkung auf den Augenblick einzuüben. In dessen lustvoller Erfüllung besteht das Ziel philosophischer Lebensführung. Ich zitiere als Zeugnis für diese Einstellung die berühmten Zeilen aus den *Oden* des Horaz (1, 11,7); »Neidisch entflieht über dem (zweifelnden) Gespräch die Zeit. Koste den heutigen Tag aus und vertraue nicht auf morgen!« Koste den heutigen Tag aus, das ist das: carpe diem.
Das Ziel der Stoa besteht nicht so sehr in der lustvollen Erfüllung des Augenblicks als vielmehr in der Seelenruhe. Gleichwohl hat auch hier der Augenblick eine herausgehobene Bedeutung, und die Stoiker teilen mit den Epikureern die Übung, sich auf das Gegenwärtige zu konzentrieren und den Gedanken an Vergangenheit und Zukunft abzuhalten. So schärft Marc Aurel immer wieder ein, daß man allein auf das Gegenwärtige einwirken könne, alles Vergangene und alles Zukünftige stehe außerhalb der eigenen Macht, und man solle sich deshalb dadurch nicht bekümmern lassen. Diese Strategie der Konzentration auf die Gegenwart dient also vor allem dem Zweck, Beunruhigungen fernzuhalten. Insbesondere geht es auch hier wieder um die Abwehr der Todesfurcht. Wenngleich also das Abhalten von Vergangenheit und Zukunft eher eine Abwehrstrategie ist, so kommt doch umgekehrt heraus, daß für die Stoiker das eigentliche Leben eben das Sein in der Gegenwart ist. Ich zitiere für diese Auffassung Marc Aurel, der im Aphorismus III,10 sagt: »Sei dir ... dessen bewußt, daß jeder nur in diesem winzigen Augenblick lebt, der gerade

gegenwärtig ist. Die übrige Zeit ist entweder schon verlebt oder liegt im Bereich des Ungewissen.« Alles, was man will, sagt Marc Aurel, ist nur in der Gegenwart zu erreichen und muß sich in der Gegenwart erfüllen: »Alles, wozu du auf einem Umweg kommen willst, kannst du schon haben, wenn du es dir nicht selbst mißgönnst. Das ist möglich, wenn du alles Vergangene hinter dir läßt, die Zukunft der Vorsehung anvertraust und dein gegenwärtiges Leben einzig und allein auf Frömmigkeit und Gerechtigkeit hin ausrichtest« (Aphorismus XII,1).

Der Verlust der Gegenwart in der technischen Zivilisation

Man könnte glauben, daß durch die radikale Verdiesseitigung, durch die Säkularisierung des modernen Lebens auch eine Zuwendung zur Gegenwart mitgegeben sei. Das ist aber nicht der Fall. Im Gegenteil, der moderne Mensch lebt zum allerwenigsten in der Gegenwart. Das liegt, um es generell zu sagen, in der Verwandlung fast aller Lebensvollzüge in Poiesis, in Weisen des Herstellens. Um den Kontrast deutlich zu machen, sollte man daran erinnern, daß im aristotelischen Verständnis die Bereiche der Ökonomie und der Politik zur Praxis, nicht aber zur Poiesis gehören. Es geht also nach Aristoteles in Ökonomie und Politik um gute Lebensführung, nicht um die Produktion von etwas. Wenden wir uns dem im einzelnen zu:

Es scheint selbstverständlich zu sein, daß die meisten Alltagsverrichtungen Besorgungen sind, d. h. Wege, Handlungen und Interaktionen, die einem Zweck dienen. Aber auch der Vollzug des Lebens selbst wird so interpretiert: Schlafen dient der Erholung, Essen der Ernährung, Spazierengehen der Gesundheit. Die Folge aber davon ist, daß man in diesen Vollzügen nicht ruht, sondern immer schon über sie hinweg ist, nämlich bei dem Produkt oder bei dem Ziel, um dessentwillen man sie tut. Bei vielen Vollzügen handelt es sich vielleicht nur um eine Verschiebung des Gewichts und der Sichtweise. Aber genau diese Verschiebung ist für die Frage, ob man in der Gegenwart lebt oder über die Gegenwart hinweg lebt, entscheidend. Natürlich kann der Spaziergang auch nebenher der Gesundheit dienen. Wenn man aber den Zweck der Gesundheit zu seinem eigentlichen Sinn macht, dann ist man im

Bewußtsein schon am Ende, bevor man ihn beginnt, und man wird den Spaziergang ›erledigen‹ wie andere Besorgungen auch. Deutlich ist das beim Reisen. Das moderne Reisen wird mehr und mehr zu einer Vernichtung von Raum und Zeit – ideal wäre es, die Reisezeit in einem bewußtlosen Zustand zu verbringen. Es könnte aber auch sein, daß man reist und nebenher dadurch auch noch ein Ziel erreicht.

Der Verlust der Gegenwart liegt also bei diesen Beispielen darin, daß man den Vollzug gegenüber dem Produkt mißachtet. Das ist auch bei Sprache und Kommunikation der Fall. Der sprachliche Austausch zwischen Menschen wird verstanden als Informationsaustausch, bei dem also ein bestimmtes Produkt, nämlich das Informiertsein oder allenfalls noch das Verstehen herauskommen soll, oder es wird als ›Diskussion‹ verstanden, von der man Ergebnisse erwartet. Kaum eine öffentliche Diskussion, die vom Moderator nicht mit dem entschuldigenden Satz abgeschlossen wird, ›man habe keine Patentrezepte erarbeiten können, aber ...‹ Diese Verlegenheit zeigt an, daß an sich von einer Diskussion ein Produkt erwartet wird. Auch hier in der zwischenmenschlichen Kommunikation lebt man nicht in der Gegenwart, verweilt nicht bei dem Austausch selbst, sondern überspringt ihn beständig im Blick auf mögliche Ergebnisse. Im sprachlichen Bereich kommt nun noch die Beziehung von Zeichen und Bedeutung hinzu. Das Sprechen wird in der Regel als ein Sprechen über etwas verstanden. Das, worüber gesprochen wird, ist aber nicht selbst in der Sprache, es ist vielmehr im Sprechen nur zeichenvermittelt repräsentiert. Deshalb ist man beim Sprechen immer schon woanders, in anderen Zeiten, in anderen Räumen, jedenfalls nicht im Sprechen selbst, sondern bei dem Ding, um das es geht. Diese Art Geistesabwesenheit ist natürlich beim Denken noch stärker. Jemand, der denkt, ist in diesem Sinne nicht bei sich selbst, sondern bei dem, worüber er denkt, einem in der Regel Abwesenden.

Das führt uns darauf, daß wir überhaupt in einer Welt der Zeichen leben. Es ist charakteristisch, daß Heidegger in *Sein und Zeit* die Welt des Menschen als Bedeutungszusammenhang charakterisiert hat. Alles, was uns umgibt, verweist auf ein anderes. Die Dinge sind, wie Heidegger sagt, Zeug, das heißt, sie werden erfaßt im Sinne einer Dienlichkeit. Das heißt aber, daß wir sie gerade in ihrer sinnlichen Präsenz übersehen in Hinblick auf das, wozu sie dienen. Eine Tasse wird nicht in ihrem Dastehen gesehen, sondern

als Tasse, nämlich als Gegenstand, aus dem man trinken kann. Ein Apfel wird nicht in seiner Anwesenheit gespürt, sondern verstanden als Obst, das vielleicht durch sein Äußeres gewisse Geschmacksqualitäten verheißt, dessen Sinn aber eigentlich in der Verzehrbarkeit besteht. Aber selbst ›Zeug‹ macht nicht mehr die Gesamtheit unserer lebensweltlichen Umgebung aus. Vielmehr dominieren die Zeichen im engeren Sinne, d. h. Signale, die zu bestimmtem Verhalten auffordern, Warnungen aussprechen, Wege kanalisieren. Solche Zeichen sind das, was primär unser Wahrnehmungsbewußtsein erfüllt: Ampeln, Beschriftungen, Signale der Werbung. Es ist charakteristisch, worauf Hoffmann-Axthelm[2] hingewiesen hat, daß selbst Gebrauchsgegenstände durch modernes Design zu Zeichen werden. So sind moderne Türklinken in ihrem Design häufig nicht mehr durch die Forderung der Handlichkeit bestimmt, sondern durch ihren Signalcharakter. Sie zeigen an: hier drücken, hier geht's lang. Diese Struktur unserer Wahrnehmungsumwelt bedeutet also, daß wir bei nichts verweilen und alles schon überspringen auf etwas anderes hin, meistens auf solches, das abwesend ist, entweder anderswo ist oder prinzipiell abwesend, weil es nicht im Bereich des Sinnlichen, sondern im Bereich der Bedeutungen liegt.
Gemessen an dieser durchschnittlichen Lebensform in der technischen Zivilisation liegt die Bemühung des Philosophen um Dasein wirklich quer.

Versuche, da zu sein

Die unter den Stichworten Wahrheit, Leib und Emotionalität behandelten Momente philosophischer Lebensführung liefen auf Zielsetzungen hinaus, die sich in dem Ziel, da zu sein, vereinigen. Es waren die Ziele der Bewußtheit, der leiblichen Anwesenheit, der Teil-Haftigkeit – im Sinne für Empfänglichkeit für ... und Teilnahme am anderen. Man sollte also die Bemühungen um Dasein erläutern können, indem man noch einmal rückblickend diese Ziele durchgeht und sie daraufhin betrachtet, zu was sie das Leben selbst machen. Denn, das sei noch einmal erinnert, das Ziel der

2 Dieter Hoffmann-Axthelm, *Sinnesarbeit. Nachdenken über Wahrnehmung*, Frankfurt/New York: Campus 1984.

philosophischen Lebensform ist die Form des Lebens selbst, nicht etwas, was jenseits dieses Lebens liegt und als dessen Produkt und Resultat verstanden werden könnte. Es soll also zum Abschluß darum gehen, darzulegen, wie die philosophischen Bemühungen um Bewußtheit, leibliche Anwesenheit, Teilhaftigkeit, als Versuche, da zu sein, zu verstehen sind.

Bewußtheit als Ziel philosophischer Lebensführung führt, wie wir gesehen haben, zunächst aus dem Dasein heraus. Als Gegenstandsbewußtsein ist es objektivierend: So bewußt stellt der Mensch sich einem Gegenstand gegenüber, er setzt den Unterschied von Ich und Nicht-Ich. Als Selbstbewußtsein ist Bewußtsein reflektierend, es bricht die Unmittelbarkeit des Sich-Inneseins, indem sich der Mensch von sich selbst distanziert und sich selbst zum Thema wird. Es ist gerade diese Distanz zum Gegenstand wie zu sich selbst, d. h. insbesondere zu den eigenen Emotionen, was die Freiheit des Handelns ermöglicht. Auf diesem Wege wird gerade nicht Dasein gewonnen, sondern vielmehr Unmittelbarkeit zerstört, die Gegenwart übersprungen bzw. relativiert und das Handeln auf Bedeutungen oder Ziele hin organisiert, die jenseits seiner selbst liegen. Aber wir hatten schon bei Sokrates gesehen, daß in der Reflexion gerade nicht das gegenständliche Wissen der entscheidende Aspekt ist, der den Philosophen die überlegene Handlungskompetenz gibt. Allerdings suspendiert das Wissen der Form ›Ich bin traurig‹ oder ›Ich bin zornig‹ die Emotion – das mag auch ad hoc und gelegentlich geschehen. Entscheidend ist aber die Persönlichkeitsveränderung, die mit der Übung dieser Reflexion erreicht wird bzw. auch einmal grundsätzlich durch sokratische Schocktherapie zustande kommen kann. Es ist der Zustand der Bewußtheit oder die Errichtung einer inneren Überwachungs- und Kontrollinstanz, die die Veränderung ausmacht. Bewußtheit als solche ist eher einer inneren Helligkeit oder dem Zustand einer dauernden Wachsamkeit zu vergleichen. Als solche wurde sie auch von den Stoikern gefordert und geübt. Sie sprachen von geistiger Wachsamkeit oder Geistesgegenwart. Bewußtheit als inneres Licht oder Helle ist aber nun keineswegs an Reflexion und gegenständliches Bewußtsein gebunden. Sie kann sich gewissermaßen ausbreiten oder – wie man heute auch sagt – in andere Bewußtseinsformen übergehen. Wenngleich Bewußtheit zunächst durch Distanz und Reflexion gewonnen wurde, so kann sie doch wieder in die Unmittelbarkeit zurückfließen. Ich habe das auf die Formel gebracht: Es kommt nicht darauf an, das Dasein zum Bewußtsein zu bringen, sondern das Bewußtsein zum Dasein zu bringen.[3]

Damit ist wieder der gegenwärtige philosophische Weg als eine Umkehrung des klassischen definiert. Aber auch hier geht es nicht um eine Preisgabe der ›Errungenschaften‹ der klassisch-philosophischen Existenz. Denn mit der Forderung eines absteigenden Bewußtseins wird ja die Möglichkeit von Selbstreflexion und Gegenstandsbewußtsein nicht aufgegeben, vielmehr wird gerade ein in diesen Bewußtseinsformen angesammeltes Potential genutzt, um die durch die modernen Lebensformen verlorengegangene Präsenz wiederzugewinnen. Die allein im Ich-Bewußtsein konzentrierte Bewußtheit soll gewissermaßen wieder absteigen in den Leib, in die Dinge und hinübersteigen zum anderen Menschen.

Die Möglichkeit dazu ist jedem geläufig und gewissermaßen experimentell nachzuvollziehen. Wenden wir uns zur Erläuterung dem Thema Leibbewußtsein zu. Der Leib ist als Organismus oder, was dasselbe im Deutschen besagt, als Instrument gerade dienlich in seiner Unauffälligkeit, das heißt, wenn man ihn nicht bemerkt. Natürlich kann man ihn bemerken, indem man sich etwa betrachtet – wie einen Gegenstand – oder indem der Leib selbst auffällig wird dadurch, daß irgend etwas nicht stimmt, insbesondere durch Schmerzen. Schmerzen *sind* Leibbewußtsein, freilich in der Regel als abgespaltenes Leibbewußtsein, das in Gegensatz zum Ich tritt – fremd und feindlich. Bekanntlich sind Entspannungs- und Atemübungen, die tendenziell zur Auflösung der Ich-Instanz führen, schmerzlindernd, woraus man sehen kann, daß das Quälende eines Schmerzes zum Teil gar nicht dem Schmerz qua Leibbewußtsein selbst entstammt, sondern aus der Spannung zum Ich-Pol herrührt. Das Leibbewußtsein braucht aber keineswegs gegenüber dem Ich fremdbestimmt zu sein, vielmehr kann sich das Ich-Bewußtsein quasi in den Leib versenken. So kann man etwa in die Hand, die man auch gegenständlich sieht, ›hineinspüren‹. Das wäre eine Übung darin, das Bewußtsein zum Dasein zu bringen. Bekanntlich werden solche Übungen im autogenen Training therapeutisch eingesetzt. Wenn man sie fortsetzt, kann das Bewußtsein den ganzen Leib erfüllen. Natürlich ist ein solcher

3 Gernot Böhme, *Anthropologie in pragmatischer Hinsicht*, Frankfurt am Main: Suhrkamp, 4. Aufl. 1994.

Bewußtseinszustand oder, wie manche sagen, auch eine solche Bewußtseinsform nicht für jede Situation angemessen. Im Gegenteil verlangen in unserer Lebenswelt die meisten Situationen ein distanziertes Gegenstands- und Zeichendeutungsbewußtsein. Aber es gibt eben auch andere Situationen. Ich nannte in einem vorhergehenden Kapitel das Einschlafen oder die Liebe, aber man könnte noch viele hinzufügen, die eher Praxis- als Poiesischarakter haben und für die Leibbewußtsein eher angemessen wäre – das sich aber durch die habituell gewordene vergegenständlichende Bewußtseinsform nicht einstellt. Charakteristisch ist hier eine gebrochene Bewußtseinsform, verwandt derjenigen, die ich soeben als Schmerz erwähnt habe: nämlich ein partielles Leibbewußtsein, das in einer Konkurrenz zum Ich-Bewußtsein steht. So ist etwa in der leiblichen Liebe eine durchschnittliche Erfahrung, daß ein partielles und regionales, diesmal lustvolles Leibbewußtsein auftritt, das in Spannung zum Ich-Bewußtsein steht. Diese Spannung wird vom Ich-Bewußtsein häufig durch Angst und Abwehr erfahren – es droht dem Ich nämlich die Auflösung –, andererseits konstatiert das Ich die erfahrene Lust als körperlichen Reiz und verleugnet damit das Leibbewußtsein. Entsprechende Spannungen verderben auch sonst die Erfahrung des Daseins, sie lassen Bewegungen ungelenk erscheinen und eine Sicherheit im Zusammenspiel mit unserer Umgebung nicht aufkommen.

Ich wende mich damit der Wahrnehmung zu. Auch hier müssen wir von einem gegenständlichen, einem konstatierenden Bewußtsein ausgehen und können nur durch Übungen versuchen, das Bewußtsein zum Dasein zu bringen. Das Grundschema der Wahrnehmung ist ›Ich sehe etwas‹, also beispielsweise ›Ich sehe eine Blume‹. Von dieser Art ist jedenfalls das primäre Wahrnehmungsbewußtsein. Ob die Wahrnehmung als solche so phänomengerecht beschrieben ist, sei dahingestellt. Es könnte sich nämlich zeigen, daß dieses gegenständliche Bewußtsein, das sich als Wahrnehmungsbewußtsein ausspricht, auf einem viel breiteren Bewußtsein aufruht bzw. sich aus ihm heraushebt, einem Bewußtsein, das aber in der Latenz gehalten wird. Wenn man sich genauer ansieht, worin eigentlich das Bewußtsein besteht, das sich als primäres Wahrnehmungsbewußtsein ausspricht, so kann man jedenfalls nicht sagen, daß dieses Bewußtsein ein Blumenbewußtsein sei, wie im obigen Beispiel das Spüren der Hand ein Handbewußtsein ist. Vielmehr ist es primär ein Ich-Bewußtsein: Ich bin mir bewußt, daß da eine Blume ist. Dieses Bewußtsein rückt das Ich als konstatierendes von der Blume ab. Gleichwohl ist in diesem Abrücken doch ein Bei-der-Blume-Sein impliziert, also die Form ›Ich bin mir der Blume bewußt‹. Dieses Verhältnis kann durch Übung in Richtung Blume verschoben werden. Durch langes Anstarren beispielsweise kann der Zugriff, der den Gegenstand zum Gegenstand macht und als etwas bestimmt, nachlassen und dadurch gewissermaßen das Bewußtsein zum Gegenstand ausfließen. Dann kann es geradezu zu einem Umschlag kommen, so daß man das Gefühl hat: nicht ich sehe die Blume, sondern die Blume sieht mich an.

Die Möglichkeit dieser Verschiebung besteht darin, daß Wahrnehmung eine bestimmte Form oder Realisierung des Beieinanderseins, also der leiblichen Anwesenheit ist. Das vergegenständlichende Bewußtsein, das also in der Erkenntnis dessen, was da ist, sich erfüllt, drängt die Erfahrung der leiblichen Anwesenheit in der Regel ab. Das heißt, wenn ich eine Blume sehe, dann spüre ich weder, wie ich mich in Anwesenheit der Blume befinde, noch spüre ich die Anwesenheit der Blume. Erst das Loslassen des vergegenständlichenden Zugriffs läßt die Dinge wieder in ihrer Anwesenheit spürbar werden und gleichzeitig spürbar werden, was ihre Anwesenheit für mein ›Lebensgefühl‹ ausmacht. Erst wenn man sich darauf einläßt, wird die Wahrnehmung zum Bewußtsein des eigenen Daseins. Umgekehrt wird man im Verfolg dieser Übungen feststellen, daß dieses Bewußtsein, wenn man so sagen darf, ›unbewußt‹ immer mitschwang und genaugenommen den tragenden Grund auch für gegenständliches Bewußtsein ausmacht. Damit haben wir schon einen Grundmodus leiblicher Anwesenheit beschrieben bzw. erreicht: Wahrnehmung kann verstanden und erfahren werden als die Form, in der wir selbst leiblich anwesend sind bzw. die Anwesenheit von anderem, seien es nun Personen oder Dinge, spüren. Die Erfahrung, daß wir uns in Anwesenheit von Personen oder bei der Anwesenheit in bestimmten Räumen, Gegenden, Landschaften oder bei der Anwesenheit von Dingen so und so fühlen, drücken wir auch so aus, daß von diesen Dingen Personen, Räumen eine Atmosphäre ausgeht. Gerade im Spüren dieser Atmosphären spüren wir das *Dasein* der Dinge, was gewöhnlich in der Konzentration auf ihr Was-Sein übersprungen wird. Das wird noch viel deutlicher in der Beziehung zu Menschen. Natürlich sind wir bereit, von einer Atmosphäre zu sprechen, die Menschen ausstrahlen. Aber wir sind darauf trainiert, uns auf die Äußerungsformen zu konzentrieren, die sie als bewußte Personen verantworten, d. h. insbesondere auf ihre Aussagen. Auch werden unsere Partner häufig selbst die Atmosphäre, die sie ausstrahlen, dementieren. So mögen sie etwa sagen: ›Mir geht es sehr gut‹, während man spürt, daß von ihnen eine ausgesprochen bedrückende Atmosphäre ausgeht. Das Dasein zu erreichen heißt nun gerade, das Atmosphärische an den Dingen und Personen ernstzunehmen und sich ihm auszusetzen. Es geht dabei nicht nur um das Spüren der Präsenz der anderen, sondern auch unserer selbst. Denn das Spüren dieser Atmosphären ist ja zugleich das Spüren, daß und wie wir uns hier in Anwesenheit dieser Dinge oder Menschen befinden. Damit ist die Erfahrung der eigenen Anwesenheit primär als pathische Erfahrung beschrieben. Sie kann aber durchaus auch als aktive Erfahrung gelebt werden; das hieße dann, daß man sein Bewußtsein selbst in die Ausstrahlung setzt, die man verbreitet. Es dürfte schwer sein zu sagen, wie man das macht. Vielleicht wird man an anderen Menschen beobachtet haben, daß es möglich ist.

Eine Möglichkeit solcher ›aktiver Präsenz‹ ist aber jedermann geläufig, nämlich aus dem sprachlichen Bereich. Man ist durch seine Stimme präsent. Freilich ist der sprachliche Bereich, also die Kommunikation zwischen Menschen, im durchschnittlichen Bewußtsein, auch weit vom Dasein entfernt. Deshalb kann man Kommunikation in ihren sogenannten ›wesentlichen Gehalten‹, d. h. als Austausch von Informationen und Behauptungen, auch fernmündlich erledigen. In gemeinsamer Anwesenheit aber spielen ganz andere Momente der Kommunikation eine Rolle. Deshalb hat man in der Sprachtheorie illokutionäre Akte gegenüber den lokutionären unterschieden, d. h. diejenigen Sprechakte, die die Beziehung zwischen den Sprechenden herstellen oder aktualisieren, von denjenigen, mit denen etwas mitgeteilt oder behauptet wird (siehe Kapitel III,6). In der Unterscheidung zwischen verschiedenen Akten ist aber das Wesentliche an der Präsenz eines Sprechenden noch nicht erfaßt. Allein durch die stimmliche Verlautbarung nämlich erfüllt er den Raum, drängt, lockt, tönt in der einen oder anderen Weise die gemeinsame Anwesenheit affektiv, das heißt, er erzeugt eine Atmosphäre. Genau dies ist die Weise, in der wir bewußtes Anwesendsein durchaus kennen und können, obgleich wir uns in der Alltagskommunikation wenig darauf konzentrieren bzw. sogar von dem, was gleichwohl unterschwellig immer mitspielt, auf Information und Behauptung hin wegblikken. Wenn man Kommunikation in dieser Weise betrachtet, nämlich als Ausübung und Vermischung der Präsenz mit anderen Menschen, so wird man auch entdecken, daß Kommunikation in der Lebenswelt nur in abgeleiteter und sekundärer Weise Informations- oder Behauptungsaustausch ist. Vielmehr geht es um die in diesem Falle stimmliche Aktualisierung der gemeinsamen Präsenz. Es zeigt sich in dieser Perspektive, daß Alltagskommunikation ihren Sinn zum allergeringsten Teil in der Absprache zu gemeinsamem Handeln hat, sondern vielmehr Palaver ist, Tratsch, bei dem nichts herauskommt und nichts herauskommen soll. Kommunikation erweist sich auch hier als Praxis, nämlich als Vollzug gemeinsamen Daseins.

Vom Ich-Bewußtsein über das Leib-Bewußtsein zum Spüren der Anwesenheit von Dingen und Gegenständen vollzieht sich – könnte man sagen – eine Bewußtseinserweiterung. Das ist aber nicht ganz richtig, insofern nämlich nicht das Ich-Bewußtsein mehr und mehr Äußeres aufnimmt, sondern vielmehr die Bewußtheit gewissermaßen aus dem Ich auswandert in den Leib, zu den Dingen und den anderen Menschen. Im Übergang von ›Ich sehe eine Blume‹ zu ›Mir ist eine Blume bewußt‹ nimmt sich das Ich bereits zurück. Im Spüren einer Blume verschwindet es gar ganz. Soll das der Weg zur Wiedergewinnung des eigenen Daseins sein, so darf Dasein natürlich nicht als Existenz des Ich verstanden werden. Dessen Erfahrung würde man am besten in Erfahrungen sozialer Frustrationen, etwa in der Erfahrung der Blamage, Beleidigung, des Versagens machen. Darin liegt die Erfahrung der absoluten Vereinzelung und des Getrenntseins von allem. Die Erfahrung des Daseins ist in gewissem Sinne genau das Gegenteil. Sie ist vom Ich-Bewußtsein her allerdings gerade die Erfahrung des Verschwindens, zugleich aber die der Zugehörigkeit zu und des Aufgehobenseins im ganzen. Das läßt sich am besten erläutern mit dem mehrfach verwendeten zweideutigen Ausdruck der Teil-Haftigkeit. Wenn ich sagte, daß man das eigene Dasein gerade darin spürt, wie man sich in Anwesenheit von anderem, d. h. Dingen oder Menschen, befindet, so ist dieses Bewußtsein des eigenen Daseins also vom Dasein des anderen geliehen, es ist Teilhaftigkeit im Sinne von Partizipation. Dasein heißt, an der Präsenz anderer zu partizipieren. Umgekehrt spürt man sich dann nicht mehr als ein Ich, das sich gegen anderes absetzt und sich als selbständiges Zentrum geriert, sondern man spürt sich als Teil eines größeren Ganzen. Wenn wir die bedrückende Atmosphäre, die von einem Menschen, einer Versammlung oder von einer Witterungslage ausgeht, spüren, so heißt das, daß wir uns in deren Anwesenheit, in diesem Raum, bei dieser Witterung bedrückt fühlen. Unser Daseinsbewußtsein ist also zugleich ein Bewußtsein des Ganzen, in dem wir sind. Wir können deshalb, wenn das Bewußtsein zum Dasein gelangt und Daseinsbewußtsein wird, auch von einem Innesein reden. Als Bewußtsein der Teilhaftigkeit ist es zugleich das Bewußtsein der Einheit mit dem Ganzen.

III. Philosophie als Wissenschaft

1. Einleitung: Wissenschaftliche Philosophie

Philosophie ist heute in der Öffentlichkeit noch immer als die Philosophie von Philosophen bekannt, also als Philosophie Platons oder Kants oder Nietzsches. Auch die Philosophie des 20. Jahrhunderts wird in populären Bänden als Philosophie von bestimmten herausragenden Individuen von Husserl bis zu von Weizsäcker und Derrida vorgestellt. Man bekommt durch diese Präsentation den Eindruck, daß Philosophie das Denken gewisser herausragender und in gewissem Sinne extremer Persönlichkeiten sei und – eher negativ gewendet – ein Denken, das durch den Austrag ihrer Idiosynkrasien gezeichnet ist. Die Philosophie erscheint in dieser Perspektive eher als eine Kunst, eine Sache von Stil und Genie und – insofern Philosophie dann auch Macht über die Köpfe anderer gewinnt – als eine Sache der ›Meisterdenker‹.[1]
Diese Sichtweise hat eine gewisse Berechtigung. Sie gründet letzten Endes darin, daß Philosophie auch eine Lebensform ist und in einer Philosophie eine enge Verbindung von Wissen und Person unterstellt werden kann. Aber diese Verbindung muß nicht bestehen. Die Heraushebung großer Individuen in der Philosophie kann auch analog der Heraushebung großer Individuen in der Wissenschaftsgeschichte sein. Hier kommt den großen Erneuerern – oder auch den großen Vollendern – eine Rolle zu, die Anlaß dazu gibt, ganze Wissenschaftsbereiche mit einem Eigennamen zu verbinden: So spricht man von der Newtonschen Mechanik oder von der Einsteinschen Relativitätstheorie. Die Rolle der großen Philosophen könnte also auch darin bestehen, daß sie innerhalb der Geschichte der Philosophie oder des menschlichen Denkens überhaupt Neuerer waren und für das weitere Denken maßgeblich.

Außer den großen Philosophen und ihren Philosophien hat es aber auch immer Schulen gegeben und die vielen philosophischen Arbeiter. Bei ›Philosophenschulen‹ denkt man primär daran, daß in ihnen im Meister-Schüler-Verhältnis die Philosophie eines Meisters weitergegeben, vertreten, gepflegt, ausgebaut und angewen-

1 *Die Meisterdenker*, Titel eines Buches von André Glucksmann, Reinbek: Rowohlt 1978.

det wird. Der Begriff der ›Schulphilosophie‹ im engeren Sinne besagt, daß eine bestimmte Philosophie lehrbuchmäßig aufbereitet und kommentiert wird, so daß den Angehörigen der Schule im Verhältnis zum Meister keine innovative Rolle zugestanden wird. In diesem Sinne wurde die aristotelische Philosophie über die Jahrhunderte des Spätmittelalters tradiert und die Leibnizsche Philosophie, aufbereitet durch Christian Wolff, im 18. Jahrhundert in Deutschland gelehrt. Schulphilosophie in diesem Sinne beruht im wesentlichen auf der Kanonisierung bestimmter Schriften.

Schulphilosophie hat es neben und im Gefolge der großen Philosophen durch die ganze Geschichte der Philosophie gegeben. Als Schulphilosophie war Philosophie im Prinzip für jedermann zugänglich und anzueignen. In unserem Jahrhundert gibt es in diesem Sinne kaum noch Schulphilosophie. Das liegt, könnte man sagen, daran, daß die Kanonisierung von Schriften in liberalen Gesellschaften nicht mehr möglich ist. (Entsprechend ist wohl auch das letzte Beispiel von Schulphilosophie eine Philosophie in einer nichtliberalen Gesellschaft gewesen, ich meine den dialektischen Materialismus im Rahmen der Staaten des realen Sozialismus.) Man kann aber auch sagen, daß es Schulphilosophie im traditionellen Sinne nicht mehr gibt, weil an ihre Stelle eine andere Form von Philosophie, die sie im Prinzip jedermann zugänglich macht, getreten ist, nämlich die verwissenschaftlichte Philosophie. Es ist die Grundthese dieses Teils der Einführung in die Philosophie, daß die Philosophie durch ihre Verwissenschaftlichung eine Gestalt angenommen hat, durch die sie lehrbar und lernbar geworden ist, und zwar in einer solchen Weise, daß sich an ihr im Prinzip jedermann auch aktiv beteiligen kann. Kants Behauptung, daß man nicht eigentlich Philosophie lernen könne, sondern nur philosophieren, ist erst durch ihre Verwissenschaftlichung voll zu ihrem Recht gekommen. Sie war von Kant noch negativ und kritisch gemeint, nämlich in dem Sinne, daß man nicht Philosophie lernen könne, weil es Philosophie als ein fertiges und gültiges Lehrgebäude nicht gebe. Sie ist ins Positive gewendet worden, insofern Philosophie durch ihre Verwissenschaftlichung wirklich Philosophieren geworden ist, nämlich Wissenschaft im modernen Sinne, im Sinne von Forschung. Wir reden also von nun an von der Weise des Philosophierens, die man wirklich im akademischen Studium erlernen kann, der Weise des

Philosophierens, die man durch ein Studium zu einem Beruf machen kann. Gerade in diese Art des Philosophierens sollte auch eine Einführung einführen. Sie kann nicht eine Anleitung zur hohen Kunst der Meisterdenker sein – das wäre in gewissem Sinne geradezu ein Widerspruch in sich, wohl aber sollte sie zeigen, wie und warum sich im Prinzip jedermann an Philosophie als produktiver akademischer Arbeit beteiligen kann. Sie sollte also im einzelnen darlegen, was die Verwissenschaftlichung der Philosophie bedeutet. Dazu ist – noch einmal – auf die Beziehung von Philosophie und Wissenschaft einzugehen.

Zur Institutionsgeschichte der Philosophie

Dazu müssen wir ein Stück weit auf die Geschichte der Philosophie eingehen. Für die längste Zeit dieser Geschichte wäre nämlich die Rede von einer ›Verwissenschaftlichung der Philosophie‹ eine paradoxe Redeweise gewesen. Sie gewinnt überhaupt nur einen Sinn, wenn wir ›wissenschaftlich‹ im Sinne der *neuzeitlichen* Wissenschaft denken und Philosophie so, wie sie erst geworden ist, durch die Verselbständigung der Wissenschaften ihr gegenüber.

Philosophie ist bei Platon derjenige Denktyp, der so etwas wie Wissenschaftlichkeit überhaupt erst begründet. Im Philosophieren Platons und Sokrates' wird der Unterschied zwischen wahrem Wissen und bloßem Meinen gesetzt. Die Philosophie selbst versteht sich als das Streben, dieses wahre Wissen zu erlangen. Sie kommt als *Wissenschaft* eigentlich erst zu sich selbst. So muß man die platonische Akademie, die erste Institution der Philosophie, die dann fast 1000 Jahre bestehen sollte (nämlich von 385 vor Christus bis 529 nach Christus) – so muß man sich die platonische Akademie im wesentlichen als eine Art Forschungsinstitut vorstellen. Zwar wirkt in ihr Platon als charismatischer Lehrer, aber gerade seine Lehre drang auf die Bildung und das Betreiben von Wissenschaft, insbesondere von Mathematik und Astronomie.

Nach der Schließung der platonischen Akademie gab es eine feste Institutionalisierung der Philosophie erst wieder mit der Gründung der Universitäten seit dem 12. Jahrhundert. In der Zwischenzeit hat es ›Schulphilosophie‹ nur sporadisch in Lehrer-

Schüler-Verhältnissen über wenige Generationen gegeben. Die griechische Philosophie wurde über den Umweg der arabischen Gelehrtentraditionen erst wieder in diesen Institutionalisierungskontext eingebracht. In den Universitäten hatte die Philosophie ihren Ort in der philosophischen Fakultät oder, besser gesagt, der Fakultät der *artes liberales*. Diese Fakultät vermittelte ein allgemeines und auch allgemein für alle Studenten verbindliches Grundstudium, auf dem sich dann das berufsbezogene Studium in den drei sogenannten höheren Fakultäten, der Medizin, der Theologie und der Juristerei, aufbaute. Die philosophische oder Artistenfakultät umfaßte die sieben freien Künste: nämlich Logik, Grammatik und Rhetorik einerseits, Geometrie, Arithmetik, Astronomie und Musiktheorie andererseits. Die Philosophie wurde in diesem Rahmen gelehrt als ein kanonisiertes Wissen, und zwar war es vor allem die Philosophie des Aristoteles, die in dieser Weise aufbereitet worden war. Diese Tradition reicht in gewissem Sinne bis ins 19. Jahrhundert. Erst in diesem Jahrhundert entstanden nämlich neben der philosophischen Fakultät andere, wissenschaftliche Fakultäten, nämlich etwa naturwissenschaftliche und staatswissenschaftliche. Im 18. Jahrhundert war die aristotelische Philosophie als kanonisches Wissen bereits abgelöst worden, und zwar in Deutschland durch die von Christian Wolff und Alexander Baumgarten lehrbuchmäßig aufbereitete Leibnizsche Philosophie, in den meisten anderen Ländern eher durch die Philosophie des Cartesianismus.

Die Entstehung anderer wissenschaftlicher Fakultäten neben der philosophischen im 19. Jahrhundert ist nun der äußerliche Ausdruck einer Entwicklung, die dann zur Verwissenschaftlichung der Philosophie selbst geführt hat. Diese Entwicklung ist die Verselbständigung der Wissenschaften gegenüber der Philosophie. Wenn wir in diesem Zusammenhang von Wissenschaften reden, dann sind natürlich nur Wissenschaften im Sinne neuzeitlicher Wissenschaften gemeint, allen voran die Physik und insbesondere die Newtonsche Mechanik. Es wäre ein besonderes Thema, zu untersuchen, worin deren Selbständigkeit eigentlich besteht und wodurch sie zustande kam. Die Gründe sind kurz gesagt folgende: Erstens verzichtete die neue Wissenschaft bewußt auf letzte Begründungen – die ja gerade etwa nach der platonischen Wissenschaftslehre die Wissenschaft überhaupt erst zu einer solchen machen sollten. Zweitens liegt ihre Selbständigkeit in der

mathematischen Begriffsbildung, wodurch die Mathematik und nicht mehr die Philosophie zur Grundlage der Wissenschaft wurde. Drittens ist natürlich die experimentelle Methode zu nennen und viertens die sehr wichtige Tatsache, daß die neuzeitliche Wissenschaft außerhalb der Universitäten entstand, in denen die Philosophie ihren angestammten Ort hatte.
Es ist nun für unseren Zusammenhang wichtig, daß Kant, der in seiner Schrift *Metaphysische Anfangsgründe der Naturwissenschaft* (1786) zwar noch einmal versuchte, die Möglichkeit von Naturwissenschaft philosophisch zu begründen, ihre Selbständigkeit und – was noch mehr ist – ihren Vorbildcharakter bereits anerkannte. Kants kritische Philosophie setzt das Faktum der Wissenschaft voraus; das heißt, daß in der neuzeitlichen Naturwissenschaft, insbesondere der Newtonschen Mechanik, die Möglichkeit von Wissenschaft bereits erwiesen sei. Darüber hinaus macht er sie zum Vorbild für die Philosophie. Von der Metaphysik, also dem Kernstück der Philosophie, sagt er in der Vorrede zur *Kritik der reinen Vernunft*: »Es ist also kein Zweifel, daß ihr Verfahren bisher ein bloßes Herumtappen, und, was das Schlimmste ist, unter bloßen Begriffen, gewesen sei. Woran liegt es nun, daß hier noch kein sicherer Weg der Wissenschaft hat gefunden werden können?« (B xv). Von der Wissenschaft habe die Philosophie methodisch zu lernen, um auf dem Königsweg der Wissenschaft zu kommen (besonders *KdrV*, B xix). Gemessen an diesen Einsichten Kants ist die Periode des deutschen Idealismus von Fichte bis Hegel nur eine Episode. Hier beansprucht noch einmal die Philosophie vor und über aller Einzelwissenschaft die eigentliche Wissenschaft zu sein. Erst nach Hegels Tod wirkt sich aus, was im Grunde bei Kant schon deutlich wurde, daß die Wissenschaften der Philosophie nicht mehr bedürfen und ihr vielmehr die Norm dafür, was als eigentliches Wissen anzusehen ist, vorschreiben. Die Philosophie gerät dadurch, wie Herbert Schnädelbach in seinem Buch *Philosophie in Deutschland 1831-1933*[2] feststellt, in eine Identitätskrise. Die Philosophie kann sich institutionell nur behaupten, indem sie selbst wissenschaftlich wird.

2 Frankfurt am Main: Suhrkamp 1983, S. 89.

Die Verwissenschaftlichung der Philosophie

Man kann den Prozeß der Verwissenschaftlichung der Philosophie auch institutionell sehen. Die neuzeitliche Wissenschaft ist ja außerhalb der Universitäten entstanden. Im Zuge des Baconschen Programms ist Wissenschaft zu einem kollektiven Forschungsprozeß geworden. Diese Auffassung von Wissenschaft hat sich innerhalb der Universitäten erst sehr langsam durchgesetzt. Sie wurde in Deutschland eingeleitet vor allem durch die Neugründung von Universitäten im 18. Jahrhundert, wie der Universitäten Halle und Göttingen. Mit dem Humboldtschen Universitätsideal der Einheit von Forschung und Lehre wurden schließlich alle akademischen Fakultäten einschließlich der Philosophie unter die Maxime der Forschung gestellt. In allen Bereichen sollte den Studierenden nicht einfach gesichertes Wissen übermittelt werden, sondern sie sollten in selbständige wissenschaftliche Arbeit, und das hieß Forschung, eingeübt werden. Unter dieser Maxime mußte die Philosophie auf Dauer auch zur erlernbaren Kompetenz und zur professionellen Arbeit werden. Der Weg dazu war noch lang. Er bedeutete das Ende der charismatischen Lehre und der Schulen im alten Sinne.

Natürlich kann das nicht heißen, daß es in der Philosophie keine großen Philosophen und keine charismatische Lehrer mehr gäbe. Im Gegenteil muß man feststellen, daß immer wieder die bedeutendsten Philosophen keine Philosophie-Professoren waren. Um ein paar Beispiele zu nennen: Schopenhauer, Nietzsche, Sartre. Es kann auch nicht heißen, daß es nicht auch unter den Professoren immer wieder charismatische Lehrer gegeben hätte – so Heidegger oder Adorno. Aber es bedeutet, daß die Philosophie als akademisches Fach eben doch anders organisiert ist und anders funktioniert, nämlich im Sinne von *normal science*, um mit Kuhn zu sprechen.

Ich möchte mich, um zu verdeutlichen, was die Verwissenschaftlichung der Philosophie bedeutet, im folgenden ein Stück weit an der Kuhnschen Theorie der Wissenschaftsentwicklung orientieren. Es würde nämlich für die Philosophie zu kurz greifen, wenn man den Wissenschaftscharakter dadurch bezeichnen wollte, daß man sagte, sie sei Forschung oder gehe methodisch vor. Das ist selbst, wie Kuhn gezeigt hat, für die Naturwissenschaft unzureichend. Es sei deshalb Kuhns Vorstellung von Wissenschaft und ihrer Entwicklung dargestellt, wie sie in seinem Buch *Die Struktur wissenschaftlicher Revolutionen* (1962) enthalten ist. Im Zentrum von Kuhns Theorie steht der Begriff des Paradigmas. Ein Paradigma ist eine beispielgebende wissenschaftliche Leistung, in der Regel eine erfolgreiche Theorie. Entscheidend am Paradigma ist neben seiner kognitiven Bedeutung, nämlich ein bedeutendes Stück Erkenntnis zu sein, seine soziale: Ein Paradigma ist gemeinschaftsstiftend, insofern es einer nachfolgenden Forschergeneration oder vielen Generationen – man denke nur an die Physik Newtons – im konkreten vormacht, wie man erfolgreich Wissenschaft betreibt. Dieses ›Im-Konkreten‹ bedeutet, daß sich der Vorbildcharakter nicht genau im einzelnen auf Regeln abziehen läßt. Zwar gehören zu einem Paradigma auch bestimmte Meßverfahren, Begriffsbildungen, Symbole und ein bestimmter Theorietyp. Aber diese sind in der Regel nicht explizit gegeben, sondern in die konkrete wissenschaftliche Leistung eingelassen, sie sind implizit. Ferner ist ein Paradigma auch gemeinschaftsstiftend, insofern es Arbeit gebend ist. Hier ist wichtig, daß nur gerade solche wissenschaftlichen Leistungen paradigmatische Funktionen übernehmen können, die zwar bestimmte wissenschaftliche Probleme vorbildlich oder auch ›im Prinzip‹ lösen, aber gerade nicht vollständig, gewissermaßen flächendeckend. So hat beispielweise die Mechanik Newtons zwar alle mechanischen Probleme ›im Prinzip‹ gelöst, aber doch nur ganz wenige, wenn auch zentrale, im Detail, eben zum Beispiel das Funktionieren des Planetensystems. Ein Paradigma eröffnet insofern ein großes Forschungsfeld mit Problemen, die nicht mehr prinzipiell sind und insofern mehr oder weniger von jedermann gelöst werden können. Das nennt Kuhn *puzzle solving* oder *normal science*. – Kuhn stellt nun die Wissenschaftsentwicklung als einen Wechsel von revolutionärer und normaler Wissenschaft dar. In der revolutionären Wissenschaft wird in einer Phase der Unsicherheit, der Konkurrenz von Theorieansätzen und des Aufsässigwerdens von Anomalien um ein neues Paradigma gerungen. Mit der Durchsetzung eines Paradigmas werden nach Kuhn ältere abgelöst, und die Wissenschaft tritt in eine neue Phase von normaler Wissenschaft ein, bis diese durch einen revolutionären Schub wieder radikal verändert wird.

Kuhns Auffassung von Wissenschaft ist für das Begreifen der Verwissenschaftlichung von Philosophie insofern wichtig, als Kuhn für die Wissenschaft zeigen kann, wie der normale wissenschaftliche Betrieb möglich ist, d.h. ein Betrieb, der ein Massenbetrieb ist und in dem Wissenschaft als Arbeit auf der Basis von erlernbaren Kompetenzen ausgeführt wird. Gerade das ist es ja, was für das Verständnis der akademischen Philosophie in der Gegenwart auch zu leisten ist. Auf der anderen Seite dürfte das Kuhnsche Bild der Wissenschafts*entwicklung* für die Philosophieentwicklung nicht anwendbar sein. Denn hier ist gerade charakteristisch das mögliche Nebeneinanderbestehen von vielen Paradigmata, so daß sich auch keine Dynamik eines Wechsels von normaler und paradigmatischer Phase nachweisen läßt. Wichtig ist auch, daß man mit Kuhn der Aufgabe enthoben ist, allgemein zu sagen, was Wissenschaft ist oder in unserem Fall verwissenschaftlichte Philosophie, weil ja nach ihm sich jede Rede darüber am Faktum von Wissenschaft, am konkret vorliegenden Beispiel orientieren muß. Vor diesem Hintergrund kann ich nun sagen, in welcher Weise in diesem Buch in Philosophie eingeführt wird. Es wird in ihr nicht um die großen Philosophen des 20. Jahrhunderts gehen, es wird auch nicht um ›Hauptströmungen der Gegenwartsphilosophie‹ (Stegmüller 1969 ff.) gehen und auch nicht um Bewegungen oder Moderichtungen, sondern vielmehr um ›Typen von Philosophie‹. Damit sind bestimmte methodische Weisen des Philosophierens gemeint, die heute in der akademischen Philosophie betrieben und gelehrt werden. Zur Vorstellung jedes einzelnen Typs gehört nun folgendes:

1. Von zentraler Bedeutung ist natürlich, wenn es um verwissenschaftlichte Philosophie geht, ihr methodisches Vorgehen. Dadurch wird sie erlernbar und in ihren Ergebnissen nachvollziehbar. Sie ist weder Produkt einer höheren Einsicht noch Emanation eines Genies. Wenn man nach den Methoden fragt, dann stellt sich natürlich gleich die Frage, ob es spezifisch philosophische Methoden gibt oder gar *eine* philosophische Methode. Man wird das im Einzelfall zu prüfen haben. Es ist vorauszusehen, daß bei der verwissenschaftlichten Philosophie sich die Methoden häufig gerade nicht von den wissenschaftlichen unterscheiden werden. Dann stellt sich aber die Frage, inwiefern das, was man jeweils betreibt, noch Philosophie ist oder gerade als methodisches Vorgehen schon Wissenschaft.

2. Die sich anschließende Frage ist die nach dem Gegenstand bzw. nach dem spezifischen Problemfeld, das sich mit den jeweiligen Methoden bearbeiten läßt. Es ist eine alte philosophische Behauptung, daß sich Gegenstand und Methode nicht voneinander trennen lassen bzw. aufs engste einander zugeordnet sind. Es stellt sich also jeweils die Frage, wie sich die Methode eines Philosophietyps zu ihrem Gegenstand verhält und ob der jeweilige Philosophietyp durch die Art seines Vorgehens auf ganz bestimmte Gegenstände oder Probleme eingeschränkt ist. Es ist selbst eine philosophische Behauptung, und zwar der Transzendentalphilosophie, daß die Vorgehensweise in der Erkenntnis die Grundzüge des Gegenstands mitbestimmt. Wenn das wahr ist, dann ist zu vermuten, daß die verschiedenen Philosophietypen, wenn sie sich methodisch unterscheiden, auch nicht mit demselben Gegenstand zu tun haben werden. Daraus würde folgen, daß zwischen den einzelnen Philosophietypen ein Diskurs schwierig sein wird, zumindest nicht der eine gegen den anderen ausgespielt werden kann – etwa in der Form ›die Sprachphilosophie wendet gegen die Phänomenologie ein, daß ...‹ Auch stellt sich hier natürlich erneut die Frage der Beziehung zu Einzelwissenschaften. Wenn die Philosophietypen mit Einzelwissenschaften die Methoden teilen, teilen sie dann auch den Gegenstand?
3. Wie durch ihre Methoden und ihren Gegenstand sind die einzelnen Philosophietypen durch ein Paradigma vorzustellen. Diese Forderung, die aus Kuhns Wissenschaftsauffassung abgeleitet wurde, kommt unserer Absicht einer Einführung insofern entgegen, als bei der notwendigen Kürze, mit der die einzelnen Philosophietypen dargestellt werden müssen, man leicht in Gefahr wäre, abstrakt zu bleiben. So bietet es sich an, die Charakterisierung eines Philosophietyps von einer paradigmatischen Leistung her zu vollziehen, die gegebenenfalls auch für diesen Typ historisch innovativ war. Dadurch wird auch der Bezug auf die großen Philosophen wieder hineinkommen, die hier aber nicht als charismatische Persönlichkeiten bzw. als Philosophen im hehren Sinne, sondern eher als wissenschaftliche oder begriffliche Innovatoren eingeführt werden.
4. Schließlich ist sehr wichtig darzustellen, wie man in einzelnen Typen von Philosophie zu seinen Problemen kommt. Das war ja einer der Hauptgesichtspunkte der Kuhnschen Auffassung von Wissenschaften, nämlich daß sie Forschungsprogramme sind und

in ihrem Fortschritt zugleich ihre Probleme erzeugen. In der Wissenschaft kommt diese – interne – Problemerzeugung in der Regel durch die Konfrontation von Theorie und Empirie zustande bzw. durch Theoriekonstellationen. Das muß in der Philosophie nicht so sein. Einerseits ist mit der Dichotomie von Theorie und Empirie allenfalls in analoger Weise zu rechnen. Empirie könnte dann etwa die Geschichte oder das Faktum der Wissenschaft sein – das muß sich am einzelnen Philosophietyp erst zeigen. Andererseits aber läßt sich ein Paradigma der Philosophie nicht durchweg durch eine zentrale Theorie charakterisieren. An deren Stelle können gegebenenfalls einzelne zentrale Einsichten oder auch Postulate treten. Man hat in der Nachfolge Hegels zunächst geglaubt, daß das Äquivalent von Theorie in der Philosophie das System oder dann die Weltanschauung sei. Die Möglichkeit einer Philosophie als System ist aber gerade an ihrer Verwissenschaftlichung und dem damit eingeführten Methodenpluralismus zerbrochen. Auch die Wissenschaft ist nicht eine, auch in ihr gibt es nicht nur eine Methode. Das gilt entsprechend auch für die verwissenschaftlichte Philosophie. Ebenfalls ist die Weltanschauungsphilosophie mit Wissenschaftlichkeit unvereinbar. Wissenschaft im neuzeitlichen Sinne ist ja gerade dadurch gekennzeichnet, daß sie Wissen und Person trennt, daß man also Wissenschaft als berufsmäßige Tätigkeit betreiben kann, ohne durch den Glauben an ihre Inhalte existentiell gebunden zu sein. Der Marxismus-Leninismus als wissenschaftliche Weltanschauung war in diesem Sinne eigentlich ein Paradox, das auch nur dadurch stabilisiert werden konnte, als die existentielle Bindung an ihre Inhalte staatsmäßig erzwungen wurde. Reste des Systemdenkens in der Philosophie zeigen sich heute noch im Imperialismus der einzelnen Paradigmata, d.h. in ihrer Tendenz, die Felder der anderen zu vereinnahmen. Und Reste der Weltanschauungsphilosophie finden sich als sogenannte ›Positionen‹. Man sagt: ›Der Philosoph X hat die Position eines kritischen Rationalismus‹ oder ›Der Philosoph Y vertritt einen metaphysischen Realismus‹. Positionen sind Stellungen in einem argumentativen Zusammenhang und haben als solche eine fruchtbare Funktion in der Entwicklung der wissenschaftlichen Philosophie. Für sich genommen, besagen sie gar nichts, insbesondere nichts über das, was der Philosoph, der sie vertritt, glaubt, denn im Rahmen der wissenschaftlichen Philosophie sind sie eben nur definierte ›Gefechtsstellen‹, die von jedermann, der sich am Diskurs beteiligen will, eingenommen werden können.

Als problemerzeugender Mechanismus, ich sagte das implizit schon, fungiert in der Philosophie heute im wesentlichen das, was man ›Diskurs‹ nennt. Gemessen an der Wissenschaftsentwicklung entspricht der Diskurs als problemerzeugender Mechanismus eher der vorparadigmatischen Phase, d. h. also der Phase, bevor sich eine Theorie in einem Gebiet durchgesetzt hat. Ein Diskurs in der Philosophie ist durch die Menge der veröffentlichten Untersuchungen und Positionen bestimmt. In ihn hinein muß man sich äußern, wenn man in der Philosophie einen relevanten Beitrag leisten will. Dabei ist charakteristisch, daß die Diskurse jeweils auf einen Philosophietyp eingeschränkt sind, d. h. nur von denjenigen Philosophen geführt werden und geführt werden können, die ein gemeinsames Paradigma anerkennen. Die gegenseitige Abschottung der Philosophietypen ist nicht streng, aber doch fast so streng wie die der Spezialitäten in der Wissenschaft. Dem Forschungsstand in der Wissenschaft entspricht in der Philosophie ein Diskursstand. Aus ihm heraus definiert sich, was ein relevantes Problem ist. Die diskursive Organisation philosophischer Forschung ist allerdings je nach Typ verschieden durchgreifend. Sie ist deutlicher bei solchen Typen, in denen Positionen quasi als Theorievorschläge eine Rolle spielen und geringer in solchen, in denen der philosophische Fortschritt mehr auf der Materialseite liegt, d. h. der Ausdehnung des Problem- oder Phänomenfeldes.

In der Darstellung der einzelnen Philosophietypen wird es mehr und mehr auf Methode, Gegenstand und Paradigma ankommen als auf den Stand der Forschung. Ihn darzulegen ist kaum Sache einer Einführung, kann auch nicht gelingen, ohne breit erarbeitete Resultate und angenommene Positionen innerhalb eines Philosophietyps darzustellen. Den Forschungsstand zu kennen wird auch erst dann relevant, wenn man bei fortgeschrittenem Studium selbst mit der Forschung beginnt und etwa ein Thema für eine Abschlußarbeit oder gar eine Doktorarbeit sucht. Dann muß man allerdings sehr genau feststellen, wo man in der jeweiligen Philosophie steht. Auch das ist eine Folge ihrer Verwissenschaftlichung.

Die in den folgenden Kapiteln darzustellenden Philosophietypen sind folgende: 1. Phänomenologie, 2. Existenzphilosophie, 3. Hermeneutik, 4. Geschichte der Philosophie, 5. Sprachanalytische Philosophie, 6. Wissenschaftstheorie, 7. Konstruktivismus bzw. Transzendentalphilosophie, 8. Kritische Theorie, 9. Philosophie der Kommunikationsgemeinschaft, 10. Strukturalismus.

2. Phänomenologie

Husserl

Edmund Husserl gilt als Begründer der phänomenologischen Philosophie. Man kann sagen, daß er in der Philosophie des 20. Jahrhunderts eine Strömung oder eine Bewegung ausgelöst hat, und man kann die ›phänomenologische Bewegung‹ in ihren Besonderungen und der Fülle der Einzelphilosophen, die ihr gefolgt sind, studieren. Wir werden das nicht tun, sondern Phänomenologie als einen Typ von Philosophie charakterisieren, eine Weise, in der man wissenschaftlich philosophieren kann und damit einen Beitrag zu einem Korpus von Wissen leisten und einen Fortschritt in der Folge von Problemstellungen und Lösungen erreichen kann. Mit dieser historisch nivellierenden Sicht entsprechen wir aber gerade Husserls Intention, der die Phänomenologie als wissenschaftliche Philosophie begründen wollte. »Philosophie als strenge Wissenschaft« heißt die kleine Schrift, die 1911 in der ersten Nummer der Zeitschrift *Logos* erschien und als Manifest der Phänomenologie anzusehen ist. In dieser Schrift beklagt Husserl, wie schon Kant seinerzeit, daß die Philosophie noch immer nicht Wissenschaft geworden sei: »Ich sage nicht, Philosophie sei eine unvollkommene Wissenschaft, ich sage schlechthin, sie sei noch keine Wissenschaft« (1911, S. 290). Was Wissenschaft ist, läßt er sich von der Mathematik und den Naturwissenschaften vorgeben: »An der objektiven Wahrheit, bzw. objektiv begründeten Wahrscheinlichkeit der wundervollen Theorien der Mathematik und der Naturwissenschaften wird kein Vernünftiger zweifeln« (a.a.O., S. 290). Wir haben hier also in kurzen Sätzen die Situation beschrieben, von der wir gesagt haben, daß sie seit dem 19. Jahrhundert eine Verwissenschaftlichung der akademischen Philosophie verursacht habe. Husserl unterschied »Weltanschauungsphilosophie und wissenschaftliche Philosophie« (a.a.O., S. 333). Dabei hat er sehr deutlich gesehen, daß der eine Typ von Philosophie die Einheit von Wissen und Persönlichkeit verlangt, während die wissenschaftliche Philosophie gerade eine Trennung verlangt und ein kooperatives Unternehmen ist. Er sagt, daß die Weltanschauungsphilosophie »als Habitus und Leistung der Einzelper-

sönlichkeit zu beurteilen ist, die Wissenschaft aber als kollektive Arbeitsleistung der Forschergenerationen« (a.a.O., S. 338). »Die Wissenschaft ... ist unpersönlich. Ihr Mitarbeiter bedarf nicht der Weisheit, sondern theoretischer Begabung« (ebd.).
Es wird also im folgenden nicht um die großen Namen der phänomenologischen Bewegung gehen und auch nicht darum, was die einzelnen phänomenologischen Philosophen jeweils über ihre wissenschaftlichen Beiträge Hinausgehendes wollten, sondern es wird um Phänomenologie als Wissenschaft gehen. Dabei werden ihre Methoden und wird das Paradigma im Mittelpunkt stehen. Unter Paradigma ist, wie im vorhergehenden Kapitel erläutert, eine bedeutende und für das weitere maßgebende wissenschaftliche Leistung zu verstehen. Ich wähle als eine der bedeutendsten Leistungen der Phänomenologie die Herausarbeitung des menschlichen Leibes als eines Gegenstands eigener Art. Ich werde dabei mit Husserl selbst beginnen, weil bei ihm in der Tat ein Anfang liegt, obgleich seine Leistung, wenngleich wegweisend, doch alles andere als schon vollkommen war. Ich werde dann die verschiedenen Fortschritte der Phänomenologie des Leibes, wie sie insbesondere bei Sartre und Merleau-Ponty zu verzeichnen sind, übergehen und dann das Paradigma des Leibes in seiner vollendeten Form bei Hermann Schmitz aufsuchen. Anstelle des Leibes hätte ich auch andere bedeutende Leistungen der Phänomenologie wählen können, etwa die Analyse der Lebenswelt oder die Phänomenologie der Gefühle. Diese kurze Liste der paradigmatischen Leistungen der Phänomenologie läßt bereits erkennen, daß die Phänomenologie als Typ wissenschaftlicher Philosophie offenbar einem bestimmten Gegenstandstyp besonders verbunden ist. Der Frage nach dem spezifischen Gegenstand der Phänomenologie, die ja mit der allgemeinen Frage zusammenhängt, warum es überhaupt mehrere Typen wissenschaftlicher Philosophie nebeneinander gibt, werden wir uns zum Schluß zuwenden. Zuvor aber die Frage: Was ist ein Phänomen?

Was ist ein Phänomen?

Das griechische Wort φαινόμενον heißt Erscheinung. Deshalb spricht Ludwig Klages auch nicht von Phänomenologie, sondern von Erscheinungswissenschaft.[1] Die Übersetzung mit Erscheinung enthält aber eine Falle. Denn wo eine Erscheinung ist, muß es offenbar auch etwas geben, das erscheint. Phänomenologie ist auch immer wieder in diese Falle getappt. Das heißt, sie ist in ihrer Untersuchung von der Erscheinung auf das Erscheinende abgedrängt worden. Ihr erklärtes Ziel ist es aber, gerade das Phänomen als solches zu untersuchen, es festzuhalten, es anzuerkennen und nicht nur als Erscheinung von etwas anderem zu nehmen. Heidegger hat deshalb φαινόμενον vorsichtig mit ›das, was sich zeigt‹ übersetzt.[2] Diese Übersetzung betont im Begriff des Phänomens ein Moment, das für die Phänomenologie von besonderer Bedeutung ist, nämlich eine gewisse Selbsttätigkeit auf seiten des Phänomens, ein Sich-von-sich-her-Zeigen – der gegenüber dann das Subjekt oder der Mensch eher in empfangener Rolle ist. Das Phänomen ist deshalb auch schlicht ›das Gegebene‹. Die genannte Grundmaxime der Phänomenologie, das Phänomen als solches anzuerkennen, hieße dann auch, das Gegebene hinzunehmen als das, als was es sich gibt. Wird das Phänomen aber als das Gegebene verstanden, dann bietet es sich an, es in Hinblick auf seine jeweilige Gegebenheitsweise zu untersuchen. Da Husserl das Medium oder, sagen wir abstrakter, den Terminus ad quem des Erscheinens im Bewußtsein sah, war für ihn Phänomenologie auch gleichzusetzen mit »wissenschaftlicher Wesenserkenntnis des Bewußtseins«, wie es bereits in »Philosophie als strenge Wissenschaft« (1911, S. 300) heißt. Daß Phänomene das im Bewußtsein Gegebene sind, ist aber nicht so selbstverständlich, wie Husserl glaubte. Beispielsweise wird bei Schmitz das leibliche Spüren als Medium des Erscheinens von Phänomenen viel bedeutsamer. Andererseits ist von fast allen Phänomenologen das, was man als wissenschaftliche Daten kennt, nicht als Phänomen anerkannt worden. Man sieht daraus, daß in der Tat die Untersuchung

1 Ludwig Klages, *Grundlegung der Wissenschaft vom Ausdruck* (1936), Bonn: Bouvier 1970.

2 Martin Heidegger, *Sein und Zeit* (1927), Tübingen: Niemeyer, 8. Aufl. 1957, § 7 Abschnitt A, S. 28 ff.

der Gegebenheitsweisen des Gegebenen zur genaueren Bestimmung dessen, was Phänomen ist, sehr notwendig ist. Macht man diese Frage zur zentralen Frage der Phänomenologie, dann wird sie zur ›transzendentalen‹. Der Ausdruck ›transzendental‹ wird in diesem Zusammenhang so benutzt, wie ihn Kant eingeführt hat, nämlich als Frage nach der Bedingung der Möglichkeit von ..., nämlich hier der Bedingung der Möglichkeit von Erscheinung. Es wird dabei unterstellt, daß diese Bedingungen das, was erscheinen kann, in bestimmter Weise präformieren, d. h. die jeweilige Phänomenalität bestimmen. Die Unterscheidung und Bestimmung verschiedener Phänomenalitäten kann dann überhaupt zur eigentlichen Phänomenologie gemacht werden. Phänomen ist im Sinne der Phänomenologie dann nicht mehr einfach das schlichte Phänomen der Gegebenheit, sondern nur noch ein Phänomen*typ*, der in seiner Korrelation zu subjektiven Bedingungen seines Erscheinens studiert wird. In diesem Sinne sprechen etwa Husserl und Heidegger vom ›phänomenologischen Phänomen‹, während Schmitz an der ›naiven Phänomenologie‹ festhält und ihre Aufgabe darin sieht, die Phänomene als solche, ihre Charaktere und ihre Zusammenhänge zu studieren. Gleichwohl ist auch für Schmitz nicht jedes Gegebene schon Gegenstand der Phänomenologie. Ob transzendentale oder naive Phänomenologie – es ergibt sich deshalb die Aufgabe, als erstes den Gegenstand der Phänomenologie als solchen methodisch zu sichern.

Vorab ist zu sagen, daß diese methodische Sicherung des Phänomens als solchen bei allen Phänomenologen in einer gewissen Rancune gegen die Wissenschaft geschieht. Das mag teils mit dem Grundproblem einer Philosophie als Wissenschaft zusammenhängen, sich einen Gegenstand eigener Art, nämlich im Unterschied zu den Wissenschaften zu sichern. Es hat sich aber auf der anderen Seite gezeigt, daß die eigentümliche Leistung der Phänomenologie in der Tat darin besteht, bestimmte Phänomenbereiche, die von der Wissenschaft geleugnet, verdrängt oder reduziert werden, zur Geltung zu bringen bzw. überhaupt wieder zu entdecken. Darauf ist noch zurückzukommen. Nun zunächst zur Phänomenologie als Methode.

Der wichtigste Schritt der phänomenologischen Methode besteht darin, das Phänomen als solches zu sichern und festzuhalten. Es handelt sich hierbei um die von Husserl sogenannte Epoché, Einklammerung oder Enthaltung. Diese Enthaltung bezieht sich vor allem auf die Frage der Existenz: Wir enthalten uns in der phänomenologischen Untersuchung der Annahme, daß die Phänomene Seiendes repräsentieren oder präsentieren. Wir machen ebenfalls keinen Gebrauch davon, daß wir uns selbst als existierend verstehen. Husserl redet von der Einklammerung der sogenannten Generalthesis. Die Generalthesis ist die Grundhaltung des Alltags, nach der wir uns als existierend in einer existierenden Welt verstehen. Was ist nun der Sinn dieser Methode, die Existenz von Subjekt und Objekt dahingestellt sein zu lassen? Man könnte sagen, daß man sich durch diese Strategie in das Reich der Phänomene gewissermaßen einsperrt, sich selbst quasi zur fensterlosen Monade im Sinne von Leibniz macht. Das könnte höchst bedenklich erscheinen, werden doch so sichtlich weitere Informationsmöglichkeiten ausgeschlossen. Aber die Phänomenologie möchte ja gerade die Struktur der Erscheinungen als solcher untersuchen, und da kommt es eben vor allem darauf an, sie nicht auf etwas anderes zu reduzieren, dessen ›bloße‹ Erscheinung sie sind. Ferner wird dadurch die genetische Frage abgehalten: Die Phänomene werden hingenommen in ihrer Gegebenheit und werden nicht betrachtet in Hinblick auf ihr Gewordensein. Um beides in Vorblick auf unser Beispiel ›Leib‹ zu illustrieren: Es ist heute sehr üblich, wenn man über Denken redet oder sich darüber klarwerden will, was Gedanken sind, vom Gehirn zu sprechen, von neurophysiologischen Verschaltungen und dann vielleicht sogar von Computern. Nun ist es in der Tat möglich, so etwas wie Gedanken als Erscheinungsweisen des Gehirns oder vielleicht auch als Produkte des Gehirns zu sehen. Aber in den Gedanken als Phänomen ist in keiner Weise so etwas wie Gehirn gegeben. Man muß sogar sagen, daß man das Phänomen Gedanke aus dem Auge verliert, wenn man dazu übergeht, von Gehirnen zu sprechen.

An dem genannten Beispiel erkennt man schon, daß mit der Enthaltung von der Generalthesis eine zweite Weise der Epoché eng zusammenhängt. Nämlich daß man sich in der phänomenologischen Untersuchung jeder Theorie und wissenschaftlicher Vorkenntnis enthalten soll. In dieser Hinsicht ist jede Phänomenologie absichtlich naiv. Diese Naivität versteht sich aber zugleich als kritische, insofern sie nämlich die wissenschaftlichen Vorkenntnisse als Vorurteile zu kritisieren in Anspruch nimmt und damit das Phänomen als solches wieder zuallererst zur Geltung bringen will. Wie schwierig oder fast undurchführbar diese zweite Form der Enthaltung ist, wird dann deutlich, wenn man bedenkt, daß natürlich die Phänomenologie sich auch der Sprache bedienen muß. Durch die Sprache, die sie verwendet, trägt sie aber in die Untersuchung mehr oder weniger implizit Theorien, Sedimente wissenschaftlicher Erkenntnisse und metaphysische Vorurteile hinein. Gleichwohl ist diese Form der Enthaltung als Strategie jedenfalls plausibel. Wir werden gleich bei der näheren Darstellung unseres Beispiels sehen, wie schon Husserl seine eigenen Forderungen in dieser Hinsicht verletzt.

Als zweiter methodischer Schritt ist die phänomenologische Reduktion zu nennen. Sie ist Ausdruck der Tatsache, daß auch in der Phänomenologie nicht alles Gegebene schlicht als Phänomen im Sinne der Phänomenologie akzeptiert wird. Die phänomenologische Methode ist eine Variante der traditionellen philosophischen Forderung, das Wesentliche vom Unwesentlichen zu unterscheiden. Nur daß hier das Wesentliche gerade nicht durch Aufsuchen eines Wesens hinter oder vor den Erscheinungen gesucht wird, sondern daß es darauf ankommt, festzustellen, was am jeweils Gegebenen wesentlich ist. Die phänomenologische Reduktion bedient sich deshalb verschiedener Variationsprinzipien. Durch Variation von Randbedingungen bzw. Teilerscheinungen versucht man herauszufinden, worauf es bei einem Phänomen eigentlich ankommt. Als Beispiel wähle ich hier zunächst das Variationsprinzip von Hermann Schmitz, weil es in ihm noch einmal wie bei den Methoden der Epoché um Feststellung und Sicherung des Phänomens als solchen geht. Zur Feststellung eines Phänomens geht es nach Hermann Schmitz um die Frage: »Was übrigbleibt, das sich mit gutem intellektuellem Gewissen nicht ableugnen läßt, wenn alle in Urteilsform formulierbaren Annahmen so frei wie möglich variiert werden?« (*System der Philosophie*, III,1; 1967, S. 1). Man sieht an diesem Variationsprinzip, daß die unter Epoché angeführte Forderung, sich aller Vormeinungen in der Auffassung des Phänomens zu enthalten, strategisch so erfüllt wird, daß diese

Vormeinungen gewissermaßen als kombinierte Filter verwendet werden: Als Phänomen gilt, was sich durch keine Vormeinung wegbringen läßt. Sogleich wird deutlich, was oben schon erwähnt wurde, daß die Phänomenologie dem Phänomen eine quasi aktive Rolle zuschreibt. Hier bei Schmitz ist Phänomen dasjenige, was sich unmißverständlich aufdrängt.

Welche weiteren Variationsprinzipien angeführt werden, hängt weitgehend davon ab, was in der Phänomenologie eigentlich erkannt werden soll. Hier ist vor allem zu unterscheiden zwischen einem charakteristischen Wesen und der Phänomenalität von bestimmten Phänomenen. Bei ersterem geht es um die von Husserl sogenannte eidetische Reduktion. Es geht dann im Studium eines Phänomens darum zu erkennen, was diesem Phänomen wesentlich ist. Das heißt um die Erkenntnis des Allgemeinen im jeweils besonderen Gegebenen. Berühmt ist hierfür Husserls Beispiel eines Pflaumenbaums. Bei der eidetischen Reduktion geht es darum, Bestandteile eines Phänomens zu variieren oder gar wegzulassen, um herauszufinden, welche Grundzüge des Phänomens ihm wesentlich sind, damit das Gegebene ist, was es ist. Unwesentlich in der Erscheinung könnte dann etwa die Beleuchtung sein, die Umgebung, vielleicht die Farbe oder auch die Form oder das Alter. Indem man in diesen Dimensionen variiert, kommt man schließlich zur eidetischen Schau oder Ideation. Daß hier etwas ganz Wichtiges geschieht und insbesondere wiederum eine Abwehr wissenschaftlicher Reduktionen des Phänomens vorliegt, kann man weniger mit Hinweis auf Husserl als vielmehr mit Hinweis auf Goethe deutlich machen. Für die Wissenschaft wäre zur Bestimmung eines Gewächses als Pflaumenbaum letzten Endes die Feststellung des genetischen Materials dieser Pflanze entscheidend. Zu Goethes Zeit wäre es im Zuge der Linnéschen Biologie die Feststellung gewisser Merkmale der Fortpflanzungsorgane gewesen. Demgegenüber wird die Phänomenologie daran festhalten, daß für einen Pflaumenbaum als Phänomen eine bestimmte Wuchsform charakteristisch ist. Es geht also in der eidetischen Reduktion darum festzustellen, welche Züge des gegebenen Phänomens für das, was es ist, prägnant sind.

Wird die Phänomenologie allerdings mit transzendentaler Absicht betrieben, dann geht es überhaupt nicht um so etwas wie Pflaumenbäume, Tische usw., sondern vielmehr um Gegenstands- oder Phänomentypen, um das, was Husserl ›regionale Ontologien‹

nennt. Die Methode verlangt hier, von allen Besonderheiten des Phänomens zu abstrahieren, um das Charakteristische eines ganzen Phänomenbereichs festzustellen. Die Variation dient dann dazu, die Korrelation einer bestimmten Zugangsweise zum Phänomen mit einer ihr entsprechenden Phänomenalität festzustellen: Bei Variation der Zugangsweise hat man es dann mit einem Phänomen mit anderer Phänomenalität zu tun, bzw. – um mit Husserl zu sprechen – man wechselt die regionale Ontologie. Diesen Sachverhalt werden wir gleich mit dem Unterschied von Körperding und Leib illustrieren. Der menschliche Leib und ein Körper (bzw. der menschliche Leib als Körper) haben eine ganz verschiedene Phänomenalität, und sie gehören nach Husserl verschiedenen regionalen Ontologien an. Es variiert mit der Zugangsweise, ob wir uns selbst als Körperding oder als Leib entdecken und erfahren.

Die eigentliche phänomenologische Arbeit besteht nun in der Unterscheidung von Phänomentypen, ihrer Analyse und Synthese. Husserl spricht hier von der Unterscheidung regionaler Ontologien und dem ›Konstitutionsproblem‹. Das Konstitutionsproblem, als transzendentales aufgefaßt, verlangt nicht nur festzustellen, wie ein Phänomentyp gegebenenfalls aus elementareren Phänomenen konstituiert wird, sondern wie er mit bestimmten Zugangsweisen zum Phänomen zusammenhängt. Darauf komme ich im Zusammenhang unseres Beispiels ›Leib‹ noch einmal zurück und möchte deshalb zunächst die phänomenologische Arbeit mit Schmitz als die ›Drei-Stadien-Methode‹ beschreiben.

Im ersten Stadium wird der zu untersuchende Phänomenbezirk zunächst gekennzeichnet. Hierbei kommt es nicht auf eine Realdefinition an, sondern auf die Angabe einer Charakteristik, die möglichst unverwechselbar das gemeinte Phänomen von anderen aussondert. So werden bei Schmitz im Band II,1 seines *Systems der Philosophie* die Phänomene der Leiblichkeit durch die Bestimmung der absoluten Örtlichkeit von anderen verwandten abgehoben. »Leiblich ist das, dessen Örtlichkeit absolut ist. Körperlich ist das, dessen Örtlichkeit relativ ist. Seelisch ist das, was ortlos ist« (1965, II,1, S. 6).

Im zweiten Stadium werden die charakteristischen Phänomene in elementare Phänomene zerlegt. Dieses Stadium ist also analytisch. Es soll zur Ausbildung eines Kategoriensystems des betreffenden Phänomenbezirks führen. Diese Kategorien bezeichnen also ele-

mentare Phänomene, von denen angenommen wird, daß sie die komplexeren Phänomene durch ihr Zusammenspiel ergeben; sie heißen deshalb bei Schmitz auch ›Alphabet‹. So kennt er ein Alphabet der Leiblichkeit und ein Gefühlsalphabet (II,1, 1965, S. 169 ff.; III, 2, 1969, S. 351 ff.).
Im dritten Stadium wird das Kategoriensystem geprüft, indem versucht wird, die Phänomene eines Gebiets von den Kategorien her zu konstruieren. Das dritte Stadium dient also wesentlich der Bewährung und Kontrolle der Ergebnisse (I, 1964, S. 141).

Das Paradigma Leib

Im folgenden möchte ich das Auftauchen des Phänomens Leib in der Phänomenologie Husserls darstellen. Dazu eine Vorbemerkung, die später noch wichtig werden wird: Bevor sich Husserl mit dem Leib beschäftigt, hat er jeweils schon die Konstitution des materiellen Dinges und des physikalischen Dinges abgehandelt. Dem Phänomen Leib wendet er sich dann in § 36 des zweiten Bandes und § 2 des dritten Bandes seines Werkes *Ideen zu einer reinen Phänomenologie und phänomenologischen Philosophie* (1913) zu. Ich beginne, indem ich ein winziges Stück Phänomenologie in Husserls eigenen Worten mitteile. Er schildert hier, was geschieht, wenn man mit der rechten Hand die linke abtastet:

»Die linke Hand abtastend habe ich Tasterscheinungen, d. h. ich empfinde nicht nur, sondern ich nehme wahr und habe Erscheinungen von einer weichen, so und so geformten, glatten Hand. Die anzeigenden Bewegungsempfindungen und die repräsentierenden Tastempfindungen, die an dem Ding ›linke Hand‹ zu Merkmalen objektiviert werden, gehören der rechten Hand zu. Aber die linke Hand betastend finde ich auch in ihr Serien von Tastempfindungen, sie werden in ihr ›lokalisiert‹, sind aber nicht Eigenschaften konstituierend (wie Rauhigkeit und Glätte der Hand, dieses physischen Dinges)« (1952, II, S. 144 f.).

Husserl unterscheidet hier Tastempfindungen, die zu Merkmalen objektiviert werden, und solche, bei denen das nicht geschieht: Die rechte Hand *er*tastet etwas, nämlich Rauhigkeit und Glätte der linken Hand, und die hier auftretenden Tastempfindungen, zu Eigenschaften objektiviert, konstituieren die linke Hand als physisches Ding. Aber die betastete linke Hand hat auch selbst Empfindungen. Diese Empfindungen konstituieren das Phäno-

men Leib, und zwar geschieht das durch ›Lokalisation‹, d.h. dadurch, daß diese Empfindungen lokalisiert an einem Ort empfunden werden. Der Leib wird damit konstituiert als die Gesamtheit der empfindsamen Orte. Um dieses Ergebnis nicht einseitig erscheinen zu lassen, will ich gleich hinzufügen, daß Husserl noch eine zweite Konstitution des Leibes kennt, nämlich ›als Willensorgan und Träger freier Bewegung‹ (ebd., § 38).
Bleiben wir aber der Einfachheit halber bei der Konstitution des Leibes durch Empfindungen. Wenn wir hier fragen, wo die Empfindungen lokalisiert werden, dann ist die Antwort: im physischen Ding, das der Leib auch ist. Hier wird es also relevant, daß Husserl das physische Ding, bevor er sich an die Phänomenologie des Leibes heranmacht, bereits als konstituiert voraussetzt. Seine Darstellung – zumindest – impliziert somit eine ontologische Schichtenlehre: die Phänomene der Leiblichkeit schichten sich über die Phänomene der physischen Realität. Im konkreten Beispiel der Empfindungen der linken Hand sieht das dann so aus:

»Spreche ich vom *physischen* Ding ›linke Hand‹, so abstrahiere ich von diesen Empfindungen ... Nehme ich sie mit dazu, so bereichert sich nicht das physische Ding, sondern *es wird Leib, es empfindet*« (ebd., S. 145).

Dieser Satz ist höchst ambivalent und weist auf ein Problem hin, das ich noch kritisch gegen Husserl wenden werde. Er redet nämlich in diesem Satz einerseits davon, daß die Empfindungen in der Konstitution der leiblichen Hand zu den physischen Eigenschaften ›hinzugenommen‹ werden, andererseits werde dadurch aber die physische Hand ›nicht bereichert‹, sondern etwas anderes, nämlich Leib. Er muß die Hand als physisches Ding voraussetzen, um das Wo der Lokalisation der Empfindung angeben zu können. Das mag bei Tastempfindungen noch nicht so problematisch sein, weil diese Empfindungen gewissermaßen selbst schon Ortsempfindungen sind, d.h. im Empfinden ein leibliches Hier melden. Beim Sehen wird das aber höchst problematisch. So sagt Husserl etwa in Paragraph 2 des 3. Bandes: »So kann ich zum Beispiel mein *visuelles Feld* als eine kontinuierlich immerfort, wenn auch veränderlich, erfüllte visuelle Ausbreitung ... als zum Leib gehörig, und näher dieser Netzhaut gehörig, erkennen« (1952, III,5). Wenn man in dem oben als problematisch bezeichneten Satz schon den Verdacht haben kann, daß Husserl hier metaphysisch eine Schichtenontologie einführt, so ist an dieser Stelle ganz deutlich, daß er gegen seine eigenen methodologischen Prinzipien verstößt. Denn so etwas wie ›Netzhaut‹ oder dergleichen ist natürlich in den fraglichen Phänomenen der Wahrnehmung nicht gegeben. Von Netzhaut kann man nur auf sehr weitläufigen und wissenschaftsvermittelten Umwegen reden. So sagt Husserl auch wenig später selbst: »Auf diese durch Denken vermittelte Weise kann ich zwar nicht das visuelle Feld auf der Netzhaut sehen, aber es als analog zu*gehörig* zu ihr auffassen, wie ich das Tastfeld als zugehörig zur tastempfindlichen Leibesoberfläche auffasse« (ebd.). Er rechtfertigt die leibliche Lokalisation der Sehempfindung nachher noch wenigstens im Sinne einer Zuordnung zum Auge, indem er auf die Abhängigkeit des Gesehenen von den Bewegungen des entsprechenden Leibesteils hinweist (ebd., S. 7). Dadurch ergibt sich eine indirekte Zuordnung der Empfindungen zu diesen Leibesteilen, die dann als Wahrnehmungsorgane bezeichnet werden können.

Diesen Teil abschließend möchte ich noch einmal mit Husserls Worten die Konstitution des Leibes durch Empfindungen zusammenfassen:

»Alle die bewirkten Empfindungen haben ihre *Lokalisation,* d. h. sie unterscheiden sich durch die Stellen der erscheinenden Leiblichkeit und gehören phänomenal zu ihr. Der Leib konstituiert sich also ursprünglich auf doppelte Weise: einerseits ist er physisches Ding, *Materie,* er hat seine Extension, in die seine realen Eigenschaften, die Farbigkeit, Glätte, Härte, Wärme und was dergleichen materielle Eigenschaften mehr sind, eingehen; aber andererseits finde ich auf ihm, und empfinde ich ›auf‹ und ›in‹ ihm: die Wärme auf dem Handrücken, die Kälte in den Füßen, die Berührungsempfindungen an den Fingerspitzen« (1952, II, S. 145).

Der Leib ist nach Husserl konstituiert als das in Wahrnehmungen und Bewegungen Mit-Gegebene. Soweit es sich um Empfindungen handelt, ist der Leib gegeben durch die nichttranszendierenden Empfindungen, d. h. die Empfindungen, durch die ich nicht *etwas* empfinde, sondern ›mich‹. Der Leib ist die Gesamtheit der lokalisierten Empfindungsfelder.

Die vorgestellte phänomenologische Analyse von Husserl hat das außerordentlich Verdienstvolle, daß sie den menschlichen Leib als eine Entität eigener Art gegenüber dem menschlichen Körper, als physischem Ding verstanden, herausgestellt hat. Seine Leistung blieb allerdings unvollständig, nicht nur, weil er im folgenden nicht weiter die innere Struktur der Leiblichkeit untersucht hat, sondern auch, weil er in seiner Untersuchung das metaphysische Vorurteil mitgeschleppt hat, die physische Realität sei die eigentlich wahre, nämlich die fundierende, und weil er trotz der Forderung der Epoché einzelwissenschaftliche Fakten in seiner Analyse benutzt hat. Im Vorblick auf die weiteren phänomenologischen Entwicklungen muß man allerdings sagen, daß diese Schwäche der Husserlschen Phänomenologie auch eine Stärke ist. Denn in der weiteren Phänomenologie des menschlichen Leibes geht dann mehr und mehr verloren, daß der menschliche Leib auch Natur ist und daß es deshalb eine unabweisbare Aufgabe ist, die naturwissenschaftliche Kenntnis des menschlichen Körpers mit der Phänomenologie der Leiblichkeit zu verbinden.

Ich überspringe nun historisch eine ganze Reihe von Fortschritten in der Phänomenologie der Leiblichkeit und gehe damit zu dem Autor über, bei dem sie voll entfaltet wurde und gewissermaßen als Phänomenologie zu sich selbst kam – nämlich Hermann Schmitz. Gerade weil die Philosophie des menschlichen Leibes bei Hermann Schmitz voll entfaltet ist, kann sie hier nur sehr skizzenhaft mitgeteilt werden. Um aber das Besondere des phänomenologischen Philosophierens am Paradigma Leib zu demonstrieren, muß auch eine Skizze genügen. Es wurde schon erwähnt, daß nach Schmitz die phänomenologische Arbeit drei Stadien durchläuft. Im ersten ging es um die Abgrenzung des jeweiligen Phänomenbezirks. Ich habe als Beispiel dort schon seine Definition von Leiblichkeit zitiert. Leiblichkeit unterscheidet sich von Körperlichkeit dadurch, daß es in ihr absolute Orte gibt. Wenn man fragt, wo ein *Körper* oder ein Körperteil ist, so kann man seinen Ort immer nur durch relative Lagebeziehungen angeben. Beim Leib ist das Besondere, daß im leiblichen Spüren selbst ein ›Hier‹ gegeben ist.

Der Ausdruck ›leibliches Spüren‹ entspricht im wesentlichen den Empfindungen bei Husserl, die nicht »zu Merkmalen objektiviert werden«, und die dann Husserl, um sie von den Empfindungen von etwas zu unterscheiden, auch ›Empfindnisse‹ nennt. Das Entscheidende ist aber, daß leibliches Spüren bei Schmitz von vornherein ein Phänomen eigener Art ist, eines, das bei Husserl genaugenommen gar nicht vorkommt. Denn bei Husserl erscheint ja der Leib nur korrelativ und mitgegeben in Vorgängen des Wahrnehmens und Sich-Bewegens, d. h. im Kontext der schon konstituierten physischen Dingwelt. Es gibt aber ein leibliches Spüren ganz unabhängig von Wahrnehmungen. So kann ich, um im Husserlschen Beispiel zu bleiben, meine linke Hand spüren, indem ich gewissermaßen in sie hineinspüre. Und dies eben nicht erst, wenn ich ihr von außen Empfindungen zumute. Dieses Sichspüren ist am eindringlichsten und am unabweisbarsten – und damit im Sinne der Schmitzschen Definition als phänomenologisches Phänomen – gegeben im Schmerz. Im Schmerz wird auch am eindringlichsten deutlich, was Husserl ›Lokalisation‹ nennt. Für die Lokalisation des Schmerzes ist aber nicht mehr, wie bei Husserl, eine relative Ortsbestimmung in einem Körperding notwendig, weil in der Schmerzerfahrung ein absolutes ›Hier‹ gegeben ist. Schmitz redet von einem absoluten Ort. Diese Redeweise ist um so berechtigter, als im Schmerz eine gehemmte Fluchttendenz mitgegeben ist. Schmerzen habend will man fort und ist durch den Schmerz zugleich unentrinnbar an das Hier-bin-ich gebunden. Wie man weiß, kann dieses absolute Hier eine mehr oder weniger enge Örtlichkeit sein oder auch ein eher nebulos gespürtes Volumen; so etwa in dem oben suggerierten Erlebnis des ›die eigene Hand spüren‹. Charakteristisch ist, daß das absolute Hier des Leibes sich in eine Mannigfaltigkeit von auftauchenden und verschwindenden Leibesinseln zerlegen kann, ohne gleichwohl seine Einheit als absoluter Ort zu verlieren. Das hier auftauchende logische Problem, auf das wir nicht näher eingehen wollen, löst Schmitz durch die Einführung des Begriffs des ›chaotisch Mannigfaltigen‹.[3]

In der zweiten Phase der phänomenologischen Arbeit geht es nach Schmitz um die Erstellung eines Kategoriensystems, mit dem ein Phänomengebiet erfaßt werden soll. Die besondere phänomenologische Weise, wie dieses Kategoriensystem gefunden wird, besteht darin, daß die jeweiligen Kategorien selbst in der Ebene der Phänomene liegen sollen. Die Kategorien stellen also ein Alphabet elementarer Phänomene dar, die in ihrem Zusammenspiel die Phänomene des jeweiligen Gebiets ausmachen. Wir haben von diesen Kategorien der Leiblichkeit bei Schmitz bereits den Begriff der Leibesinsel erwähnt. Eine Leibesinsel ist die mehr

3 Zur allgemeinen Mannigfaltigkeitslehre siehe Hermann Schmitz, »Die Logik der unendlichfachen Unentschiedenheit«, in: ders., *Subjektivität. Beiträge zur Phänomenologie und Logik*, Bonn: Bouvier 1968, und ders., *System der Philosophie*, Bd. 1, 1964, § 31.

oder weniger diffus gespürte Örtlichkeit einer Leibesgegend. Grundlegender noch als der Begriff der Leibesinsel sind die Kategorien der Enge und Weite, besser gesagt, der Engung und Weitung. Jedes leibliche Spüren enthält Engungs- und Weitungstendenzen, die normalerweise in einem gewissen Verhältnis zueinanderstehen. Schmitz nennt dieses Verhältnis die leibliche Ökonomie und unterscheidet dabei Phänomene der Spannung und der Schwellung und spricht, wenn es sich um einen zeitlichen Wechsel handelt, vom leiblichen Phänomen des Rhythmus. Wichtig ist, daß die Engungstendenz und die Weitungstendenz sich voneinander lösen können. Schmitz spricht dann von privativer Engung bzw. Weitung. Durch privative Weitung sind gewisse mystische Erfahrungen gekennzeichnet, insbesondere das sogenannte ozeanische Gefühl, bei dem sich das leibliche Spüren gewissermaßen ins Ungefähr auflöst und unter weitgehendem Verlust des absoluten Ortes unbestimmt die ganze Welt umfaßt. Umgekehrt sind Phänomene von Angst und Schmerz durch privative Engung bestimmt. Hier geht vorübergehend das Weitegefühl verloren, das die normale leibliche Befindlichkeit, sei es nun in Form einer Geborgenheit im ganzen, sei es als ein Ausgreifen auf die Welt, charakterisiert. In Angst und Schmerz spürt sich der Mensch ›in die Enge getrieben‹, nämlich abgerissen von der Welt und auf sein unausweichliches Hier und Jetzt eingeschränkt. Ferner weist Schmitz darauf hin, daß im leiblichen Spüren Richtungen eine Rolle spielen. Wie der leibliche Raum durch die Gegebenheit eines absoluten Ortes gekennzeichnet ist, was für den physischen Raum nicht zutrifft, so unterscheidet sich der leibliche Raum auch vom physischen Raum dadurch, daß er nicht homogen und isotrop ist. Jedes leibliche Spüren enthält Richtungen, sei es nun in der drückenden Last der Trauer nach unten oder in der erhebenden Freude nach oben, um nur zwei Beispiele zu nennen. Neben den jetzt aufgezählten Kategorien – Enge, Weite, Engung, Weitung, Richtung, Spannung, Schwellung, Intensität und Rhythmus als leibliche Ökonomie und schließlich Leibinselbildung – kennt Schmitz noch die protopathische und die epikritische Tendenz. Schmitz beschreibt diese Tendenzen wie folgt: »Außerdem werden die leiblichen Regungen auch noch von einer anderen Polarität durchzogen [neben der Polarität von Engung und Weitung, G. B.], nämlich von dem Gegensatz zwischen einer scharfen, spitzen, Punkte und Umrisse setzenden Tendenz und einer stumpfen, diffusen, strahlenden, Umrisse verschwemmenden« (1965, Bd. II.1, § 53, S. 143).

Das so aufgezählte Alphabet der Leiblichkeit wirkt ziemlich abstrakt, auch wenn man nicht vergißt, daß es sich bei jeder Kategorie wieder um ein Phänomen leiblicher Regung handelt. Das Spektrum der leiblichen Phänomene, das Schmitz bearbeitet und erhält, ist außerordentlich groß. Es umfaßt, neben den schon erwähnten fundamentalen Erfahrungen von Angst und Schmerz, Phänomene wie die Müdigkeit, das Erwachen, die Wollust, den Hunger, den Durst, den Ekel, die Frische, die Grausamkeit. Und natürlich erschließt sich Schmitz im weiteren seines Systems der Philosophie auch die Leiblichkeit anderer Erfahrungen, etwa solcher, von denen Husserl ausgeht, also der Wahrnehmung und der Bewegung. All das kann in einer Einleitung in die Philosophie nicht geschildert werden. Um aber einen Eindruck von der Arbeitsweise Schmitzscher Phänomenologie zu geben und dabei zugleich das Zusammenspiel der genannten leiblichen Kategorien zu demonstrieren, sei seine Analyse des Durstes vorgeführt. Es handelt sich um den § 61 des *Systems der Philosophie* (1965, Bd. II, S. 236 f.). Schmitz weist hier darauf hin, daß traditionell Hunger und Durst mehr von den Gegenständen ihrer Befriedigung, nämlich den Speisen und Getränken her charakterisiert wurden, nicht aber in der Phänomenalität ihrer leiblichen Erfahrung. Er betritt deshalb mit seiner Analyse gewissermaßen Neuland. Ich führe auch hier ein minimales Stück von Phänomenologie vor:

»In Beziehung auf die Trias von Enge, Weite und Richtung ist der Durst dadurch zu bestimmen, daß diese drei Grundformen der Leiblichkeit auf das Innigste zusammengedrängt sind. Der Dürstende braucht nicht erst eine Richtung zu suchen, um Enge an Weite zu vermitteln, sondern sie ist ihm von vornherein als Richtung des Saugens gegeben, auch wenn sein Durst noch nichts hat, woran er sich stillen kann. Zum Hunger wird dagegen erst bei der Nahrungssuche ausgeprägte Richtung hinzugebracht. Die Enge des Leibes drängt sich dem Dürstenden als beklemmende, zusammenschnürende Spannung in Mund und Kehle auf, unterstützt durch die gierigen Kontraktionen der Zunge und der Kehle. Die Weite, wohin der Sog der saugenden Richtung führt, ist abgründige Tiefe, die eingesaugt werden soll. Enge, Weite und Richtung sind hierbei abstandslos verschmolzen; es fehlt das Pulsieren zwischen ihnen, der Rhythmus. *Durst ist das Ganze leiblicher Enge, Weite und Richtung in rhythmusloser Innigkeit – die unrhythmische Gestalt par excellence der Leiblichkeit.* Dadurch wird er zur Bedrängnis des Leibes« (ebd., S. 237).

Man sieht, daß Schmitz sich nicht damit begnügt, leibliche Regungen in ihrer Eigenständigkeit festzustellen, sondern er versucht, sie durch die Analyse mit Hilfe seines leiblichen Alphabets in den Gesamtzusammenhang leiblicher Erfahrungen hineinzustellen. Der Durst erweist sich so als eine besondere Ausprägung der leiblichen Ökonomie, die besonders durch die Ausbildung einer Richtung in einer Leibesinsel und durch die Erstarrung der sonst belebenden Rhythmik des Lebensgefühls ausgezeichnet ist. Die Analyse gewinnt noch an Plastizität, wenn man sie in Hinblick auf die Befriedigung des Durstes betrachtet. Ich zitiere noch einmal Schmitz:

»Im Trinken, wenn das Saugen, das vorher als Sog nur Richtung war, zur faktischen Bewegung wird, stillt sich der Durst, indem der leibliche Rhythmus wiederhergestellt wird. Das geschieht namentlich durch das Schlucken, bei dem die leiblichen Impulse wieder kraftvoll zu konkurrieren beginnen« (ebd., S. 238 f.).

Schmitz kann dann unter Zuhilfenahme seiner Theorie der Synästhesien auch ableiten, warum der Durst ein Bedürfnis nach Kaltem und Feuchtem ist, wie schon Aristoteles in seiner Schrift *de anima*[4] feststellt. Das darzulegen, würde hier aber zu weit führen.

Phänomenologie als Wissenschaft und ihr Gegenstand

Wir haben mit der Phänomenologie einen Typ von Philosophie vor Augen, der explizit mit der Absicht einer Verwissenschaftlichung der Philosophie entwickelt wurde. Tatsächlich kann man ihr das Attribut wissenschaftlich zugestehen: sie verfährt methodisch, sie ist erlernbar, sie ist mitteilbar und zeitigt ein intersubjektiv wachsendes Korpus von Erkenntnissen. Allerdings muß man sagen, daß sie ihr eigenes Ideal von Wissenschaftlichkeit als kooperativer Wissensproduktion noch nicht vollständig erreicht hat, daß sie noch weltanschauliche Attitüden mitschleppt. So kann man feststellen, daß innerhalb der sogenannten phänomenologischen Bewegung fast jeder Phänomenologe zumindest seinen eigenen Stil von Phänomenologie, um nicht zu sagen seine eigene Auffassung von Phänomenologie hat. So wollte Husserl die Phä-

4 Aristoteles, *De anima*, II, 414 b 11 ff.

nomenologie vor allem als transzendentale verstanden wissen, während Schmitz seine Phänomenologie explizit als ›naive‹ erklärt. Transzendental nannte Husserl seine Phänomenologie hauptsächlich deshalb, weil er hoffte, mit ihr Wissenschaft zu begründen, nämlich die Bedingungen der Möglichkeit von Wissenschaft freizulegen. Er sah diese gegeben in der vorwissenschaftlichen Konstitution ihres jeweiligen Gegenstandes. Die jeweiligen Phänomenfelder, wie etwa das des materiellen Dinges, des physikalischen Gegenstands, des Leibes, der Seele usw. nannte er regionale Ontologien. Ihre Strukturen sah er begründet in den unterschiedlichen Weisen ihrer Gegebenheit für ein Subjekt. Dieses ganze Programm hat sich als eine Illusion erwiesen. Man könnte sie kurz darin zusammenfassen, daß Husserl die Unabhängigkeit der Einzelwissenschaften gegenüber der Philosophie nicht hat akzeptieren wollen. Es war eine Illusion zu glauben, wissenschaftliche Gegenstände würden vorwissenschaftlich konstituiert – und das heißt eben nicht erst durch die Wissenschaft selbst – und man könne die »Krisis der europäischen Wissenschaften«[5] überwinden, indem man die Wissenschaft wieder an die Lebenswelt anbindet. Die Frage nach der Konstitution des wissenschaftlichen Gegenstands ist zwar durchaus berechtigt und notwendig, aber sie führt nicht auf transzendentale Phänomenologie, sondern auf transzendentale Wissenschaftstheorie und im weiteren dann zu einer historischen Wissenssoziologie.[6]

Schmitz auf der anderen Seite folgt auch weitergehenden Interessen, nämlich dem Interesse an einem System der Philosophie. Es gelingt ihm auf diesem Wege eine ungewöhnlich reichhaltige und konsistente phänomenologische Weltsicht. Aber es fehlt hier ganz und gar die transzendentale Fragestellung, d. h. die Frage nach dem Zusammenhang dieser Sicht mit der spezifisch gewählten Zugangsweise. Auf diese Weise werden alternative Sichtweisen nicht mehr diskutierbar, und insbesondere gibt es keinen Brückenschlag mehr zur einzelwissenschaftlichen Thematisierung der entsprechenden Phänomene.

Wir haben hier von diesen weitergehenden Interessen der jeweili-

5 Edmund Husserl, *Die Krisis der europäischen Wissenschaften und die transzendentale Phänomenologie*, Den Haag: M. Nijhoff 2. Aufl., 1962.
6 Zu dieser Kategorie siehe mein Buch *Am Ende des Baconschen Zeitalters*, Frankfurt am Main: Suhrkamp 1993.

gen Phänomenologen abgesehen und das gewürdigt, was sie jeweils – für sie nur unterwegs – methodisch zutage fördern. Und das ist zusammengenommen bedeutend, nicht nur seiner Fülle wegen, sondern auch, weil es sich hier häufig um Phänomene handelt, die durch die Herrschaft neuzeitlicher Wissenschaft wenn nicht verdrängt, so doch übersehen wurden. Um so dringlicher stellt sich die Frage des Verhältnisses dieses wissenschaftlichen Typs von Philosophie zu den übrigen Wissenschaften. Wenn die Phänomenologie wissenschaftlich verfährt, ist sie dann nicht einfach eine weitere Wissenschaft, oder hat sie dann nicht die Tendenz, zumindest eine solche zu werden? Historisch gesehen muß man ja sagen, daß viele philosophische Bemühungen, indem sie den ›königlichen Weg der Wissenschaft‹ betreten haben, zu Einzelwissenschaften geworden sind und damit auch aus der Philosophie ausgeschert sind. Danach sieht es allerdings gegenwärtig in bezug auf die Phänomenologie nicht aus. Vielmehr scheint sich ein anderes Verhältnis zu etablieren, nämlich daß phänomenologische Methoden in Einzelwissenschaften Einzug halten und daß sich dadurch dort neue Spezialitäten bilden. So ist die Husserlsche Lebenswelt-Phänomenologie durch Alfred Schütz[7] zu einer phänomenologischen Sozialwissenschaft geworden. Ähnlich hat die Heideggersche Daseinsanalyse, d.h. seine Phänomenologie des Seienden Mensch, in der Psychiatrie zu einer Spezialität geführt, der daseinsanalytischen Psychiatrie Biswangerscher Prägung.[8] Ein ähnlicher Einfluß scheint heute von der Schmitzschen Leibphänomenologie auf die Medizin auszugehen. Wenn man diese Entwicklungen betrachtet, dann legt sich die Vermutung nahe, daß die Phänomenologie mit Gegenständen eigener Art zu tun habe. Tatsächlich ist die Phänomenologie bei Gegenständen wie Leib, Gefühl, Bewußtsein, Lebenswelt sehr erfolgreich gewesen, nicht aber bei Gegenständen der Natur, insbesondere der Naturwissenschaft. Diese Redeweise scheint allerdings nicht den Kern zu treffen, denn der menschliche Leib ist ja zum Beispiel auch durchaus ein Gegenstand der Naturwissenschaft – aber, wie wir jetzt

7 Alfred Schütz' Phänomenologie ist nur in seinen Aufsätzen greifbar (*Gesammelte Aufsätze*, 3 Bde., Den Haag: Nijhoff 1962 ff.). Eine Gesamtdarstellung gibt R. Grathoff in Dirk Käsler (Hg.), *Klassiker des soziologischen Denkens*, München: Beck, 2. Band, 1978).

8 Ludwig Biswanger, *Grundformen der Erkenntnis menschlichen Daseins*, Zürich: Niehaus 1942.

sagen können, nicht qua Leib, sondern qua Körper. Die Besonderheit der Phänomenologie liegt also darin, daß sie mit Gegenständen in einer bestimmten Gegebenheitsweise zu tun hat. Und diese Gegebenheitsweise ist durch Unmittelbarkeit und Selbsterfahrung charakterisiert. So ist der Grund dafür, daß Husserls Versuch, die Konstitution des Gegenstandes der Physik durch Abstraktion aus dem materiellen Ding der Alltagswelt zu gewinnen, gescheitert ist, darin zu sehen, daß er die Bedeutung wissenschaftlicher Instrumente für die Konstitution des wissenschaftlichen Gegenstandes nicht erkannt hat. Auf der anderen Seite hat er für die neue Wissenschaft vom menschlichen Leibe, die er Somatologie nannte, unmißverständlich auf die Besonderheit der Erfahrung, die dafür notwendig ist, hingewiesen: »Die Grundlage ist schließlich die direkte *somatische Wahrnehmung*, die jeder Erfahrungsforscher nur an seinem eigenen Leibe machen kann« (1952, *Ideen*, Bd. III, S. 8).

So kann man zusammenfassend sagen, daß die Phänomenologie als Typ wissenschaftlicher Philosophie genau dort zuständig ist, wo es um Gegenstände geht, die in unmittelbarer Erfahrung oder im Kontext der Selbsterfahrung erkannt werden. Es ist ihr unbestreitbares Verdienst, die hier auftretenden Phänomene aus dem Verdikt des bloß Subjektiven und Beliebigen befreit zu haben.

3. Existenzphilosophie

Es mag überraschen, daß wir in dieser Vorlesung die Existenzphilosophie als einen Typ verwissenschaftlichter Philosophie behandeln. In einer Übesicht über die Philosophie des 20. Jahrhunderts wird man die Existenzphilosophie nicht missen wollen, aber sie wird dann wohl eher als Bewegung, Strömung, vielleicht als besondere menschliche Haltung oder auch als Weltanschauung angesehen werden. Allerdings ist der Existentialismus auch dies; unsere Darstellung wird deshalb eine eingeschränkte sein und die Existenzphilosophie in einer bestimmten Richtung stilisieren. Dieses wird um so nötiger sein, wenn es darum geht, die Existenzphilosophie als Grundtyp des Philosophierens festzuhalten und ihr das Modische und Zeitgebundene zu nehmen. Da unsere Darstellung die Existenzphilosophie als Typ verwissenschaftlichter und damit akademischer Philosophie behandelt, hebt sie auf ihren Erkenntnischarakter ab. In der Weise der Existenzphilosophie zu philosophieren heißt, in bestimmter Weise und Bestimmtes zu erkennen. Die Existenzphilosophie wird so auch in Hinblick auf ihre Wirkungen in anderen akademischen Bereichen, also in der Theologie, der Tiefenpsychologie, der Anthropologie, der Geschichte gewürdigt.

Man kann die Existenzphilosophie durch eine bestimmte Grundthese charakterisieren, nämlich wie Sartre in der Schrift »Ist der Existentialismus ein Humanismus?« (1979, S. 9) sagt: »Die Überzeugung, daß die Existenz der Essenz vorangehe«. Es gilt als erstes, diesen Satz zu erläutern.

Gehen wir von einem Beispiel aus. Nehmen wir an, wir hätten die Aufgabe, einen bestimmten Apfel, der vor uns liegt, zu beschreiben. Es ist klar und mit der Aufgabe schon mitgegeben, daß es sich um einen Apfel handelt. Natürlich könnten wir dieses *Was*, das dieses Ding ist, das wir beschreiben sollen, näher bestimmen, indem wir aus bestimmten Merkmalen wie Wuchsform, Farbe, Krone, vielleicht auch unter Einschluß des Geschmacks feststellen, um welche Apfelsorte es sich handelt. Darüber hinaus werden wir die Beschreibung so vollziehen, daß wir eine ganze Reihe von Eigenschaften aufzählen, die wir an dem Apfel feststellen: so sein Gewicht, seine Größe, sein Volumen, seine Farbe, seine Zeichnung, im besonderen etwa einen von der Krone her in die im übrigen gelbe Fläche der Schale ausstrahlenden roten Stern. Worauf es in diesem Beispiel ankommt: Wir vollziehen diese Beschreibung in der Überzeugung, daß wir sie durch Aufzählung von Eigenschaften vollständig oder doch immer vollständiger machen können – um dann *zusätzlich* noch festzustellen, daß dieser so beschriebene Apfel existiert. Der ganze so beschriebene Apfel könnte auch ein bloß gedachter oder vorgestellter sein. Wir sehen daraus, daß durch die Art, wie wir den Apfel beschreiben, wir ihn zu einem *möglichen* Apfel machen und daß sich nach der Beschreibung immer noch die Frage stellt, ob dieser mögliche Apfel auch *wirklich* ist. – Wir haben uns somit auf einem ontologischen Vorurteil ertappt, nämlich dem Vorurteil, daß das Was-Sein dem Daß-Sein und damit auch die Essenz der Existenz vorausgeht. Denn die Existenz ist offenbar etwas, was zu dem bloßen Was-Sein noch hinzutreten muß. Sartre erläutert diese Situation an der genannten Stelle dadurch, daß wir gewöhnlich die Dinge nach dem Modell handwerklichen Herstellens konzipieren. Danach geht die Idee von etwas seiner Realisierung voraus. Mit dem Gedanken eines Schöpfergottes oder Weltdemiurgen sei diese Idee generalisiert worden, so daß auch für jedes Naturding und den Menschen die Idee oder das Wesen dem jeweils einzelnen und auch dem einzelnen Menschen vorausgehe. Aber man braucht dieses Hilfskonzept handwerklichen Herstellens nicht. Es genügt auch der Platonismus, nach dem die Idee, d. h. *was* jedes existierende Einzelding oder Lebewesen ist, ewig ist und insofern diesem vorausgeht.

Wenn wir diese Situation erfaßt haben, dann werden wir vielleicht den Apfel neu betrachten und an ihm nach Merkmalen suchen, die ihn als existierenden auszeichnen. Dergleichen könnte etwa seine Konstellation zu seiner Umgebung sein, zu anderen Dingen, zur Tischplatte, auf der er liegt; es könnte ein Lichtschein sein, der ihn streift, oder ein Schatten, der auf ihn fällt. Doch diese Insignien der Zeitlichkeit und Räumlichkeit befreien uns nicht von unserem Vorurteil, denn der ganze Apfel samt diesen Insignien könnte ja noch immer ein bloß gedachter oder vorgestellter sein. – Damit sind wir vorbereitet, das Besondere und geradezu Explosive der These, die Existenz gehe der Essenz voraus, zu erfassen.

Ich will nun im folgenden wieder ein winziges Stück Existenzphilosophie vorführen, um dem Plan entsprechend paradigmatisch

zu zeigen, was Existenzphilosophie ist. Ich wähle dazu ein Beispiel aus Sören Kierkegaards Schrift *Der Begriff der Angst* (1844/1960). Bei Kierkegaard, d.h. in der ersten Hälfte des 19. Jahrhunderts, ist der Ursprung der Existenzphilosophie zu suchen. Kierkegaard ist ein eminenter Philosoph, wenngleich man ihn, aufs Ganze gesehen, eher der Gattung der religiösen Schriftsteller zurechnen muß. Auch seine Gedanken zur Existenz sind eingebettet in eine denkerische und ›existentielle‹ Auseinandersetzung mit dem Christentum. Da es uns hier nicht um historische Zusammenhänge geht, werde ich versuchen, weitgehend von dieser Einbettung abzusehen.
Das Beispiel ist Kierkegaards Behandlung des Ernstes in dieser Schrift. Das Wort ›ernst‹ wird hier nicht so verwendet wie man sagt, jemand mache ein ernstes Gesicht oder es handele sich um eine ernste Angelegenheit, sondern so wie man sagt: ›Es ist mir ernst‹. Natürlich hängen die anderen Verwendungen des Wortes ›ernst‹ mit der hier behandelten zusammen und erhalten gewissermaßen von ihr das Gewicht. Interessant ist nun, daß Kierkegaard zunächst einen Widerstand dagegen feststellt, so etwas wie ›ernst‹ zu definieren. Ich zitiere:

»So weit mein Wissen sich erstreckt, ist mir nicht bekannt, daß eine Definition dafür existiert, was Ernst ist. Wenn dies wirklich so ist, sollte es mich freuen, nicht weil ich das moderne, fließende und zusammenlaufende Denken schätze, das die Definition abgeschafft hat, sondern weil es im Verhältnis zu *Existenzbegriffen* immer einen sicheren Takt verrät, sich der Definitionen zu enthalten, denn man kann unmöglich geneigt sein, dasjenige, was wesentlich anders verstanden werden muß, was man selbst anders verstanden hat, was man auf eine ganz andere Art geliebt hat, in Form der Definition verstehen zu wollen, wodurch es einem so leicht fremd und etwas anderes wird« (1844/1960, S. 133 f., Hervorhebung von mir).

Dieser Satz enthält zugleich einen affektiven und einen theoretischen Widerstand dagegen, ›ernst‹ zu definieren. Kierkegaard bezeichnet ›ernst‹ als einen besonderen Begriff, nämlich einen Existenzbegriff, und von diesen sagt er, daß sie sich auf etwas beziehen, »was man selbst anders verstanden hat, was man auf eine ganz andere Art geliebt hat« und das durch Definition etwas anderes wird als das, was man zuvor schon gekannt hat. Was soll das heißen? Was sind Existenzbegriffe? Mit ›ernst‹ als Existenzbegriff wird offenbar keine Eigenschaft von mir bezeichnet, sondern die Art und Weise, in der ich *bin*. Wenn es mir ernst mit der

Philosophie ist, dann heißt das nicht, daß ich ein ernster Mensch bin, sondern daß meine Beschäftigung mit der Philosophie mir ernst ist, d. h. daß ich das, was ich bin oder tue, ernstlich oder ›im Ernst‹ tue. Wenn ich nun ›ernst‹ definiere, so mache ich ›ernst‹ wiederum zu einer Bestimmung und so zu etwas anderem, als der Ernst war, den ich zuvor schon in meiner Existenz erfahren hatte und kannte.

Kierkegaard gibt nun gleichwohl eine Definition, durch die er aber zugleich versucht, kenntlich zu machen, daß es sich dabei nicht um einen Eigenschaftsbegriff, sondern um einen Existenzbegriff handelt. Er knüpft dabei an eine Definition von ›Gemüt‹ an, die Franz Rosenkrantz in seiner *Psychologie*[1] gegeben hat. Gemüt, sagt Rosenkrantz, »sei eine Einheit von Gefühl und Selbstbewußtsein«. Rosenkrantz erläutert diese Einheit dadurch, »daß das Gefühl zum Selbstbewußtsein sich aufschließe, und umgekehrt, daß der Inhalt des Selbstbewußtseins von dem Subjekt als der *seinige* gefühlt wird«. Das Entscheidende scheint mir hier die Wendung »als der seinige gefühlt wird« zu sein. Der Inhalt des Selbstbewußtseins ist dasjenige, womit man sich identifiziert. Aber dieser Prozeß des Identifizierens bleibt abstrakt und bodenlos, wenn man diesen Inhalt nicht schon zuvor als den seinigen fühlt. Diese Einheit, die Rosenkrantz etwas unglücklich als Gemüt bezeichnet, besteht im Grunde darin, daß ich spüre, daß ich es bin, um den es bei dem jeweiligen Inhalt geht, es ist die Betroffenheit und subjektive Beteiligung. Kierkegaard redet deshalb häufig auch von ›Subjektivität‹ – hier von Ernst: »Ernst und Gemüt entsprechen nun einander dergestalt, daß Ernst ein höherer und der tiefste Ausdruck für das Gemüt ist« (1844/1960, S. 135). Die Einheit einer Sache und des Gefühls, daß es *meine* Sache ist, im Selbstbewußtsein ist der Ernst.

Man sieht, daß Kierkegaard in der Analyse des Ernstes ein neues Feld für die Erkenntnis entdeckt. Es sind die von ihm sogenannten Existenzbegriffe, die nicht Prädikate bezeichnen, sondern Seinsweisen. Worum es sich dabei handelt, kann durch begriffliches Denken nicht adäquat erfaßt werden, sondern muß selbst im Sein erfahren werden.

Letzteres gilt es noch einmal zu erläutern. Im obigen Beispiel

1 Kierkegaard bezieht sich auf Karl Rosenkrantz, *Psychologie*, 1. Aufl. Königsberg 1837.

hatten wir gesagt, man könne einen Apfel mit allen seinen Bestimmungen denken und dann noch fragen, ob er ist oder nicht ist. Können wir uns nicht auch einen Menschen denken, dem es mit einer Sache ernst ist? Natürlich können wir das, aber wir verlieren dadurch genau jenes Moment, das die Subjektivität ausmacht. Wir denken diesen Menschen als ein Er, in dem der Ernst zu einer Charakter- oder Zustandsbestimmung geworden ist. Was es aber heißt, daß es einem ernst mit einer Sache ist, kann ich nur dadurch erfahren, daß es *mir* einmal mit einer Sache ernst ist.

Das Feld, das durch Kierkegaards beispielhaftes Vorgehen für philosophische Studien erschlossen wurde, ist das Feld der Subjektivität. Da Subjektivität aber nur eine Seinsweise unter anderen ist, kann man allgemeiner sagen, daß hier die Philosophie anstelle von Eigenschaften und Prädikaten des Seienden Seinsweisen untersucht. Bevor ich zum allgemeineren Thema der Seinsweisen übergehe, möchte ich aber von Kierkegaard noch ein Beispiel zum Thema Subjektivität behandeln. Und zwar seinen berühmten Satz »Die Wahrheit ist die Subjektivität«.

Dieser Satz ist natürlich eine Provokation und hat eigentlich nur Sinn, wenn man sein Gegenteil, nämlich »Die Wahrheit ist die Objektivität« als das allgemein Akzeptierte vorausssetzt. Dann nämlich bringt Kierkegaards Satz eine in der Regel vergessene und vernachlässigte Seite des Wahrheitsverhältnisses heraus.

Kierkegaards Analyse findet sich in seiner Schrift *Abschließende unwissenschaftliche Nachschrift zu den Philosophischen Brocken* 1. Teil (1846/1957, S. 179 f.). Kierkegaard setzt seine Analyse bei der üblichen Auffassung an, Wahrheit sei ›die Übereinstimmung des Denkens mit dem Sein‹. Obgleich man bezüglich dieser Bestimmung von Wahrheit in der Regel ein Einverständnis erzielen kann, zeigen sich die allergrößten Schwierigkeiten, wenn man sie präzisieren will, das heißt, wenn man sagen will, was man dabei unter Denken versteht und unter Sein und worin eigentlich die Beziehung der Übereinstimmung bestehen soll. Kierkegaard geht diesen Schwierigkeiten ein Stück weit nach. Wir wollen das aber nicht tun, sondern uns sogleich mit Kierkegaard darauf beziehen, daß es sich bei Wahrheit offenbar um eine Relation zwischen Subjekt und Objekt handelt. Diese Relation kann man nun in Hinblick auf das Objekt *und* in Hinblick auf das Subjekt betrachten oder, wie Kierkegaard sagt, reflektieren.

»Wenn objektiv nach der Wahrheit gefragt wird, so wird objektiv auf die Wahrheit als einen Gegenstand reflektiert, zu dem der Erkennende sich verhält. Es wird nicht auf das Verhältnis reflektiert, sondern darauf, daß es die Wahrheit, das Wahre ist, wozu er sich verhält. Wenn das, wozu er sich verhält, bloß die Wahrheit ist, das Wahre ist, so ist das Subjekt in der Wahrheit. Wenn subjektiv nach der Wahrheit gefragt wird, so wird subjektiv auf das Verhältnis des Individuums reflektiert; wenn nur das Wie dieses Verhältnisses in der Wahrheit ist, so ist das Individuum in Wahrheit, selbst wenn es sich so zur Unwahrheit verhielte« (ebd., S. 190).

Zweierlei ist bei diesem Text zu beachten. Zum ersten, daß hier die Reflexion in Hinblick auf Objekt und Subjekt nicht symmetrisch ist, also nicht symmetrisch danach gefragt wird, was jeweils dem Subjekt und dem Objekt geschieht, wenn sie in der Wahrheitsrelation stehen. Als zweites ist zu bemerken, daß, wenn in unserem Text ›Verhältnis‹ steht, Kierkegaard dann nicht einfach bloß neutral ›Relation‹ meint, sondern auch Verhalten (darauf verweist der Übersetzer ausdrücklich in Anmerkung 461, ebd., S. 339). Die sogenannte subjektive Reflexion auf die Wahrheitsrelation besteht bei Kierkegaard darin, daß man darauf achtet, daß sich das Subjekt in der Wahrheitsrelation in bestimmter Weise ›verhält‹.
In der objektiven Reflexion erscheint das Objekt, zu dem sich das Subjekt verhält, als ›das Wahre‹. Diese Feststellung Kierkegaards ist für uns überraschend und erklärt sich natürlich daraus, daß alle seine Überlegungen, auch seine philosophischen Reflexionen, in einem religiösen Kontext stehen. Wenn man für die Seite des Objekts an Beispiele wie ›Die Katze ist auf der Matte‹ denkt, dann macht die Feststellung, daß dieser Sachverhalt »die Wahrheit, das Wahre ist«, nicht sehr viel Sinn. Das ist natürlich ganz anders, wenn es sich um religiöse Wahrheiten handelt. Es ist aber auch schon anders, wenn es sich um ethisch relevante Sachverhalte handelt. Hier sagt man ja auch etwa nicht nur »Es ist wahr, daß du mich verleugnet hast«, sondern, »daß du mich verleugnet hast, *das* ist die Wahrheit«. Und man vollzieht damit die objektive Reflexion, von der Kierkegaard redet: Der Sachverhalt selbst wird als Wahrheit bezeichnet. Allgemeiner kann man sagen, daß Kierkegaard darauf hinweist, daß ein Objekt oder ein Sachverhalt, wenn sie in die Wahrheitsrelation eintreten, selbst in bestimmter Weise qualifiziert werden. Das ist übrigens etwas, was im Rahmen des griechischen Wahrheitsverständnisses ganz selbstverständlich war. Es soll uns hier aber nicht weiter beschäftigen, sondern wir wollen

vielmehr das betrachten, was Kierkegaard die subjektive Reflexion nennt.
In der subjektiven Reflexion achtet man mit Kierkegaard darauf, daß sich das Subjekt in der Wahrheitsrelation in bestimmer Weise zum Objekt verhält. Hier ist im religiösen Kontext natürlich an Glauben, Vertrauen und dergleichen zu denken. Es liegt Kierkegaard sehr viel daran, dieses Moment herauszuarbeiten, um seine Leser darauf aufmerksam zu machen, wieviel an *ihnen* liegt, wenn es um Glaubensgewißheit geht, und daß sie diese nicht von der Objektseite erwarten können. Er redet deshalb von Sprung, Wagnis, Entschluß, also von der Beteiligung, die das Subjekt in die Wahrheitsrelation einbringen muß. In unserem Text geht er so weit zu behaupten, daß das Individuum, wenn es sich nur mit dem entsprechenden Engagement einbrächte, auch dann »in Wahrheit [sei], selbst wenn es sich so zur Unwahrheit verhielte«. Hier zeigt sich, das sei nebenbei bemerkt, schon das Gefährliche, das auch im Existentialismus steckt. Es besteht darin, alles auf Entschlossenheit zu setzen, ohne dem ein Gewicht zu geben, wozu man sich entschließt. Kierkegaard überzieht sicherlich hier seinen Punkt, um ihn deutlich zu machen. Er erläutert ihn übrigens noch sehr hübsch aus einem lebensweltlichen Kontext, indem er wenig später schreibt: »So hat vielleicht auch ein Mädchen aus einer schwachen Hoffnung heraus, von dem Geliebten geliebt zu sein, alle Süßigkeit der Liebe besessen, weil sie nämlich selbst alles auf diese schwache Hoffnung einsetzte« (ebd., S. 193).
Die These »Die Wahrheit ist die Subjektivität« arbeitet die subjektive Seite der Wahrheitsrelation heraus und damit das Moment der Überzeugung, der Betroffenheit, der Teilnahme und der Verantwortung gegenüber dem, was man für wahr hält. Die Vernachlässigung dieser Reflexion ist nicht nur ein logisches Problem, sondern sogar viel eher ein ethisches Problem oder, wie Kierkegaard meint, sogar eine Sache für die Psychopathologie. Er sieht es als eine Form von geistig-seelischer Krankheit an, immer nur sachlich das Wahre zu sagen, ohne sich dazu in ein persönliches Verhältnis zu setzen (ebd., S. 186f.). Man wird heute, wo an unserem Auge täglich so viele Tatsachen von Krieg, Hunger, Folter und Umweltzerstörung vorüberziehen, verstehen, worauf sich Kierkegaards Kritik richtet. Leider aber erweist sich die Teilnahmslosigkeit, mit der wir diese Wahrheiten zur Kenntnis nehmen, eher als eine Art psychischer Gesundheit.

Bei der Herausarbeitung des subjektiven Moments in der Wahrheitsrelation zeigte sich schon jene Vorrangstellung der Existenz vor der Essenz, die wir als Grundthese der Existenzphilosophie am Eingang aufgestellt haben. Worauf es Kierkegaard ankam, war, herauszuarbeiten, daß in Glaubensdingen die Weise, wie man existiert, darüber entscheidet, was man ist. Es ist das Wagnis des Glaubens, der Sprung, die Hingabe, die Leidenschaft, die einen zum Christen macht. Diese Umkehrung des Verhältnisses von Daß-Sein und Was-Sein ist in der Existenzphilosophie, insbesondere bei Sartre, dahingehend verschärft worden, daß der Mensch überhaupt keine Natur, d. h. kein vorgegebenes Wesen habe, sondern durch seine Existenz sich erst zu etwas mache. Der Mensch produziert sich selbst, er bringt sich existierend hervor, er wählt sein Wesen. Es kommt uns hier, wo wir Existenzphilosophie als einen Typ von verwissenschaftlichter Philosophie behandeln, nicht so sehr auf eine Verfolgung dieser Linie an, die zu einem radikalen Freiheitsbegriff und einer heroischen Moral führt. Deshalb wenden wir uns jetzt der Frage zu, was die Verschiebung der Aufmerksamkeit von Prädikaten zu Seinsweisen an Forschungsfeldern eröffnet.

Zunächst natürlich ergibt sich die Aufgabe einer Unterscheidung von Seinsweisen als solchen. Die ontologische Unterstellung, daß jedes Seiende vollständig durch seine Prädikate gedacht werden könne, zu denen dann noch die Existenz, die selbst kein Prädikat ist, hinzutritt, war ja zugleich die Unterstellung, daß für alles Seiende Existenz dasselbe sei. Heidegger hat das so formuliert, daß Existenz in diesem traditionellen Denken generell als Vorhandenheit gedacht worden sei. Durch die Verschiebung der Aufmerksamkeit von der Essenz auf die Existenz wurde nun deutlich, daß sich Seiendes keineswegs bloß durch Prädikate, sondern vielmehr tiefer durch Seinsweisen unterscheidet. Heidegger unterschied drei große Klassen von Seiendem, für die jeweils ihr Sein anders verstanden werde: nämlich Vorhandenes, Zuhandenes und Dasein. Vorhandenes ist das Gegebene in Raum und Zeit. Heidegger denkt hier vor allem an die Welt physikalischer Gegenstände. Zuhandenes sind Gebrauchsgegenstände, Zeug, wie Heidegger sie nennt. Und Dasein schließlich ist der Seinstitel für das Seiende Mensch. Heideggers Aufzählung von Seiendem verschiedener Seinsweise ist keineswegs vollständig, soll es auch nicht sein. Der Orientierung an unterschiedlichen Seinsweisen folgend könnte

man etwa hinzufügen: das Göttliche oder die von Hermann Schmitz in seiner Phänomenologie aufgewiesenen Halbdinge und Atmosphären. Ferner ist die Frage, ob ›Leben‹ eine besondere Seinsweise ist. Heidegger hat unterstellt, daß Leben eine in ›Dasein‹ implizierte Seinsweise ist, und ein Programm aufgestellt, nach dem die Seinsweise anderer Lebewesen neben dem Menschen gewissermaßen subtraktiv aus der Seinsweise dieses höchsten und reichsten Lebendigen, nämlich des Menschen, gewonnen werden sollte. Dieses Programm hat er selbst nur angedeutet (1927/1957), es ist partiell von Hans Jonas ausgeführt worden.[2]
Neben dem Untersuchungsfeld der Subjektivität und der subjektiven Tatsachen ergibt sich für die Existenzphilosophie also das Untersuchungsfeld der Seinsweisen. Es stellt sich damit die Frage: wie untersucht man Seinsweisen? Dafür hat nun Heidegger in seinem Buch *Sein und Zeit*, insbesondere für die Untersuchung der Seinsweisen des Seienden Mensch, ein großes Paradigma gegeben. Er hat damit auch gezeigt, daß es wirklich in diesem Feld viel zu erkennen gibt, was ja, solange man Existenz als bloße Vorhandenheit verstand, gar nicht zu vermuten war.
Der existenzphilosophische Grundsatz des Vorranges der Existenz vor der Essenz erscheint in Heideggers Untersuchung in der Form »das ›Wesen‹ des Daseins liegt in seiner Existenz« (ebd., S. 42). Damit sagt Heidegger nicht, wie es später bei Sartre heißt, daß der Mensch sich sein Wesen schafft. Aber auch bei ihm ist so etwas wie eine Natur des Menschen oder ein Wesen im traditionellen Sinne abgeschafft. ›Wesen‹ wird in der genannten Formulierung Heideggers ganz anders verstanden. Der Mensch ist in seinem Sein-Können nicht ein völlig unbeschriebenes Blatt, gewissermaßen die Freiheit an sich, sondern bewegt sich im Rahmen formaler Möglichkeiten. Denn Sein, die Existenz, hat selbst eine Struktur. Ich zitiere, um das Gesagte noch einmal zu unterstreichen, die Passage von Heidegger noch einmal in extenso:

Das ›Wesen‹ des Daseins liegt in seiner Existenz. Die an diesem Seienden herausstellbaren Charaktere sind daher nicht vorhandene ›Eigenschaften‹ eines so und so ›aussehenden‹ vorhandenen Seienden, sondern je ihm mögliche Weisen zu sein und nur das. Alles So-sein dieses Seienden ist primär Sein. Daher drückt der Titel ›Dasein‹, mit dem wir dieses Seiende

2 Hans Jonas, *Organismus und Freiheit. Ansätze zu einer philosophischen Biologie*, Göttingen: Vandenhoeck und Ruprecht 1973.

bezeichnen, nicht sein Was aus, wie Tisch, Haus, Baum, sondern das Sein« (ebd., S. 42).

Die Charaktere, von denen Heidegger hier redet, nennt er dann ›Existenzialien‹, um sie von den seit Aristoteles üblichen und von Immanuel Kant neu formulierten Kategorien abzusetzen, die im nachhinein als Charaktere der Vorhandenheit erscheinen. Es kann nun nicht die Aufgabe einer Einführung sein, die ganze wundervolle und reichhaltige Analyse des Seienden Mensch, die sich bei Heidegger findet, darzustellen. Es sei auch hier nur paradigmatisch *ein* Charakter und damit ein kleines Stück der Heideggerschen Analyse mitgeteilt, und zwar die ›Jemeinigkeit‹. Die Auswahl des Existenzials der Jemeinigkeit bietet sich deshalb an, weil sie in engster Beziehung zu dem steht, was bei Kierkegaard Ernst und Subjektivität hieß. Heidegger beginnt seine Analyse mit folgenden Sätzen:

»Das Seiende, dessen Analyse zur Aufgabe steht, sind wir je selbst. Das Sein dieses Seienden ist *je meines*. Im Sein dieses Seienden verhält sich dieses selbst zu seinem Sein. Als Seiendes dieses Seins ist es seinem eigenen Sein überantwortet. Das *Sein* ist es, darum es diesem Seienden je selbst geht« (ebd., S. 41 f.).

In diesen Sätzen stellt Heidegger dreierlei fest:

1. Wir können das Seiende, um dessen Analyse es hier geht, nicht in der Form der Gegenständlichkeit untersuchen. Wir haben es nicht vor und außer uns, es steht uns nicht gegenüber, sondern wir sind es selbst. Das Wissen, das hier relevant ist, kann also nicht objektives Wissen sein, sondern es ist eine Form von Selbsterfahrung oder Selbsterkenntnis.
2. Das Seiende wird in seiner radikalen Konkretion genommen. Das heißt also, nicht insofern es vielleicht gedacht werden könnte, sondern insofern es *ist*. Es geht, traditionell gesprochen, um ein ›Dieses‹, nur kann man es nicht so nennen, weil man auf es nicht weisen kann, denn es ist »je meines«.
3. So weit ist im Ausdruck der Jemeinigkeit eher das ›je‹ als das ›meines‹ erläutert. Heidegger weist nun darauf hin, daß in der Jemeinigkeit ein Selbstverhältnis liegt. Zwar kann man noch nicht sagen, daß hier ein Ich sich selbst besitzt oder auf sich selbst reflektiert. Aber daß dieses Seiende wir je selbst sind, heißt, daß wir unausweichlich an dieses Sein gebunden und von ihm betroffen sind, unendlich interessiert, würde Kierkekaard sagen. Dasein de-

finiert Heidegger später als dasjenige Seiende, »dem es in seinem Sein um sein Sein selbst geht«.

Heidegger zeigt nun im folgenden, daß diese unausweichliche Betroffenheit vom eigenen Sein und die Interessiertheit am eigenen Sein keineswegs bedeutet, daß man sein Sein auch wirklich selbst ist. Die Grundstruktur der Jemeinigkeit impliziert die Möglichkeit des Selbstseins wie auch die Möglichkeit, sich selbst zu verfehlen. Ich zitiere wieder eine längere Passage:

»Das Seiende, dem es in seinem Sein um dieses selbst geht, verhält sich zu seinem Sein als seiner eigensten Möglichkeit. Dasein *ist* je seine Möglichkeit und es ›hat‹ sie nicht nur noch eigenschaftlich als ein Vorhandenes. Und weil Dasein wesenhaft je seine Möglichkeit ist, *kann* dieses Seiende in seinem Sein sich selbst ›wählen‹, gewinnen, es kann sich verlieren, bzw. nie und nur ›scheinbar‹ gewinnen. Verloren haben kann es sich nur und noch nicht sich gewonnen haben kann es nur, sofern es seinem Wesen nach mögliches *eigentliches*, das heißt sich zueigen ist. Die beiden Seinsmodi der *Eigentlichkeit* und der *Uneigentlichkeit* ... gründen darin, daß Dasein überhaupt durch Jemeinigkeit bestimmt ist. Die Uneigentlichkeit des Daseins bedeutet aber nicht etwa ein ›weniger‹ Sein oder einen ›niedrigeren‹ Seinsgrad. Die Uneigentlichkeit kann vielmehr das Dasein nach seiner vollsten Konkretion bestimmen in seiner Geschäftigkeit, Angeregtheit, Interessiertheit, Genußfähigkeit« (ebd., S. 42 f.).

Die Notwendigkeit, selbst sein zu müssen, ist strukturell und die Betroffenheit durch das eigene Sein unausweichlich. Trotzdem hat die Jemeinigkeit des Daseins einen positiven und einen defizienten Modus. Man kann das eigene Sein, würden wir in der Alltagssprache sagen, bewußt ergreifen, dazu stehen, oder man kann sich das Leben auch abnehmen lassen. Man sieht, wie hier in einer Grundstruktur des Daseins der Ursprung von Ethik sichtbar wird. Gleichzeitig versteht man, daß die Existenzphilosophie durch die Unterscheidung von eigentlichem und uneigentlichem Sein einen starken moralischen Impuls ausstrahlte. Andererseits ist die Möglichkeit von eigentlichem Dasein nur formal angezeigt, aber nicht inhaltlich gefüllt. Insofern geht auch hier der moralische Impuls, wie schon bei Kierkegaard, nur auf Entschiedenheit überhaupt.

Wir wollen damit das Paradigma der Heideggerschen Analyse des Daseins verlassen, aber gleich daran eine Überlegung anknüpfen, die zeigt, wie dieser philosophische Ansatz einzelwissenschaftlich fortgesetzt werden kann. Wir sahen, daß bei Heidegger der traditionelle Ausdruck ›Wesen‹ nicht mehr Essentia, also einen Was-

Gehalt bezeichnet, sondern die Existenzialstruktur des Daseins. Von daher rückblickend fällt aber ein neues Licht auf dasjenige, was man vorher das Wesen des Menschen genannt hat. Es handelt sich nämlich bei den verschiedenen Wesensbestimmungen des Menschen um dasjenige, worin er jeweils, und zwar kulturell konsentiert, sein ›Eigentliches‹ verstand. Dieses Eigentliche des Menschseins konnte Vernunft sein oder Seele oder Identität. Es handelt sich jeweils um konkrete inhaltliche Bilder von Eigentlichkeit. Aus der Sicht der Existenzphilosophie entspringen diese Bilder von Eigentlichkeit einem historischen Selbstverhältnis des Menschen. Damit ergibt sich der Forschungsansatz einer historischen Anthropologie. Mit dem Ausdruck ›historische Anthropologie‹ meine ich jetzt nicht nur einen Zweig der Geschichtswissenschaft, nämlich die Mentalitätsgeschichte, sondern die historische Erforschung des Wandels des menschlichen Selbstverständnisses. Historische Anthropologie ist ein typisches Mittelding zwischen Philosophie und Wissenschaft. Soweit es darin um die Bestimmung des menschlichen Selbstverständnisses geht, ist sie Philosophie, nämlich philosophische Anthropologie; soweit sie dessen Wandel historisch erforscht, ist sie Geschichtswissenschaft.

Damit haben wir uns mit der Grundthese, einem Paradigma und dem Aufweis von Forschungsmöglichkeiten die Existenzphilosophie als eine Art, wissenschaftlich Philosophie zu betreiben, vor Augen geführt. Wenn wir von dem genannten Paradigma her sagen wollten, ob die Existenzphilosophie einen spezifischen Gegenstand oder einen spezifischen Phänomenbereich habe, so scheinen es insbesondere ›die menschlichen Dinge‹ zu sein, insbesondere ethisch relevante Grundstrukturen menschlicher Existenz. Um diesen Eindruck nicht so stehen zu lassen und um zu zeigen, daß tatsächlich der Ansatz der Existenzphilosophie weiter ist, soll noch ein letztes Beispiel gegeben werden.

Als ein Grundzug des Verfahrens in der Existenzphilosophie wurde der Übergang von Eigenschaften zu Seinsweisen bezeichnet. Diese Verschiebung ist nun keineswegs bloß für anthropologisch oder ethisch relevante Fragestellungen von Bedeutung, sondern auch für ästhetische. Und damit verläßt man den Bereich der ›menschlichen Dinge‹ im engeren Sinne. Auch bei Dingen könnte man ja versuchen, ihre Eigenschaften als Seinsweisen zu lesen. Damit wird das ontologische Vorurteil, man könne Dinge mit allen ihren Bestimmungen denken und dann noch zusätzlich fragen, ob sie existieren, in Frage gestellt. Kann man sich wirklich eine duftende Rose, d. h. einen Gegenstand Rose mit dem Prädikat ›duftend‹, vorstellen, ohne zugleich zu implizieren, daß diese Rose auch ist? Umgekehrt gefragt: Ist das Duften nicht eine Weise der Rose, zu *sein?* Man braucht diese Frage nur zu stellen, um gewissermaßen fast alle Eigenschaften einer Rose von ihr abfallen zu sehen – und das ist bei anderen Dingen kaum anders. Man wird bei diesem Vorgang an die traditionelle Unterscheidung von primären und sekundären Qualitäten erinnert. Auch durch diese Unterscheidung wurden Dinge fast aller Eigenschaften beraubt, fast aller, nämlich bis auf die geometrischen als den sogenannten primären Qualitäten. Alle sekundären Qualitäten sind danach den Dingen nur zuzuschreiben relativ zu einem empfindenden Subjekt. Die Auflösung von Eigenschaften der Gegenstände in Seinsweisen ist ein ähnlicher Vorgang. Sie bedeutet, daß fast alle Eigenschaften von Dingen gelesen werden können oder, besser gesagt, gelesen werden müssen als Weisen, in denen sie sind, als Artikulation ihrer Präsenz: so Farbe, Geruch, aber womöglich sogar Form, nämlich als räumliche Kontur, und Raumerfüllung, nämlich als Voluminosität. Diese existenzphilosophische Wendung in der Dingontologie ist nun von höchster Relevanz für die Ästhetik. Denn nun brauchen die ästhetischen Qualitäten der Dinge nicht mehr einseitig auf die Organisation des ästhetischen Subjekts zurückgeführt zu werden und damit letzten Endes als Projektionen in die Dinge angesehen zu werden, vielmehr können die Dinge durch die Weisen, in denen sie *da* sind, aus sich charakteristisch herausgehen, als ästhetisches Potential verstanden werden. Ich habe die Eigenschaften der Dinge, als Weise aus sich herauszutreten, Ekstasen genannt.[3] Mit den Ekstasen hat die Existenzphilosophie für die Ästhetik ein riesiges Forschungsfeld eröffnet.

3 Gernot Böhme, »Die Ekstasen der Dinge«, in: M. Großheim/H.-J. Waschkies (Hg.), *Rehabilitierung des Subjektiven. Festschrift für H. Schmitz*, Bonn: Bouvier 1993.

4. Hermeneutik

Zum Begriff der Hermeneutik

Der Ausdruck Hermeneutik ist vom Namen eines griechischen Gottes, des Hermes, lateinisch Merkur, abgeleitet. Hermes hatte neben anderen Funktionen die Aufgabe, die Sprüche der Götter an die Menschen zu übermitteln, und das hieß auch, von der göttlichen in die menschliche Sprache zu übersetzen. Das griechische Wort ›hermeneuein‹ heißt bereits ›übersetzen‹ und ›dolmetschen‹. Der Ausdruck Hermeneutik bezeichnet seit dem 17. Jahrhundert die Kunstlehre des Verstehens. Sie ist als solche eine Hilfsdisziplin der Theologie und der Jurisprudenz und erhielt diese Funktion mit der neuerlichen Zuwendung zu klassischen Texten in der Romantik auch für die Philologie. Eine Kunstlehre des Verstehens war nötig, weil man in diesen Bereichen, also Theologie, Jurisprudenz, klassische Philologie, mit Texten zu tun hatte, die auf der einen Seite kanonische Geltung hatten, die aber auf der anderen Seite wegen der zeitlichen und sprachlichen Kluft, die die Leser von den Verfassern trennte, nicht mehr unmittelbar verständlich waren. Seit Schleiermacher und Friedrich Schlegel übernahm die Hermeneutik diese Funktion auch für die Philosophie. Die Philosophie begann ihre eigene Geschichte ernstzunehmen, ja, mit Hegel wurde die Geschichte der Philosophie gewissermaßen sogar zu ihrem wichtigsten Feld, nämlich dem der Entfaltung des Geistes.

Wenn wir auf diese Herkunft des Begriffs Hermeneutik blicken, so ist es keineswegs selbstverständlich, daß es so etwas wie philosophische Hermeneutik oder hermeneutische Philosophie gibt. Hermeneutik ist danach soviel wie ein Handwerkszeug des Lesens, eine Methode. Sie hat ihren Anwendungsbereich, wo immer es um das Verstehen von Sinn geht, also zunächst bei Texten, dann auch bei Kunstwerken, im weiteren bei allen menschlichen Handlungen – und zwar insbesondere dann, wenn es um die wissenschaftliche Erfassung von Sinn in diesen Bereichen geht, d. h. in der Theologie, Jurisprudenz, in den Philologien, in der Kunstwissenschaft und schließlich in der Sozialwissenschaft. Hermeneutik kann damit auch als eine Methodologie der Geisteswissenschaften und zum Teil der Sozialwissenschaften bezeichnet werden. Wir haben es also bei der Hermeneutik mit einem anderen Verhältnis von Philosophie und den Wissenschaften zu tun, als wir es bei Phänomenologie und Existenzphilosophie kennengelernt haben. Waren dort aus einem bestimmten Typ Philosophie Methoden von Einzelwissenschaften geworden, so ist es hier umgekehrt. Die Hermeneutik ist aus einer Hilfsdisziplin zu der Methodologie ganzer Wissenschaftszweige geworden und schließlich zu einem Typ von Philosophie ›aufgestiegen‹. Dafür muß es Gründe geben. Bevor wir uns diesen zuwenden, eine kurze Beschreibung der Hermeneutik als Methode.

Hermeneutik ist die Kunstlehre des Verstehens. Sie bezieht sich also als wissenschaftliche Methode auf solche Gegenstände, deren Erfassen ein Verstehen ist. Verstanden wird allgemein der Sinn von etwas, spezieller die Bedeutung, der Zweck oder die Absicht. Ein Text hat einen Sinn, ein Ausdruck hat eine Bedeutung, ein Handwerkszeug, eine soziale Einrichtung, eine Maschine dient einem Zweck, eine menschliche Handlung geschieht in einer Absicht. Man sieht an den Beispielen ›Handwerkszeug‹ und ›Maschine‹, daß das Feld der Hermeneutik leicht über die Geistes- und Sozialwissenschaften ausgedehnt werden kann, wenn immer man nur annimmt, daß es sich um etwas handelt, das verstanden werden muß. So könnte man auch die ganze Natur auffassen, und so hat man auch in gewissen Zeiten die ganze Natur aufgefaßt. Dieser Linie folgend kann man auch von einem Universalitätsanspruch der Hermeneutik reden, wie das beispielsweise bei Gadamer geschehen ist. Wir wollen dieser Linie aber nicht folgen, weil man auf ihr leicht das Besondere verliert, das einen Typ von Gegenstand gegen andere dadurch auszeichnet, daß man seinen Sinn verstehen muß, um zu begreifen, was er ist. Das ist nun zweifellos bei Gegenständen wie Texten und menschlichem Handeln der Fall, aber wohl nicht bei Gegenständen wie Äpfeln oder dem Regenbogen, aber vielleicht nicht einmal bei Kunstwerken. Daß Kunstwerke einen *Sinn* haben müssen, um Kunstwerke zu sein, wäre eine spezielle These, und nur in diesem Fall müßte Kunsttheorie hermeneutisch verfahren. Aber was ist Sinn, und wann sind Gegenstände wesentlich durch Sinn konstituiert?

Man wird wohl wenig Aussicht haben, Sinn ohne Verstehen oder Verstehen ohne Sinn definieren zu können. Vielleicht kann man Sinn überhaupt nicht definieren, sondern man muß die Erfahrung von Sinn an bestimmten ausgezeichneten Gegenständen exemplarisch gemacht haben. Der Sinn eines Textes ist das, was er sagt, der Sinn einer Handlung das, worum willen man sie unternimmt. Bei Gegenständen mit Sinn ist also eine Doppelheit von bloßer Gegebenheit und des Woraufhin einer Verweisung festzustellen. Da man auch bloß Gegebenes auf einen möglichen Sinn hin betrachten kann, also etwa einen Kometensturz als Anzeichen für kommende Kriegsgefahr, so scheint das Verstehen für Sinn geradezu konstitutive Bedeutung zu haben. Es ist das Verstehen, das einem Gegenstand Sinn verleiht. Andererseits unterstellt man ja, daß einige Gegenstände, Gesten und Handlungen von sich her schon Sinn haben, den es dann zu erfassen gilt, so daß das Verstehen dieser Gegenstände dem Sinn gewissermaßen nachläuft. Allerdings wird dann vorausgesetzt, daß es einen anderen, etwa einen anderen Menschen, gegeben hat, der diesen Dingen zuvor schon Sinn verliehen hat. Man hätte deshalb komplementär zum Verstehen ein Sinn-stiftendes Verhalten anzusetzen. Von daher erklärt sich, daß man sehr häufig das Verstehen von Texten, Handlungen usw. nicht so sehr in der Erfassung ihres Sinns sieht, sondern in der Erfassung der Meinungen, Intentionen, Motive ihrer Autoren. Andererseits ist Sprache, ist Gestik, sind Handlungen gewissermaßen Institutionen, das heißt, sie stehen als potentielle Sinnträger intersubjektiv zur Verfügung. Es bedarf deshalb nicht in jedem einzelnen Fall des Autors, um ihnen gewissermaßen Leben einzuhauchen, und Verstehen ist deshalb auch nicht notwendig ein Akt der Empathie oder des Mitvollzugs mit der Intention eines Autors. Aber immerhin kann Verstehen heißen: die Empathie, das Mitvollziehen der Intentionen eines anderen. Wenn es im Verstehen aber um das Ergreifen von Sinn geht, so werden die entsprechenden Gegenstände selbst als die Sinnträger erfaßt. Sie müssen also an sich selbst gewisse Merkmale aufweisen, die sie zu Sinnträgern qualifizieren, und andererseits müssen sie in ein Netz von Konventionen der Sinnstiftung eingebunden sein. So sagt man, der Sinn sprachlicher Ausdrücke liege in ihrer Verwendung. Als Merkmale von Sinnträgern kann man – jedenfalls wenn sie komplett sind – ihre besondere Form von Einheit ansehen. Diese Einheit ist weder Einheit durch bloßen Zusammenhang noch Einheit durch Identität und noch nicht einmal eine Einheit durch Synthesis. Sinn kann auch eine bloße Zusammenstellung zur Einheit machen. Kant sprach hier von einer qualitativen Einheit oder

der Einheit des Themas, wobei er insbesondere an die Einheit der Handlung in einem Drama oder an die Einheit einer Melodie gedacht hat (*KdrV*, B 114). Nun kann man natürlich in vielen Fällen sagen, daß der Sinn eines Komplexes, sagen wir eines Textes, durch ein Zusammenspiel des Sinns seiner Elemente, also etwa der Worte, zustande kommt, wobei der Sinn der Elemente dann rein konventioneller Art wäre. Aber das ist sicherlich unzureichend, und insbesondere können eben auch sinnlose Elemente durch ihre Zusammenstellung Sinn erhalten.

Hermeneutik als methodisches und damit explizites Verstehen hat folglich zwei Hauptregeln, nämlich einerseits Einordnung der Elemente in das Netz konventioneller Verwendungsformen und andererseits Darlegung ihrer Einheit als Organisation durch einen Sinn. Dabei fällt auf, daß die Erfassung des Sinns darin schon vorausgesetzt wird. Das ist der berühmte hermeneutische Zirkel: Man muß einen Text, eine Handlung schon auf einen Sinn hin lesen oder auffassen, um die Elemente in ihrer Zugehörigkeit und Organisation zu dem Text und zu der Handlung bestimmen zu können. Andererseits will man aber gerade durch die Analyse des Ganzen und die Darlegung seiner Einheit erweisen, daß es diesen bestimmten Sinn hat. Dieser Zirkel ist von Hermeneutikern durch den Hinweis verteidigt worden, daß er korrigierend durchlaufen würde. Ein Vorgriff auf einen Sinn werde durch Analyse und Teilstudien entweder befestigt oder korrigiert und gegebenenfalls auch modifiziert. Das hat den Vertretern der hypothetisch-deduktiven Methode Gelegenheit gegeben zu behaupten, daß Hermeneutik auch nichts anderes als eben wissenschaftliche Methode sei.[1] Es handele sich bei dem Vorgriff auf Sinn auch nur um die Bildung einer Hypothese, die dann am Material überprüft werde. Andererseits ist Hermeneutik als Theorie der Geisteswissenschaften ja gerade entworfen worden, um die Eigenständigkeit der Wissenschaften von Sinnträgern gegenüber den Naturwissenschaften zu sichern. Es stellt sich damit erneut die Frage, inwiefern Sinn Gegenstände wie Text und Handlung überhaupt erst zu dem machen, was sie sind. Das wird sich offenbar erst dann ergeben, wenn der Vorgriff auf Sinn auf seiten des Lesers oder

1 Heide Göttner-Abendroth, *Logik der Interpretation. Analyse einer literaturwissenschaftlichen Methode unter kritischer Betrachtung der Hermeneutik*, München: Fink 1973.

Interpreten mehr ist als eine bloße Hypothese. Dieses Mehr wird sich als eine Art Mitproduktivität durch den Verstehenden erweisen, so daß das Verstehen ein Eintreten in ein Sinngeschehen ist, wie Gadamer sagt, oder eine Fortsetzung von Sinn. Man kann das auch so ausdrücken, daß Verstehen eine explizit subjektive Seite hat, das heißt, daß der Sinn von etwas zu einem Sinn *für* den Verstehenden wird. Hier droht natürlich die Hermeneutik auf der subjektiven Seite abzustürzen, sozusagen in die Beliebigkeit subjektiver Interpretationen, so daß demgegenüber Sicherungen eingebaut werden müssen. Sie können aber doch nie so weit gehen, daß es eine einzige wahre Interpretation gäbe, denn damit würde Sinn wieder vom Subjekt abgeschnitten und ein bloßes Ding.

Philosophie als Hermeneutik

Wir haben im Bemühen, Hermeneutik als Erkenntnismethode darzustellen, schon bemerkt, daß sie eine Reihe von philosophischen Fragen aufwirft. Da ist erstens die Frage, was eigentlich Sinn, was Verstehen ist, zweitens die Frage, ob es einen besonderen Gegenstandstyp gibt, für den die adäquate Erkenntnisweise das Verstehen ist, und drittens erwähnten wir die Möglichkeit einer universalen Hermeneutik, nach der die ganze Welt als ein Verstehenszusammenhang gesehen wird. Diese dritte Möglichkeit ist wohl im Rahmen eines physiognomischen oder alchemistischen Weltbildes anzusiedeln. Eine entsprechende hermeneutische Philosophie wäre damit Metaphysik oder Weltanschauung. Die zweite Möglichkeit stellte der Philosophie die Aufgabe, einen ganzen Zweig von Wissenschaften dadurch zu charakterisieren, daß sie sich auf Gegenstände mit Sinn beziehen. Das würde zu einer philosophischen Hermeneutik als Methodologie der Geisteswissenschaften führen. Sie wäre aber noch nicht ein besonderer Typ von Philosophie, sondern lediglich ein Zweig der Wissenschaftstheorie. Wir kommen damit auf die erste Möglichkeit, auf das Verstehen selbst zurück.

Von einer hermeneutischen Philosophie kann man eigentlich erst dann sprechen, wenn nicht nur das Verstehen Thema der Philosophie ist, sondern Verstehen selbst ein Grundzug der Philosophie. Da Hermeneutik die methodische Ausarbeitung des Verstehens ist, ist die hermeneutische Philosophie die Ausarbeitung des Verstehens als eines Grundzugs von Philosophie überhaupt oder, wie wir sagen würden, eines Typs von Philosophie.

In diesem Sinne ist die Philosophie paradigmatisch durch Heidegger (1927/1957) geprägt worden. In seiner Analytik des Daseins tritt das Verstehen als Existenzial auf. Existenzialien, um das noch einmal in Erinnerung zu bringen, sind Strukturen des Seienden Mensch. Da bei diesem Seienden die Existenz der Essenz vorausgeht, sind diese Strukturen mögliche Seinsweisen. Heidegger knüpft bei seiner Einführung des Verstehens als eines Existenzials an eine Bedeutung des landläufigen Ausdrucks Verstehen an, die wir bisher noch nicht beachtet haben. ›Verstehen‹ wird auch im Sinne von ›eine Sache verstehen‹, ›sich auf etwas verstehen‹, ›etwas können‹ verwendet: »Verstehen ist das Sein solchen Sein-könnens« (ebd., S. 144). Im Verstehen als Sein-können liegen nun zwei Momente, nämlich einerseits, daß das Verstehen Möglichkeiten erschließt, und andererseits, daß im Ergreifen dieses Sein-könnens sich das Dasein auf bestimmte Möglichkeiten hin entwirft. Im ersten Moment kommt der Erkenntnischarakter des Verstehens heraus, aber in dem Sinne, daß nicht einfach bloß Gegebenes hingenommen wird, sondern daß es durch das Verstehen, wie durch ein Licht, überhaupt erst erschlossen wird, nämlich in Hinblick auf seine Möglichkeiten aufgeschlossen wird. Deshalb nennt Heidegger dieses erste Moment auch die Sicht. Das zweite Moment des Verstehens nennt Heidegger Entwurf. Es kommt darin zum Ausdruck, daß die Möglichkeiten, die verstanden werden, nicht irgendwie abstrakt vorhandene oder objektive Möglichkeiten sind, daß es vielmehr um die Möglichkeiten des Daseins selbst geht, um je meine. Im Entwurf entwirft sich das Dasein auf seine Möglichkeiten zu sein. Verstehen ist also als Existenzial wesentlich *Sich*-verstehen.

In Rückblick auf das, was wir schon über Hermeneutik als Methode gesagt haben, zwei Beobachtungen: Wir müssen bei der Hermeneutik als einer Methode der Bearbeitung von Gegenständen mit Sinn unterscheiden zwischen dem Setzen von Sinn und dem Erfassen von Sinn. Auch dort zeigte sich schon, daß der Erfassende, d. h. derjenige, der den Gegenstand versteht, gewissermaßen als Ko-Autor angesehen werden muß, als selbst Sinn schaffend. Bei Heidegger nun, bei dem Verstehen ein Existenzial ist, fällt das Sinnschaffen und Sinnerfassen in eins. Das Verstehen ist als Sicht das Erkennen von Möglichkeiten und als Entwurf das

Schaffen von Möglichkeiten. Es fällt ferner auf, daß der Ausdruck ›Sinn‹ hier nicht als Bezeichnung eines besonderen Moments am Verstehen auftritt. Das liegt daran, daß das Verstehen gewissermaßen reflexiv ist bzw. daß Verstehen als Existenzial ein Sichverstehen ist. Zwar redet Heidegger, wenn es um das Verstehen des Daseins geht, auch von dem Worum-willen des Daseins, wenn es um das Verstehen der Welt oder von innerweltlich Seiendem geht, von der Bedeutsamkeit. Aber in jedem Fall sind es Möglichkeiten des Daseins, die verstanden werden.

Hermeneutik ist die methodische Ausarbeitung eines Verstehens. Diese Ausarbeitung nennt Heidegger auch Auslegung. Sie hat die Struktur des ›Etwas als etwas‹, etwas wird als etwas verstanden, das heißt aber, wie wir gehört haben, auf seine Möglichkeiten hin erschlossen. Der Entwurfcharakter des Verstehens prägt die Auslegung durch die sogenannte ›Vorstruktur‹: Das zu verstehende Etwas wird in bestimmter Weise thematisiert, in bestimmter Weise angesehen und mit einer bestimmten Begrifflichkeit ausgelegt. In Heideggerschen Worten: »Die Auslegung von Etwas als Etwas wird wesenhaft durch Vorhabe, Vorsicht und Vorgriff fundiert.« Heidegger erläutert diesen Satz unmittelbar durch seine Anwendung auf Textinterpretation:

»Die Auslegung von etwas als Etwas wird wesenhaft durch Vorhabe, Vorsicht und Vorgriff fundiert. Auslegung ist nie ein voraussetzungsloses Erfassen eines Vorgegebenen. Wenn sich die besondere Konkretion der Auslegung im Sinne der exakten Textinterpretation gern auf das beruft, was ›dasteht‹, so ist das, was zunächst ›dasteht‹, nichts anderes als die selbstverständliche, undiskutierte Vormeinung des Auslegers, die notwendig in jedem Auslegungsansatz liegt als das, was mit Auslegung überhaupt schon ›gesetzt‹, das heißt in Vorhabe, Vorsicht, Vorgriff vorgegeben ist« (ebd., S. 150).

Hier tritt nun auch der Begriff des Sinns auf. »Sinn ist das durch Vorhabe, Vorsicht und Vorgriff strukturierte Woraufhin des Entwurfs, aus dem her etwas als etwas verständlich wird« (ebd., S. 151). Aus der Ansetzung von Verstehen als eines Existenzials, also eines Grundzugs menschlicher Existenz, ergeben sich unmittelbar zwei Möglichkeiten hermeneutischer Philosophie, die beide bei Heidegger bereits paradigmatisch ausgearbeitet sind und sich in dem Buch *Sein und Zeit* in bestimmter Weise verschränken, nämlich die philosophische Anthropologie einerseits und die hermeneutische Ontologie andererseits.

Das erste Arbeitsfeld einer hermeneutischen Philosophie ist die philosophische Anthropologie. Hier geht es nicht darum, daß ich mich je in meiner Existenz auf meine Möglichkeiten entwerfe, sondern daß methodisch das Selbstverständnis des Menschen *als* Menschen ausgearbeitet wird. Dabei geht es also jeweils um die Herausarbeitung derjenigen Möglichkeiten, die nach dem entsprechenden Selbstverständnis den Menschen *zum* Menschen machen. Die philosophische Anthropologie ist damit deutlich von jeder wissenschaftlichen Bestimmung des Menschen, sei sie nun biologisch, soziologisch, ethnologisch oder medizinisch, unterschieden. In allen Wissenschaften vom Menschen geht es darum, festzustellen, was der Mensch faktisch und durchschnittlich ist. Es geht dabei weder um den Entwurf von Möglichkeiten noch um den Entwurf eines Eigentlichen des Menschseins. Letzteres tritt allenfalls als die Frage nach einem Spezifikum der Gattung Mensch auf, die den Menschen von anderen Lebewesen unterscheidet. Die Feststellung eines Spezifikums hängt dann allerdings in der Regel von einem bestimmten historischen Selbstverständnis des Menschen ab. Zur philosophischen Anthropologie ist die philosophische Selbstauslegung des Menschen seit Beginn der Philosophie bei den Griechen zu rechnen. Sie wird sich, soweit ich sehe, ihrer Besonderheit – nämlich ihrer Besonderheit gegenüber einer Wissenschaft vom Menschen – bei Kant bewußt, der die Anthropologie in pragmatischer Hinsicht von der physischen Anthropologie unterschied.[2] Die physische Anthropologie ist die wissenschaftliche. Sie hat nämlich nach Kant die Aufgabe, festzustellen, was der Mensch von Natur her ist. Die Anthropologie in pragmatischer Hinsicht ist die philosophische Anthropologie, insofern es ihr nämlich darum geht, was der Mensch aus sich machen kann.

Heidegger hat sich nun ausdrücklich dagegen gewehrt, seine Analyse des Daseins als philosophische Anthropologie zu bezeichnen. Das mag teils daran liegen, daß er sich von zeitgenössischen Konkurrenten wie Scheler und Plessner unterscheiden wollte, teils liegt es daran, daß es in der Tat in Heideggers Buch *Sein und Zeit* nicht um die Ausarbeitung eines *bestimmten* Selbstverständnisses

2 Immanuel Kant, *Anthropologie in pragmatischer Hinsicht* (1798), in: Werke in 6 Bänden, hg. von Wilhelm Weischedel, Bd. VI, Darmstadt: Wissenschaftliche Buchgesellschaft 1964.

des Menschen geht, sondern gewissermaßen, noch eine Ebene tiefer, um die Darlegung, daß der Mensch ein Seiendes ist, zu dem eine solche Selbstauslegung wesentlich gehört. Der Mensch ist ein Seiendes, »dem es in seinem Sein um sein Sein-können geht«. Damit kommen wir zu dem zweiten Arbeitsfeld einer hermeneutischen Philosophie.

Da zum Dasein wesentlich Sein-*können* gehört, versteht der Mensch implizit schon, was Sein heißt. Er hat, könnte man sagen, durch Mitvollzug und an ihm selbst exemplarisch ein Verständnis von ›Sein‹. In Heideggers Worten: »Im Entwerfen auf Möglichkeiten ist schon Seinsverständnis vorweggenommen. Sein ist im Entwurf verstanden, nicht ontologisch begriffen« (1927/1957, S. 147). Die Ausarbeitung solchen Seinsverständnisses führt also zur Ontologie. Ontologie ist nach Heidegger die Frage nach dem ›Sinn von Sein‹, und sie muß hermeneutisch betrieben werden, eben weil sie die Ausarbeitung eines – nun vorontologisch genannten – Seinsverständnisses ist. Eine solche hermeneutisch verfahrende Ontologie ist ebenfalls paradigmatisch in Heideggers *Sein und Zeit* gegeben. Sie enthält die Analyse des Daseins als sogenannte Fundamentalontologie. Diese ist fundamental, hat also Basischarakter für alle anderen Ontologien, weil es darin um dasjenige Seiende geht, nämlich den Menschen, zu dessen Sein wesentlich Seinsverständnis gehört. Ferner werden darin andere Seinsarten, wie die Zuhandenheit und die Vorhandenheit, erläutert. Es ist wichtig hinzuzufügen, daß es unter diesem Gesichtspunkt auch eine Hermeneutik der Natur gibt. Dabei geht es dann aber nicht darum, daß, wie etwa in der Alchemie oder Astrologie, allen Naturdingen und Ereignissen ein Sinn zugewiesen wird, sondern um den Entwurf von naturhaft Seiendem überhaupt. In diesem Sinne kann eine Hermeneutik der Natur als eine Ontologie des naturhaft Seienden fundierend für Naturwissenschaft sein. Historisch hat in unserer Kultur zum Selbstverständnis des Menschen auch immer ein bestimmtes Verständnis von Natur gehört. Was wir heute unter Naturwissenschaft verstehen, d. h. die neuzeitliche Naturwissenschaft, beruht auf einem Verständnis von naturhaft Seiendem, wie es sich im 16. und 17. Jahrhundert in Europa entwickelt hat.

Wir haben damit zwei Beispiele hermeneutischer Philosophie vor Augen, nämlich die philosophische Anthropologie einerseits und die Ontologie als Ausarbeitung der verschiedenen Weisen, ›Sein‹ zu verstehen.

Hermeneutik und Geschichtlichkeit

Neben philosophischer Anthropologie und hermeneutischer Ontologie möchte ich nun ein drittes Feld hermeneutischer Philosophie nennen, nämlich die Ausarbeitung der menschlichen Geschichtlichkeit. Dieses Feld ist von besonderer Bedeutung, weil von hier wichtige Einflüsse auf die entsprechenden Einzelwissenschaften ausgegangen sind, insbesondere auf die Geschichtswissenschaft und die Kunstgeschichte. Das Paradigma hat hier Hans-Georg Gadamer durch sein Buch *Wahrheit und Methode* (1960/1965) geliefert.

Um zu verstehen, inwiefern bei Gadamer Geschichtlichkeit eine philosophische Ausarbeitung des Verstehens darstellt, ist noch einmal auf Heidegger zurückzugehen. Schon bei Heidegger hat das Verstehen eine zeitliche Struktur und innere zeitliche Bewegtheit. Der Entwurf von Möglichkeiten ist ein Ausgreifen auf die Zukunft, und insofern könnte man sagen, daß das Dasein als Verstehendes zukünftig ist. Das ist aber unzureichend, insofern das Dasein sich selbst verstehend sich immer schon in bestimmten Möglichkeiten zu sein befindet und ihm seine Möglichkeiten ja schon vorgegeben sind. Heidegger redet deshalb auch von einem geworfenen Entwurf (1927/1957, S. 148). Das Dasein ist gewissermaßen immer schon von seiner Vergangenheit eingeholt und bleibt ihr verhaftet. Aus ihr sind ihm die Seinsmöglichkeiten vorgegeben, und erst durch Aneignung oder Verwerfung solcher Möglichkeiten wird das Dasein es selbst und entwirft sich auf eigene Möglichkeiten. Das Verstehen hat deshalb selbst einen zeitlichen Charakter, es vermittelt Vergangenheit in Zukunft. Heidegger bezeichnet diese Struktur später auch als die Geschichtlichkeit des Daseins.

Gadamers Philosophie ist nun im wesentlichen eine Ausarbeitung der Geschichtlichkeit des Verstehens. Bei dieser Ausarbeitung kommen neue Momente am Verstehensprozeß ins Spiel, die in der Folge dann auch für eine Methodologie der Geisteswissenschaften von Relevanz sind. Ich gehe diese Momente entsprechend den Zeitmodi der Vergangenheit und der Zukunft durch. Zunächst einmal nimmt Gadamer auf, daß die Vorstruktur so im Verstehen wirksam wird, daß der Entwurf von Sinn selbst ein geworfener ist. Der Vorgriff auf Sinn ist im Grunde ein Vorurteil. Entsprechend der Notwendigkeit der Vorstruktur rehabilitiert Gadamer das Vorurteil. Darüber hinaus fragt er aber, woher unsere Vorurteile kommen. Sie sind im Grunde ein Produkt der Vergangenheit, für das Verständnis von einzelnen Gegenständen wie Texten und Kunstwerken ein Produkt der Überlieferungsgeschichte. Damit ist bereits der wichtigste Ausdruck der Gadamerschen Hermeneutik gefallen. Es wird sich zeigen, daß für ihn Verstehen im Grunde die Fortsetzung der Überlieferungsgeschichte ist: »Das Verstehen ist selber nicht so sehr als eine Handlung der Subjektivität zu denken, sondern als Einrücken in ein Überlieferungsgeschehen« (1960/1965, S. 274 f.).

Gerade die Überlieferungsgeschichte und unsere daraus resultierenden Vorteile trennen uns aber von dem, was verstanden werden soll. Gadamer, stets orientiert an Beispielen aus Kunst- und Literaturgeschichte und Geschichte überhaupt, macht auf die Bedeutung des Zeitabstands aufmerksam. Die Bedeutung des Zeitabstands ist nur eine Variante der schon eingangs festgestellten Tatsache, daß ein ausdrückliches Verstehen, eine Interpretation und damit eine Hermeneutik erst nötig sind, wo Verstehen nicht selbstverständlich ist, sondern zunächst einmal ein Nichtverständnis und eine Fremdheit da ist. Der Sinn der Gebilde, die verstanden werden sollen, wurde in einem anderen Horizont entworfen, als es der unsere ist. Wenn *wir* aber diese Gebilde verstehen wollen, so geht es im Grunde nicht um Vergangenheitsrekonstruktion oder Sich-versetzen in fremde Welten, sondern um eine Aneignung der Vergangenheit. Die Werke der Vergangenheit sollen ja für uns Sinn machen. Hier wird jetzt das Moment der Mitproduktivität von Sinn durch den Verstehenden relevant. Und zwar wird sie gedacht als Konstitution von Geschichtskontinuität. Gadamer hat dafür den Begriff der Horizontverschmelzung geprägt. Damit haben wir den zweiten wichtigen Begriff der Gadamerschen Hermeneutik genannt.

Ein dritter ist der Begriff der Applikation. In Orientierung an der Tradition der theologischen und der juristischen Hermeneutik macht Gadamer darauf aufmerksam, daß das Verstehen von Texten immer zugleich ein Anwenden war. Im Bereich der Theologie ist das die Homiletik, im Bereich der Jurisprudenz die Rechtsprechung. Dieser Zug von speziellen Hermeneutiken verallgemeinert heißt, daß das Verstehen zugleich auch Möglichkeiten unseres Sein-könnens entwerfen soll, d. h. profan gesagt: das Verstehen soll eine Nutzanwendung des Verstandenen für unsere Gegenwart und Zukunft erbringen. Nietzsche hat in einem berühmten Aufsatz vom »Nutzen und Nachteil der Historie für das Leben«[3] gesprochen. Mit dem Begriff der Applikation in dieser verallgemeinerten Form hat Gadamer das Zukunftsmoment am Verstehen herausgearbeitet.

Gadamers Philosophie ist als hermeneutische eine Ausarbeitung der Geschichtlichkeit des Dasein. Verstehen ist der Vollzug und die Fortsetzung der Überlieferungsgeschichte. Im Verstehen wird die Kontinuität von Geschichte gestiftet.

Schluß: Die Hermeneutik und die Wissenschaften

Wir haben als Typ von verwissenschaftlichter Philosophie die hermeneutische Philosophie behandelt. Wissenschaftlich ist sie vor allem, weil sie methodisch vorgeht und ihren eigenen Gegenstand hat. In der hermeneutischen Philosophie geht es um die Ausarbeitung des Verstehens selbst, und deshalb ist diese Ausarbeitung sehr fruchtbar für die verstehenden Wissenschaften, d. h. die Geistes- und einen Teil der Sozialwissenschaften. Sie erweitert deren Methoden und macht sie selbstverständlich. Trotzdem kann man die Wissenschaftstheorie der Geistes- und Sozialwissenschaften, die sich mit der Methodologie des Verstehens beschäftigt und die Unterschiede zwischen den Geistes- und Naturwissenschaften zu erfassen versucht, nicht eigentlich zur hermeneutischen Philosophie rechnen. Das ist nur dann möglich, wenn man diese Wissenschaftstheorie nicht analytisch betreibt, sondern transzendental. Dann nämlich wird die Ausarbeitung eines bestimmten Verstehens, nämlich des vorgängigen Verstehens eines Gegenstandsbereichs selbst, zur Begründung dieser Wissenschaft. Aber wie wir gesehen haben, unterscheiden sich in dieser Hinsicht Geisteswissenschaft, Sozialwissenschaft und Naturwissenschaft nicht. Denn alle arbeiten auf der Basis eines mehr oder weniger expliziten Ent-

3 Friedrich Nietzsche, »Vom Nutzen und Nachteil der Historie für das Leben«. *Unzeitgemäße Betrachtungen*, 2. Stück, in: *Werke in drei Bänden*, München: Hanser o. J.

wurfs ihres Gegenstands. Die Arbeit, die hier noch zu leisten ist, wäre dann allerdings ebenfalls als hermeneutische Philosophie zu bezeichnen.

5. Geschichte der Philosophie

Es wäre durchaus möglich, auch Geschichte der Philosophie als einen Typ verwissenschaftlichter Philosophie darzustellen. Man hätte aber dadurch nur eine Facette der möglichen Stellungen der Philosophie zu ihrer eigenen Geschichte zur Sprache gebracht. Diese Einführung soll ja auch einen Eindruck davon vermitteln, was im akademischen Raum für Spezialitäten der Philosophie anzutreffen und zu studieren sind. Eine solche Spezialität ist zunächst in Deutschland auch die Geschichte der Philosophie, aber ohne daß darunter ein spezieller Typ verwissenschaftlichter Philosophie zu verstehen wäre. Vielmehr ist Geschichte der Philosophie ein breiter und durch die unterschiedlichen Zugangsweisen der Philosophie zu ihrer eigenen Geschichte ein sehr facettenreicher Sektor.

Natürlich ist auch das Verhältnis der Philosophie zu ihrer eigenen Geschichte durch den Zwang zur Verwissenschaftlichung geprägt. In ihrer entschiedensten Form stellt die Verwissenschaftlichung die Philosophie vor eine einfache Alternative. Wenn die Philosophie sich als eine Wissenschaft versteht wie andere auch, so kann sie ihre Geschichte achtlos hinter sich lassen. In der Wissenschaft ist das jeweils Neueste das einzig Interessante und Wahre. Das Vergangene ist vergangen, weil es überholt und damit entwertet wurde. So gibt es, um ein Beispiel zu nennen, kein physikalisches Interesse an der Geschichte der Physik. Gleichwohl kann das Vergangene auch immer *Thema* einer wissenschaftlichen Beschäftigung werden. Die Vergangenheit einer Wissenschaft ist aber nicht Thema dieser Wissenschaft, sondern der Wissenschaftsgeschichte. Das ist die andere Alternative: Die Geschichte der Philosophie wird nicht schlechthin mißachtet, aber aus der Philosophie herausgedrängt und zu einer Spezialität der Geschichtswissenschaft. Diese radikalen Konsequenzen aus der Verwissenschaftlichung der Philosophie sind nicht für Deutschland charakteristisch, sie finden sich aber in Ländern, in denen die analytische Philosophie zur ausschließenden Herrschaft gelangt ist. In diesen Ländern – als Beispiel nenne ich Schweden – kann man Kant, Hegel, Platon nicht mehr im Fach Philosophie studieren, sondern nur noch im

Fach Ideengeschichte. Das Fach Ideengeschichte umfaßt seinerseits aber nicht nur die Geschichte der Philosophie, sondern beispielsweise auch die Geschichte der politischen Ideen und partiell auch die Religionsgeschichte. Dadurch tritt die Geschichte der Philosophie allerdings in interessante Zusammenhänge. Aber das akademische Fach Philosophie wird damit gewissermaßen ausgetrocknet und steril – würden wir jedenfalls sagen.
Im folgenden ist also von den möglichen Beziehungen der Philosophie zu ihrer eigenen Geschichte zu reden, wie sie gegenwärtig im Rahmen der akademischen Philosophie anzutreffen sind.

Geschichte der Philosophie in der Philosophie

Die Art, wie die Geschichte der Philosophie im Fach Philosophie behandelt wird, kann hier natürlich auch nur paradigmatisch vorgeführt werden. Dabei werde ich nur solche Beispiele behandeln, bei denen deutlich wird, daß die Geschichte der Philosophie für die Philosophie selbst wichtig ist. Im Grunde kontrastieren deshalb alle diese Beispiele mit der sonstigen Orientierung der akademischen Philosophie an der Wissenschaft der Neuzeit.

(a) Hegel

Das noch immer überragendste Beispiel einer philosophischen Behandlung der Geschichte der Philosophie ist von Hegel gegeben worden. Dieses Beispiel wirkt bis heute – so ist beispielsweise Habermas' Buch *Der philosophische Diskurs der Moderne*[1], in dem die philosophische Entwicklung seit dem späten 18. Jahrhundert bis zur Gegenwart unter einem bestimmten Aspekt dargestellt wird, stark von der Hegelschen Manier, Geschichte der Philosophie zu treiben, geprägt. In Italien ist die akademische Philosophie über die Vermittlung durch Croce bis heute vom Hegelschen Beispiel bestimmt.
Hegel ist der erste, der die Geschichte der Philosophie selbst zu einer philosophischen Angelegenheit gemacht hat. Schon seit dem

1 Jürgen Habermas, *Der philosophische Diskurs der Moderne*, Frankfurt am Main: Suhrkamp 1985.

Altertum gibt es Geschichte der Philosophie, allerdings in der Form der Doxographie, d. h. der mehr oder weniger chronologischen Anordnung von Lehrmeinungen. Dagegen hat Hegel mit der Geste eines Potentaten verfügt: »Die Philosophie ist Vernunfterkenntnis, die Geschichte ihrer Entwicklung muß selbst etwas Vernünftiges, die Geschichte der Philosophie muß selbst philosophisch sein« (1971, Bd. 20, S. 468). Der Gedanke, der Hegel diese Auffassung der Geschichte der Philosophie erlaubte, ist sein Begriff der Philosophie als eines »Systems in der Entwicklung« (ebd., S. 477). Hegels Philosophie ist ein System, das dadurch zustande kommt, daß die einzelnen Begriffe auseinander hervorgehen. Das ist die Hegelsche Logik. Um die Geschichte der Philosophie nun selbst zu einer philosophischen Angelegenheit zu machen, brauchte Hegel also nur die innere Dynamik seines Systems als eine zeitliche Folge zu erweisen. »Nach dieser Idee behaupte ich nun«, sagt Hegel, »daß die Aufeinanderfolge der Systeme der Philosophie *in der Geschichte dieselbe* ist als die *Aufeinanderfolge in der logischen Ableitung* der Begriffsbestimmungen der Idee« (ebd., S. 478). Ich sagte: Hegel brauchte nur..., aber im Grunde ist die Aufgabe riesig, und die Behauptung, die zeitliche Abfolge von Philosophien entspreche der logischen Entfaltung der Gedanken, ist geradezu abenteuerlich. Hegel hat die Aufgabe in seinen *Vorlesungen über die Geschichte der Philosophie*, die zusammen drei Bände umfassen, zu bewältigen versucht. Was dabei herausgekommen ist, ist auch für denjenigen, der seiner Grundthese skeptisch gegenübersteht, beeindruckend. Gerade wegen seines maßlosen philosophischen Anspruchs vermag Hegel in jede einzelne Philosophie tiefer einzudringen und ihr gerechter zu werden als jede Doxographie. Für unseren Zusammenhang sollte noch festgehalten werden, daß Hegel allein einer Geschichte der Philosophie *seines* Typs Wissenschaftlichkeit zubilligt. Dabei wird allerdings Wissenschaft nicht im neuzeitlichen Sinne, sondern in dem Sinne verstanden, in dem die Philosophie seit Platon durch Erreichen letzter Gründe, Wissenschaft zu sein, strebte. In diesem Sinne stellt Hegel fest, »daß nur eine Geschichte der Philosophie, als ein solches System der Entwicklung der Idee aufgefaßt, *den Namen einer Wissenschaft* verdient« (ebd., S. 479 f.).
Wenn man nun Hegels Idee einer Geschichte der Philosophie begreifen will, so kann man nicht direkt seine *Logik* mit seinen *Vorlesungen zur Geschichte der Philosophie* vergleichen, eher

schon seine *Phänomenologie des Geistes*.[2] Denn das System der Geschichte ist der »in der Weltgeschichte sich darstellende allgemeine Geist« (1971, Bd. 20, S. 481). In der Geschichte gibt es mannigfaltige Produkte des objektiven Geistes, wie etwa Staatsformen, Kunst, Religion usw. In der Philosophie ist jeweils die Form zu suchen, in der sich der Geist selbst begreift. Philosophien sind deshalb nach Hegel im wesentlichen Bewußtseinsformen. Nach diesen Vorbereitungen ist es möglich, mindestens noch ein kleines Beispiel zur Illustration zu zitieren. Ich wähle den Anfang des Abschnitts »Philosophie des Sokrates«:

»So weit war das Bewußtsein in Griechenland gekommen, als Sokrates in Athen auftrat, – die große Gestalt des Sokrates. Die Subjektivität des Denkens ist auf bestimmtere, weiter durchdringende Weise in Sokrates zum Bewußtsein gebracht. Sokrates ist aber nicht wie ein Pilz aus der Erde gewachsen, sondern er steht in der bestimmten Kontinuität mit seiner Zeit. Er ist nicht nur höchst wichtige Figur in der Geschichte der Philosophie – die interessanteste in der Philosophie des Altertums –, sondern er ist eine welthistorische Person. Er ist Hauptwendepunkt des Geistes in sich selbst; diese Wendung hat auf Weise des Gedankens in ihm sich dargestellt« (1971, Bd. 18, S. 441).

Wir sehen, daß Hegel Sokrates' Philosophie in eine Folge von Bewußtseinsformen einordnet. Hegel setzt Sokrates in Beziehung zu den Atomisten, zu Anaxagoras und Protagoras. Wenn Hegel die Neuerung des Sokrates darin sieht, daß in ihm die Subjektivität des Denkens zu Bewußtsein gebracht worden sei, so meint er damit, daß das Denken zu einem Denken des Subjekts wird und daß sich damit Objektivität, sowohl als gegenständliche Realität wie auch als substantielle, d. h. in die Gebräuche eines Volkes eingelassene Sittlichkeit auflöst. »Es ist im allgemeinen nichts anderes«, sagt Hegel, »als daß er die Wahrheit des Objektiven aufs Bewußtsein, auf das Denken des Subjekts zurückgeführt hat, – ein unendlich wichtiges Moment« (ebd., S. 442 f.). Vorher, d. h. in der Naturphilosophie des Anaxagoras, war es die Vernunft als solche, die die Natur regierte, und ebenso wurden die moralischen Gesetze als pure Fakten genommen. Hegel zitiert dafür aus Sophokles' *Antigone*, Vers 454-457: »Die ewigen Gesetze der Götter sind,

2 G. W. F. Hegel, *Phänomenologie des Geistes*, in: *Werke in zwanzig Bänden*, Bd. 3, Frankfurt am Main: Suhrkamp 1970.

und niemand weiß, woher sie kommen«. In Sokrates sieht nun Hegel die beginnende Reflexion, die Rückkehr des Geistes in sich. Sie ist zunächst nur negativ, ohne aus dem Zustand der Reflektiertheit schon eine neue Naturphilosophie oder Moralphilosophie zu begründen. Das geschieht erst später bei Platon. Um noch einmal Hegel zu zitieren: »Im allgemeinen Bewußtsein, im Geiste des Volkes, dem er (das heißt Sokrates) angehörte, sehen wir die Sittlichkeit in Moralität umschlagen und ihn an der Spitze als Bewußtsein dieser Veränderung stehen. Der Geist der Welt fängt hier eine Umkehr an, die er später vollständig ausgeführt hat... Es beginnt hier die Reflexion des Bewußtseins in sich selbst ...« (1971, Bd. 18, 468).

(b) Gadamer

Als zweiten Typ einer philosophischen Beziehung auf die Geschichte der Philosophie komme ich erneut auf die Philosophie Hans-Georg Gadamers zu sprechen. Ich hatte sie als ein Paradigma hermeneutischer Philosophie dargestellt, und zwar als dasjenige, in dem die menschliche Geschichtlichkeit als solche ausgearbeitet wird. Das Verstehen erwies sich in dieser Philosophie als der Vollzug der Geschichtlichkeit des Menschen selbst. Die Vergangenheit verstehend, eignet sich der Mensch diese als *seine* Vergangenheit an, indem er durch Applikation auf die Gegenwart zukünftige Möglichkeiten entwirft. Diese Verhältnisse betreffen die Aneignung und Fortsetzung der Kultur im allgemeinen, aber natürlich auch die Philosophie im besonderen. Die hermeneutische Aneignung der Geschichte der Philosophie und ihre Vermittlung in die Gegenwart ist eine besondere und hervorgehobene Weise, die Geschichtlichkeit des Menschen zu vollziehen. Hermeneutische Philosophie wird damit geradezu identisch mit der so betriebenen Arbeit an der Geschichte der Philosophie. Die großen Philosophen der Vergangenheit werden dann nicht um ihrer selbst willen, um sie oder um ihre Zeit zu verstehen, gelesen, sondern im Horizont der Gegenwart und um sie für die Gegenwart fruchtbar zu machen. Gegenwärtiges Philosophieren heißt, sich die Vergangenheit der Philosophie anzueignen und ihre Möglichkeiten für die Gegenwart zu erschließen. In diesem Sinne trug bereits Gadamers Habilitationsschrift *Platos dialektische Ethik* den Untertitel »Phänomenologische Interpretationen zum ›Philebos«‹.[3] Damit ist schon ein Beispiel für die Arbeitsweise dieses Typs von Geschichte der Philosophie genannt: Wir hatten die Phänomenologie als einen Typ von Gegenwartsphilosophie kennengelernt. Hier bei Gadamer bildet sie den Horizont, in dem eine Schrift aus dem 4. Jahrhundert vor Christus gelesen wird. Es ist klar, daß gegen ein solches Vorgehen von verschiedener Seite Einwände erhoben werden können. Dagegen ist es wichtig hervorzuheben, daß dieser Zugriff auf die Vergangenheit keineswegs willkürlich ist, sondern im Gegenteil genaugenommen nur unter Beachtung schwerwiegender methodischer Restriktionen durchgeführt werden kann. Denn die von Gadamer geforderte Horizontverschmelzung zwischen der Vergangenheit und der Gegenwart soll ja nicht direkt erfolgen, sondern vermittelt durch die Überlieferungsgeschichte. Genaugenommen ist also nicht von einer unmittelbaren phänomenologischen Lektüre des platonischen Dialogs *Philebos* die Rede, sondern des schon durch die lange Geschichte der Lesarten vermittelten Dialogs *Philebos*. Man sieht, daß ein solches Philosophieren als reflektierte Fortsetzung der Geschichte der Philosophie außerordentlich aufwendig ist, um nicht zu sagen praktisch undurchführbar. Auch Gadamer entspricht nicht immer seinen eigenen Maximen. Andererseits muß man sagen, daß die hermeneutische Weise, Geschichte der Philosophie zu treiben, gerade dadurch wissenschaftlich wird, daß sie eine kritische Aneignung der Überlieferungsgeschichte philosophischer Werke liefert.

Als ein zweites charakteristisches Beispiel für diese Art, Philosophiegeschichte zu betreiben, sei Martin Heideggers *Kant und das Problem der Metaphysik*[4] genannt. Hier liest Heidegger Kants *Kritik der reinen Vernunft* im Horizont seiner kurz zuvor ausgearbeiteten Daseinsanalytik. Kant, der ja mit seiner Schrift die Absicht hatte, Metaphysik endlich auf die Heerstraße der Wissenschaft zu führen, hatte sich in seinem Versuch der Begründung einer neuen Metaphysik auf eine unausgewiesene Lehre von den menschlichen Erkenntnisvermögen gestützt. Heidegger versteht nun seine Interpretation der *Kritik der reinen Vernunft* als eine ›Wiederholung‹ des Kantischen Versuchs einer Grundlegung der Metaphysik – nun aber auf der Basis einer ausgewiesenen Anthro-

3 (1931), Hamburg: Meiner 1968.
4 (1929), Frankfurt am Main: Klostermann 1973.

pologie, nämlich seiner Analytik des Daseins. Die Vermögen des Menschen brauchen so nicht einfach hingenommen und unvermittelt nebeneinander stehengelassen zu werden, sondern können von Heidegger aus der existenzialen Struktur des Daseins verstanden werden.

(c) Geschichte der Philosophie als Geisteswissenschaft (Dilthey)
Als drittes Beispiel einer philosophisch betriebenen Geschichte der Philosophie möchte ich das Selbstverständnis der Philosophie als Geisteswissenschaft nennen. Ich habe schon erwähnt, daß die Verwissenschaftlichung der Philosophie in unserem Jahrhundert in einigen Ländern dazu geführt hat, die Geschichte der Philosophie überhaupt aus der Philosophie herauszudrängen und sie dem Fach Ideengeschichte zuzuschlagen. Auf der anderen Seite kann aber eine Antwort auf die Forderung an die Philosophie, wissenschaftlich zu sein, gerade darin bestehen, die Philosophie als Geisteswissenschaft zu betreiben. In diesem Sinne bezeichnet Herbert Schnädelbach »die Verwissenschaftlichung der Philosophie mit geisteswissenschaftlichen Mitteln als Ausweg aus der Identitätskrise, in die sie nach Hegel geraten ist«.[5] Tatsächlich ist die akademische Philosophie über weite Strecken als geisteswissenschaftliche Philosophiegeschichte betrieben worden. Als große Namen sind hier Eduard Zeller, J. E. Erdmann und Kuno Fischer zu nennen. Diese Auffassung bestimmt auch noch heute sehr stark den akademischen Unterricht in der Philosophie. Man darf aber nicht übersehen, daß dies eine außerordentliche Einschränkung des Begriffs von Philosophie darstellt und in gewisser Weise voraussetzt, daß die Philosophie bereits historisch zu Ende ist. Von einem Ende der Philosophie haben die Philosophen selbst immer wieder gesprochen. In die Grundlegung der Geisteswissenschaften, wie sie Dilthey in seinem Buch *Einleitung in die Geisteswissenschaften* (1883/1959) unternommen hat, geht eine solche Vorstellung vom Ende der Philosophie ein. Es ist nämlich nach Dilthey das Ende der Philosophie qua Metaphysik, das eine Verwissenschaftlichung der Beziehung zu Produkten des menschlichen Geistes verlangt oder geradezu mit ihr identisch ist. Obgleich man das Dilthey nicht direkt als Absicht unterschieben

5 Herbert Schnädelbach, *Philosophie in Deutschland 1831-1933*, Frankfurt am Main: Suhrkamp 1983, S. 121.

kann, ist eine Konsequenz daraus die *Ersetzung* der Philosophie durch geisteswissenschaftlich betriebene Geschichte der Philosophie. Dilthey folgt mit dieser Auffassung übrigens einem Epochenschema, das auf Auguste Comte[6] zurückgeht. Danach wird die europäische Kulturgeschichte in drei Perioden eingeteilt. Die Epoche der Theologie wird von einer Epoche der Metaphysik abgelöst, und auf diese folgt schließlich das positive oder wissenschaftliche Zeitalter, in dem wir uns befinden. So gesehen ist Philosophiegeschichte Vorgeschichte der Wissenschaft.

Dilthey sieht solche Vorgeschichte noch als ein einfaches zeitliches Vorher. Versteht man dagegen als Vorgeschichte die verdrängten und vergessenen Ursprünge, die als solche auch gegenwärtig noch präsent sein können, so wird Philosophiegeschichte zur Archäologie des Wissens. Damit sind wir bei dem Typ von Geschichte, den wir bei Autoren wie Foucault[7] und Bachelard[8] finden.

(d) Historismus

Einen vierten Typ von philosophischer Philosophiegeschichte möchte ich unter dem Stichwort Historismus vorstellen. Ich tue das mit Zögern, weil unter Historismus häufig die vergleichgültigende Feststellung historischer Tatsachen und Geschehnisse verstanden wird. Der Historismus als Typ von Geschichtsschreibung geht grundsätzlich von der Gleichwertigkeit aller historischen Epochen aus und versucht, historische Gebilde aus ihrer Zeit heraus zu verstehen. Diese Forderung ist auch für philosophische Texte formuliert worden. Mit Vehemenz hat Reinhard Brandt (1984) der hermeneutischen Auffassung der Geschichte der Philosophie, die er als subjektive betrachtet, eine objektive entgegengesetzt. Er dringt darauf, sich zu vergegenwärtigen, daß der Autor philosophischer Texte eine bestimmte Intention gehabt habe und sich an bestimmte Leser gerichtet habe. Der gegenwärtige Leser müsse sich deshalb soweit wie möglich zurücknehmen, um zu verstehen, worum es im philosophischen Text geht: »Die objek-

6 August Comte, *Cours de philosophie positive*, Paris: Bachlier 1830-1842.
7 Michel Foucault, *Archäologie des Wissens*, Frankfurt am Main: Suhrkamp 1973.
8 Gaston Bachelard, *Die Bildung des wissenschaftlichen Geistes*, Frankfurt am Main: Suhrkamp 1978.

tive Bestimmung dessen, was in einem philosophischen Text steht, läßt sich nur mit einer Methode gewinnen, die das Einfließen subjektiver Momente systematisch verhindert« (1984, S. 27). Dann gelte es, das Thema und die These des Autors herauszufinden und seine vorgebrachten Argumente zu prüfen. Für diese auf die Sache bezogene und die Argumente nachvollziehende Lesart würde Brandt am liebsten das Wort ›Interpretation‹ abschaffen und anstelle dessen von einem »Studium« der Werke reden (ebd., S. 32). »Hier vollzieht der Interpret die im Text schon vorgesehene Leserrolle, die ihn zum Verstehen des ursprünglich Intendierten und zum kritischen Prüfen der einzelnen Beweisstücke auffordert« (ebd., S. 31).

Nun könnte man sagen, daß diese historistische Weise, Philosophiegeschichte zu betreiben, überhaupt nicht philosophisch ist, weil sie, wie jeder Historismus, relativiert. Paradoxerweise führt diese Relativierung zu einem besonderen Ernstnehmen der philosophischen Texte. Der Leser muß sich nämlich in dieser direkten oder von Brandt so genannten objektiven Lesart dem Wahrheitsanspruch stellen, der mit jedem philosophischen Text verbunden ist. Der Wahrheitsanspruch philosophischer Texte wird in der Hegelschen Lesart ›aufgehoben‹, in der Gadamerschen nur noch durch die Überlieferungsgeschichte vermittelt oder nach Dilthey geistesgeschichtlich neutralisiert. Natürlich hat ein Wahrheitsanspruch von philosophischen Texten seine historischen Randbedingungen, aber wenn ein gegenwärtiger Leser versucht, sich unter diese Randbedingungen zu stellen, so wird er doch mehr als in anderen Lesarten von diesem Wahrheitsanspruch getroffen. Und damit werden sie auch für die Gegenwart relevant. Das wird deutlich, wenn man mit Brandt nach dem Interesse solcher Versuche einer objektiven Interpretation philosophischer Texte fragt. Ich würde hier zur Unterscheidung von Gadamers Horizontverschmelzung im Vollzug der Überlieferungsgeschichte von einer Horizontkontrastierung sprechen. Mit Brandts Worten: »Wird versucht, andere Theorien als solche zu verstehen und sie nicht immer schon im Reflex der eigenen Gedankenbildung zu deuten, so werden sie zur Instanz einer möglichen Korrektur der eigenen Urteile und Vorurteile. Die Interpretationsform ermöglicht also eine Befreiung von unkritisch angenommenen Urteilen« (ebd., S. 43). Da Brandt Philosophie überhaupt als das Bemühen ansieht, sich den Zwängen vorgeformten Bewußtseins zu entziehen (ebd.,

S. 46), ist also nach ihm die objektive Lesart philosophischer Texte gerade die eigentlich philosophische Art, sich mit der Philosophiegeschichte auseinanderzusetzen.

Kritik und Neuansatz

Es haben sich uns somit vier Typen einer philosophischen Philosophiegeschichte gezeigt: die Geschichte der Philosophie als die Entwicklungsgeschichte des objektiven Geistes bei Hegel, Philosophieren als hermeneutischer Vollzug der Überlieferungsgeschichte bei Gadamer, Philosophie als geistesgeschichtliche Bearbeitung ihrer eigenen Vergangenheit nach Dilthey und schließlich Philosophiegeschichte als Konfrontation mit historisch erhobenen Wahrheitsansprüchen der Philosophen, wie sie Brandt fordert. Diese Konzepte sind in der gegenwärtigen akademischen Lehre mehr oder weniger klar geschieden präsent. Sie können aber für uns im Rahmen dieser Einführung nicht alle in gleicher Weise akzeptierbar sein. Wir würden dann nicht mit der im ersten Teil des Buches dargelegten Behauptung konsistent bleiben, nämlich der Behauptung, daß ein Verständnis der menschlichen Geschichte als Fortschritt nach den historischen Erfahrungen des 20. Jahrhunderts nicht mehr akzeptierbar ist. Ich habe dort ein Konzept von Geschichte vorgeschlagen, nach dem die menschliche Geschichte als Prozeß von Manifestation und Verdrängung zu lesen ist. Die Geschichte enthält dominante und rezessive Traditionen, es gibt zeitliche und thematische Fortschrittslinien, in denen sich ein bestimmter Typ des Menschseins, bestimmte Kompetenzen, Lebensformen und Institutionen ausbilden, aber jeweils unter Vernachlässigung bis Unterdrückung anderer. Um dieses Konzept auch für die Geschichte der Philosophie zur Geltung zu bringen, muß jetzt zweierlei geleistet werden: nämlich einerseits muß eine Kritik der beschriebenen Konzepte philosophischer Philosophiegeschichte durchgeführt werden, und andererseits muß ein Begriff davon entwickelt werden, was klassische Philosophen und klassische Werke der Philosophie sind. Philosophiegeschichte als Umwälzungsprozeß von Manifestation und Verdrängung muß nämlich im besonderen von der möglichen Wiederkehr von Philosophien Rechenschaft ablegen können. So wie Erwin Panofsky ein Buch über *Die Renaissancen der europäischen*

Kunst[9] geschrieben hat, so wäre die Philosophiegeschichte als ein Buch der Renaissancen klassischer Philosophien zu schreiben.
Hegels Konzept der Philosophiegeschichte stellt die größtmögliche Ausweitung und zugleich Hypostasierung der Idee des Fortschritts dar. Die Geschichte ist das Feld der Manifestation des Weltgeistes, und zwar entfaltet er sich stufenweise aus einem Zustand der Äußerlichkeit und Entfremdung bis hin zur deutlichsten und explizitesten Manifestation seiner selbst als absoluter Geist. Dieses Zu-sich-selbst-Kommen des Geistes in der Geschichte sieht Hegel in seiner eigenen Philosophie vollendet. Diese Idee von Weltgeschichte als Abfolge der Gestalten des objektiven Geistes ist eine Hypostasierung des Fortschrittsgedankens, weil als objektiver Geist sich nicht einfach der Geist der Menschen entwickelt, sondern sich vielmehr der Weltgeist durch die Tätigkeit der Menschen hindurch manifestiert. Als Geschichte des Fortschritts ist sie zwar nicht einfach eine Erweiterung des Fortschrittsdenkens, wie es sich mit neuzeitlicher Wissenschaft und Technik entwickelt hat. Nach diesem Fortschrittsdenken wird ja die Vergangenheit ständig als überwunden und irrelevant zurückgelassen. Das Neueste ist stets das Beste und das Wahre. Hegels Fortschrittsdenken ist dialektisch, d. h. die vergangenen Gestalten des Geistes sind zwar übewundene, gleichwohl aber solche, die in die höheren Gestalten ›aufgehoben‹ und damit bewahrt sind. Ganz abgesehen davon, daß sich Hegels Gedanke einer Geschichte der Philosophie als sich dialektisch steigernde Abfolge von Gestalten des Geistes am empirischen Material der Geschichte nur mit großer Gewalt durchführen läßt, ist er als solcher für uns unannehmbar. Unsere historischen Selbsterfahrungen machen es uns unmöglich, in den vom Menschen selbst verschuldeten Umbrüchen der Geschichte Manifestationen des Geistes zu sehen. Speziell ist gegen Hegel einzuwenden, daß er das eindrucksvolle Phänomen der Wiederkehr von Philosophien, d. h. also der Renaissancen, mit seinem Konzept nicht erfassen kann.
Die Kritik am Gadamerschen Konzept der Philosophiegeschichte ist von anderer Art. Sie richtet sich vor allem gegen das postulierte Kontinuitätsprinzip der Geschichte. Zwar ist Kontinuität nicht schlicht gegeben, sondern eine hermeneutische Aufgabe. Aber es wird doch unterstellt, daß diese Aufgabe prinzipiell lösbar ist. Wir

9 Frankfurt am Main: Suhrkamp, 3. Aufl. 1985.

haben nun aber in der Geschichte mit Diskontinuitäten zu rechnen, und zwar nicht nur solchen, die etwa eine Unterbrechung der Überlieferung darstellen – die können nämlich durch einfaches Wiederanknüpfen an die abgerissene Überlieferung ›geheilt‹ werden –, sondern wir müssen mit Diskontinuitäten rechnen, die gewissermaßen Abbrüche und Verwerfungen im geschichtlichen Gestein darstellen. Das heißt, daß historisch Schichten zutage treten, die vorher verdeckt waren bzw. mit Schichten Berührung erhalten, mit denen sie gerade wegen der Schichtung nicht in Verbindung standen. Was ist beispielsweise von dem Einfluß, den die Philosophie Jakob Böhmes auf den deutschen Idealismus hat, zu halten? Was bedeutet die Wiederkehr Schellingscher Denkmuster in heutigen Philosophien der Selbstorganisation? Wie kann man auf Kant im späten 19. Jahrhundert zurückkommen, nachdem sein Standpunkt schon längst im deutschen Idealismus ›aufgehoben‹ war? Man muß also in der Philosophiegeschichte explizit mit Diskontinuitäten rechnen bzw. sie als philosophischer Denker der Philosophiegeschichte sogar eigens herstellen wollen. Solche Verhaltensweisen ließe die hermeneutische Philosophiegeschichte nicht zu.

Die beiden anderen Typen von philosophischer Geschichte der Philosophie trifft diese Kritik nicht. Natürlich ist eine Philosophie, die nur geisteswissenschaftlich behandelt wird, eigentlich tot. Wenn das aber im Sinne einer Archäologie des Wissens geschieht, dann rechnet sie gerade mit Prozessen der Manifestation und der Verdrängung. Sie wird dann sowohl Aufklärung der Gegenwart durch Konfrontation mit ihren verschütteten und verdrängten Wurzeln sein wie auch die produktive Anknüpfung an diese Wurzeln ermöglichen. Dasselbe trifft zu für die Art der Behandlung der Geschichte der Philosophie, wie sie von Brandt vorgeschlagen wurde. Auch hier wird Geschichte der Philosophie als Philosophie im Sinne von Selbstaufklärung betrieben: Durch Konfrontation mit ganz anderen Denkweisen soll das Gegenwartsbewußtsein über seine Relativität aufgeklärt und damit gewissermaßen verflüssigt werden.

Wenden wir uns nun dem schwierigen Problem des Klassischen zu. Natürlich könnte man es auch einfach als eine empirische, bemerkenswerte Tatsache der Philosophiegeschichte hinnehmen, daß man in der Philosophie immer wieder auf bestimmte Klassiker zurückkommt. Aber gerade so gesehen wüßte man nicht, welches die Klassiker sind. Man wüßte nicht, ob es berechtigt ist, etwa im selben Sinne von einer ›Fries-Renaissance‹ zu sprechen, wie man von Platon- oder Kant-Renaissancen reden kann. Deshalb ist ernstzunehmen, was Gadamer feststellt: »Das erste also an dem Begriff des ›Klassischen‹ ... ist der normative Sinn« (1960/1965, S. 272). Im Begriff des Klassischen steckt nämlich die Feststellung des Vorbildlichen, Maßgebenden und Hervorragenden. Ferner ist das Phänomen des Klassischwerdens von Theorien oder Philosophien gerade unter der Perspektive der Verwissenschaftlichung ein erklärungsbedürftiges Phänomen. Schließlich würde man von einer Philosophie der Geschichte der Philosophie erwarten, daß sie die immer erneute Rückkehr zu gewissen Denkern legitimiert.

Das Phänomen des Klassischen ist sowohl für den Bereich der Geisteswissenschaften als auch für den Bereich der Naturwissenschaften reflektiert worden. Für den Bereich der Geisteswissenschaften finden wir entsprechende Überlegungen bei Gadamer. Sie knüpfen an ein Verständnis des Klassischen an, wie es im Humanismus seit der Renaissance enthalten ist, wonach nämlich mit Klassik die griechisch-römische Antike gemeint ist. Man redet von der klassischen Philosophie, bildenden Kunst und Literatur, wenn man die griechisch-römische Antike meint. Der Begriff der Klassik bleibt aber nicht auf diese Periode beschränkt, vielmehr wird ja auch etwa die Goethe-Zeit in der Literatur als Klassik bezeichnet. Gadamer arbeitet am Begriff der Klassik zwei Momente heraus, nämlich das Moment der Vorbildlichkeit und das Moment der Bewahrung. Im ersten Moment spricht sich die typische Haltung aus, die der Humanismus gegenüber der klassischen Antike eingenommen und gepflegt hat. Mit Gadamers Worten: »Eine bestimmte Entwicklungsphase des geschichtlichen Werdens der Menschheit soll zugleich eine reife und vollendete Herausgestaltung des Menschlichen geleistet haben« (ebd., S. 270). Wir werden auf diese Formulierung noch zurückkommen. Zunächst aber zum zweiten Moment, der Bewahrung. Hier Gadamers Formulierung: »[das Klassische] bezeichnet nicht eine Qualität, die bestimmten geschichtlichen Erscheinungen zuzusprechen ist, sondern eine ausgezeichnete Weise des Geschichtlichseins selbst, den geschichtlichen Vollzug der Bewahrung, die – in immer erneuerter Bewährung – ein Wahres sein läßt« (ebd., S. 271). Diese Bestimmung scheint mir, abgesehen davon, daß sie im Unterschied zu der zunächst genannten dem Klassischen *keine* besondere Qualität zubilligt, tautologisch zu sein. Bewahrt wird das Klassische, und es wird bewahrt, weil es klassisch ist. Das liefe darauf hinaus, daß man aus der bloßen Empirie bestimmen müßte, was klassisch ist. Mein Einwand gegen diese Bestimmung des Klassischen richtet sich aber gegen etwas anderes, etwas, das schon als allgemeinere Kritik am Gadamerschen Konzept der Philosophiegeschichte formuliert wurde. Das Phänomen, das mit dem Klassischen verbunden ist, ist ja gerade das Phänomen der Renaissancen, und es setzt voraus, daß das Klassische gerade nicht durchgehend bewahrt wird, sondern daß es notwendig ist, nach Zeiten des Vergessens und Verdrängens darauf zurückzukommen. Natürlich muß es dazu auch in irgendeiner Form ›bewahrt‹ bleiben, und sei es auch nur in Form ungelesener Bücher. Aber in diesen Zeiten verlieren diese Bücher ihre kanonische Geltung. Und wenn es überhaupt eine kontinuierliche Beschäftigung mit ihren Inhalten gibt, so ist dies jedenfalls nicht die dominante Tradition, sondern allenfalls eine Kryptotradition.

Kommen wir zur Naturwissenschaft. In der Naturwissenschaft würde man gerade wegen ihres Grundzugs, ständig die Vergangenheit hinter sich zu lassen, das Phänomen des Klassischwerdens von Theorien gar nicht vermuten. Nun spricht man aber beispielsweise von der klassischen Mechanik, der klassischen Thermodynamik, überhaupt von der »Klassischen Physik«. Dieses Phänomen konnte erst auffällig werden, nachdem Kuhns Konzept der wissenschaftlichen Revolutionen entwickelt war. In Kuhns Theorie der Wissenschaftsgeschichte wird die vergangene Wissenschaft nicht nur durch ständige Erweiterung und Präzisierung der Kenntnisse überholt, sondern revolutionär hinter sich gelassen durch grundsätzliche Veränderungen der Begrifflichkeit, der empirischen und mathematischen Methoden und der theoretischen Grundannahmen. Der Begriff des Klassischen in der Naturwissenschaft ist demgegenüber gewissermaßen ein Gegenbegriff und weist darauf hin, daß faktisch in der Naturwissenschaft die revolutionär überholten Theorien häufig die Revolutionen überleben. Auf ihrer Basis wird weitergearbeitet, und sie behalten in bestimmten Bereichen der Forschung sogar ihren paradigmatischen Charakter. Das hervorragende Beispiel ist hier die Newtonsche Mechanik, die durch die Relativitätstheorie ›überholt‹ wurde. Interessant ist nun, daß in der Beschreibung dieses Phänomens des

Klassischwerdens von naturwissenschaftlichen Theorien dieselbe Terminologie auftritt, die wir in Gadamers erster Bestimmung des Klassischen fanden. Es wird von ›Reife‹ und ›Vollendung‹ gesprochen. Heisenberg und Carl Friedrich von Weizsäcker sprechen hier von abgeschlossenen Theorien.[10] Eine abgeschlossene physikalische Theorie definieren sie bezeichnenderweise dadurch, daß sie durch kleine Veränderungen nicht mehr zu verbessern sei. Wir haben hier also, formuliert für eine physikalische Theorie, das Moment des Vollendeten, von dem Gadamer sprach. Bemerkenswert ist nun Heisenbergs Behauptung: »Die abgeschlossene Theorie gilt für alle Zeiten; wo immer Erfahrungen mit den Begriffen dieser Theorie beschrieben werden können, und sei es in der fernsten Zukunft, immer werden die Gesetze dieser Theorie sich als gültig erweisen.«[11] Hier also das Moment des Bleibenden: Eine abgeschlossene Theorie wird immer gültig sein, weil sie für einen bestimmten Phänomenbereich die adäquate begriffliche Erfassung darstellt.

Soweit die Reflexionen auf das Phänomen des Klassischen im Bereich der Geisteswissenschaften und der Naturwissenschaften. Sie haben gemeinsam, daß sie im Klassischen eine gewisse in sich vollendete Gestalt des menschlichen Geistes sehen, auf die man zurückkommen wird, wenn immer man sich einem Praxis- oder Phänomenbereich nähert, für den sie prägend war. Beide teilen die Schwäche, daß sie die Kontinuität der Geschichte überschätzen und deshalb die ununterbrochene Geltung des Klassischen zu seinem Begriff rechnen. Aus der Differenz des geisteswissenschaftlichen und des naturwissenschaftlichen Begriffs des Klassischen können wir noch ein weiteres lernen. Wenn Heisenberg und von Weizsäcker etwa von der klassischen Mechanik sprechen, so meinen sie damit einen bestimmten Theorietyp, aber nicht etwa die Mechanik Newtons, wie sie sich in den *Principia Mathematica Philosophiae Naturalis* findet. Danach ist es selbstverständlich, daß man das Klassische auch mit modernen Mitteln formulieren

10 Siehe dazu meinen Aufsatz »Wie kann es abgeschlossene Theorien geben?« in: *Zeitschrift für allgemeine Wissenschaftstheorie* 10 (1979), S. 343-351 und in: *Am Ende des Baconschen Zeitalters*, Frankfurt am Main: Suhrkamp 1993.

11 Werner Heisenberg, »Der Begriff ›abgeschlossene Theorien‹ in der modernen Naturwissenschaft«, in: ders., *Schritte über Grenzen*, München: Piper 1971, S. 93.

kann. Die Geisteswissenschaften im Gegensatz dazu machen diesen Unterschied in der Regel nicht. Sie binden das Phänomen des Klassischen an seine historische Erscheinungsform.
Was können wir daraus für das Phänomen des Klassischen in der Philosophie lernen? Meine These ist, daß in der Geschichte der Philosophie solche Denker und ihre Werke als klassisch ausgezeichnet sind, die entweder historisch erstmalig oder mit einer gewissen Vollendung Grundtypen des menschlichen Denkens repräsentieren. Sie bilden eine Art Ressource menschlichen Denkens überhaupt, die entweder das aktuelle Denken, also das Selbstverständnis des Menschen, das soziale und politische Denken, das Denken über die Natur speist oder auf die unter gewissen historischen Konstellationen zurückzukommen ist. Mit diesem Begriff des Klassischen in der Philosophie können wir dem Phänomen des Klassischen in dreierlei Weise gerecht werden.

1. Da es sich um Grundtypen des menschlichen Denkens handelt, sind sie nicht an die ursprüngliche Formulierung und an die historischen Bedingungen, unter denen sie aufgetreten sind, gebunden. So kann man eine transzendentale Erkenntnistheorie vom Typ Kants durchaus mit gegenwärtigen Mitteln formulieren.[12]
2. Es ist möglich, daß bestimmte Grundtypen über historische Perioden keine aktuelle oder zumindest keine dominante Geltung haben. Sie werden dann unter Umständen nur implizit durch die Werke, in denen sie ursprünglich aufgetreten sind, tradiert. Es ist deshalb historisch immer wieder nötig, sich auf die originalen Werke zurückzubeziehen, um sich ihrer zu versichern.
3. Unser Begriff des Klassischen in der Philosophie kann das Phänomen der Renaissancen in der Philosophie erklären. Gerade weil die Grundmöglichkeiten menschlichen Denkens, die von den Klassikern entwickelt wurden, nicht immer zu den manifesten, sondern unter Umständen auch den verdrängten menschlichen Möglichkeiten zu rechnen sind, muß man sie unter bestimmten historischen Konstellationen zu neuem Leben erwecken. Welche Konstellationen das jeweils waren oder sind, müßte dann im Einzelfall erwiesen werden. Der Ruf etwa ›Zurück zu Kant‹ hat bestimmte historische Gründe. Ausführliche Beispiele für das Phänomen des Klassischen in der Philosophie können in dieser

12 Das habe ich stückweise in *Philosophieren mit Kant*, Frankfurt am Main: Suhrkamp 1986, versucht.

Einführung natürlich nicht gegeben werden. Es wurde aber oben zumindest eines genannt: Hegel hat den Typ Sokrates als eine geistesgeschichtliche Innovation verstanden. Mit ihm sei die Reflexivität in die Welt getreten. Dem ist zuzustimmen. Wir unterscheiden uns von Hegel nur in der Hinsicht, daß Hegel die weitere Geschichte des Geistes als eine ständige Höherentwicklung sieht, in der die verlassenen Gestalten des Geistes aufgehoben sind. Demgegenüber verstehen wir eine klassische Gestalt des Denkens, wie sie durch Sokrates repräsentiert wird, als etwas, was durchaus vergessen und verdunkelt werden kann und auf das es immer wieder zurückzugehen gilt. Ein weiteres Beispiel werden wir in einem späteren Kapitel mit der transzendentalen Erkenntnistheorie Kants kennenlernen.

Fassen wir zusammen, welche Bedeutung die Beschäftigung mit der Geschichte der Philosophie im akademischen Studium der Philosophie hat: Die Geschichte der Philosophie ist erstens ein geistesgeschichtlicher Gegenstand eigener Art. Die Beschäftigung mit ihr ermöglicht zweitens eine kritische Relativierung der gegenwärtig herrschenden Denkformen. Und sie enthält drittens Grundtypen menschlichen Denkens und ist deshalb als eine Ressource anzusehen, aus der gegenwärtiges Denken immer wieder schöpfen kann und muß, um selbst in Bewegung zu bleiben.

6. Sprachanalytische Philosophie

Die analytische Philosophie ist wohl der deutlichste Ausdruck der Tendenz der Verwissenschaftlichung im 20. Jahrhundert. Das liegt zum einen daran, daß man in diesem Typ Philosophie Analyse zum Grundzug von Philosophie erklärt. Dadurch wird – zunächst – der Anspruch der Philosophie bedeutend zurückgenommen. Philosophie wird etwas Sekundäres, das anderes, etwa die Wissenschaften oder die Sprache oder die ethische Praxis, voraussetzt. Ihr geht es darum herauszufinden, was in diesem Vorausgesetzten implizit mitgesetzt ist. Analytische Philosophie ist in diesem Bemühen immer in der Nähe der empirischen Wissenschaften und von diesen nicht immer klar zu trennen (Tugendhat, 1976, S. 17). Zum anderen wird der Eindruck, daß in der analytischen Philosophie die Verwissenschaftlichung in besonderem Maße leitend geworden ist, dadurch erzeugt, daß dieser Typ von Philosophie stets eine besondere Nähe zur Logik zeigt. Es wäre vielleicht nicht falsch, die analytische Philosophie überhaupt als die moderne Form philosophischer Logik zu bezeichnen. Auch die eher wissenschafts- oder wissenssoziologischen Merkmale der Wissenschaftlichkeit sind hier besonders ausgeprägt: Der Aufsatz ist gegenüber dem Buch die dominante Veröffentlichungsform, analytische Philosophie ist Forschung und entwickelt sich als kollektives Produkt einer Forschergemeinschaft. Schließlich findet man in der analytischen Philosophie durchweg ein hohes Methodenbewußtsein.

Wenngleich analytische Philosophie ein für das 20. Jahrhundert typisches Philosophieren darstellt, lassen sich ihre Ahnen zwanglos in der klassischen Antike finden. Es ist Sokrates, der in Platons Dialog *Phaidon* sagt, er habe sich in einer bestimmten Phase seiner Entwicklung von der Untersuchung der Sachen selbst zur Untersuchung der Art, wie wir über die Sachen reden, gewendet.

Sokrates vergleicht dort Leute, die direkt die Sachen selbst untersuchen wollen, mit solchen, die eine Sonnenfinsternis nicht im Spiegel einer Wasserfläche oder durch farbiges Glas betrachten: Sie verderben sich die Augen. »So etwas merkte ich auch und befürchtete, ich möchte ganz und gar an der Seele geblendet werden, wenn ich mit den Augen nach den Gegenständen sähe und mit jedem Sinne versuchte, sie zu treffen. Sondern mich dünkt, ich müsse zu den Worten (λογοί) meine Zuflucht nehmen und in diesen das wahre Wesen der Dinge anschauen.«[1]

Man kann nicht sagen, daß Platon selbst dem damit formulierten Vorgehen durchweg gefolgt sei. Vielmehr ist in seiner eigenen Philosophie letztlich die Schau, nämlich die Schau der Ideen das Entscheidende. Dagegen ist es ein Grundzug der aristotelischen Philosophie, zumindest vor jeder Sachanalyse die einschlägigen Redeweisen in dem entsprechenden Phänomen- und Problemfeld zu analysieren.

Wir werden uns in diesem Kapitel zunächst mit dem Teil der analytischen Philosophie beschäftigen, den man als sprachanalytische Philosophie bezeichnen kann. Wir können sie mit Ernst Tugendhat definieren als die Art des Philosophierens, »die glaubt, die der Philosophie vorgegebenen Probleme lösen zu können oder lösen zu müssen auf dem Wege einer Analyse der Sprache« (1976, S. 15). Analytische Philosophie im ganzen geht darüber hinaus, je nach dem, was als jeweiliges Analysandum vorausgesetzt wird. Ein bedeutender Zweig der analytischen Philosophie ist die Wissenschaftstheorie, die in dem folgenden Kapitel unter diesem allgemeineren Titel mitbehandelt werden soll.

Es ist nun zu beachten, daß die analytische Philosophie allgemein und die sprachanalytische Philosophie im besonderen trotz ihres bescheidenen Auftretens universale Ansprüche entwickelt hat. Sie hat nämlich den Anspruch erhoben, die Philosophie überhaupt zu sein, d. h. entweder die Philosophie, wie sie im 20. Jahrhundert überhaupt noch als wissenschaftliche auftreten kann, oder sogar im Sinne des klassischen Anspruchs einer Ersten Philosophie. Ich zitiere zwei deutliche Formulierungen für diesen Anspruch. Michael Dummet schreibt in seinem Buch *Ursprünge der analytischen Philosophie* (1988, S. 11): »Was die analytische Philosophie in ihren mannigfaltigen Erscheinungsformen von anderen Richtungen unterscheidet, ist erstens die Überzeugung, daß eine philosophische Erklärung des Denkens durch eine philosophische Analyse der Sprache erreicht werden kann, und zweitens die Überzeugung, daß eine umfassende Erklärung nur in dieser und keiner anderen Weise zu erreichen ist.« Ernst Tugendhat antwor-

1 Platon, *Phaidon*, 99 d-e.

tet in seinen *Vorlesungen zur Einführung in die sprachanalytische Philosophie* auf die Frage, warum er so und nicht anders philosophiere, »weil das die richtige Art des Philosophierens ist« (1976, S. 13). Im ersten Teil seiner Vorlesung versucht er deshalb nachzuweisen, daß sprachanalytische Philosophie gegenüber klassischen Typen Erster Philosophie, nämlich vor allem der Ontologie und der Bewußtseinsphilosophie, umfassender sei und deshalb an ihre Stelle als Erste Philosophie zu treten habe. Dieser Alleinvertretungsanspruch der analytischen Philosophie ist auch in vielen Ländern institutionell durchgesetzt worden. Das hat in jüngster Vergangenheit gerade dort, wo das gelungen war, vor allem in den USA, zu einer Krise der Philosophie geführt. Man sah teils das Programm der analytischen Philosophie – ›Programm‹ gesehen als Forschungsprogramm im Sinne von Kuhn und Lakatos –, als erschöpft an, teils hatte man Zweifel an seiner Durchführbarkeit bekommen. So haben die Denker an der Forschungsfront der analytischen Philosophie selbst das postanalytische Zeitalter eingeläutet.[2] Diese Entwicklung der analytischen Philosophie kann für uns hier dahingestellt bleiben. Uns geht es um die Herausarbeitung der analytischen Philosophie als eines Typs von Philosophie. Wenn die analytische Philosophie ein solcher Typ des Philosophierens ist, dann ist sie gerade nicht an eine Mode gebunden, sondern wird auch weiterhin dort betrieben werden, wo ihr Vorgehen der Sache oder den gestellten Problemen adäquat ist.

In der sprachanalytischen Philosophie finden wir naturgemäß eine sehr extensive Beschäftigung mit der Sprache. Gerade deshalb ist es wichtig festzuhalten, daß sprachanalytische Philosophie nicht Sprachphilosophie ist, sondern ein bewußtes Philosophieren anhand und mittels der Sprache (Hoche/Strube, 1985, S. 25). Die analytische Philosophie hat tatsächlich alle Bereiche der Philosophie zu ihrem Einzugsfeld gemacht: so die Erste Philosophie, in der es um Sein, Bedeutung, Wahrheit und Sprache geht, ferner die Ästhetik, die Ethik, die Geschichtsphilosophie und natürlich die Wissenschaftstheorie. Das Besondere, durch das sich die sprachanalytische Philosophie von anderen Philosophien unterscheidet,

2 John Rajchmann, C. West, *Post-Analytical Philosophy*, New York: Columbia University Press 1985. Georg Henrik von Wright, »Die analytische Philosophie. Eine historisch-kritische Betrachtung«, in: *Information Philosophie*, Mai 1993, S. 4-21.

ist, daß sie diese Sachgebiete untersucht, indem sie die Art und Weise, wie wir uns in den jeweiligen Sachgebieten ausdrücken, zum Thema macht. Was dabei aufgedeckt wird, sind natürlich zunächst Regeln des Sprechens selbst. Dabei handelt es sich aber nicht um die allgemeine Syntax und Grammatik, sondern vielmehr um Regeln der Bedeutung, also der Semantik und der Sprachverwendung, der Pragmatik. Insofern die jeweiligen Sprechweisen bereichsspezifisch sind, ist die jeweils aufgedeckte Sprachlogik dann auch indirekt eine Sachlogik. Um gleich ein Beispiel dafür zu geben, was das bedeutet. Bei Hare lesen wir: »Die Ethik, wie ich sie begreife, ist die logische Untersuchung der Moralsprache« (Hare 1972, S. 13). Wir wollen jetzt nicht danach fragen, ob es dies ist, was man wissen will, wenn man sich mit Ethik beschäftigt. Daß jedenfalls auf diesem Wege Einsichten zu erwarten sind, die schließlich in jeder philosophischen Ethik Berücksichtigung finden müssen, dürfte klar sein. Viel wichtiger ist die Frage, wie man so etwas wie die Sprache der Moral identifizieren soll und mit welcher Berechtigung man das, was man dann gefunden hat, als für jedermann verbindlich behaupten kann.

Die sprachlogischen Regeln, die man auffinden will, sind solche, denen man normalerweise implizit folgt. Es sind gerade nicht die grammatischen Regeln, und sie haben deshalb im allgemeinen auch keine besonderen Indikatoren wie etwa in Deklination und Konjunktion. Sie zu identifizieren ist deshalb schwierig. Die allgemeinste Methode kann man als das ›Experiment mit Worten‹ bezeichnen. Es geht darum, daß man Redeweisen modifiziert, mit anderen kontrastiert, daß man Worte austauscht, Umkehrungen und Verneinungen bildet und dergleichen mehr und dabei darauf achtet, ob Sinn und Bedeutung des Gesagten identisch bleiben oder modifiziert werden, ob sich gegebenenfalls ein Widersinn oder gar Unsinn ergibt. Es hat wenig Sinn, Methoden in abstracto aufzulisten. Trotzdem will ich einige Beispiele erwähnen. Eine Methode ist das Spiel mit kontrafaktischen Annahmen und möglichen Welten. Dadurch kann man testen, wie Aussagen in ihrem Sinn oder ihrer Bedeutung abhängig oder gegebenenfalls unabhängig sind von Randbedingungen der Situation, in der sie geäußert werden. Diese Methode eignet sich besonders für Fragen, in denen es um die Gültigkeit oder die Modalität (möglich, wirklich, notwendig) von Aussagen geht. Eine Methode ist der pragmatisch-semantische Kombinationstest. Sie empfiehlt sich besonders dann, wenn es darum geht, den Sinn und die Bedeutung von Aussagen in Rücksicht auf ihren Verwendungszusammenhang zu studieren. Eine weitere Methode ist der Substitutionstest, in dem man einzelne Worte oder ganze Redeteile in Aussagen durch andere ersetzt. Hier kann man besonders studieren, bei welchen Ersetzungen der Sinn erhalten bleibt, bei welchen Ersetzungen Unsinn herauskommt, bei welchen Ersetzungen Modifikationen des Sinns sich ergeben.

Man sieht an diesen abstrakten Erwähnungen von Methoden bereits, von welcher zentralen Bedeutung für die sprachanalytische Philosophie die Begriffe des Sinns und der Bedeutung sind. Wir werden deshalb als unser erstes Paradigma sogleich die Analyse dieser Begriffe vorführen. Zuvor aber noch zur Frage der Verbindlichkeit der erzielten Resultate.

Diese Frage hängt aufs engste mit der Frage zusammen, woran denn sich bemißt, ob ein Sinn oder eine Bedeutung erhalten bleibt, ob ein Sinn modifiziert wird oder gar Unsinn bei einem Sprachexperiment herauskommt. Diese Frage ist im Grunde eine Crux für die sprachanalytische Philosophie. Der untersuchende Philosoph wird im allgemeinen sein eigenes Sprachgefühl als Meßlatte nutzen. Aber er wird doch in der Regel für seine Ergebnisse Allgemeinheit beanspruchen. Natürlich kann man diesen Anspruch als eine Einladung verstehen, sich den gefundenen Ergebnissen anzuschließen. Danach bezögen sich die gefundenen Ergebnisse jeweils nur auf den ›Ideolekt‹ des Untersuchenden, »die Sprache eines bestimmten Sprechers in einem bestimmten Kontext« (Hoche/Strube, 1985, S. 111). Das ist allerdings ein sehr bescheidener Anspruch und würde wohl im allgemeinen den wissenschaftlichen Aufwand nicht lohnen. Um dem gleich das andere Extrem entgegenzusetzen: Ernst Tugendhat schreibt in seinen *Vorlesungen zur Einführung in die sprachanalytische Philosophie*: »Die sprachanalytische Philosophie fügt sich in die traditionelle Auffassung der Philosophie als eine apriorische Erkenntnis und interpretiert das Apriori als analytisches« (1976, S. 20). Nach Tugendhat beziehen sich also die Ergebnisse der sprachanalytischen Philosophie auf etwas, was jeder einzelnen Spracherfahrung und -verwendung schon als Bedingung vorausliegt und was deshalb allgemein und notwendig ist. Ein Mittelweg zwischen beiden Positionen wäre die Annahme, daß sprachanalytische Ergebnisse sich, wie alle wissenschaftlichen Ergebnisse, empirisch zu bewähren hätten. Danach sind sie Aussagen mit Allgemeinheitsanspruch, wobei der Allgemeinheitsanspruch durch empirische Untersuchungen über Sprecherverhalten zu erhärten wäre. Der interessanteste Vorschlag zur Frage, woran die Gültigkeit sprachanalytischer Ergebnisse festzumachen ist, ist wohl die Idee des kompetenten Sprechers. Danach ist die Sprachlogik ein geistiges Gebilde, über das man mehr oder weniger gut verfügen kann. Sie würde angeben, nicht was durchschnittlich empirisch im Sprechverhalten befolgt wird, sondern was als gültig im Sprecherverhalten unterstellt wird. Damit wäre die Sprachlogik etwas Normatives, etwas, das kontrafaktisch das Sprecherverhalten reguliert. Es ist nicht nötig, die hiermit angeschnittenen Fragen zur Entscheidung zu bringen, da sie selbst zum Inhalt der sprachanalytischen Philosophie gehören. Wir wenden uns deshalb einer paradigmatischen Leistung der sprachanalytischen Philosophie zu.

Sinn und Bedeutung

Das Beispiel ›Sinn und Bedeutung‹ empfiehlt sich nicht nur, weil die Klärung dieser Begriffe für die sprachanalytische Philosophie offenbar grundlegend ist, sondern auch, weil die Bearbeitung dieses Problems von dem Autor vorgenommen wurde, den man übereinstimmend als Vater der modernen sprachanalytischen Philosophie bezeichnet, nämlich Gottlob Frege. In der alltäglichen Sprache werden die Ausdrücke ›Sinn‹ und ›Bedeutung‹ sehr häufig unterschiedslos verwendet. Frege hat nun durch genaueres Studium sprachlicher Zeichen gezeigt, daß man hier zweierlei unterscheiden kann, das dann terminologisch ›Sinn‹ und ›Bedeutung‹ heißen soll. Ich zitiere sogleich Frege: »Es liegt nun nahe, mit einem Zeichen (Namen, Wortverbindung, Schriftzeichen) außer dem Bezeichneten, was die Bedeutung des Zeichens heißen möge, noch das verbunden zu denken, was ich den Sinn des Zeichens nennen möchte, worin die Art des Gegebenseins enthalten ist« (1966, S. 41). Frege meint, daß man mit Hilfe eines Zeichens sich auf einen Gegenstand bezieht, daß aber durch die Bezeichnung auch angegeben ist, wie man das tut. Er führt diesen Unterschied exemplarisch durch ein mathematisches Beispiel ein. Bekanntlich schneiden sich ja die drei Seitenhalbierenden in einem Dreieck in einem Punkt. Ein Punkt ist aber bereits als Schnittpunkt zweier

Strecken gegeben. Also kann man sich in diesem Beispiel ein und denselben Punkt auf dreierlei Weise gegeben sein lassen, nämlich als Schnittpunkt jeweils zweier Seitenhalbierender. Wenn man nun die jeweilige Definition des Punkts als Schnittpunkt zweier Seitenhalbierender als seinen Namen bezeichnet, dann kann man sagen, daß wir hier also drei verschiedene Namen für ein und denselben Gegenstand haben. Dieser Gegenstand ist die identische Bedeutung aller drei Namen. Die Namen sind aber verschieden, und zwar in ihrem Sinn. Der Sinn ist die Weise, wie sie jeweils den Gegenstand ansprechen. Um die Plausibilität für diese Unterscheidung zu erhöhen, sollte man vielleicht ein weiteres Beispiel, das immer wieder in sprachanalytischen Schriften auftaucht, erwähnen: Die Namen ›Morgenstern‹ und ›Abendstern‹ bezeichnen denselben Gegenstand, haben also dieselbe Bedeutung. Die Bezeichnungen haben aber einen verschiedenen Sinn, d. h. sie sprechen ein und denselben Gegenstand in verschiedener Gegebenheitsweise an. Einmal ist der Stern gemeint, der am Abend als erster auftaucht, und einmal der Stern, den man am Ende der Nacht am längsten beobachten kann.

Die getroffene Unterscheidung von Frege hat eine im wahrsten Sinne paradigmatische Bedeutung gehabt, das heißt, sie ist für viele Untersuchungen vorbildlich gewesen und hat auch inhaltlich weitreichende Folgen gehabt. Wir halten einige der Beobachtungen, die man an Freges Vorgehen machen kann, fest. Als erstes ist festzustellen, daß er seine Unterscheidung nicht an der normalen Sprache, sondern an einer Kunstsprache, nämlich der der Mathematik, einführt. Die Unterscheidung von Sinn und Bedeutung, die dann später auch für die Untersuchung der normalen Sprache übernommen wird, ist für diese aber eine Präzisierung und Bereinigung. Hier zeigt sich schon ein allgemeinerer Zug der sprachanalytischen Philosophie: Obgleich sie sich analytisch gibt, nimmt sie doch das Gegebene häufig nicht hin, wie es gegeben ist. Vielmehr entwickelt die sprachanalytische Philosophie auch Sprachkritik und Sprachhygiene und wird deshalb auch häufig in sprachkonstruktiver Absicht betrieben. – Die zweite Feststellung ist folgende: Frege führt allgemein für Zeichen den Unterschied von Bedeutung und Sinn des Zeichens ein. Wenn er aber in dem angegebenen Zitat unter Zeichen noch Namen, Wortverbindung und Schriftzeichen allgemein nennt, so wird dann im folgenden die Untersuchung am Prototyp des Namens durchgeführt und dann von dorther erweitert. Dabei wird unter ›Name‹ ein Eigenname verstanden oder eine Bezeichnung, die einen Gegenstand eindeutig bezeichnet. Der Eigenname wird dann nur als ein Sonderfall des Namens angesehen. Denn genaugenommen enthält ja ein Eigenname keine Gegebenheitsweise, hat also keinen Sinn. Man kann hier also eine gewisse Willkürlichkeit beobachten, nämlich die, daß Namen allgemein nicht vom Eigennamen her, sondern Eigennamen von eindeutigen Bezeichnungen her begriffen werden. Noch stärker wird diese Willkür dadurch, daß nun im Anschluß daran das ganze Feld sprachlicher Zeichen von dem am Namen gewonnenen Ergebnis her untersucht wird. Der entscheidende Schritt dabei besteht darin, daß Frege auch dem Behauptungssatz einen Sinn und eine Bedeutung zuschreibt.

Bei der Frage, ob man einem Behauptungssatz einen Sinn und eine Bedeutung zuschreiben kann, geht Frege von der Beobachtung aus, daß in Behauptungssätzen auch Namen vorkommen. Er nennt nun den Inhalt eines Satzes zunächst einmal den im Satz ›ausgedrückten Gedanken‹. Als Beispiel benutzt er die Sätze »Der Morgenstern ist ein von der Sonne beleuchteter Körper« und »Der Abendstern ist ein von der Sonne beleuchteter Körper«. Diese behaupten offenbar dasselbe. Aber: »Jemand, der nicht wüßte, daß der Abendstern der Morgenstern ist, könnte den einen Gedanken für wahr, den anderen für falsch halten. Der Gedanke kann also nicht die Bedeutung des Satzes sein, vielmehr werden wir ihn als den Sinn aufzufassen haben« (1966, S. 47). Frege entschließt sich dazu, den Wahrheitswert des Satzes als seine Bedeutung anzusehen. Behauptungssätze ›bedeuten‹ also jeweils entweder das Wahre oder das Falsche. Obgleich man nun mit Frege einig sein wird, daß man genau diese Unterscheidung, die er getroffen hat, sinnvoll machen kann, wirkt doch sein Ergebnis befremdlich. Es werden dadurch alle Sätze in zwei Klassen eingeteilt, nämlich die Klasse der Sätze, die das Wahre bezeichnen, und die Klasse, die das Falsche bezeichnen, wobei sich Sätze einer Klasse dadurch unterscheiden, daß das Wahre bzw. das Falsche in ihnen jeweils auf unterschiedliche Weise gegeben ist. Diese befremdliche Sichtweise kommt genau dadurch zustande, daß Frege ganze Sätze nach dem Modell des Namens analysiert, d. h. die Sätze gewissermaßen als Namen auffaßt.

Wir müssen die Behauptung, daß Frege alle Sätze in zwei Klassen einteile, allerdings einschränken und dadurch das Befremdliche noch erhöhen. Denn Frege läßt auch zu, daß es Namen gibt, die keine Bedeutung haben, das heißt, daß es keinen Gegenstand gibt, auf den sie verweisen. Darüber ließe sich allerdings streiten. Das Beispiel, das Frege erwähnt, ist der Name ›Odysseus‹. Er hält es für zweifelhaft, ob ›Odysseus‹ eine Bedeutung habe, und meint offenbar damit, daß es zweifelhaft sei, ob es jemanden dieses Namens gegeben habe. Trotzdem könne man mit diesem Namen sinnvolle Sätze bilden. Für Frege ist deshalb ein Satz wie »Odysseus wurde tief schlafend in Ithaka ans Land gesetzt«, ein Satz, der einen Sinn hat, aber vielleicht keine Bedeutung (1966, S. 47). Ganz unabhängig von dieser Frage hat Frege damit aber auf den breiten Bereich der Sprachverwendungen gewiesen, in denen man mit Gedanken und mit Sinn zu tun hat und dabei den Wahrheitswert des Gesagten – zumindest – dahingestellt sein läßt, also den Bereich des Fiktiven.

Ich möchte im Anschluß an diese Vorstellung der Fregeschen Unterscheidung gleich ein Beispiel hinzufügen, aus dem ersichtlich wird, von welch weittragenden Konsequenzen sie ist. Eines der Hauptanliegen der *Vorlesungen zur Einführung in die sprachanalytische Philosophie* von Tugendhat besteht darin, zu erklären, was Wahrheit eines prädikativen Satzes heißt. Er tut das, indem er angibt, was die Wahrheits*bedingungen* eines prädikativen Satzes sind. Ich gehe von Tugendhats Wahrheitsdefinition der prädikativen Satzform aus. Sie lautet: »Die Behauptung, daß a F ist, ist wahr genau dann, wenn das Prädikat ›F‹ auf den Gegenstand zutrifft, für den der singuläre Terminus ›a‹ steht« (1976, S. 321, vgl. 484). Ein singulärer Terminus ist nach Frege ein Name. Nun ist klar, daß die Wahrheit eines Satzes nicht davon abhängt, welchen Namen wir für einen Gegenstand benutzen, wenn nur sichergestellt ist, daß alle verwendeten denselben Gegenstand bezeichnen. Wenn zur Erklärung der Wahrheit eines Satzes nun gehört, zu erklären, auf welchen Gegenstand er sich bezieht, so genügt nicht der außersprachliche Hinweis auf diesen Gegenstand, sondern es muß hinzutreten der Verweis auf alle Namen, die dem in der Behauptung verwendeten insofern äquivalent sind, als sie denselben Gegenstand bezeichnen. »Wir erklären jemandem, was es heißt, daß ein Ausdruck für einen Gegenstand ... steht, indem wir ihm die Verweisungsregeln vorführen, die für die Ergänzungsausdrükke der Prädikate ... gelten« (ebd., S. 481). Die Bedeutungsäquivalenz sinnverschiedener Namen oder singulärer Termini, wie Tugendhat sagt, ist deshalb eine Wahrheitsbedingung des prädikativen Satzes. Tugendhat bezeichnet dieses interessante Ergebnis als ein Spezifikum sprachanalytischer Philosophie: »Damit haben wir nun auch für die singulären Termini das erreicht, was ich mehrfach als eine ›spezifisch analytische Position‹ bezeichnet habe ...: daß, was durch eine bestimmte Verwendung von Zeichen geleistet wird, nicht etwas ersetzt, was auch ohne die Verwendung dieser Zeichen zu leisten wäre, sondern auf diese Zeichenverwendung angewiesen ist« (1976, S. 481). Es handelt sich, wie wir sehen, um eine unmittelbare Folge der Fregeschen Unterscheidung von Sinn und Bedeutung. Nach Frege darf die Wahrheit einer Behauptung nicht vom Sinn des gewählten Namens abhängen: »Denn der *Bedeutung* dieses Namens wird ja das Prädikat zu- oder abgesprochen«, nicht seinem Sinn (1966, S. 47, Hervorhebung von mir).

Unser erstes Beispiel empfahl sich durch die bahnbrechende Rolle, die es für die sprachanalytische Philosophie hatte, wie auch für die weittragende Bedeutung seines Inhalts. Es ist allerdings ein Beispiel, das sich späteren Unterscheidungen schlecht fügt. So ist fraglich, ob man es eher der Untersuchung der *ordinary language* oder der *artificial language* zuordnen soll und ob es in diesem Beispiel eher um Begriffsanalyse oder um die konstruktive Bildung von Termini geht. Die Unterscheidung von Sinn und Bedeutung nach Frege stellt in der Tat eine Begriffsklärung dar, ist aber zugleich eine recht künstliche Konstruktion. Deutlich wurde aber, wie durch den sprachanalytischen Zugriff auf Probleme diese zum Teil zu Problemen sprachlichen Ausdrucks werden. Das haben wir am Beispiel ›Wahrheit‹ gesehen. Wenn Wahrheit als Eigenschaft eines Satzes angesehen wird, dann wird eine notwendige Wahrheitsbedingung die Unabhängigkeit des Wahrheitswerts dieses Satzes vom Austausch bedeutungsäquivalenter singulärer Termini.

Sprechakte

Ich möchte jetzt ein zweites Beispiel einer maßgebenden sprachanalytischen Leistung vorstellen. Es handelt sich um die Sprechakttheorie von Searle. Die Auswahl dieses Beispiels aus einer Reihe anderer, vergleichbarer Leistungen kann man nicht schlechthin rechtfertigen. Dieses Beispiel scheint mir aber doch in zweierlei Hinsicht von großer Bedeutung zu sein. Einerseits wird hier Sprache im besonderen Maße ernstgenommen, insofern berücksichtigt wird, daß Sprache gesprochen wird und als Kommunikationsmedium zwischen Personen dient. Andererseits ist hier relativ leicht zu erkennen, daß sprachanalytische Ergebnisse von einzelwissenschaftlicher Bedeutung sein können. Searle beschäftigt sich, wie gesagt, mit dem realen Sprechvorgang und fragt nach den Regeln, deren Beobachtung ihn ermöglichen. Ein vollständiger Sprechakt ist für ihn die Äußerung eines Satzes. Die erste Feststellung, die Searle macht, besteht nun darin, daß im gewöhnlichen Sprechakt genaugenommen drei Akte enthalten sind. Und zwar ist es erstens der Akt der Äußerung selbst. Ferner ist im vollständigen Sprechakt ein propositionaler Akt einerseits und illokutionärer Akt andererseits enthalten. Diese Unterscheidung ist von großem Gewicht und sollte deshalb erläutert werden. Im propositionalen Akt wird geäußert, um welchen Sachverhalt es im Sprechakt geht. Es könnte beispielsweise der Sachverhalt ›Sam ist Raucher‹ sein. Die Proposition ist also der Inhalt des sprachlichen Aktes. Der illokutionäre Akt dagegen legt den Modus fest, in dem der propositionale Gehalt geäußert wird. So kann er beispielsweise *behauptet* werden, man kann aber auch nach ihm *fragen*, man kann ihn *wünschen*, man kann ihn *befehlen*. Searle folgt in der Charakterisierung zwanglos den aus den Grammatiktheorien bekannten Satz-Klassifikationen: also Behauptungssatz, Wunschsatz, Befehl, Fragesatz usw. Searle ist aber auf die grammatischen Unterscheidungen nicht angewiesen, da seine Frage allgemeiner die nach den Regeln ist, die die Sprachverwendung von Sätzen in Sprechakten bestimmen. Diese können, müssen aber nicht grammatisch-syntaktisch faßbar sein.

Searle stellt nun die sehr weitreichende These auf, daß ein und derselbe propositionale Gehalt in allen Formen illokutionärer Akte geäußert werden kann. In gewisser Weise ist er sogar gezwungen, diese Behauptung aufzustellen, weil nämlich illokutionäre Akte bei ihm als die der Äußerung von Propositionen *definiert* sind. Aber wodurch unterscheiden sich genaugenommen der propositionale Akt und die illokutionären Akte? Diese Frage ist besonders brennend bei Behauptungen. Hier könnte man annehmen, daß durch die Bildung eines Aussagesatzes bereits eine Behauptung ausgesprochen ist. An dieser Stelle wird es nun entscheidend, daß Searle Sprechakte wirklich im vollen Sinne als

Kommunikationsakte nimmt, d. h. als etwas, was zwischen zwei Personen geschieht. Durch die Bildung eines propositionalen Gehalts ›Sam ist Raucher‹ ist aber kommunikativ noch nichts geschehen. Wenn der Satz aber in einer zwischenmenschlichen Kommunikation geäußert wird, dann muß dies in einem bestimmten Modus geschehen, damit er überhaupt etwas sagt. Das kann beispielsweise eine Behauptung sein. Und wenn der Satz ›Sam ist Raucher‹ im Sinne einer Behauptung geäußert wird, dann werden damit dem Kommunikationspartner eine bestimmte Auswahl von Antwortzügen eröffnet. Derjenige, der den Satz als Behauptung äußert, übernimmt seinerseits bestimmte Verpflichtungen, beispielsweise die Verpflichtung, bei Nachfrage Gründe für seine Behauptung beizubringen. Der andere kann ihn bezweifeln, Gegenbehauptungen aufstellen, fragen: ›Woher weißt du das?‹ oder auch um Erläuterungen bitten. Hat man so eingesehen, daß Behaupten eine intersubjektive Konstellation erzeugt, ist man frei zu fragen, wodurch die Proposition, d. h. der Inhalt der Behauptung, zustande kommt. Nach Analyse von Searle sind dazu wiederum zwei Akte notwendig, nämlich einerseits der Referenzakt – in unserem Beispiel bezieht man sich durch das Wort ›Sam‹ auf die Person Sam, und ferner der Akt der Prädikation: durch das ›ist Raucher‹ wird dem Sam das Prädikat ›Raucher‹ zugesprochen. In der Bildung der Proposition bezieht man sich also noch nicht auf einen Kommunikationspartner, wohl aber auf eine Sache: Es wird ein Sachverhalt genannt.

Man sieht unmittelbar, daß diese Analyse Konsequenzen für die Auffassung von Wahrheit hat. Während in unserem ersten Beispiel Wahrheit als eine Eigenschaft von Sätzen herauskam, tritt hier Wahrheit überhaupt nur in kommunikativen Zusammenhängen auf. Ein propositionaler Gehalt wie ›Sam raucht‹ ist als solcher von der Wahrheitsfrage gewissermaßen noch unberührt, denn er benennt lediglich einen Sachverhalt. Es ist noch unausgemacht, ob dieser Sachverhalt als vorliegend behauptet werden soll oder ob er gewünscht wird, vielleicht sogar befohlen oder ob lediglich danach gefragt wird. Wahrheit tritt nach dieser Analyse als Geltungsanspruch auf, und zwar von Propositionen, die behauptet werden.

Ich habe das Beispiel aber nicht eingeführt, um weitere sprachanalytische Schlaglichter auf die Wahrheitsfrage zu werfen, sondern vielmehr um zu zeigen, wie im sprachanalytischen Zugang kommunikative Beziehungen zwischen Menschen erhellt werden. Bei den illokutionären Sprechakten handelt es sich bereits um die Herstellung einer kommunikativen Beziehung zu einem Partner durch den Vollzug von Sprechakten. Searle unterscheidet von der illokutionären noch eine weitere Klasse von Sprechakten, die er die *perlokutionären* nennt. Bei diesen Sprechakten geht es nicht um solche, die zwischen den Kommunikationspartnern lediglich eine bestimmte diskursive Situation herstellen, als vielmehr um solche, die im Kommunikationspartner etwas bewirken oder von ihm erwirken sollen. Als Beispiel nennt Searle »überreden oder überzeugen, durch Warnen erschrecken oder alarmieren, durch Auffordern dazu bringen, etwas zu tun, durch Informieren überzeugen (aufklären, belehren, anregen, dazu bringen, etwas zu begreifen)« (1971, S. 42). Hier kann man natürlich einwenden, daß zumindest gewisse illokutionäre Akte, wie etwa befehlen, bereits eine Wirkung auf denjenigen, dem befohlen wird, haben oder haben sollen. Aber worauf es Searle offenbar mit dieser Unterscheidung ankommt, ist, daß im illokutionären Akt nur die kommunikative Situation zwischen beiden Partnern bestimmt wird (gewissermaßen ein Sprachspiel im Sinne Wittgensteins eröffnet wird), während beim perlokutionären Akt eine Wirkung auf den Partner selbst ausgeübt wird.

Durch Searles Analyse von Sprechakten werden zunächst Aspekte des Sprechens aufgeklärt. Das Entscheidende scheint mir aber zu sein, daß er den Finger darauf gelegt hat, daß durch die Sprechakte Beziehungssituationen zwischen Personen geschaffen werden. Man hat deshalb auch (etwas gröber als Searle selbst) in der Kommunikation den Mitteilungsaspekt vom Beziehungsaspekt unterschieden. Von daher führt der Weg in die psychologische und psychotherapeutische Untersuchung von kommunikativ geschaffenen zwischenmenschlichen Beziehungen. Sprechen heißt nicht nur Informationsaustausch, Sprechen ist auch nicht nur Argumentation, sondern Sprechen schafft immer menschliche Beziehungen zwischen Kommunikationspartnern. Eine der wichtigsten Entdeckungen auf diesem Wege ist die sogenannte Double-bind-Beziehung.[3] Wie schon bei Searle klar wurde, enthalten Sprechakte und dann weiter überhaupt kommunikative Äußerungen

3 Gregory Bateson u. a., *Schizophrenie und Familie*, Frankfurt am Main: Suhrkamp 1972.

mehrere Teilakte, bzw. sie spielen sich gleichzeitig in mehreren Dimensionen ab. Diese können nun zueinander im Widerspruch stehen oder sich gegenseitig dementieren. Das kann im harmlosen Fall Humor und Ironie sein und im ernsten Fall zu einer Double-bind-Beziehung führen. So kann man beispielsweise jemanden loben und gleichzeitig signalisieren, daß man das tadelnswert findet, um dessentwillen man ihn lobt: ›Du bist aber heute besonders langsam.‹ Oder man widerspricht auf der Beziehungsebene dem, was man auf der Mitteilungsebene mitteilt. Beispielsweise schaut man jemanden wütend an, während man sagt: ›Du bist doch mein Liebstes.‹

Wir haben damit zumindest angedeutet, was sprachanalytische Philosophie leisten kann. Natürlich wird man sie immer dadurch rechtfertigen können, daß wir unsere Gedanken sprachlich formulieren müssen und daß deshalb eine Klärung der Sprache, sei es als Medium oder als Instrument des Denkens, zugleich auch eine Klärung unseres Denkens selbst sei. Wie aber das an Searle geknüpfte Paradigma zeigt, geht die Bedeutung darüber hinaus: zumindest dort, wo Sprache oder, besser gesagt, Sprechen Wirklichkeit erzeugt, ist die Aufklärung sprachlicher Strukturen zugleich eine Aufklärung der Wirklichkeit selbst.

7. Wissenschaftstheorie

Wissenschaftstheorie ist derjenige Typ von Gegenwartsphilosophie, der am klarsten durch Verwissenschaftlichung geprägt ist. Die Wissenschaftstheorie ist an fast allen Universitäten als Spezialität vertreten, und sie ist auch die Art von Philosophie, an die am ehesten von Studenten anderer Wissenschaften Erwartungen herangetragen werden, etwa die Erwartung, etwas über die Methodologie oder allgemeiner über die Logik der Wissenschaft zu erfahren.

Die Wissenschaftstheorie ist deshalb der klarste Ausdruck der Verwissenschaftlichung der Philosophie, weil in ihr vorbehaltlos das Faktum der Wissenschaft anerkannt wird und weil sie für ihre eigene Arbeitsweise selbst wissenschaftliche Methoden als maßgeblich akzeptiert. Das ist jedenfalls für den Typ von Wissenschaftstheorie zutreffend, den wir in diesem Kapitel behandeln wollen, nämlich die analytische Wissenschaftstheorie. Sie ist analytisch zu nennen, gerade weil sie sich auf Analyse beschränkt und die Wissenschaft und ihre Wissenschaftlichkeit vorbehaltlos anerkennt. Das ist bei der konstruktiven Wissenschaftstheorie nicht im selben Maße der Fall. Vielmehr erhebt sie, wie wir sehen werden, einen Begründungsanspruch für die Wissenschaft und beansprucht auch im Einzelfall, die wissenschaftliche Begriffsbildung zu kritisieren und zu korrigieren. In der Wissenschaftstheorie der analytischen Art hat sich die Philosophie am allerweitesten gegenüber den Wissenschaften zurückgenommen. Für alle Sachfragen sind die Wissenschaften zuständig, und die Wissenschaftstheorie betrachtet sich selbst als etwas Sekundäres, als eine Reflexion auf die Wissenschaften und als eine Analyse ihres Vorgehens. Dabei übernimmt sie ideologisch quasi deren Position: Innerhalb der Philosophie kämpft sie gegen ›unwissenschaftliche‹ Typen von Philosophie, insbesondere die Metaphysik, und bestimmt durch Demarkation, was zur Wissenschaft zu rechnen ist und was nicht. Letzteres ist vor allem in Abwehr und Ausschlußstrategien gegenüber Psychoanalyse und Marxismus wirksam geworden. Der Hierarchie im akademischen Raum und dem Übergewicht der Naturwissenschaften entsprechend ist Wissenschaftlichkeit von der Wissenschaftstheorie mit Vorrang an den Naturwissenschaften studiert worden. Insofern hat die Wissenschaftstheorie deren maßgebende Funktion für Wissenschaftlichkeit überhaupt noch verstärkt.

Genuine Fragestellungen der Wissenschaftstheorie sind: Worin besteht wissenschaftliche Begriffsbildung, insbesondere was sind metrische Begriffe, was ist ein Naturgesetz, welche Rolle spielt darin der Begriff der Kausalität, welche Bedeutung kommt dem Experiment und der Empirie in der Wissenschaft jeweils zu, wie kommt man zu allgemeinen Behauptungen, was ist eine wissenschaftliche Theorie, wie steht es mit der Gültigkeit wissenschaftlicher Theorien? Ferner: Was ist Forschung, was ist wissenschaftlicher Fortschritt, wie läßt sich wissenschaftliche Erkenntnis methodisch gewinnen? Bei der Untersuchung dieser Fragen orientiert sich die Wissenschaftstheorie ihrem eigenen Verständnis entsprechend an dem faktischen Vorgehen der Wissenschaften. Die Art dieser Orientierung ist allerdings höchst problematisch, denn dieses Vorgehen könnte ja auch darauf hinauslaufen, einfach empirisch festzustellen, wie Wissenschaft funktioniert. Das wäre dann nicht mehr Wissenschaftstheorie, sondern eher Wissenschaftssoziologie. Die Ergebnisse dieser Forschung haben dann auch ein Bild von Wissenschaft produziert, das mit dem Ideal von Wissenschaftlichkeit, wie es der Wissenschaftstheorie vorschwebt, nicht mehr sehr viel zu tun hat. Obgleich nämlich die Wissenschaftstheorie die faktische Wissenschaft als vorbildlich annimmt, kümmert sie sich sehr wenig um ihre konkrete Realität. Sie arbeitet gewissermaßen an einem idealtypischen Bild von Wissenschaftlichkeit, das sich in der Wissenschaft eher rekonstruktiv findet bzw. bestätigt. Die Wissenschaftstheoretiker haben sich in dieser ambivalenten Beziehung zur Realität der Wissenschaft durch die Unterscheidung von Entdeckungszusammenhang und Rechtfertigungszusammenhang geholfen. Diese Unterscheidung rechnet mit der Tatsache, daß Wissenschaftler, mögen sie im Entdeckungszusammenhang, d.h. im Zusammenhang von Forschung, Erfindung, Wissensproduktion, noch so chaotisch verfahren, sich dennoch Normen von Wissenschaftlichkeit unterstellen, die sie dann im Rechtfertigungszusammenhang auch tatsächlich zur Geltung bringen: Sie rekonstruieren für die Veröffentlichung ihrer Arbeiten ihre Ergebnisse nach den Normen der Wissenschaftlichkeit. Daraus folgt, daß die Wissenschaftstheorie, obgleich sie die Wissenschaft als Faktum anerkennt, gleichwohl

ihre Ergebnisse mit normativem Anspruch formuliert. Dadurch hat sie sich Gegner an zwei Fronten geschaffen, nämlich auf der einen diejenigen, die sich im Namen der freien Kreativität und Entwicklungsmöglichkeit der Wissenschaften gegen den normativen Anspruch der Wissenschaftstheorie auflehnen, auf der anderen Seite diejenigen, die die Wissenschaften selbst als empirisches Faktum nehmen, insbesondere die Wissenschaftshistoriker, und die damit die Behauptungen der Wissenschaftstheoretiker ebenfalls in ihrem normativen Anspruch in Frage stellen. Für die erste Art von Gegnern ist Paul Feyerabend[1] ein typisches Beispiel, für die zweite Art Thomas Kuhn.[2] Wir wollen uns hier nicht damit beschäftigen, wie die Wissenschaftstheorie, um mit den Einwänden von diesen beiden Seiten fertig zu werden, versucht hat, ihr Programm flexibler und weiter zu gestalten, sondern versuchen, dieses Programm selbst deutlich zu machen.
Allgemein ist charakteristisch für die Wissenschaftstheorie als Typ von Philosophie, daß sie alle inhaltlichen Fragen an die Wissenschaften abgibt. Es gibt danach keine Naturphilosophie mehr, sondern lediglich Wissenschaftstheorie der Naturwissenschaften. Es gibt keine Geschichtsphilosophie mehr, sondern lediglich Wissenschaftstheorie der Geschichtsschreibung. Es gibt keine Phänomenologie des Geistes mehr, sondern nur noch Wissenschaftstheorie der Geisteswissenschaften.

Metrische Begriffe

Die Wissenschaftstheorie ist historisch im wesentlichen aus dem Wiener Kreis entstanden, d.h. geht auf Philosophen wie Moritz Schlick, Rudolf Carnap, Herbert Feigl, Otto Neurath zurück. Ich möchte deshalb als erste paradigmatische Leistung eine auswählen, die mit einem dieser Väter, nämlich Carnap, verbunden ist, nämlich die Aufhellung der Struktur metrischer Begriffe. Diese Leistung ist in gewisser Weise auch für die ganze Wissenschaftstheorie maßgebend und wird deshalb gewöhnlich auch in den

1 Paul K. Feyerabend, *Wider den Methodenzwang*, Frankfurt am Main: Suhrkamp 1976.
2 Thomas S. Kuhn, *Die Struktur wissenschaftlicher Revolutionen*, Frankfurt am Main: Suhrkamp 1967.

ersten Kapiteln von Einführungen in die Wissenschaftstheorie behandelt. Sicher ist Begriffsbildung für Wissenschaftlichkeit grundlegend, aber man hat mit einigem Recht das quantitative Vorgehen als charakteristisch für neuzeitliche Wissenschaft überhaupt bezeichnet. Es geht also nicht um Begriffsbildung überhaupt, sondern um die Bildung quantitativer Begriffe. Hier hat die Wissenschaftstheorie auf philosophische Vorarbeiten zurückgreifen können, die die Entstehung der neuzeitlichen Wissenschaft seit dem ausgehenden Mittelalter begleitet haben.[3] Das historische Ringen um quantitative Begriffe hat natürlich auch immer wieder Reflexionen zum Prozeß der Quantifizierung selbst hervorgebracht. Für das gegenwärtige Selbstbewußtsein der Wissenschaftler einerseits wie auch die öffentliche Einschätzung von Wissenschaft andererseits hat nun die Untersuchung quantitativer Begriffe in der Wissenschaft zwei wichtige Ergebnisse zutage gefördert. Nämlich erstens, daß die quantitativen Begriffe nicht schlicht Voraussetzungen für Meßverfahren sind, sondern vielmehr im Zusammenhang mit der Entwicklung von Meßverfahren ausgebildet werden. Und zweitens, daß es keine einfache Klassifizierung oder gar Entgegensetzung von qualitativen und quantitativen Begriffen gibt.

Ich möchte zunächst auf diesen zweiten Punkt etwas eingehen. Die Kritik an der Wissenschaft wird häufig so formuliert, daß sie ja nur das Quantitative erfassen könne und das Qualitative übergehe oder gar verdränge. Demgegenüber stellt die Wissenschaftstheorie heraus, daß mit dem wissenschaftlichen Begriff nicht etwa das Quantitative anstelle des Qualitativen erfaßt wird, sondern vielmehr das Qualitative *durch* Quantifizierung. Wenn man das erkannt hat, fragt man sich, ob es überhaupt etwas gibt, was von sich aus schon ein Quantum ist, d. h. als Quantität gedacht wird. Dafür kommt dann kaum mehr in Frage als Haufen von gleichen Stücken oder Extensionen wie Ausdehnung. Aber schon Ausdehnung oder auch Abstand ist etwas, das ursprünglich qualitativ erfahren wird und erst durch Quantifizierung als Quantum zugänglich wird. Dasselbe trifft auf Schnelligkeit und Langsamkeit zu. Es war historisch ein äußerst schwieriger Prozeß, Schnellig-

3 Auf diesen Hintergrund gehe ich ein in meinem Aufsatz »Quantifizierung – Metrisierung«, in: *Am Ende des Baconschen Zeitalters. Studien zur Wissenschaftsentwicklung*, Frankfurt am Main: Suhrkamp 1993.

keit und Langsamkeit als mehr oder weniger große Geschwindigkeiten zu erfassen.[4]

Es ist nun der messende Zugang zu etwas, der auch für die quantitative *Begriffs*bildung von diesem Etwas verantwortlich ist. Allgemein kann man sagen, daß etwas quantitativ gedacht wird, wenn es als Vielfaches einer Einheit gedacht wird. Dabei ist dann offenbar sehr wichtig, wie man zu einer Einheit kommt, was die Einheit als solche ist und wie die Zusammensetzung der Einheiten zustande kommt, um das ›Etwas‹ als Größe zu rekonstruieren. Durch die Unterschiede, die hier möglich sind, kommt man zur Unterscheidung von Größentypen. Der klassische Unterschied, den wir hier paradigmatisch vorstellen wollen, ist der Unterschied zwischen extensiven und intensiven Größen. Sie unterscheiden sich kurz gesagt durch eine formale Eigenschaft: Extensive Größen kann man addieren und erhält dadurch wieder eine Größe derselben Art, während das bei intensiven Größen nicht der Fall ist. Im Beispiel: Zwei Gewichte kann man addieren und erhält dadurch wieder ein Gewicht, zwei Temperaturen kann man aber nicht zu einer neuen Temperatur addieren. Für diese Unterschiede sind die Operationen verantwortlich, die man zur Messung dieser Größen ausführt. Gewichte werden mit der Waage gemessen. Die Waage ist nun so gebaut, daß man durch Zusammenlegen zweier Gewichte in einer Waagschale wieder ein Gewicht erhält. Genau so wird ja ein vorgegebenes Gewicht durch Addition von Einheitsgewichten in der Gegenwaagschale ausgewogen. Man sieht hier also, wie die Meßoperationen mit den formalen Eigenschaften des Größentyps zusammenhängen. Extensive Größen nennt man allgemein Größen des formalen Typs, dem auch das Gewicht angehört.

Wie ist es nun mit intensiven Größen? Müssen sie, um Größen zu sein, nicht ebenfalls das Vielfache einer Einheit darstellen? Natürlich, nur ist die Einheit, also ein Temperaturgrad, ganz etwas anderes als ein Einheitsgewicht. Die Einheit des Temperaturgrades ist nämlich als solche keine Temperatur, sondern eine Temperaturdifferenz. Die Bildung des Temperaturbegriffs erfolgt nämlich folgendermaßen. Man vergleicht Wärmegrade durch ihre Wirkung auf eine Thermometerflüssigkeit. Je wärmer etwas ist,

4 Anneliese Maier, *Zwei Grundprobleme der scholastischen Naturphilosophie*, Rom: Ed. di Storia e Letteratura, 3. Aufl. 1968.

desto mehr dehnt es die Thermometerflüssigkeit, die als Probe verwendet wird, aus. Es wird nun festgelegt, daß zwei Paare von Wärmegraden dann den gleichen Abstand haben sollen, wenn die entsprechende Ausdehnungsdifferenz der Temperaturflüssigkeit gleich ist. Die ursprüngliche Gleichheit, die hier hergestellt wird, besteht also nicht zwischen Wärmegraden, sondern zwischen Paaren von Wärmegraden bzw. zwischen den Intervallen, die zwischen ihnen liegen. Um nun eine Einheit für diese Differenzen zu finden, wählt man willkürlich, aber zweckmäßig ein Paar von Wärmegraden aus, und zwar in der Regel den Gefrierpunkt und den Kochpunkt des Wassers. Man nimmt die Spanne, die dazwischen liegt, als Einheit oder, wie es bei der Celsius-Skala üblich ist, ein Hundertstel dieser Spanne. Dann weist man willkürlich einem bestimmten Wärmegrad den Wert Null zu und rechnet von diesem aus ins Positive und ins Negative. Bei der Temperaturskala nach Celsius ist dieser Nullpunkt der Gefrierpunkt des Wassers. Die Angaben, die man dann für Wärmegrade machen kann, nennt man Temperatur. Man sieht hier auch, warum Temperaturen nicht additiv sind: Sie sind es nicht, weil Temperaturen nicht absolut, sondern durch die Größe der Intervalle gegenüber einem Fixpunkt angegeben werden.

Damit haben wir den Unterschied, den man traditionell den Unterschied zwischen extensiven und intensiven Größen nennt, vor Augen. Er beruht im Grund auf den Meßoperationen, durch die ein bestimmtes Phänomen quantitativ erfaßbar wird. Extensive Größen sind additiv, bei intensiven Größen sind es nur ihre Differenzen. Diesen zuletzt genannten Unterschied kann man formaler fassen. Wenn man die Zahlenwerte, die bei Messungen herauskommen, betrachtet, so muß man sagen, daß die Zahlenwerte immer relativ zu einer gewählten Skala sind. Die formalen Unterschiede der Größentypen kann man nun auch so charakterisieren, daß die für sie verwendeten Skalen jeweils bis auf bestimmte Transformationsgruppen eindeutig sind. Zur Erfassung von *extensiven* Größen verwendet man Skalen, die bis auf Ähnlichkeitstransformationen eindeutig sind. Das heißt, alle möglichen Skalen, die Verwendung finden können, unterscheiden sich lediglich in der Wahl der Einheit; Meßwerte, die durch verschiedene Skalen gewonnen worden sind, können durch einen Verhältnisfaktor aufeinander abgebildet werden.[5] Die Skalen, die man zur Erfassung von *intensiven* Größen verwendet, sind Intervallskalen.

Intervallskalen sind solche, die bis auf die Gruppe der positiv-linearen Transformationen eindeutig sind. Das heißt also, die Werte, die mit einer Skala gemessen sind, können auf die Werte, die mit einer anderen Skala gemessen worden sind, durch eine positive lineare Transformation abgebildet werden.[6]

Das Verfahren, das zur Unterscheidung dieser beiden klassischen Größentypen, nämlich der extensiven und der intensiven Größe, angewandt wurde, ist dann später zu einer allgemeinen Skalentheorie erweitert worden. Dabei ging es nicht nur um die Frage der Bildung von quantitativen Begriffen, sondern um die allgemeinere Frage der Zuordnung von Zahlen zu Dingen oder Eigenschaften. Dabei brauchen die Zahlen ja keineswegs in der Verwendung zur Angabe von Größen auftreten, sondern sie können ja auch bloße Benennungen sein, d. h. also als Nominalzahlen fungieren, oder eine Ordnung angeben, d. h. als Ordinalzahlen fungieren. Wenn man diese Möglichkeiten hinzunimmt, so entstehen schon vier verschiedene Skalentypen, nämlich die Nominalskala, die Ordinalskala, die Intervallskala und die Verhältnisskala, die jeweils folgenden Transformationsgruppen entsprechen: die Nominalskala der Gruppe der Permutationen, die Ordinalskala der isotonen Gruppe, die Intervallskala der affinen Gruppe und die Verhältnisskala der Gruppe der Ähnlichkeitstransformationen. Von hieraus hat sich eine sehr umfassende und im einzelnen sehr raffinierte Skalentheorie entwickelt.

Die auf diesem Gebiet erzielten Ergebnisse der Wissenschaftstheorie sind in der Tat von großer Bedeutung. Die erste Konsequenz, die ich nennen möchte, ist, daß man vor der Gefahr bewahrt wird, Meßergebnisse, die ja in jedem Fall als Zahlen mitgeteilt werden, ganz unabhängig vom Skalentyp als gleichwertig anzusehen. Faktisch ist ihre weitere mathematische Verwendbarkeit sehr stark vom Skalentyp abhängig. Wir haben dafür das allereinfachste Beispiel kennengelernt: Temperaturen darf man nicht ohne weiteres addieren. Man könnte nämlich dadurch zu Ergebnissen kommen, die von der zufällig gewählten Skala abhängig sind und nicht für den ganzen Skalentyp invariant. Die mathematische Vorsicht, die

5 Wenn x die Meßwerte nach der einen Skala sind und x' die nach der anderen, so gilt $x = ax'$, $a > 0$.

6 Wenn t die Meßwerte nach der einen Skala sind, t' die nach der anderen, so gilt $t = a t' + b$, $a > 0$.

beim Umgang mit Meßdaten zu üben ist, spielt insbesondere für statistische Verfahren eine Rolle.
Zweitens kann man die Bedeutung dieser Ergebnisse darin sehen, daß sich in diesem Fall tatsächlich auch eine gewisse Anleitung für wissenschaftliches Arbeiten aus der Wissenschaftstheorie ergibt. Insbesondere in solchen Gebieten wie der Psychologie, wo die Phänomene zunächst wirklich nur qualitativ erfaßt werden, ist die Frage, wie man hier Skalen konstruieren soll, aufgrund deren man diesen Phänomenen dann auch Zahlen zuordnen kann, nicht leicht zu beantworten. Die Wissenschaftstheorie gibt Auskunft darüber, welche Operationen mit den Phänomenen oder Dingen dieser Bereiche ausführbar sein müssen, um überhaupt entsprechende Skalen konstruieren zu können.

Falsifizierbarkeit

Ich wähle als zweites Beispiel einer paradigmatischen Leistung der analytischen Wissenschaftstheorie die Charakterisierung wissenschaftlicher Theorien durch ihre Falsifizierbarkeit. Es handelt sich dabei um eine Analyse, die Popper in seinem 1934 erstmalig erschienenen Buch *Logik der Forschung* (1934/1971) vorgelegt hat. Poppers Auffassung wissenschaftlicher Theorien bestimmt heute weitgehend nicht nur die Wissenschaftstheorie, sondern auch was Wissenschaftler im allgemeinen von ihren Theorien halten. Kurz zusammengefaßt ist es dies: Wissenschaftliche Theorien sind nicht Theorien im klassischen Sinne, das heißt, es gibt keine Möglichkeit, sie als wahr zu bezeichnen. Sie werden lediglich als Hypothesen oder Modelle aufgefaßt. Man rechnet damit, daß sie prinzipiell falsifizierbar sind und, mehr noch, eines Tages falsifiziert werden. Theorien werden als etwas Vorläufiges angesehen, als vorübergehendes Erkenntnisinstrument und nicht mehr. Dieser eingeschränkte Geltungsanspruch wissenschaftlicher Theorien wird aber nicht etwa als Mangel angesehen, sondern in ihm liegt nach Popper gerade ihre Wissenschaftlichkeit. Dieses Verständnis wissenschaftlicher Theorien entspricht im auffälligen Maße jenem eher soziologisch formulierten Selbstverständnis neuzeitlicher Wissenschaft, wie es unübertrefflich in Max Webers Worten ausgedrückt ist: »Jeder von uns in der Wissenschaft weiß, daß das, was er gearbeitet hat, in 10, 20, 50 Jahren veraltet ist. Das ist das Schicksal, ja: das ist der *Sinn* der Arbeit der Wissenschaft.«[7] Poppers Auffassung wissenschaftlicher Theorien ist stark durch seine Absetzung vom Konventionalismus und Positivismus bestimmt, außerdem fließen biographische Momente ein, die in seiner intellektuellen Autobiographie nachzulesen sind.[8] Das alles braucht uns hier nicht zu kümmern, geht es doch darum herauszustellen, daß durch Popper eine bestimmte analytische Zugangsweise zur Wissenschaft paradigmatisch gegeben wurde, die als Forschungsprogramm zur Untersuchung vieler anderer Aspekte der Wissenschaft geführt hat. Für uns ist hier von Poppers Vorgehen vor allem wichtig, wie er die schon genannte Frage des Verhältnisses von Wissenschaftstheorie zur empirischen Erforschung der Wissenschaft beantwortet. Obgleich gerade Poppers Philosophie ein deutliches Beispiel dafür ist, daß darin die Wissenschaft als Faktum und als Vorbild von Erkenntnis überhaupt anerkannt wird, bezeichnet Popper sein Vorgehen explizit als nichtempirisch. Es ist nützlich, hier im vollen Wortlaut herzusetzen, was er über die methodologischen Regeln der Wissenschaft sagt:

»Wir betrachten die methodologischen Regeln als Festsetzungen. Man könnte sie die Spielregeln des Spiels ›empirische Wissenschaft‹ nennen. Sie unterscheiden sich von den Regeln der Logik in ähnlicher Weise wie etwa die Regeln des Schachspiels, die man ja nicht als einen Zweig der Logik zu betrachten pflegt: Da die Regeln der Logik Festsetzungen über die Umformung von Formeln sind, so könnte man zwar die Untersuchung der Regeln des Schachspiels vielleicht als ›Logik des Schachspiels‹ bezeichnen, nicht aber als ›die Logik‹ schlechthin; und ähnlich können wir die Untersuchung der Regeln des Wissenschaftsspiels, der Forschungsarbeit, auch *Logik der Forschung* nennen« (1934/1971, S. 25 f.).

Zu diesen Formulierungen sind einige Erläuterungen nötig. Wenn Popper sagt, die methodologischen Regeln der Wissenschaften seien Festsetzungen oder Konventionen, so meint er nicht, daß er als Philosoph etwas festsetzt. Es sind vielmehr Konventionen, die ein bestimmtes Spiel definieren, nämlich das Spiel ›empirische

7 Max Weber, »Wissenschaft als Beruf« (1919), in: ders., *Gesammelte Aufsätze zur Wissenschaftstheorie*, Tübingen: Mohr, 3. Aufl. 1968, S. 592.
8 »The Autobiography of Karl Popper«, in: Paul A. Schilpp (Hg.), *The Philosophy of Karl Popper*, La Salle/Ill.: Open Court 1964.

Wissenschaft‹. Die Einführung der Spielanalogie in die Analyse der Wissenschaft ist ziemlich raffiniert, denn einerseits trägt sie dem historischen und soziologischen Charakter von Wissenschaft Rechnung: Natürlich sind es die Wissenschaftler, welche die Spielregeln des Spiels ›Wissenschaft‹ festsetzen oder sich auf sie einlassen, und doch muß man sie nicht empirisch erheben. Denn es kommt nicht darauf an, ob der einzelne Wissenschaftler sie anerkennt oder nicht. Vielmehr – und das ist der zweite Punkt – haben diese Regeln normativen Charakter, weil sie nämlich das Spiel ›Wissenschaft‹ definieren. Das heißt aber: Man *muß* sie anerkennen, will man in das Spiel eintreten. Die Analyse der Wissenschaft ist also allerdings eine Analyse des faktischen Vorgehens der Wissenschaft, aber sie betrachtet dieses auf die Unterstellung eines Regelsatzes hin, der das Unternehmen Wissenschaft als wissenschaftlich charakterisiert.

Der zweite Punkt, auf den aufmerksam zu machen ist, besteht darin, daß Popper hier, wie schon im Titel seines Buches, das Ziel seiner Untersuchung nicht etwa als »Logik der Wissenschaft«, sondern als »Logik der Forschung« bezeichnet. Diese Formulierung könnte zu dem Mißverständnis Anlaß geben, daß es ihm nach der eingangs schon erwähnten Unterscheidung von Erzeugungszusammenhang und Rechtfertigungszusammenhang wissenschaftlichen Wissens um den Erzeugungszusammenhang gehe. Das ist aber nicht der Fall. Im Gegenteil sagt Popper, daß der Erzeugungszusammenhang als kreativer Prozeß ganz offen und regellos ist. Hier läßt er auch ohne weiteres metaphysische Ursprünge als Quelle wissenschaftlichen Wissens zu, obgleich er, wie schon die Wiener Schule, die Metaphysik explizit als unwissenschaftlich ausgrenzt. Für den ganzen Erzeugungszusammenhang ist nach Popper nicht die Philosophie, auch nicht die Logik der Forschung zuständig, sondern die Soziologie, die Psychologie und gegebenenfalls die Geschichte. Mit dem Ausdruck »Logik der Forschung« unterstellt Popper, daß die Wissenschaft in ihrem Fortschritt bestimmten Regeln folgt. Dabei ist der Prozeß des Fortschritts durchweg im Rechtfertigungszusammenhang zu sehen, d. h. dort, wo Arbeiten publiziert werden. Popper interessiert sich also für den Status wissenschaftlicher Theorien im Diskurs, im Felde veröffentlichter Wissenschaft, und fragt danach, durch welche Züge das Spiel, das hier gespielt wird, fortgesetzt werden kann. Seine Frage ist also: Was kann als wissen-

schaftliche Theorie behauptet werden, was heißt es, daß eine Theorie anerkannt ist, wodurch kann eine Theorie verändert, gegebenenfalls in ihrer Gültigkeit außer Kraft gesetzt werden?
Poppers Behauptung oder, besser gesagt, das Ergebnis seiner Analyse ist nun: eine Theorie ist genau dann wissenschaftlich, wenn sie ›falsifizierbar‹ ist. Dabei bedeutet ›ist wissenschaftlich‹ soviel wie ›gehört zum Spiel empirische Wissenschaft‹.
Popper hat mit der Charakteristik der Falsifizierbarkeit ein Moment der neuzeitlichen Wissenschaft hervorgehoben, das man allgemein ihr empirisches oder experimentelles Vorgehen nennen könnte. Nach der Maxime der Royal Society ›nullius in verbis‹ bedeutete das, daß man Wissenschaft in direkter Konfrontation mit der Wirklichkeit machen wollte. Aber – und das ist Poppers Pointe – der Bezug der wissenschaftlichen Theoriebildung auf die Wirklichkeit, d. h. ihr empirischer Zug, wurde in der Regel fälschlich als Induktion verstanden: so als würde man eine Menge von Einzelerfahrungen machen und sie als generalisierte dann zur Wissenschaft erheben. Zu Poppers Analyse der Wissenschaft gehört deshalb auch eine explizite Auseinandersetzung mit dem Induktivismus. Es wird darin insbesondere klargemacht, was man aber auch sonst schon wußte, daß man durch eine noch so große Anzahl von Einzelbeobachtungen niemals einen Allsatz begründen kann. Popper behauptet, daß das auch gar nicht das Vorgehen der neuzeitlichen Wissenschaft sei, sondern daß sie vielmehr umgekehrt operiere: Sie stelle Hypothesen auf, die als solche schon den Charakter von Allsätzen haben, und unterwerfe dann diese Hypothesen einer kritischen Prüfung, indem versucht werde, experimentell Gegeninstanzen zur Hypothese zu finden.
Diese Auffassung der Rolle von Experimenten zur Prüfung von Theorien ist sehr wichtig für die nähere Bestimmung des Begriffs der Falsifizierbarkeit einer Theorie. Diese hat nämlich nicht soviel damit zu tun, was aus der Theorie an positiven Behauptungen über die Wirklichkeit folgt, sondern vielmehr umgekehrt: die Falsifizierbarkeit besteht darin, daß nach der Theorie eine ganze Menge von möglichen Ereignissen und Prozessen *ausgeschlossen* ist. Von den möglichen Konsequenzen einer Theorie sind für die Falsifizierbarkeit also nicht so sehr die besonderen Aussagen, die man unter Einführung gewisser Randbedingungen daraus ableiten kann, sondern vielmehr die negativen Allaussagen relevant, alle von der Form: Ereignisse oder Prozesse dieser oder jener Art sind

nicht möglich. Popper nennt die Menge solcher Aussagen den empirischen Gehalt und bemißt an ihnen die Qualität wissenschaftlicher Theorien: Sie sind um so besser, je mehr sie verbieten. So formuliert er beispielsweise an einer Stelle über die Naturgesetze: »Sie sagen um so mehr, je mehr sie verbieten« (1934/1971, S. 15).

Die logische Basis für den Begriff der Falsifizierbarkeit ist der *modus tollens*. Ich benutze zu seiner Formulierung sogleich die Poppersche Symbolik. In Worten besagt der *modus tollens* folgendes: Wenn aus einer Theorie t der Satz p folgt, so gilt: Wenn non-p festgestellt ist, dann ist t widerlegt. In Formeln:

$$t \rightarrow p$$
$$\neg p \rightarrow \neg t$$

Man kann schon an dieser formalen Festlegung der Struktur einer Falsifikation sehen, daß sich daraus ein ganzes Forschungsprogramm für die Wissenschaftstheorie ergibt. Ich halte nur einige Fragen fest: Die erste Frage bezieht sich auf den falsifizierenden Satz non-p. Popper sagt hier allgemein, daß es ein »Basissatz« sein muß, d. h. ein Satz, der ein Ereignis oder einen Vorgang, die in einem Experiment festgestellt worden sind, beschreibt. Ich gehe auf diese Frage gleich weiter ein. Die zweite Frage bezieht sich auf die Ableitung von p aus t. Ich habe oben schon erwähnt, daß man in der Regel zur Ableitung von charakteristischen Folgerungen aus einer Theorie noch weitere Sätze braucht, die nicht schon in der Theorie enthalten sind, beispielsweise Bestimmungen über Randbedingungen. Auf dieses Problem will ich hier nicht weiter eingehen. Das dritte Problem trifft die Widerlegung der Theorie t selbst. Natürlich kann man formal leicht hinschreiben, daß non-t gilt. Aber eine Theorie ist ja ein sehr komplexes Gebilde. Und schon wenn man sie etwa in zwei Sätze a und b zerlegen würde, dann wird fraglich, ob durch die Falsifikation beide Teilsätze, nämlich a und b, oder nur einer von beiden widerlegt worden ist. Diese rein logische Tatsache erzwingt so ein sehr genaues Studium der Struktur wissenschaftlicher Theorien. Das breite Feld, das sich hier für die Forschung eröffnet, ist auch von vielen Autoren bearbeitet worden. Ich möchte hier nur Nagel und Sneed[9] nennen.

9 Ernest Nagel, *The Structure of Science*, Indianapolis: Hackett Publications Co., 2. Auflage 1979. Joseph D. Sneed, *The Logical Structure of Mathematical Physics*, Dordrecht: Reidel 1971.

Obgleich man hier allgemeinere Strukturen gefunden hat, muß man doch sagen, daß nicht einmal in der Physik alle Theorien dieselbe Struktur haben.
Nun aber zurück zum widerlegenden Satz non-p bzw. zum Experiment, das durch non-p beschrieben wird. Als erstes ist natürlich festzustellen, daß ein einzelnes Ereignis bzw. eine einzelne Messung, durch die dieses Ereignis festgestellt wurde, noch nicht hinreicht, um eine ganze Theorie zu widerlegen. Es könnte ja ein Zufallstreffer sein, es könnte ein Meßfehler vorliegen, es könnte ein Fehler in der Anlage des Experiments vorliegen, es könnten unbeachtete Randbedingungen des Experiments für das Ergebnis verantwortlich sein usw. Popper stellt hier sehr richtig fest, daß das mindeste, was hier zu verlangen ist und was auch eine allgemeine Maxime für die Anerkennung von Daten in der neuzeitlichen Wissenschaft darstellt, die Wiederholbarkeit ist. Er sagt deshalb, daß es sich genaugenommen bei non-p nicht um ein Ereignis, sondern vielmehr um einen ›Effekt‹ handeln muß (1934/1971, S. 54). Ein Effekt ist aber nun seinerseits nicht ein singuläres Faktum, das im Einzelexperiment gewonnen werden könnte, sondern ein Effekt hat selbst Allgemeinheitscharakter. Der entsprechende Satz, der den Effekt ausdrückt, hat selbst die Struktur eines Allsatzes. Popper kommt deshalb zu der Auffassung, daß der widerlegende Satz non-p genaugenommen kein Basissatz ist, sondern selbst eine »empirische Hypothese von niedriger Allgemeinheitsstufe« (ebd., S. 54), und spricht deshalb auch von der »falsifizierenden Hypothese«. Nun mag in der Tat eine solche falsifizierende Hypothese von geringerem Allgemeinheitsgrad sein als die Theorie t, die dadurch falsifiziert werden soll, aber an der logischen Struktur ändert sich dadurch nichts. Es stellt sich die Frage, warum man überhaupt an die Hypothese non-p glaubt, gegebenenfalls so sehr glaubt, daß man ihr zutraut, die ganze Theorie t zu falsifizieren. Hier kommt nun ein Moment der positiven Stützung von Hypothesen – und im weiteren Sinne auch von Theorien – hinein, daß Popper später ›Korrobation‹ genannt hat. Sie ist eine Mischung aus induktiven Elementen und Momenten der Falsifikation. Eine Hypothese h ist mehr oder weniger gut korroboriert, wenn man gute Erfahrungen mit h gemacht hat, das heißt, wenn einerseits Messungen sie immer wieder bestätigt haben, andererseits Falsifikationsversuche gescheitert sind. Aber unabhängig von dem Moment der positiven Stützung

von Hypothesen zeigt sich, daß es sich tendenziell in der Falsifikation um eine Konkurrenz von Theorien handelt. Die widerlegende Hypothese non-p ist natürlich um so stärker, wenn sie selber in eine Theorie T eingebettet ist oder selbst eine Theorie T ist, die beanspruchen kann, ebenfalls alle Effekte der Theorie t zu erklären. Wenn die Konstellation so ist, dann läuft Falsifikation auf die Konstruktion eines *experimentum crucis* hinaus. Es geht dann darum, einen Effekt zu finden, der aus der Theorie T folgt, aber nach der Theorie t nicht eintreten dürfte. In dieser Weise trägt bekanntlich Isaac Newton seine optische Lehre in den *Opticks* vor.[10] Für Popper wie für andere Wissenschaftstheoretiker ist das Experiment von Michelson und Morley, durch das der Effekt eines Ätherwindes hätte festgestellt werden sollen, zumindest im Rückblick ein *experimentum crucis*, das zwischen newtonscher Physik und Relativitätstheorie entscheidet. Denn nach der Relativitätstheorie ist ein solcher Effekt ausgeschlossen.

Ich möchte damit die Besprechung des Paradigmas ›Falsifizierbarkeit von Theorien‹ abschließen. Es dürfte an diesem Beispiel zweierlei besonders deutlich geworden sein. Nämlich einerseits, daß die analytische Wissenschaftstheorie versucht herauszufinden, worum es ›eigentlich‹ in der Wissenschaft geht, d.h. die Regeln, nach denen sich das Spiel Wissenschaft vollzieht, und die wissenschaftlichen Ziele, die durch dieses Spiel erreicht werden sollen – und daß andererseits diese Fragestellung der Forschung selbst ein breites Feld eröffnet.

Poppers Wissenschaftstheorie ist unter dem Signum ›Fallibilismus‹ für das Selbstverständnis der Wissenschaft und teilweise auch für das Verständnis von Wissenschaft in der Öffentlichkeit sehr einflußreich gewesen. Es kann jetzt nicht darum gehen, die hier nötige Kritik zu formulieren, die eher zum Bereich Philosophie als Arbeit, nämlich Arbeit an den Ideologien von Wissenschaft gehörte. Aber so viel sei doch bemerkt: Popper stellt den Wissenschaftsprozeß als eine Folge von »conjectures and refutations«, von Vermutungen und Widerlegungen, dar. Danach käme es in der Wissenschaft darauf an, möglichst gewagte Theorien und Hypothesen aufzustellen (*bold theories*) und andererseits die schon aufgestellten Hypothesen zu widerlegen. Dieses Spiel mit

10 Isaac Newton, *Opticks*, Nachdruck der 4. Aufl. 1730, New York: Dover 1952.

Hypothesen findet allerdings faktisch nur an den esoterischen Forschungsfronten statt. Im Blick auf diese Fronten, die vor allem Popper vor Augen hat, hat sich die Meinung verbreitet, daß nicht nur Falsifizierbarkeit, sondern Fallibilität, d.h. prinzipielle Irrtumsträchtigkeit, ein Signum von Wissenschaftlichkeit sei. Wahrheit sei in der Wissenschaft überhaupt nicht zu erreichen. Alles, was in der Wissenschaft behauptet werde, sei von bloß hypothetischem Charakter. Das ist natürlich ein Bild, das wissenschaftliche Arbeit als Breitenphänomen überhaupt nicht wiedergibt. Hier geht es um Ausarbeitung und Anwendung von Theorien, die nicht in Frage gestellt werden, um den Bereich der *normal science*, mit Kuhn zu sprechen. Diesen breiten wissenschaftlichen Alltag kann Popper mit seiner Theorie nicht erfassen. Ebensowenig aber auch das von uns an anderer Stelle erwähnte Phänomen des ›Klassischwerdens von Theorien‹. Das sei nur zur Warnung gesagt, um nicht, was hier als Paradigma analytischer Wissenschaftstheorie genannt wurde, für die gültige Theorie des ›Spiels Wissenschaft‹ zu nehmen.

Ich komme damit zum Schluß dieses Kapitels. Alle in dieser Einführung vorgestellten Typen gegenwärtiger Philosophie werden als Typen verwissenschaftlichter Philosophie vorgestellt. Dabei kann der Begriff von Wissenschaft, der diese Typen als verwissenschaftlichte charakterisierbar macht, relativ vage bleiben. Wir haben uns im allgemeinen darauf berufen, daß die Philosophie sich jeweils an dem Ideal von Wissenschaftlichkeit, das in den positiven Wissenschaften, insbesondere der Naturwissenschaft vorgegeben ist, orientiert. Ferner haben wir uns an mehr kognitiven Strukturen, wie methodisches Vorgehen, Hypothesenbildung, rationale Begründung, und soziologischen Strukturen, wie kollektive Wissensproduktion, die Existenz von Forschungsprogrammen usw., orientiert. Beim Fall der Wissenschaftstheorie ist allerdings die Frage, was man an diesem Typ von Philosophie selbst als wissenschaftlich bezeichnet, nicht mehr so unproblematisch, weil sich hier das Problem der Selbstanwendung stellt. Sind die Strukturen, die nach der wissenschaftstheoretischen Analyse Wissenschaftlichkeit überhaupt bestimmen, zugleich die Strukturen, die die Wissenschaftlichkeit der Wissenschaftstheorie bestimmen? Man muß wohl sagen, daß im allgemeinen die Wissenschaftstheoretiker dieses Problem durchaus aufgenommen haben. Wir werden im Zusammenhang des Konstruktivismus noch einmal darauf zurückkommen. Bei Popper haben wir gesehen, daß er versucht, dem Problem auszuweichen, indem er seine Wissenschaftstheorie selbst als nichtempirische Wissenschaft bezeichnet, während er als Gegenstand seiner Analyse das ›Spiel empirische Wissenschaft‹ nennt. Da er aber die Regeln, die die Wissenschaftlichkeit im Sinne des Spiels ›empirische Wissenschaft‹ bestimmen, als Konventionen betrachtet, kommt er um den Zirkel auch nicht herum. Es kann ja nicht darum gehen, daß Popper sich das Spiel empirische Wissenschaft ausdenkt, sondern er muß ja behaupten, daß die Konventionen, die er feststellt, auch die Konventionen sind, die von der *scientific community* anerkannt werden. Deshalb ist die Diskussion um Poppers Theorien auch in den Strudel der wissenschaftsgeschichtlichen und wissenschaftssoziologischen Debatte geraten. Und das ist auch kein Unglück. Auch Poppers Theorie der Wissenschaft muß letzten Endes als eine Hypothese darüber gedeutet werden können, was Wissenschaft – in der historischen und sozialen Wirklichkeit – ist.

8. Transzendentalphilosophie, Konstruktivismus, evolutionäre Erkenntnistheorie

Es war Kant, der als erster Philosoph die Selbständigkeit der Wissenschaften gegenüber der Philosophie zur Kenntnis nahm und ihre Vorbildlichkeit für die Philosophie proklamierte. In seinem Versuch, eine Metaphysik zu begründen, die ›als Wissenschaft würde auftreten können‹, nahm er sich das Vorgehen der Physiker zum Beispiel:

»Als Galilei seine Kugeln die schiefe Fläche mit einer von ihm selbst gewählten Schwere herabrollen, oder Torricelli die Luft ein Gewicht, was er sich zum Voraus dem einer ihm bekannten Wassersäule gleichgedacht hatte, tragen ließ, oder in noch späterer Zeit Stahl Metalle in Kalk und diesen wiederum in Metall verwandelte, indem er ihnen etwas entzog und wiedergab; so ging allen Naturforschern ein Licht auf. Sie begriffen, daß die Vernunft nur das einsieht, was sie selbst nach ihrem Entwurfe hervorbringt ...« (*Kritik der reinen Vernunft*, B XIII).

Dieses Vorgehen der Naturwissenschaftler empfiehlt er auch für die Metaphysik: »Man versuche es daher einmal, ob wir nicht in den Aufgaben der Metaphysik damit besser fortkommen, daß wir annehmen, die Gegenstände müssen sich nach unserem Erkenntnis richten« (*Kritik der reinen Vernunft*, B XVI).

Man erkennt wohl auf einen Blick, daß Kant damit – wie wir heute sagen würden – ein konstruktivistisches Programm für die Erkenntnistheorie entworfen hat. Erkenntnis ist nicht irgendwie Hinnahme, Schau oder Spiegelung einer vorgängigen Realität, sondern Konstruktion einer Welt. Kant verdient damit nicht nur in diesem Kapitel besondere Beachtung, weil er die Verwissenschaftlichung der Philosophie einleitete, sondern weil er mit seiner Philosophie selbst ein Paradigma für einen ganzen Typ von Gegenwartsphilosophie gesetzt hat. Seine paradigmatische Bedeutung gilt nicht nur für den Bereich, der in dieser Vorlesung behandelt werden soll, nämlich den einer verwissenschaftlichten Erkenntnistheorie. Vielmehr werden wir in einem der folgenden Kapitel uns noch mit seiner Bedeutung für einen gegenwärtigen Typ praktischer Philosophie beschäftigen müssen (siehe Kapitel III.10).

Kants Grundeinsicht, daß Erkenntnis in gewisser Weise eine Konstruktion des Gegenstands der Erkenntnis ist, wird in einer transzendentalen Erkenntnistheorie ausgearbeitet. Transzendental wird die Erkenntnistheorie genannt, insofern sie nach den *Bedingungen der Möglichkeit* von Erfahrung überhaupt fragt. Kants These lautet, daß diese Bedingungen der Möglichkeit von Erfahrung zugleich die Bedingungen der Möglichkeit der Gegenstände der Erfahrung sind. Das besagt das sogenannte »oberste Principium aller synthetischen Urteile« (*Kritik der reinen Vernunft*, B 197). Um die Grundzüge aller möglichen empirischen Gegenstände zu erkennen, gilt es also nicht so sehr auf diese Gegenstände selbst, sondern vielmehr auf unsere Erkenntnisart zu achten.

Für Kant ist, das war im Obigen schon implizit enthalten, alle Erkenntnis Erfahrungserkenntnis bzw. bezieht sich auf sie. Die Erfahrungserkenntnis kommt nun durch das Zusammenspiel zweier Vermögen zustande, nämlich der Sinnlichkeit und des Verstandes. Durch die Sinnlichkeit wird uns überhaupt etwas gegeben, und durch den Verstand wird das Gegebene gedacht. Von Erkenntnis können wir dann sprechen, wenn wir Gegebenes so denken, daß sich daraus ein kohärenter Zusammenhang von Gegenständen in Raum und Zeit ergibt.

Der Zweiheit der Erkenntnisvermögen, Sinnlichkeit und Verstand, entspricht nun eine Zweiheit von Vorstellungstypen, nämlich der Anschauung auf der einen Seite und der Begriffe auf der anderen Seite. In der Anschauung wird das jeweils Gegebene in seiner Individualität repräsentiert. Die Anschauung ist deshalb, wie Kant sagt, eine ›einzelne‹. Im Begriff wird dagegen etwas in seiner Allgemeinheit repräsentiert. Der Begriff ist deshalb, wie Kant sagt, eine allgemeine Vorstellung und repräsentiert eine Klasse von Gegenständen durch gemeinsame Merkmale. Für Erkenntnis ist nun entscheidend das Zusammenspiel von Anschauung und Begriff. Kant sagt, Anschauungen ohne Begriffe seien blind, Begriffe ohne Anschauungen leer. Das Zusammenspiel von Anschauung und Begriff wird durch ein Vermögen vermittelt, das Kant Einbildungskraft nennt. Die Einbildungskraft ist deshalb in gewisser Weise das zentrale Vermögen dafür, daß Erkenntnis zustande kommt. Auch hier sieht man wieder das konstruktive

Element: Die Einbildungskraft ist das Vermögen, ›sich ein Bild zu machen‹. Entscheidend dafür, daß dieses ›Sich-ein-Bild-Machen‹ nicht auf Einbildung hinausläuft, sondern auf Erkenntnis, ist nun, daß die Einbildungskraft dem Verstand untergeordnet wird. Kant geht hier so weit, daß er von der Einbildungskraft, soweit sie der Erkenntnis dient, geradezu behauptet, sie sei der Verstand selbst, nämlich in einer bestimmten Funktion: Der Verstand bestimmt ›unter dem Namen der Einbildungskraft‹ die Sinnlichkeit. Das heißt also, daß das Gegebene in der Anschauung bereits so organisiert wird, daß es nachher durch bestimmte Begriffe auch denkbar ist. Das ist die Erfüllung des oben genannten Programms, der Gegenstand müsse sich nach unserer Erkenntnis richten. Die Probleme, die mit einem solchen Konzept von Erkenntnis verbunden sind, sollen gleich noch diskutiert werden. Zunächst einmal eine Konkretisierung.

Ich wähle das Beispiel der quantitativen Erfassung des Gegebenen. Einer der Grundsätze des reinen Verstandes lautet: »Alle Anschauungen sind extensive Größen« (*KdrV*, B 202). Dieser Satz besagt, daß alles, was in der Anschauung gegeben ist, durch quantitative Begriffe gedacht werden kann. Wie kommt dieser Sachverhalt zustande, woher weiß man das? Kants Antwort ist, daß das Gegebene so in die Anschauung aufgenommen wird, daß man es sukzessive durchläuft. Dabei wird keinesfalls geleugnet, daß man etwas auch ›auf einen Blick‹ erfassen kann. Ja, das wird geradezu benötigt, weil die quantitative Erfassung nachher auch einen Maßstab voraussetzt. Aber was über einen solchen Maßstab hinausgeht, wird durch Durchlaufen vorgestellt. Und selbst der Maßstab wird, wenn man ihn seinerseits als Einheit eines Mannigfaltigen begreift, wiederum durch eine Sukzession erfaßt. Daß also anschaulich Gegebenes quantitativ gedacht werden kann, hat seinen Grund darin, daß die Anschauungen durch Sukzessionen zustande kommen. Um das Gegebene dann auch wirklich durch einen quantitativen Begriff zu erfassen, d. h. zu denken, *wie* groß es ist, kommt es bloß noch darauf an, einen Maßstab einzuführen und gewisse Sukzessionen als gleich anzusehen. Wenn man etwa einen Tisch quantitativ, beispielsweise in seiner Länge erfassen will, dann kommt es darauf an, seine Extensionen mittels eines Maßstabs zu durchlaufen.

Wenn man sich so im einzelnen ansieht, wie der Gegenstand der Erfahrung durch die Bedingungen, unter denen Erfahrung gemacht wird, konstruiert wird, d.h. durch ein Zusammenspiel von Anschauung und Begriff zustande kommt, so gewinnt dieses Konzept von Erkenntnis hohe Überzeugungskraft. Trotzdem muß man sich der Frage stellen, ob denn ein Erkenntnisbegriff, nach dem sich der Gegenstand nach der Erkenntnis richtet und nicht umgekehrt die Erkenntnis nach dem Gegenstand, sinnvoll ist. Kant charakterisiert diese Situation, indem er sagt, daß wir die Dinge nicht so erkennen, wie sie an sich sein mögen, sondern nur so, wie sie uns erscheinen. Der gegenwärtige radikale Konstruktivismus redet ganz analog davon, daß wir keine Erkenntnis von der Realität haben, sondern vielmehr eine Wirklichkeit konstruieren. Die Antwort auf die Frage, ob ein solches Konzept von Erkenntnis sinnvoll ist, hängt wohl davon ab, was wir jeweils mit Erkenntnis wollen. Natürlich ist es denkbar, daß sich die Erkenntnisabsicht gerade darauf richtet, wissen zu wollen, wie das Seiende auch ohne den Menschen, ganz unabhängig von ihm, ist. Dann wäre dafür allerdings die Erkenntnis des Seienden als Erscheinung für uns nicht besonders hilfreich. Sollte aber beispielsweise die Erkenntnis den Sinn haben, uns im Seienden praktisch zu orientieren, so käme es nur darauf an, die Praxis im Umgang mit dem Seienden nach denselben Prinzipien zu organisieren, nach denen das Seiende in der Erkenntnis konstruiert wird. Dann käme es ja gerade nicht darauf an, das Seiende, wie es an sich sein mag, zu erkennen, sondern so, wie es uns im Zusammenhang dieser Praxis erscheint. Das große Beispiel für diese Beziehung von Erkenntnis und Praxis ist im Verhältnis von neuzeitlicher Naturwissenschaft und Technik gegeben. Die Technik im Umgang mit der Natur richtet sich nach denselben Prinzipien wie die Naturwissenschaft, nämlich Quantität, Masse- und Energieerhaltung, Kausalität usw.

Wenn man auf diese Weise den Sinn der Auffassung von Erkenntnis als Konstruktion erläutert, dann stellt sich sogleich die Frage, ob es denn nicht auch andere Umgangsweisen gibt, z.B. nichttechnische Umgangsweisen mit der Natur, und ob nicht dann die gewonnene Konstruktion bezüglich dieser anderen Umgangsweisen ganz inadäquat sei. Diese Frage stellte sich Kant nicht, weil er glaubte, er habe mit seiner Erkenntnistheorie nicht bloß die Bedingungen eines bestimmten Typs von Erfahrung, sondern die Bedingung von Erfahrung überhaupt aufgestellt. Die Einschränkungen seiner Sichtweise, die historisch bedingt sind, brauchen uns hier nicht zu interessieren. Im Grunde hat Kants Paradigma gerade die Frage nach einer Mannigfaltigkeit von Erkenntnisformen, die unterschiedlichen Praxisformen entsprechen, gestellt. Damit ist das Forschungsprogramm einer umfassenden Erkenntnistheorie gegeben. In diesem Forschungsprogramm ginge es allgemein um die Frage, welche Grundstrukturen den Gegenständen unserer Erfahrung zugeschrieben werden müssen, und zwar in Abhängigkeit von unseren Zugangsweisen zu ihnen. Diese Erkenntnis nannte Kant eine Erkenntnis a priori. Erkenntnis a priori ist diejenige Erkenntnis, die selbst unabhängig von konkreter Erfahrung ist. Daß es Erkenntnis a priori gibt, liegt in dem Grundkonzept von Erkenntnis als Konstruktion. Wenn die Gegenstände sich nach der Erkenntnis richten, das heißt, wenn, was für uns Gegenstand sein kann, überhaupt durch die Weisen unseres Zugangs zu ihm konstruiert wird, dann müssen gewisse Grundzüge des Gegenstandes bereits auf der Basis der Konstruktionsprinzipien erkannt werden können – a priori, das heißt, bevor uns ein Gegenstand in concreto gegeben ist.

Offene Flanken der Kantischen Erkenntnistheorie

Wir haben bereits erwähnt, daß das kantische Paradigma, wenn man es aus seinen historischen Einschränkungen befreit, zu einem umfassenden erkenntnistheoretischen Forschungsprogramm wird. Ich möchte zunächst aber darauf eingehen, daß es auch schon in seiner eingeschränkten Form, in der es vor allem Rechenschaft über den Zusammenhang von Naturwissenschaft und Technik zu geben vermag, unvollständig ist, gewissermaßen offene Flanken zeigt. Das erste offene Problem ergibt sich, wenn man genauer danach fragt, in welcher Weise uns das Gegebene gegeben ist. Kants allgemeine Antwort ist hier: durch die menschliche Sinnlichkeit. In dieser allgemeinen Form mag man Kant auch recht geben. Was immer wir aufnehmen, werden wir vermittels unserer Sinne aufnehmen. Aber da gibt es natürlich den großen Unterschied etwa zwischen dem Spüren einer Wärme und dem Ablesen einer Zahl, nämlich einer Temperatur. Daß das Gegebene durch Zahlen, Worte, Symbole gegeben sein könnte, hat Kant nicht berücksichtigt. Vielmehr hat er durchweg unterstellt, daß das Gegebene, das in der Anschauung vorgestellt wird, durch Empfindungen gegeben sei. Das ist aber gerade für die Naturwissenschaft – und zwar, historisch gesehen, in wachsendem Maße – nicht der Fall. Auch die neuzeitliche Naturwissenschaft mag mit sinnlicher Wahrnehmung angefangen haben; je mehr sie aber zu sich selbst gekommen ist, desto mehr hat sie sich nur noch auf Messung durch Instrumente verlassen und vom menschlichen Körper unabhängig gemacht. Wenn also danach das Kantische Paradigma gerade besonders geeignet scheint, die naturwissenschaftliche Erkenntnis zu rekonstruieren, weil danach Erfahrung auf der Basis von Quantifizierung, Massen- bzw. Energieerhaltung und Kausalität organisiert wird, so fehlt doch in ihm die Berücksichtigung von Instrumenten und ihrer erkenntnistheoretischen Bedeutung. Von hier nimmt das Programm des Erlanger Konstruktivismus, d. h. des methodischen Konstruktivismus, seinen Ausgang.

Soweit besprochen, ist das Programm der konstruktivistischen Erkenntnistheorie normativ und a priori. Erkenntnis wird als solche nur anerkannt, insofern sie bestimmten Prinzipien folgt, und diese Prinzipien sind für die Gegenstände der Erkenntnis bestimmend. Sie ermöglichen es also, a priori gewisse Grundzüge des Gegenstandes zu erkennen. Wenn Erkenntnis damit als Konstruktion des Gegenstands begriffen wird, so stellt sich natürlich die Frage, ob denn beliebige Konstruktionen möglich sind, ob sie nicht vielmehr doch den Strukturen der Realität entsprechen müssen. Das zu vermuten würde aber sichtlich zu weit gehen. Das höchste, was man sagen kann, ist, daß sie durch die Strukturen der Realität, wie immer sie sein mögen, *zugelassen* sein müssen. Aber wie sollen wir erkennen, was zugelassen ist und was nicht, wenn alle unsere Erkenntnis doch Konstruktion ist? Hierauf ist zweierlei zu antworten: Erstens können wir zumindest erfahren, wann wir mit bestimmten Konstruktionen nicht durchkommen – spätestens in der ihr zugeordneten Praxis. Hier wäre Erfahrung nur Erfahrung des Scheiterns und als solche keine bestimmte Erkenntnis. Zweitens haben wir ja als Lebewesen, schon lange bevor wir prinzipiengeleitete Erkenntnis organisieren, mit dem Seienden zu tun. Wir sind also in unserer empirischen Erkenntnisausstattung zumindest so gut an das Seiende angepaßt, daß wir als Gattung haben überleben können. Damit öffnet sich die Möglichkeit, das

Programm einer konstruktivistischen Erkenntnistheorie nicht mehr als transzendentales, sondern als empirisches fortzusetzen. Hier haben nun evolutionäre Erkenntnistheorie und der sogenannte radikale Konstruktivismus ihren Ort.

Methodischer Konstruktivismus

Wir haben im Verhältnis zur kantischen Transzendentalphilosophie dem methodischen Konstruktivismus seinen Ort dort zugewiesen, wo es um instrumentelle Datengewinnung der Wissenschaft geht. Tatsächlich ist aber sein Forschungsfeld breiter. Es geht um die Bedeutung von Handlungen für die Erkenntnisgewinnung. Allgemein wird Erkenntnisgewinnung als eine Praxis verstanden. Soll diese zu intersubjektiven und nachvollziehbaren Ergebnissen führen, so müssen die Handlungen normiert werden. Die intersubjektive Gültigkeit von Erkenntnis, und das heißt: die Wissenschaft beruht darauf, daß die einzelnen Erkennenden sie nicht durch Eingebung, Intuition oder aufs Geratewohl gewinnen, sondern durch methodisches Vorgehen. Von hier aus fällt auch noch einmal ein Licht auf das kantische Paradigma: So wie Kant selbst es vorgestellt hat, beruht ja die Gültigkeit von Erkenntnis auf der identischen Ausstattung von Menschen qua Vernunftwesen mit bestimmten Anschauungsformen und Begriffen. Man könnte das auch so verstehen, als seien die Menschen als *Natur*wesen mit solchen Erkenntnisformen ausgestattet. Da Kant aber den Menschen nicht als *animal rationale*, sondern *animal rationabile*, also nicht als Vernunftwesen, sondern als ein Wesen, das vernünftig werden kann, verstanden hat, müssen auch seine Kategorien als Normen verstanden werden. Es ist nicht so, daß der einzelne Mensch empirisch gesehen nach den kantischen Erkenntnisformen operiert, vielmehr *soll* er es tun, um Vernunftwesen zu sein und als solches intersubjektiv gültige Erkenntnis zu produzieren.

Der methodische Konstruktivismus als Erkenntnistheorie arbeitet nun zwei wesentliche Voraussetzungen objektiver Erkenntnis heraus: nämlich einerseits den Zusammenhang von Begriff und Handlungsnorm und andererseits die Realisierung von bestimmten Begriffen durch Verfahren. Da die Realisierung von Begriffen in Verfahren der Materialbearbeitung bereits für die Datengewinnung vorauszusetzen ist – es müssen nämlich Meßinstrumente gebaut werden –, ist hier schon impliziert, daß die im Erkenntnisprozeß konstruierte Wirklichkeit die in einem bestimmten praktischen Umgang relevante Wirklichkeit ist.

Das damit abstrakt zusammengefaßte Programm des methodischen Konstruktivismus soll nun wieder an einem Paradigma erläutert werden. Ich wähle, auch um die Nähe zum kantischen Beispiel zu wahren, das Thema der Raummessung.

Die konstruktivistische These in bezug auf Raummessung lautet hier: daß wir uns empirisch in einem dreidimensionalen euklidischen Raum befinden, hat seinen Grund in bestimmten Normen unseres praktischen Zugangs zum Raum, insbesondere der Raummessung. Wir haben gesehen, daß Kant a priori ableiten konnte, daß alles anschaulich Gegebene extensive Größe hat. Der methodische Konstruktivismus weist nun darauf hin, daß die quantitative Erfassung von etwas nicht nur die sukzessive Auffassung von gleichen Teilen dieses Etwas voraussetzt, sondern Messung. Raummessung, spezieller: Längenmessung, erfordert aber verzerrungsfreien Maßstabtransport und vorab die Existenz von Maßstäben.

Diese Sichtweise führt zu der allgemeinen Fragestellung, welche Eigenschaften an Gegenständen praktisch realisiert werden müssen, damit sie überhaupt als Meßinstrument dienlich sind. Hier im Falle der Längenmessung geht es um die Realisierung von geraden Linien bestimmter Begrenzung, also von Strecken, es geht im weiteren Sinne um die Realisierung von Ebenen, von Senkrechten und Parallelität. Mit Recht weist der methodische Konstruktivismus darauf hin, daß solche geometrischen Formen nicht in der Natur vorfindlich sind, bzw. sollten sie es im einzelnen Fall doch sein, ihre Güte nur dann kontrolliert werden kann, wenn man schon Verfahren hat, solche Formen praktisch herzustellen. Hier findet sich nun der genannte Bezug von Begriff und Handlungsnorm und deren Realisierung. Begriffe wie Ebene, Parallele, Senkrechte und Gerade werden durch Homogenitätsprinzipien definiert. So soll die Ebene diejenige Fläche sein, die, wie Euklid sagt[1],

1 Euklid, *Elemente*, 1. Buch. Genauer besehen ist die Definition zweistufig: Sie setzt die Def. der Geraden voraus.
Def. 4: »Eine *gerade Linie* (Strecke) ist eine solche, die zu den Punkten auf ihr gleichmäßig liegt.«
Def. 7: »Eine *ebene* Fläche ist eine solche, die zu den geraden Linien auf ihr gleichmäßig liegt.«

gleichmäßig zu sich liegt, d. h. in der oder auf der durch Verschiebungen keine Unterschiede feststellbar sind. Dieses Homogenitätsprinzip bedeutet, praktisch gewendet, die Norm für ein Herstellungs- und Prüfverfahren. Ebenen werden durch Schleifen zweier fester Körper aneinander hergestellt. Da dieses Schleifen aber auch zu passenden konvexen und konkaven Kugelformen führen kann, nimmt man drei Körper, die man wechselseitig aneinanderschleift. Durch die schleifende Verschiebung aufeinander erzeugt man so drei paarweise aufeinander passende Flächen und realisiert damit den Begriff der Ebene.

Geraden werden nun definiert als Schnitte zweier verschiedener Ebenen. Auch die Senkrechte auf einer Ebene in einem Punkt und die Parallelität von zwei Ebenen kann man durch Homogenitätsprinzipien, das heißt, praktisch gewendet, durch Normen der Ununterscheidbarkeit definieren:

»Die Parallelität einer Ebene E' zu einer Ebene E ist dadurch zu charakterisieren, daß alle Punkte von E auch mit Bezug auf E' nicht voneinander zu unterscheiden sind: E' soll gleichmäßig zu allen Punkten von E liegen.

Für die Orthogonalität einer Geraden g zu einer Ebene E mit dem Fußpunkt P lautet das Homogenitätsprinzip, daß alle Geraden von E durch P ununterscheidbar sein sollen hinsichtlich g« (Lorenzen 1969, S. 129).

Auch diese Begriffe sind durch technische Verfahren zu realisieren.

Was damit gezeigt ist, ist jedenfalls soviel: Im Erkenntnisprozeß wird schon bei der Herstellung der Erkenntnismittel ein Stück Welt konstruiert. Für ein Meßgerät, das der Längenmessung dienen soll, muß man die Realisierung der euklidischen Geometrie am Meßgerät bewerkstelligen. Das heißt, es muß Ebenen und Geraden geben, es muß eindeutige Parallelen geben, und wenn das Meßgerät auf sich selbst eine Skala tragen soll, auch Kongruenz. Die weitergehende Frage ist dann die, ob die mit Hilfe der Meßgeräte erkundete Realität dadurch zu einer nach den Strukturen des Meßgeräts konstruierten Wirklichkeit wird. Konkret gesprochen: Es ist die Frage, ob die im Meßgerät implizierte Geometrie sich auf den damit auszumessenen Raum bzw. die auszumessenen Körper überträgt. Tatsächlich setzen alle elementaren Längenmessungen verzerrungsfreie Maßstabtransporte, das heißt, physikalisch gesehen, die Existenz von starren Körpern voraus oder aber eine Raumgeometrie, die die Festellung von Kongruenz ermöglicht. Aus der Kenntnis Riemannscher Geometrie weiß man aber, daß der verzerrungsfreie Maßstabtransport das Spektrum möglicher Geometrien nicht auf die euklidische, sondern nur auf Geometrien konstanter Krümmung einschränkt. Die Feststellung der Kongruenz durch Bewegung kann, wie Lorenzen (1969, S. 127 f.) gezeigt hat, auch durch geometrische Konstruktionen im Raume ersetzt werden, wenn man die Möglichkeit der Herstellung von Parallelen und Orthogonalen zur Verfügung hat. Ich will jetzt nicht diskutieren, wie sich diese beiden Möglichkeiten zueinander verhalten.[2] Nehmen wir nun an, daß aufgrund der Forderungen, die an einen Meßapparat, der zur Raummessung dienlich sein soll, zu stellen sind, sichergestellt ist, daß er der euklidischen Geometrie genügt, so folgt doch nicht daraus, daß der damit auszumessene Raum, d. h. also der Gegenstand der Messung, euklidisch sein muß. Denn einerseits kann man sehr wohl mit euklidischen Meßgeräten nichteuklidische Raumverhältnisse feststellen, und andererseits ist es gerade eine Pointe allgemeiner Riemannscher Räume, daß sie lokal euklidisch sind. Das heißt aber, daß nichteuklidische physische Räume durchaus mit der Existenz von euklidischen Meßgeräten verträglich sind.

Das Beispiel Raummessung läßt erkennen, daß die allgemeine konstruktivistische Behauptung, der Gegenstand unserer Erkenntnis bzw. die Welt, insoweit wir sie erkennen, sei unser Konstrukt, sich im einzelnen als äußerst diffizil darstellt. Die Beziehung von Erkenntnisleistungen zu praktischen Handlungen, insbesondere Meßhandlungen, enthält aber ein Programm, in dem man die entsprechenden Fragen offenbar erfolgreich behandeln kann. Die Ergebnisse, wie sie am Beispiel der Raummessung sichtbar wurden, lassen aber vermuten, daß auf diesem Wege die Konstruktion der Wirklichkeit nach den Normen der Erkenntnis sich nur so weit zeigen läßt, als die mit der Erkenntnis verbundene praktische Tätigkeit auch im konkreten reicht. Diese Reichweite

2 Als ausführlichere Diskussion siehe meinen Aufsatz »Ist die Protophysik eine Rekonstruktion des Kantischen Apriori?«, in: Gernot Böhme, *Philosophieren mit Kant. Zur Rekonstruktion der Kantischen Erkenntnis- und Wissenschaftstheorie*, Frankfurt am Main: Suhrkamp 1986.

ist allerdings mit der Reichweite der Technik identisch. Insofern ist die Konstruktion von Wirklichkeit, die sich durch die Realisierung von Normen an Meßgeräten vollzieht, allerdings von größter praktischer Relevanz. Die Wirklichkeit, die hier konstruiert wird, ist die Wirklichkeit, die wir in technischen Zusammenhängen erfahren.

Evolutionäre Erkenntnistheorie und radikaler Konstruktivismus

Wir kommen damit zu den Erkenntnistheorien, die wesentlich auf empirischer Basis arbeiten. Daß eine empirische Erforschung des Erkenntnisprozesses notwendig ist, hatte sich uns an den offenen Flanken der Transzendentalphilosophie und des methodischen Konstruktivismus gezeigt. Ich möchte das noch einmal in Erinnerung rufen. Wenn die transzendentale Erkenntnistheorie Normen formuliert, nach denen man als vernünftiges Subjekt den Erkenntnisprozeß organisieren sollte, um objektive Erfahrungen zu gewinnen, so werden das empirische Erkenntnissubjekt und *seine* Erfahrungen schon vorausgesetzt. Auf diese Basis bleibt die transzendentale Erkenntnis angewiesen. Sie stellt sicher, daß die Konstruktion des Erkenntnisgegenstandes überhaupt ein Material zur Konstruktion hat und daß sie nicht völlig beliebig ist. Im methodischen Konstruktivismus werden diese Voraussetzungen noch konkreter und spezieller deutlich. So hat etwa der Aufbau einer Geometrie über Handlungsformen des Schleifens und Schneidens nur Sinn, wenn man empirisch – empirisch jetzt genommen im Sinne vorwissenschaftlicher Erfahrung – schon weiß, daß man sich in einer Welt befindet, in der es überhaupt feste Körper und zudem relativ harte gibt.

Die Erkenntnisweisen des empirischen Subjekts und die vorwissenschaftliche Erkenntnis überhaupt werfen nun Fragen auf, die nicht schon, wie Kant glaubte, unter dem Begriff der »Erfahrung überhaupt« mitbehandelt sind. Hier gibt es historische, soziale und schließlich biologisch-evolutionistische Aspekte des Erkenntnisprozesses. Sie sind im Rahmen einer empirischen Erkenntnistheorie oder – wie man heute auch sagt – Kognitionswissenschaft zu erforschen. Wir könnten uns mit diesem Hinweis auf die einzelwissenschaftlich angelegte Erfahrung des Erkenntnisprozesses begnügen, wenn nicht durch die schon in der Philosophie angelegte Verwissenschaftlichung der Erkenntnistheorie sich die Frage stellte, ob diese empirischen Untersuchungen gewissermaßen die legitimen Erben der klassisch-philosophischen Erkenntnistheorie darstellen. Tatsächlich gebärden sich die Vertreter, insbesondere der evolutionären Erkenntnistheorie und des radikalen Konstruktivismus, so: Sie treten nicht nur mit ihren empiristisch angelegten Erkenntnistheorien in Konkurrenz zu den klassisch-philosophischen, sondern erheben nun ihrerseits mit den als modern und damit als historisch überlegen verstandenen Erkenntnistheorien philosophische Ansprüche. Mit solchen Naivitäten wollen wir uns hier nicht abgeben. Erkenntnis mag empirische Randbedingungen haben, aber sie ist gerade dann und insofern Erkenntnis, als sie nicht selbst nur ein Bedingtes ist, sondern vielmehr nach bestimmten Normen organisiert wird. Das normative Fundament ist für Erkenntnis das Entscheidende. Wir wollen nun die berechtigten empirischen Fragestellungen in bezug auf den Erkenntnisprozeß kurz durchgehen:

Da ist erstens an die ontogenetische Entwicklung zu denken. Gerade weil Erkenntnis normativ organisiert ist, muß sich das Individuum zur Organisation seines Erkenntnisprozesses durch Normen heranbilden. Hier kann man empirische Untersuchungen über die Intelligenzentwicklung beim Kinde und über Sozialisationsprozesse anstellen. Sehr bedeutend sind die empirischen Untersuchungen von Jean Piaget[3], weil er in der ontogenetischen Entwicklung von Erkenntnisstrukturen bestimmte Entwicklungsstufen und eine Entwicklungslogik entdeckt hat. Allerdings haben seine Untersuchungen etwas Täuschendes, weil sie so dargestellt werden, als handele es sich bei der Intelligenzentwicklung um die Intelligenzentwicklung des Lebewesens Mensch, während es sich in Wahrheit um die Entwicklung des Kulturwesens Mensch handelt.

Da Erkenntnis normativ organisiert ist, kann man nach dem kulturgeschichtlichen Ursprung und der kulturgeschichtlichen Entwicklung der entsprechenden Normen, d. h. also der Begriffe, Symmetrieprinzipien, Anschauungsformen usw. fragen. Merkwürdigerweise gibt es hier nicht viele Untersuchungen, und es fiele schwer, eine paradigmatische Leistung solcher kulturge-

3 Jean Piaget, *Gesammelte Werke*, 10 Bde., Stuttgart: Klett 1975.

schichtlichen Untersuchungen anzugeben. Zumindest wäre auf eine Idee hinzuweisen, die besonders von Alfred Sohn-Rethel[4] entwickelt wurde, nämlich die Idee, daß das begriffliche Abstraktionsvermögen des Menschen sich Hand in Hand mit der Entwicklung der Geldwirtschaft herausgebildet habe.

Als dritter Typ von empirischen Untersuchungen zur Herausbildung des Erkenntnisvermögens ist die evolutionäre Erkenntnistheorie zu nennen. Diese versucht, Aussagen über das menschliche Erkenntnisvermögen zu machen in dem Sinne, daß der Mensch als Gattung ein Produkt der biologischen Evolution ist. Die evolutionäre Erkenntnistheorie leidet darunter, daß sie nicht den Unterschied zwischen biologischer und kultureller Evolution macht. Schon ihr Begründer, Konrad Lorenz, hat beispielsweise versucht, aus der biologischen Evolution Gründe für das Auftreten der Kausalitätskategorie, wie wir sie von Kant her kennen, zu geben.[5] Es ist aber natürlich unsinnig, sich auf einen historisch so späten Begriffsstand zu beziehen, zumal wenn in der Kultur historisch vorher ganz andere Begriffsmuster für die Erkenntnis leitend waren. Damit stellt sich allerdings die Frage, was denn überhaupt an der menschlichen Erkenntnis als ein Gegenstand evolutionärer Erklärung anzusehen ist. Wenn nicht das kantische Kategoriensystem, soll dann etwa das aristotelische oder das platonische oder das empedokleische System evolutionär hergeleitet werden? Nichts von alledem kommt in Frage, denn die kulturelle Evolution ist ja jeder Berichterstattung darüber voraus. Also könnte man als Feld der evolutionären Erkenntnistheorie überhaupt nicht die Erkenntnis im strengen Sinne, sondern das Alltagswissen, die Möglichkeit leiblich-sinnlicher Orientierung in Umwelten, nehmen. Auch diese Form von Erkenntnis ist allerdings hochgradig kulturell geprägt und insbesondere über Handlungsnormierungen bestimmt. So könnte man beispielsweise das

4 Alfred Sohn-Rethel, *Geistige und körperliche Arbeit. Zur Theorie der gesellschaftlichen Synthesis*, Frankfurt am Main: Suhrkamp 1972; *Das Geld, die bare Münze des Apriori*, Berlin: Wagenbach 1990. Siehe auch R. W. Müller, *Geld und Geist. Zur Entstehungsgeschichte von Identitätsbewußtsein und Rationalität seit der Antike*, Frankfurt/New York: Campus 1977.

5 Konrad Lorenz, *Das Wirkungsgefüge der Natur und das Schicksal des Menschen*, München: Piper 1978. Darin besonders: »Kants Lehre vom Apriorischen im Lichte gegenwärtiger Biologie« (1941).

menschliche Farbsehen zum Gegenstand empirisch-evolutionärer Untersuchungen machen. Aber hier zeigt sich beispielsweise, daß das Farbsehen sehr stark abhängig ist von der sprachlichen Artikulation von Farben. Ein anderes Feld wäre beispielsweise die räumliche Orientierung. Aber hier zeigt sich, daß etwa der Anschauungsraum keineswegs dreidimensional[6] ist, daß vielmehr der Raum der Alltagswelt als dreidimensional angesehen wird, weil er aufgrund von bestimmten Operationen so organisiert wird. Diese Schwierigkeit, überhaupt anzugeben, *was* die evolutionäre Erkenntnistheorie erklären soll, ist wohl der Grund dafür, daß sie bisher inhaltlich so ergebnislos geblieben ist. Jedenfalls läßt sich hier nicht eine paradigmatische Leistung angeben. Gewichtig und als Prinzip für weitere Forschung nützlich ist aber die Grundanschauung der evolutionären Erkenntnistheorie: nämlich daß die menschlichen Erkenntnisvermögen, wie sie faktisch empirisch vorfindlich sind, in gewisser Weise als Produkte der Anpassung an die Realität verstanden werden müssen.

Als vierten Typ von Erkenntnistheorie auf empirischer Basis müssen wir den radikalen Konstruktivismus nennen. Hierbei handelt es sich, insofern sich diese Erkenntnistheorie von den anderen unterscheidet, um die Untersuchung von Erkenntnis als einer Grundstruktur des Organismus. Bemerkenswert ist hier die Analogie zur kantischen Erkenntnistheorie. Auch für den radikalen Konstruktivismus ist Erkenntnis in keiner Weise Spiegelung oder Abbildung der Struktur einer vorgegebenen Welt. Die Realität ist unerkennbar, sagen Maturana und Varela, ebenso wie Kant sagt, daß das Ding an sich als solches unerkennbar sei. Das neuronale System bzw. das Gehirn sind sich selbst organisierende Systeme. Sie sind informationell abgeschlossen. Sie sind über den Leib zwar mit der Außenwelt gekoppelt, aber diese Kopplung vermittelt nicht Strukturerkenntnisse einer Außenwelt, sondern erzeugt lediglich in der Innenwelt – also im neuronalen System selbst – Perturbationen, die nach inneren Prinzipien verarbeitet und ausgeglichen werden. Zwar gibt es auch eine Rückwirkung des neuronalen Systems auf die Außenwelt in Form von leiblichen Reaktionen, aber für die Innenwelt, d. h. des neuronalen Systems, bestehen sie lediglich in der Herstellung gewisser Äquilibrationen.

6 Patrik Heelan, *Space Perception and the Philosophy of Science*, Berkeley: California University Press 1982.

Diese Verhältnisse sind sicherlich interessant, sie haben aber bisher noch zu keinen Ergebnissen geführt, die nicht ohnehin in der Erkenntnistheorie bekannt gewesen wären. Die Schwierigkeiten, empirische Untersuchungen zur Organisation des Nervensystems und des Gehirns für die Erkenntnistheorie fruchtbar zu machen, ergeben sich einerseits daraus, daß es keine Brücke gibt, durch die man neuronale Zustände direkt mit Vorstellungen, Begriffen und dergleichen in Beziehung setzen könnte, und ferner daraus, daß in keiner Weise klar ist, in welchem Maße das Gehirn des Menschen in seinem inneren Funktionieren nicht nur biologisch, sondern sozial bestimmt ist. Auf der einen Seite wird wahrscheinlich die Programmierung des Gehirns, wenn man so sagen darf, im wesentlichen ein Produkt der Sozialisation sein. Auf der anderen Seite wird auch das jeweilige Operieren des Gehirns weitgehend durch aktuelle soziale Befehle bestimmt sein. Mit letzterem ist gemeint, daß, wenn vielleicht das Gehirn in bezug auf Umweltreize mit gutem Grund als informationell abgeschlossen zu betrachten ist, so doch eine Abgeschlossenheit gegenüber sozialen *inputs*, also Sprache und sonstigen Symbolen, offenbar nicht besteht.

Die evolutionäre Erkenntnistheorie und der radikale Konstruktivismus erheben den Anspruch, den Erkenntnisprozeß selbst empirisch aufklären zu können. Sie tun das, indem sie sich einerseits auf die Naturwissenschaft als gültige und leistungsfähige Erkenntnisweise verlassen, andererseits die Anforderungen an das, was unter Erkenntnis zu verstehen ist, erheblich beschneiden. Erkenntnis sei nicht mehr die Wahrheit über etwas, sondern erfolgreiche Anpassung an die Realität oder effektive Kopplung. Nun ist es zwar wahr, daß für einen erfolgreichen Umgang mit der Realität nicht ihre Spiegelung oder Abbildung notwendig ist, sondern allenfalls eine Schlüssel-Schloß-Beziehung oder, noch geringer, eine erfolgreiche Selektion überlebensrelevanter Merkmale. Aber um von so etwas wie Anpassung oder effektiver Kopplung Rechenschaft abzulegen, setzen sowohl evolutionäre Erkenntnistheorie als auch radikaler Konstruktivismus eine an sich bestehende Struktur der Realität voraus und, was noch schlimmer ist, sie unterstellen, daß die Naturwissenschaft uns Auskunft über diese Realität geben könne. Damit sind sie viel weniger radikal als die kantische transzendentale Erkenntnistheorie. Denn diese ließ schlechthin dahingestellt, wie das Ding an sich sein mag, und be-

trachtete die Realität *nur* in der Erscheinung. Die Naturwissenschaft wird im Rahmen der transzendentalen Erkenntnistheorie gerade als eine Konstruktion der Realität *in* der Erscheinung begriffen. Im Gegensatz dazu unterstellen evolutionäre Erkenntnistheorie und radikaler Konstruktivismus, daß uns in der Naturwissenschaft ein Zugriff auf die Realität zur Verfügung stehe, der unsere blinde Anpassung an sie übersteige. Damit konzedieren sie implizit, daß sie gerade für den entscheidenden Erkenntnistyp, nämlich die wissenschaftliche Erkenntnis, nicht zuständig sind.
Obgleich deutlich geworden sein sollte, daß es für empirisch-naturwissenschaftlich verfahrende Erkenntnistheorien ein reiches Untersuchungsfeld gibt, so haben wir für sie doch keine paradigmatischen Leistungen angeben können. Das liegt wahrscheinlich daran, daß sie gerade als naturwissenschaftliche einen Selbstwiderspruch produzieren, der sich schon in der kantischen Theorie abzeichnete: Auf der einen Seite behaupten sie als naturwissenschaftliche Theorien, daß die Realität sich selbst organisiert, d. h. sich zu Einheiten zusammenschließt, die sich gegen die Restwelt abgrenzen; auf der anderen Seite behaupten sie, daß die Wirklichkeit ein reines Konstrukt sei, also die Einheit von Gegenständen einschließlich von Organismen eine Leistung des erkennenden Subjekts sei. Wir wollen deshalb zum Abschluß noch ein Paradigma aus *dem* Bereich der Wirklichkeit nehmen, die nun tatsächlich und als solche Konstruktion des Subjekts oder besser der Subjekte ist, nämlich der sozialen und psychischen Realität. Diese Realität wird wirklich durch Worte und Verhaltensweisen geschaffen. Ein schönes Beispiel dafür hat einmal Watzlawick gegeben[7]:

Eine Frau sagt zu ihrem Mann: »Früher hast du mir manchmal Blumen mitgebracht, aber jetzt nie mehr.« Der Mann kann sich dieser Zuschreibung, jemand zu sein, der seiner Frau keine Blumen mitbringt, nicht entziehen. Sagt er: »Aber ich habe dir doch gerade zum Geburtstag Blumen geschenkt«, kann seine Frau antworten: »Ja, aber seither nie mehr.« Will er nun ihre Behauptung im konkreten widerlegen und bringt ihr am nächsten Tag Blumen mit, dann kann sie sagen: »Das hast du ja nur gemacht, weil ich dir vorgeworfen habe, du brächtest mir nie Blumen mit.«

Durch die Worte der Frau wird eine psychische Situation zwi-

7 In einer Fernsehsendung des ORF, Graz 1984.

schen den beiden Ehepartnern geschaffen, die durch alles, was der Mann sagt oder tut, nur noch bestätigt werden kann. Das veränderte Verhältnis besteht nach den Worten der Frau seit unbestimmter Zeit, so daß jede Gegeninstanz der Vergangenheit zwanglos anerkannt werden kann, weil sie ja noch vor dieser ungeklärten Veränderung lag. Für die Zukunft hat der Mann keine Chance mehr, seiner Frau ›spontan‹ einen Blumenstrauß mitzubringen, weil diese Zukunft ja schon vorab reflektiert ist durch die Behauptung, daß er jemand sei, der nie mehr Blumen mitbringt. Jeder Versuch einer Widerlegung wird deshalb zur Bestätigung.
Ich zitiere ein weiteres Beispiel von Watzlawick aus seinem Buch *Anleitung zum Unglücklichsein* (1983, S. 79 f.). Watzlawick redet von einem geistig Normalen, der aufgrund gewisser Umstände als Patient in einer psychiatrischen Klinik geführt wird: »Man stellt es dem sogenannten Patienten zum Beispiel frei, nach eigenem Ermessen zu entscheiden, ob er an den Gruppensitzungen teilnehmen will oder nicht. Lehnt er dankend ab, so wird er hilfreich-ernsthaft aufgefordert, seine Gründe anzugeben. Was er dann sagt, ist ziemlich gleichgültig, denn es ist auf jeden Fall eine Manifestation seines Widerstandes und daher krankhaft. Die einzige ihm offenstehende Alternative ist also die Teilnahme an der Gruppentherapie, doch darf er sich nicht anmerken lassen, daß ihm ja nichts anderes übrig bleibt, denn seine eigene Lage so zu sehen, bedeutet immer noch Widerstand und Einsichtslosigkeit. Er muß also ›spontan‹ teilnehmen wollen, gibt aber gleichzeitig mit seiner Teilnahme zu, daß er krank ist und Therapie braucht.« Der entscheidende Punkt dieser Geschichte ist die Feststellung, daß das Setting der psychiatrischen Klinik, d. h. die Verhaltensweisen und die Sichtweisen des Personals, dem Patienten praktisch keine Chance geben, zu beweisen, daß er gesund ist. Jede seiner Äußerungen wird nämlich in der einen oder anderen Weise als Symptom seiner Krankheit gesehen. Diese Geschichte bei Watzlawick geht auf eine empirische Untersuchung zurück, die David L. Rosenhan in seiner Arbeit »Gesund in kranker Umgebung« (in Watzlawick 1981, S. 111-137) mitteilt. Man brachte acht Personen, die zu diesem Zweck Symptome simulierten, in psychiatrische Kliniken. Nach der Einweisung verhielten sie sich völlig normal. Sie wurden dann – das ist das Untersuchungsergebnis – vom Klinikpersonal nicht als Normale identifiziert und hatten größte Mühe, wieder ihre Entlassung aus der Klinik zu erwirken.

Diese Beispiele zeigen sehr deutlich, daß im psychischen und sozialen Bereich die Beteiligten tatsächlich ihre Wirklichkeit produzieren. Als Beispiele vorgebracht von Psychiatern, sind sie allerdings Beispiele einer wahnhaften Wirklichkeit und unterstellen damit zugleich eine ›wahre Wirklichkeit‹. So hält Rohan natürlich am Unterschied von gesund und krank fest. Und Watzlawick empfiehlt in seinem Buch immer wieder die Überprüfung an der Wirklichkeit. Aber strenggenommen ist diese Wirklichkeit im radikalen Konstruktivismus auch nur eine Dichtung.

9. Kritische Theorie

Mit dem Titel »kritische Theorie« verbindet man gemeinhin die Philosophie der Frankfurter Schule, insbesondere die Max Horkheimers. Wenn wir sie hier als einen Typ verwissenschaftlichter Philosophie vorstellen wollen, so müssen wir uns mit diesem Vorurteil auseinandersetzen und versuchen, die kritische Theorie als ein methodisches Unternehmen herauszuarbeiten, das auch heute und im Prinzip von jedermann betrieben werden kann.

Die kritische Theorie wird heute häufig bereits als etwas Historisches und damit Vergangenes vorgestellt. So präsentieren sich beispielsweise die Einführungen in die kritische Theorie zugleich als Geschichte der Frankfurter Schule. Diese Historisierung gewinnt um so stärker an Kontur, als die neue Frankfurter Schule um Habermas das Bedürfnis zeigt, sich gegenüber der alten Frankfurter Schule abzusetzen. Insofern die *Dialektik der Aufklärung*[1] von Horkheimer und Adorno als ein Schlüsselprodukt der alten Frankfurter Schule angesehen wird, artikuliert sich die Abwendung von der alten Frankfurter Schule insbesondere als Kritik an diesem Buch. So schreibt beispielsweise Habermas in *Der philosophische Diskurs der Moderne*: »Die *Dialektik der Aufklärung* wird dem vernünftigen Gehalt der kulturellen Moderne, der in den bürgerlichen Idealen festgehalten ... worden ist, nicht gerecht.«[2] Die kritische Theorie wird in solcher Abwendung ganz traditionell als eine »Lehre« verstanden, von der man sich unter veränderten historischen Verhältnissen trennen muß. Sie wird nicht als Typ verwissenschaftlichter Philosophie, sondern als historisch und persönlich gebundene Philosophie gesehen, d.h. eingeordnet in den Kontext weltanschaulicher und ideologischer Auseinandersetzungen.

Diese Einordnung kann bedeuten, daß die kritische Theorie überhaupt nicht mehr als Wissenschaft angesehen wird, sondern nur noch als Kritik. Klar formuliert das Ulrich Gmünder in seiner sonst sehr brauchbaren Einführung in die kritische Theorie als

1 (1947), Frankfurt am Main: Fischer 1969.

2 Jürgen Habermas, *Der philosophische Diskurs der Moderne*, Frankfurt am Main: Suhrkamp 1985, S. 137f.

Tendenz: »Während sich die älteren Frankfurter ... seit Ende der 30er Jahre zusehends von wissenschaftlicher Analyse weg bewegten hin zu unsystematischen Reflexionen, läßt sich in Habermas' Schriften die entgegengesetzte Tendenz ausmachen« (1985, S. 113 f.). Entgegen solchen Vorurteilen und Historisierungstendenzen muß eine Rekonstruktion der kritischen Theorie also zweierlei leisten:

(a) Die kritische Theorie muß als Typ des Philosophierens dargestellt werden, dem eine nachvollziehbare Methode zugrunde liegt, der auch heute noch im Prinzip jedermann folgen kann.

(b) Die kritische Theorie muß aus dem zeitgeschichtlichen Kontext, in dem sie entstanden ist, herausgelöst werden.

Horkheimers Definition von »kritischer Theorie«

Der Terminus »kritische Theorie« ist von Max Horkheimer in seinem Aufsatz »Traditionelle und kritische Theorie« von 1937 (1970) eingeführt worden. Die entscheidende Passage in jenem Aufsatz lautet: »Die Selbsterkenntnis des Menschen in der Gegenwart ist jedoch nicht die mathematische Naturwissenschaft, die als ewiger Logos erscheint, sondern die vom Interesse an vernünftigen Zuständen durchherrschte kritische Theorie der bestehenden Gesellschaft« (S. 20 f.). Dieser Satz bedarf einiger Auslegung.

Als erstes ist festzustellen, daß Horkheimer seinen Begriff kritischer Theorie in Absetzung von der herrschenden Auffassung von Wissenschaft bzw. der herrschenden Wissenschaft gewinnt. Den Begriff der kritischen Theorie entwickelt er aus der Kritik an der mathematischen Naturwissenschaft. Horkheimer nimmt die Naturwissenschaft bei ihrem positivistischen Selbstverständnis. Danach sei Wissenschaft Wissenschaft von dem, was *ist*, und da sich ihr Gegenstand, die Natur, im Prinzip gleich bleibt, »ewiger Logos«. Diese Kritik trifft genaugenommen bei Horkheimer nicht die Naturwissenschaft als solche, sondern vielmehr ihre herrschende Stellung im Wissenschaftssystem und damit ihren Vorbildcharakter für die Sozialwissenschaft. Diese dürfe im Unterschied zur Naturwissenschaft das Gegebene, nämlich die sozialen Verhältnisse, nicht einfach so hinnehmen, wie sie sind.

Horkheimer kritisiert ferner die Naturwissenschaft, und zwar nun als solche – nicht nur in ihrer Relation zu anderen Wissenschaften –, in ihrer Funktionsvergessenheit: Durch die gesellschaftliche Isolierung, insbesondere als »zweckfrei« betriebene Hochschulwissenschaft, täusche sie und täusche sie sich selbst bezüglich ihrer gesellschaftlichen Funktion. Als »reine Wissenschaft« vergesse sie ihre Einbindung in den gesellschaftlichen Produktions- und Reproduktionsprozeß. Wenn aber die gesellschaftliche Funktion von Naturwissenschaft bewußt werde, so geschehe das wiederum in täuschender, d. h. ideologischer Form. Fortschritt werde nämlich dann mit Fortschritt der Wissenschaft gleichgesetzt. Insofern bezeichnet Horkheimer auch die mathematische Naturwissenschaft als »verkleidete Utopie«.
Dem Typ »mathematische Naturwissenschaft« setzt Horkheimer die kritische Theorie als einen anderen Wissenschaftstyp entgegen: sie sei »Selbsterkenntnis des Menschen in der Gegenwart«. Damit ist implizit gesagt, daß sie nicht Fremderkenntnis ist, daß Objektivität nicht ihre oberste Norm sein kann und daß sie auch nicht einfach Wissenschaft ist, sondern Philosophie. Wenn Horkheimer hier von Selbsterkenntnis redet, so meint er nicht die Selbsterkenntnis des einzelnen Menschen, sondern historisch gesellschaftliche Selbsterkenntnis. Es geht nicht darum, was der einzelne Mensch ist, sondern was Menschsein unter gegebenen gesellschaftlichen Verhältnissen bedeutet. Insofern kann Horkheimer die kritische Gesellschaftstheorie auch als »ein einziges entfaltetes Existentialurteil« (1937/1970, S. 44) bezeichnen. Dieses ›was die gesellschaftliche Lage des Menschen ist‹ wird aber nicht, und das ist das Entscheidende, als solches hingenommen, sondern in einer Perspektive betrachtet, die »vom Interesse an vernünftigen Zuständen durchherrscht« ist. Horkheimer hatte die mathematische Naturwissenschaft dahingehend kritisiert, daß sie sich ihres gesellschaftlichen Interesses nicht bewußt sei. Im Unterschied dazu soll die kritische Theorie bewußt interessengeleitet sein. Horkheimer formuliert den Gedanken, daß im gesellschaftlichen Bereich das Interesse für die Erkenntnis erschließenden Charakter hat. »Es gehört ein bestimmtes Interesse dazu, diese Tendenzen zu erfahren und wahrzunehmen« (ebd., S. 32).
Wenn Horkheimer an der angeführten Stelle von »Tendenzen« spricht, so meint er damit die Entwicklungsmöglichkeiten zu einer vernünftigen Gesellschaft. Er behauptet sogar, daß »die Idee

einer vernünftigen, der Allgemeinheit entsprechenden gesellschaftlichen Organisation, ... der menschlichen Arbeit immanent [sei]« (ebd., S. 32). Es bedürfe nur der Analyse, der intellektuellen Arbeit, um diese Idee ins Bewußtsein zu heben. Damit wird die kritische Theorie zugleich praktisch. Sie ist selbst Teil der gesellschaftlichen Praxis, nämlich »die intellektuelle Seite des historischen Prozesses seiner Emanzipation«. Seiner, d. h. der Emanzipation des Proletariats. Man sieht, wie sich hier das schon seit Marx diskutierte Problem des Verhältnisses der Intellektuellen zur Arbeiterklasse neu stellt.

Zusammenfassend läßt sich sagen, daß der Unterschied von traditioneller und kritischer Theorie am Begriff des Interesses, des Verhältnisses von Theorie und Praxis bzw. Wissenschaft und Philosophie festgemacht wird. Auf der einen Seite steht das Hinnehmen des Faktischen, auf der anderen Seite die Konstruktion vernünftiger Zustände. Indem Horkheimer ›traditionelle‹ mit bürgerlicher Wissenschaft identifiziert, kann man sagen, »die gesamte wahrnehmbare Welt ... gilt ihrem Subjekt (der bürgerlichen Gesellschaft) als Inbegriff von Faktizitäten, sie ist da und muß hingenommen werden« (ebd., S. 21). Heißt das umgekehrt, daß die wesentliche Aufgabe von kritischer Theorie in der Konstruktion von Utopie besteht? Von Utopie im Interesse der Arbeiterklasse? Das ist nicht der Fall. Kritische Theorie, als interessegeleitete, ist als Wissenschaft konzipiert und bleibt Analyse. Auch sie nimmt das Gegebene als Gegebenes, aber bleibt dabei nicht stehen, sondern sie rekonstruiert das Faktische als Gemachtes. Die gesellschaftlichen Verhältnisse treten dem Individuum in der Regel als etwas entgegen, was schon immer so gewesen ist und so sein muß, wie es ist, »als Natur«. Diese Täuschung löst die kritische Theorie auf, indem sie die Verhältnisse als gesellschaftlich produziert darstellt. Sie erzeugt damit »gesellschaftliches Bewußtsein«. Damit will sie das gesellschaftliche Handlungspotential erhöhen und die Verhältnisse selbst in Bewegung bringen. Wenn sie sich als »Konstruktion der geschichtlichen Gegenwart« (ebd., S. 31) versteht, so heißt das, daß die Gegenwart unter der Perspektive einer vernünftigen Gesellschaft *re*konstruiert wird. Als vernünftige Gesellschaft gilt dabei, daß die Produzenten in freier Assoziation die gesellschaftlichen Verhältnisse gestalten. Mit diesem Gedanken ordnet Horkheimer die Idee der kritischen Theorie in die Marxsche Tradition ein – ja, man muß dieses Verhältnis sogar noch stärker formulieren: Horkheimer sieht in Marx' Kritik der politischen Ökonomie überhaupt den Prototyp einer kritischen Theorie. Wir wollen ihm darin folgen und als nächstes, was kritische Theorie ist und leistet, paradigmatisch an der Marxschen Theorie darstellen.

Karl Marx' Kritik der politischen Ökonomie als Paradigma kritischer Theorie

Marx' Theorie des Kapitalismus als Paradigma kritischer Theorie zu werten findet seine Rechtfertigung in Horkheimers Aufsatz über »Traditionelle und kritische Theorie« selbst. Schon Horkheimer sah Marx' Theorie als Prototyp, an dem er seinen Begriff der kritischen Theorie orientierte. Er schreibt: »Auch die Interessen des kritischen Denkens sind allgemein, aber nicht allgemein anerkannt. Die Begriffe, die unter ihrem Einfluß entstehen, kritisieren die Gegenwart. Die Marxschen Kategorien Klasse, Ausbeutung, Mehrwert, Profit, Verelendung, Zusammenbruch sind Momente eines begrifflichen Ganzen, dessen Sinn nicht in der Reproduktion der gegenwärtigen Gesellschaft, sondern in ihrer Veränderung zum Richtigen zu suchen ist« (ebd., S. 37). Horkheimer bezieht sich hier also auf Begriffe, die von Marx in seiner Schrift *Das Kapital. Kritik der politischen Ökonomie* 1867, aber davor schon in den »Pariser Manuskripten«, entwickelt worden sind.

Das Kapital – was ist das für ein Buch? Handelt es sich hier überhaupt um Philosophie und nicht vielmehr um theoretische Ökonomie oder Volkswirtschaftslehre? Nun, daß hier ein Problem auftritt, sollte uns nicht überraschen – fragen wir doch ohnehin nach Typen verwissenschaftlichter Philosophie. Dabei ist zu erwarten, daß solche Typen zumindest teilweise direkt in Wissenschaft übergehen. Nun gehört dies zur erklärten Absicht und auch zur intellektuellen Biographie von Marx: Das von Hegel erklärte Ende der Philosophie interpretierte er so, daß die Philosophie »realisiert« werden, d. h. in Praxis übergehen solle. Dieses Übergehen in Praxis hieß für Marx nicht einfach die Verwirklichung von Ideen, vielmehr wies er der Philosophie *innerhalb* der Praxis und damit ihren Trägern, den Intellektuellen, eine Rolle für die Emanzipation des Proletariats zu. In seiner Schrift »Kritik der Hegelschen Rechtsphilosophie. Einleitung« von 1843/44 heißt es:

»Wie die Philosophie im Proletariat ihre *materiellen*, so findet das Proletariat in der Philosophie seine *geistigen* Waffen, und sobald der Blitz des Gedankens gründlich in diesen naiven Volksboden eingeschlagen hat, wird sich die Emanzipation der *Deutschen* zu *Menschen* vollziehen« (1971, Bd. 1, S. 504). Es mag überraschen, daß Marx hier nicht von der Emanzipation des Proletariats, sondern der Emanzipation »der Deutschen zu Menschen« spricht. Die Erwähnung der Deutschen dabei ist aber eher zufällig, insofern Marx zu seiner Zeit die deutschen Verhältnisse als besonders rückständig ansah. Entscheidend ist, daß es für Marx bei der Emanzipation des Proletariats nicht um die Beseitigung einzelner Mängel und Depravationen einer benachteiligten Klasse ging, sondern um den Status des Menschseins überhaupt. Weil im Proletariat der Mensch als Mensch erniedrigt sei, setzte er in dessen Befreiung die Hoffnung auf eine allgemeine Entwicklung des Menschen zum Menschen. Für die dazu notwendige praktisch-politische Entwicklung sollte also, wie das Zitat zeigt, die Philosophie die notwendige Helle und geistige Antriebskraft liefern. Ganz ähnlich denkt übrigens Horkheimer, wenn er in der kritischen Theorie »die intellektuelle Seite des historischen Prozesses der Emanzipation« sieht.

Aber ist die »Kritik der politischen Ökonomie« Philosophie? Sie ist zweifellos Wissenschaft: das Buch ist voll von Datenerhebungen und ihrer Verarbeitung, und es entwirft eine Theorie der strukturellen Verhältnisse des Kapitalismus, sowohl ökonomisch als auch soziologisch, bis hin zur Aufstellung von mathematischen Formeln zur Preisbildung und zur Kapital- und Warenzirkulation. Aber sie ist eben auch Philosophie, insofern sie – um mit Horkheimer zu sprechen – nicht positivistisch verfährt, d. h. also die bestehenden Verhältnisse nicht einfach hinnimmt und in ihrer Struktur und den Mechanismen ihrer Selbstreproduktion beschreibt, sondern vielmehr zugleich die Kritik der bestehenden Verhältnisse unter der Perspektive einer Befreiung des Menschen zum Menschen darstellt. Das hat eine bestimmte Konsequenz für die von Marx eingeführten und verwendeten Begriffe. Diese Begriffe sind nicht deskriptiv, sie haben einen eigentümlichen Doppelcharakter: Sie erfassen einerseits durchaus das Gegebene. Indem sie es aber andererseits auf einen normativen Hintergrund abbilden, sind sie zugleich Kritik des Gegebenen. Es handelt sich um solche Begriffe wie ›Klasse‹, ›Mehrwert‹ und ›Ausbeutung‹ –

auch von Horkheimer ja als Beispiele angeführt –, und sie sollen nun im folgenden einer genaueren Analyse unterzogen werden.

Mehrwert, Ausbeutung

Der Begriff des Wertes ist in einer rein deskriptiv verfahrenden Ökonomie im Grunde überflüssig. Man kann das auch so ausdrücken, daß in einer solchen Ökonomie der Wert mit dem Preis identisch ist: Eine Ware, sei es nun ein Produkt oder auch die Ware Arbeitskraft, ist soviel wert, wie sie kostet. Daß man in der Ökonomie überhaupt nach dem Wert von etwas fragt, d. h. unabhängig von seiner Bewertung auf dem Markt, ist also keineswegs selbstverständlich. Gleichwohl hat die bürgerliche Ökonomie auch schon vor Marx nach dem Wert von Waren und seiner Herkunft in einer Weise gefragt, als sei dieser Wert etwas, was in dem Warenkörper als solchem angesammelt sei. Die Frage war allerdings ganz anders motiviert als bei Marx, und zwar ging es um die Legitimierung von Besitz. Die Antwort der bürgerlichen Ökonomie auf diese Frage war, daß durch die Aneignung von Natur durch Arbeit ein Rechtstitel auf den Besitz eines so angeeigneten Stückes Natur erworben werde. Von daher also der Gedanke, der dann auch bei Marx zentral ist, daß nämlich die menschliche Arbeitskraft, die für die Herstellung eines Produkts aufgewendet wurde, ihren Wert ausmacht. Vor diesem Hintergrund ist der Preis, den eine Ware auf dem Markt erzielt, dann nur noch eine mehr oder weniger günstige »Realisierung« des Wertes durch ihren Besitzer. Umgekehrt stellt sich die Frage, ob dieser Preis »gerecht« ist, das heißt, ob er dem Wert angemessen ist.

Man sieht bereits in der Analyse der Ware, wie durch die Differenz von Wert und Preis eine normative Betrachtung eingeführt wird. Was eine Ware wert ist, wird nicht einfach mehr positivistisch als Phänomen dem Marktgeschehen entnommen, vielmehr wird dieser Schein im Blick auf einen normativen Hintergrund, nämlich der wertschaffenden Arbeit und der dadurch erworbenen Rechtstitel, durchbrochen.

Diese Verhältnisse werden noch deutlicher, wenn man die Warenförmigkeit der Arbeit selbst hinzunimmt und von da aus mit Marx den Begriff der Ausbeutung bildet. Es ist für die kapitalistische Wirtschaftsform charakteristisch, daß der Arbeiter auf dem Markt nicht als Verkäufer der von ihm durch seine Arbeit geschaffenen Werte, nämlich der Arbeitsprodukte, auftritt. Vielmehr erscheint er auf dem Markt als Verkäufer seiner *Arbeitskraft*. Der Preis der Arbeitskraft ist der Lohn. Damit stellt sich die Frage, ob der Lohn dem von der Arbeitskraft geschaffenen bzw. zu schaffenden Wert entspricht. Auch hier erkennt man wieder den normativen Zugriff: Man könnte nämlich auch sagen, daß die Unternehmen ihren Arbeitern zahlen, was die Arbeit auf dem Markt wert ist. Wieviel die Arbeit auf dem Markt wert ist, hängt aber nicht davon ab, ob sie einen Wert schaffen kann, sondern von der »Marktlage«, also von Angebot und Nachfrage. Bei einem Überangebot von Arbeitskraft auf dem Arbeitsmarkt wird der Kapitalist nur das Allernotwendigste zahlen. Dies Allernotwendigste könnte gegebenenfalls zum Leben nicht reichen. Marx unterstellt aber einen rationalen Kapitalisten, der soviel zahlt, wie zur Reproduktion der Arbeitskraft notwendig ist. Denn neben seinem Profit muß der Kapitalist ja auch an der Reproduktion der Arbeitskraft interessiert sein. Natürlich ist das eine fiktive Annahme, aber sie reicht, um klar zu machen, daß das kapitalistische System notwendig auf Ausbeutung beruht. Denn würde die Arbeit des Arbeiters nur soviel an Wert schaffen, wie zu ihrer Reproduktion nötig ist – eine Situation, die beispielsweise in reiner Subsistenzwirtschaft realisiert sein kann –, so würde der Kapitalist überhaupt keinen Gewinn haben. Denjenigen Anteil des durch die Arbeit geschaffenen Wertes, der über das zur bloßen Reproduktion der Arbeitskraft Notwendige hinausgeht, nennt nun Marx den Mehrwert. Dieser Mehrwert wird von Kapitalisten angeeignet. Marx nennt das damit zwischen den Kapitalisten und dem Arbeiter geschaffene Verhältnis Ausbeutung. Der Kapitalist realisiert den Mehrwert teils als Profit auf dem Markt, teils wird er zur Erneuerung des fixen Kapitals, d. h. insbesondere des Maschinenparks, investiert. Ausbeutung ist im Kapitalismus nach Marx notwendig, weil sonst der Kapitalist keinen Profit hätte, also keinen Anreiz zu seiner Wirtschaftstätigkeit bzw. weil er sonst nicht investieren könnte und in der auf Wachstum und Innovation drängenden Konkurrenz zwischen den Kapitalisten unterliegen müßte.

Man sieht die eigentümliche Doppelfunktion der Marxschen Kategorien. Sie vermögen es, auf der einen Seite tatsächlich zu zeigen, aufgrund welcher Mechanismen der Kapitalismus funktioniert, durchleuchten und kritisieren aber andererseits seine

Strukturen im Blick auf alternative Produktionsverhältnisse. Die eine, die traditionale Alternative wurde schon genannt, nämlich die Subsistenzwirtschaft. Hier produziert jeder für sich selbst, d. h. für seine eigene Reproduktion, seine Lebenserhaltung und seine Erneuerung durch Familie und Kinder. Er produziert so viel und was dazu nötig ist. Die andere Alternative, die schon sichtbar wurde, ist der Selbstverkauf der Produkte. Der Arbeiter bleibt im Besitz des von ihm geschaffenen Wertes und realisiert ihn selbst über den Markt. Dieser Gedanke weitergedacht ist die Idee des Sozialismus. Sie verlangt die Aneignung der Produktionsmittel durch die Arbeiter und die freie Assoziation der Produzenten zum Zwecke der Organisation der Arbeit und der Warenzirkulation.

Die Macht der Unternehmer im kapitalistischen System beruht auf dem Besitz der Produktionsmittel. Zwar ist die wertschaffende Produktivkraft nach Marx die Arbeitskraft, aber sie ist ohne die Produktionsmittel, d. h. also die Maschinerie, nicht zu realisieren. Die Arbeiter sind also im kapitalistischen Produktionssystem darauf angewiesen, sich auf Ausbeutung einzulassen. Soll die Ausbeutung des Menschen durch den Menschen abgeschafft werden, so ist es also notwendig, daß die Arbeiter selbst die Verfügungsmacht über die Produktionsmittel erhalten. Diese Aneignung wäre aber die Revolution, sei es nun im Sinne einer gewaltsamen Veränderung der Macht- und Besitzverhältnisse oder auch nur im Sinne einer Umwälzung der Produktionsverhältnisse. An dieser Stelle geht die Marxsche Analyse von der Kritik der kapitalistischen Produktionsverhältnisse in eine Handlungsperspektive zu ihrer Überwindung über. Die Theorie wird praktisch.

Klasse

Als dritter Begriff soll der Begriff der Klasse betrachtet werden. Um innerhalb einer Gesellschaft Menschengruppen zu unterscheiden und in ihrer Beziehung zu charakterisieren, kann man verschiedene Begriffe verwenden. So etwa den ganz neutralen Begriff der Kategorie, der soziologisch Menschen nach deskriptiven Merkmalen zusammenfaßt. Anders sind schon die Begriffe Schicht und Stand, insofern sie nicht bloß Menschen kategorial zusammenfassen, sondern zugleich auch ein Schema des Verhältnisses der Gruppierungen innerhalb der Gesamtgesellschaft enthalten. Schichten können nach Bildung, Einkommen oder auch nach politischem Einfluß bestimmt sein. Wichtig ist, daß die Zugehörigkeit zu einer Schicht bereits das Verhältnis zu anderen Zugehörigen und entsprechend zu Nichtzugehörigen, nämlich Menschen anderer Schichten, bestimmt. Charakteristisch nun für die Begriffe Stand und Klasse ist die Tatsache, daß sie zugleich eine Herrschaftsordnung der Gesamtgesellschaft darstellen: Der eine Stand herrscht über den anderen, die eine Klasse über die andere; und daß sie ferner eine gewisse Gebundenheit des Individuums an *seinen* Stand oder *seine* Klasse beinhalten. Ein Stand reproduziert sich in sich selbst, eine Klasse ebenso. Das wird teils durch explizite Heiratsregeln erzwungen, teils durch Schwellen, die den Übergang von einer Klasse zur anderen Klasse unmöglich machen. Es scheint, daß der Begriff der Klasse sich von anderen soziologischen Begriffen sozialer Gruppierungen durch seinen normativen und kritischen Gehalt unterscheidet. Im Begriff der Klasse wird nicht nur eine Gesellschaftsordnung beschrieben, sie wird vielmehr als eine ungerechte Gesellschaftsordnung kritisiert. Am Horizont dieser Charakterisierung erscheint die klassenlose Gesellschaft.

Wodurch kommt der Klassenunterschied zustande? Der Begriff des Standes charakterisiert die gesellschaftlichen Gruppierungen und ihre Ordnung untereinander durch die Herkunft, d. h. durch Tradition. In einen Stand wird man hineingeboren und gelangt dadurch in den Besitz bestimmter Privilegien. Deren Legitimität ist durch die Herkunft gesichert. Eine Klasse dagegen beruht nicht auf Tradition, sondern vielmehr auf Produktion. Sie ist Begriff einer *modernen* Gesellschaft und unterstellt, daß jeder seinen Sozialstatus nicht zugeschrieben erhält, sondern durch Leistung erwirbt. Faktisch aber gehört man einer Klasse an, wenn man in sie hineingeboren ist. Man ererbt entweder ein bestimmtes Kapital, oder man wird als Kind von Arbeitern geboren und so in bestimmte Arbeitsverhältnisse hineingezwungen. Der Begriff der Klasse, der soziologisch gesehen durchaus deskriptiv ist, erweist sich so zugleich als kritisch. Klasse ist der Begriff einer ungerechten Gesellschaftsformation. Er macht deutlich, daß in ihr, nämlich der kapitalistischen Gesellschaft, die Verteilung der Lebenschancen nicht nach der Produktion (jedem nach seiner Leistung), sondern nach den Produktions*verhältnissen* geregelt ist.

Andere Beispiele kritischer Theorien

Am Beispiel der Marxschen Kritik der politischen Ökonomie dürfte deutlich geworden sein, was kritische Theorie ist und wie sie arbeitet. Marx' Theorie ist Wissenschaft, aber sie ist nicht wie die traditionelle, auf die Griechen zurückgehende Wissenschaft Theorie, also Sicht dessen, was ist. Sie nimmt die bestehenden Verhältnisse nicht hin, sondern rekonstruiert sie in der Perspektive ihrer Veränderbarkeit auf eine vernünftige Gesellschaft hin. Es fragt sich aber, ob sich das Marxsche Vorgehen von seinem Gegenstand, der politischen Ökonomie, isolieren läßt. Das genau unterstellt nämlich die Prägung des Begriffs der kritischen Theorie, durch den Horkheimer ein bestimmtes Vorgehen, eine Methode im Unterschied zur traditionellen Theorie gefordert hat. Die Beantwortung der Frage ist – zum Teil wenigstens – durch die wissenschaftlichen Arbeiten, die im Rahmen oder im weiteren Einzugsbereich der Frankfurter Schule entstanden sind, bereits geleistet. Als erstes ist da zu nennen das große Projekt von Horkheimer, Adorno und anderen, das unter dem Titel *Studien über Autorität und Vorurteil*[3] veröffentlicht worden ist. Es handelt sich hier nämlich um sozialpsychologische Arbeiten, die mit dem Zusammenhang von gesellschaftlichen Verhältnissen und innerpsychischen Strukturen zu tun haben. Als weitere Arbeit, die aber mehr der politischen Psychologie zugeordnet werden muß, ist die Arbeit von Erich Fromm über *Arbeiter und Angestellte am Vorabend des Dritten Reiches* zu nennen. Diese Arbeit beschäftigt sich mit der Frage, warum die Arbeiter und Angestellten gegenüber dem Nationalsozialismus keinen größeren Widerstand entwickelt haben. Die Antwort besteht darin, daß sie durch Adaptation ihrer Lebensformen an das Bürgertum bereits verbürgerlicht oder, besser gesagt, »verkleinbürgerlicht« waren. Diese Arbeit ist 1929/30 entstanden, aber erst 1980 aus dem Nachlaß herausgegeben worden.[4]

Als neueres Beispiel für kritische Theorie, nun deutlich außerhalb

3 Theodor W. Adorno u. a., *Der autoritäre Charakter*, 2 Bde. (gekürzte Fassung von *Studies in Prejudice* [1953]), Amsterdam: de Munter 1969.

4 Erich Fromm, *Arbeiter und Angestellte am Vorabend des Dritten Reiches. Eine sozialpsychologische Untersuchung*, hg. von W. Bonß, Stuttgart: DVA 1980.

des Bereichs der politischen Ökonomie, ist Habermas' Werk *Erkenntnis und Interesse*[5] zu nennen. Dieses Buch ist als eine kritische Theorie der Wissenschaft zu bezeichnen. Sie wiederholt Horkheimers Unterscheidung von kritischer und traditioneller Theorie gewissermaßen auf der Metaebene, auf der Ebene der Wissenschaftstheorie. Ist diese selbst positivistisch, nimmt also die Wissenschaften hin, als was sie sich geben, so ist Habermas' Theorie kritisch, insofern sie die Wissenschaft oder, besser gesagt, die Wissenschaften charakterisiert in Hinblick auf die hinter ihnen und implizit in ihnen wirksamen Interessen.

Obgleich durch diese Arbeiten gezeigt ist, daß mit kritischer Theorie tatsächlich ein Wissenschaftstyp mit besonderer Methode gemeint ist, stellt sich doch die Frage, ob die kritische Theorie aus ihrer zeitgeschichtlichen Gebundenheit gelöst werden kann. Denn obgleich Horkheimer seinen Begriff zur Bezeichnung eines Wissenschafts*typs* geprägt hat, versteht er doch selbst kritische Theorie nicht so, daß sie in Marx' Theorie ihr erstes Beispiel gefunden hat, sondern daß sie Theorie in marxistischer Tradition ist. Für ihn *ist* kritische Theorie die jeweils aktualisierte Marxsche Theorie. Er wendet sich damit natürlich zugleich gegen den orthodoxen und dogmatisierten Marxismus und folgt Hinweisen von Marx selbst, nach denen Theorie historisiert werden müsse im Sinne einer kontinuierlichen Veränderung. Von den genannten sind nun zumindest die Arbeiten von Adorno und anderen und die von Erich Fromm zur kritischen Sozialpsychologie bzw. politischen Psychologie in die so verstandene Marx-Tradition einzuordnen. Das trifft nicht mehr eindeutig zu für das Buch von Habermas, das schon deutlich durch die beginnende Loslösung der kritischen Theorie aus der zeitgeschichtlichen Eingebundenheit in die Marxsche Tradition bestimmt ist. Die Notwendigkeit einer Lösung der Idee einer kritischen Theorie aus der Marxschen Tradition – so können wir heute sagen – ergibt sich aus dem welthistorischen Scheitern des sozialistischen Experiments. Hier geht es nicht darum, daß die Staaten des realen Sozialismus totalitäre Systeme mit bürokratischer Mißwirtschaft gewesen sind, sondern es geht aus der Sicht der Theorie vor allem darum, daß sich die Aneignung der Produktionsmittel nicht als Schlüssel zum Sozia-

5 Jürgen Habermas, *Erkenntnis und Interesse*, Frankfurt am Main: Suhrkamp, 10. Aufl. 1991.

lismus erwiesen hat. Als zweiter Gesichtspunkt, der für eine Lösung der Idee der kritischen Theorie aus der zeitgebundenen Einbettung in den Marxismus spricht, ist die Kritik an der traditionellen Geschichtsphilosophie zu nennen, die an anderer Stelle dieser Einführung schon ausgeführt wurde (siehe Kapitel 1, 6). In einer kritischen Theorie der Marxschen Tradition spielte der Vorblick auf eine vernünftige Gesellschaft eine entscheidende Rolle oder, besser gesagt, die Unterstellung, daß Geschichte die Entwicklung der Menschheit zum Zustand einer vernünftigen Gesellschaft sei. Kurz: die »traditionelle« kritische Theorie impliziert einen Begriff von Geschichte als Fortschritt. Wenn man sich erinnert, daß in dem angeführten Zitat Horkheimer sogar so weit geht, die Emanzipationstendenz in jeder menschlichen Arbeit zu sehen, könnte man sich fragen, ob die Idee der kritischen Theorie nicht überhaupt an eine bestimmte Geschichtsphilosophie gebunden sei. Daß das nicht der Fall ist, dürfte Karl-Otto Apel gezeigt haben. Nach ihm bezeichnet der Begriff der Emanzipation keine Geschichtsteleologie, sondern ein Postulat, eine kontrafaktische Unterstellung im menschlichen Reden und Handeln, dessen Realisierung nur moralisch gefordert werden kann (siehe das folgende Kapitel).

Damit ist die verlangte Rekonstruktion der kritischen Theorie geleistet. Kritische Theorie ist ein Typ verwissenschaftlichter Philosophie. Sie arbeitet mit Begriffen, die bestehende Verhältnisse im Blick auf mögliche Vernünftigkeit analysiert und zugleich kritisierbar macht. Kritische Theorie hat nicht nur ihr Feld im Bereich der politischen Ökonomie, es gibt sie als kritische Sozialpsychologie, als politische Psychologie, als kritische Theorie von Wissenschaft und Technik. Darüber hinaus wäre heute auch eine kritische Theorie der Natur zu verlangen, d. h. eine Naturwissenschaft, die als Natur nicht einfach hinnimmt, was faktisch ist, sondern einen normativen Naturbegriff entwickelt und zur Anwendung bringt und insofern einem praktischen Naturumgang dient, der zu einem »vernünftigen« Naturzustand führt. Ferner dürfte heute eine Kritik der ästhetischen Ökonomie verlangt sein. Darunter wäre in Analogie zur Marxschen Kritik der politischen Ökonomie eine Kritik des Kapitalismus nicht als eines Systems der Knappheit (Reich der Notwendigkeit), sondern der Verschwendung zu verstehen und hätte neben den Begriffen des Tausch- und Gebrauchswerts von Waren den Inszenierungs- oder

Scheinwert von Waren zum zentralen Begriff.[6] Kritische Theorie ist kein Begriff für eine vergangene Lehrmeinung oder für eine Schultradition, sondern bezeichnet einen Typ verwissenschaftlichter Philosophie oder philosophischer Wissenschaft, der sich mit der Unvernunft menschengemachter Zustände auseinandersetzt, worin immer sie zu finden ist.

6 Zum Begriff der ästhetischen Ökonomie siehe meine Aufsätze »Reflexionen zur Zeitgeschichte der Arbeit«, in: H. Givsan, W. Schmied-Kowarzik (Hg.), *Reflexionen zur geschichtlichen Praxis*, Würzburg: Königshausen und Neumann 1993; »Der Glanz des Materials. Zur Kritik der ästhetischen Ökonomie«, in: A.-V. Langenmaier (Hg.), *Der Stoff der Dinge*, München: Design-Zentrum 1994.

10. Theorie der Kommunikationsgemeinschaft

Die Theorie der Kommunikationsgemeinschaft wird von ihren Hauptvertretern mit gewichtigem Anspruch vorgetragen. Karl-Otto Apel hat sie unter dem Titel einer »Transformation der Philosophie« – also nicht etwa einer besonderen Spielart, eines Bereiches oder einer Methode der Philosophie, sondern *der* Philosophie – eingeführt. Jürgen Habermas spricht ganz ähnlich von einem »Paradigmawechsel« der Philosophie, wobei er sich auf die Terminologie Thomas S. Kuhns in seinem Buch über *Die Struktur wissenschaftlicher Revolutionen*[1] beruft. Kuhn benutzt den Begriff des Paradigmas nicht im Sinne eines Pluralismus, sondern zur Bezeichnung des jeweils *einen* herrschenden Musters in einer Wissenschaft. Habermas glaubt, daß durch die Einführung des Paradigmas der Kommunikationsgemeinschaft der »philosophische Diskurs der Moderne« (1988) seine Antinomien lösen und so die Moderne mit sich selbst versöhnt werden könne. – Solche Ansprüche müssen wir hier natürlich dahingestellt sein lassen. Wir betrachten die Theorie der Kommunikationsgemeinschaft als einen Typ verwissenschaftlichter Philosophie unter anderen, als ein bestimmtes methodisches Vorgehen, das sich nachvollziehen läßt und das auf bestimmte Probleme erfolgreich angewendet werden kann, auf andere nicht. Wir werden bewußt Beispiele für dieses Verfahren in der klassischen Philosophie aufzeigen, um seine Unabhängigkeit von gegenwärtigen Positionen deutlich zu machen. In der Gegenwartsphilosophie wird es als »transzendental-empirisch« oder als »rekonstruktiv-empirisch« bezeichnet. In jedem Fall geht es um die Rekonstruktion der normativen Voraussetzungen der Kommunikationsgemeinschaft.

Als Typus von Gegenwartsphilosophie versteht sich die Theorie der Kommunikationsgemeinschaft im Gegensatz zur Hauptlinie der neuzeitlichen Philosophie. Findet diese die Basis philosophischer Begründungen seit Descartes im Subjekt, so tritt an dessen Stelle nun die Kommunikationsgemeinschaft. Exemplarisch hat

1 Thomas S. Kuhn, *Die Struktur wissenschaftlicher Revolutionen*, Frankfurt am Main: Suhrkamp 1967.

Apel diesen Gedanken, Ansätze von Peirce aufnehmend, an der Kantischen Philosophie durchgeführt. Kant hatte das ›Ich denke‹ oder ›die synthetische Einheit der Apperzeption‹ als den »höchsten Punkt, an dem man allen Verstandesgebrauch, selbst die ganze Logik, und, nach ihr, die Transzendental-Philosophie heften muß«, bezeichnet (*KdrV*, B 134 Anm.). Die Rolle des transzendentalen Selbstbewußtseins, nämlich den Zusammenhang in unseren Erfahrungen zu stiften und dadurch Objektivität der Erkenntnis möglich zu machen, soll durch die »ideale Kommunikationsgemeinschaft« übernommen werden. So wie bei Kant nicht das empirische Subjekt diese Begründungsleistung vollbringt, sondern das transzendentale bzw. das empirische, insofern es gewissen Normen sich fügt, so geht es auch bei Apel und Peirce nicht um die empirische Kommunikationsgemeinschaft, sondern um die ideale bzw. die empirische, insofern sie nach gewissen Normen sich verhält. Diese Normen bestehen einerseits in den Bedingungen unendlicher Fortsetzbarkeit des Forschungsprozesses: Als wissenschaftliche Erkenntnis wird nur anerkannt, was durch den weiteren Forschungsprozeß kritisierbar und korrigierbar ist. Sie bestehen andererseits in der Anerkennung von gewissen Grundregeln der Argumentation: Wissenschaft wird wesentlich als ein Prozeß kollektiver Wissensproduktion verstanden, der argumentativ in der Forschergemeinschaft vorangetrieben wird. Damit dieser Prozeß funktionieren kann, muß die Anerkennung gewisser Grundnormen der Argumentation vorausgesetzt werden.

Der Unterschied zu Kant besteht im wesentlichen darin, daß ein Element von Erkenntnis, das bei Kant unberücksichtigt blieb, nämlich die Sprachlichkeit aller Erkenntnis, zum Dreh- und Angelpunkt der Begründung wird. Die Vernachlässigung der Sprache war Kant bereits von seinem Schüler Herder in extenso vorgeführt worden.[2] Daß sie nun zum dominierenden Gesichtspunkt in der Untersuchung der Möglichkeit von Erkenntnis wird, hängt sicher mit einem fortschreitenden Demokratisierungsprozeß der Forschung zusammen. So gesehen hat die Wendung vom transzendentalen Subjekt zur idealen Kommunikationsgemeinschaft sogar schon bei Kant selbst ihren Ansatz. Auch Kant nämlich versteht

2 Johann Gottfried Herder, *Verstand und Vernunft. Eine Metakritik zur Kritik der reinen Vernunft* (1799).

Vernunft nicht als Besitz eines Individuums, sondern meint, daß sie als »Reich der vernünftigen Wesen« realisiert werden müsse. Vor diesem historischen Hintergrund tritt die Theorie der Kommunikationsgemeinschaft zunächst als Programm der Wiederholung Kantischer Begründung von Wissenschaft auf. Dabei hat aber naturgemäß nicht die Naturwissenschaft, sondern die Sozialwissenschaft einen Vorrang, weil hier nicht nur die Erkenntnis, sondern bereits die Gegenstände der Untersuchung sprachlich konstituiert sind. Apel spricht davon, daß die »Situation möglicher Verständigung« hier dem Kantischen »Objekt möglicher Erfahrung« entspricht. Wie bei Kant also die Bedingungen der Möglichkeit der Erfahrung von Gegenständen aufgesucht werden, so hier die Bedingungen der Möglichkeit möglicher Verständigung. Das Ergebnis dieser Untersuchung wird als »transzendentale Sprachpragmatik« bezeichnet, insofern sie die normativen Bedingungen sprachlicher Praxis enthält.
Ihre erste Aufgabe wäre also die Begründung von Wissenschaft. Aber das Programm geht darüber hinaus. Als »Universalpragmatik« sollen die Bedingungen nicht nur von Wissenschaft, also von Diskursen, in denen es argumentativ um Wahrheit geht, aufgesucht werden, sondern die Bedingungen auch von solchen Diskursen, in denen es um Richtigkeit von Handlungen und Maximen geht, und schließlich von Diskursen, in denen es um die Angemessenheit von Ausdruck geht. So wie der Wahrheitsdiskurs Wissenschaft begründet, so der Diskurs um Richtigkeit Ethik und der Diskurs um Angemessenheit Ästhetik. Durch diese kurze Skizze des Programms von Philosophie als Theorie der Kommunikationsgemeinschaft wird zugleich verständlich, warum sie den Anspruch erhebt, eine Transformation der Philosophie im ganzen zu sein.

Der Grundgedanke

In der Theorie der Kommunikationsgemeinschaft geht es also um die Rekonstruktion der Voraussetzungsstruktur vernünftiger Rede. Der dabei eingeschlagene Weg soll nun an zwei Beispielen aus der klassischen Philosophie demonstriert werden. Das erste Beispiel stammt aus der theoretischen Philosophie, genauer der Logik, das zweite aus der praktischen Philosophie.

(a) Aristoteles' Argument für den Satz vom Widerspruch

Im vierten Buch der *Metaphysik* stellt Aristoteles ein Prinzip auf, das er zugleich als »das sicherste unter allen Prinzipien« bezeichnet. Es handelt sich um den Satz vom Widerspruch. Wir schreiben ihn häufig in der Form

$$\neg . a \wedge \neg a .$$

(Es gilt nicht, daß a und zugleich non a). Aristoteles baut ja bekanntlich seine Logik von der Analyse des Satzes her auf. Ein Satz spricht einem Subjekt ein Prädikat zu oder ab. Deshalb formuliert er den Satz vom Widerspruch in folgender Form: »Daß nämlich dasselbe demselben in derselben Beziehung (und dazu mögen noch die anderen näheren Bestimmungen hinzugefügt sein, mit denen wir logischen Einwürfen ausweichen) unmöglich zugleich zukommen und nicht zukommen kann, das ist das sicherste unter allen Prinzipien« (*Metaphysik*, 4. Buch, 3, 1005 b, 19-23). Interessant nun ist Aristoteles' Argumentation für die Gültigkeit des Satzes vom Widerspruch. Einen direkten Beweis lehnt er ab und betont, es sei ein Mangel an Bildung, »wenn man nicht weiß, wofür ein Beweis zu suchen ist und wofür nicht«. Wenn man für alles einen Beweis suchen wollte, so würde man, wie Aristoteles mit Recht betont, in einen unendlichen Regreß geraten. Also muß einiges auch ohne Beweis hingenommen werden. Das gilt allgemeiner. Aber Aristoteles deutet zugleich an, daß es mit dem Satz vom Widerspruch auch seine besondere Bewandtnis hat, nämlich in dem Sinne, daß er für jeden Beweis, den man führen würde, bereits vorausgesetzt wird. Doch einen widerlegenden Beweis hält er für möglich und angemessen, nämlich einen solchen, der gerade diesen Voraussetzungscharakter des Satzes vom Widerspruch sichtbar macht: »Doch ein widerlegender Beweis für die Unmöglichkeit der Behauptung läßt sich führen, sobald der dagegen Streitende nur überhaupt redet; wo aber nicht, so wäre es ja lächerlich, gegen den reden zu wollen, der über nichts Rede steht, gerade insofern er nicht Rede steht; denn ein solcher ist als solcher einer Pflanze gleich« (*Metaphysik*, 1006 a, 11-15). Der widerlegende Beweis richtet sich gegen denjenigen, der versucht, die Gültigkeit des Satzes vom Widerspruch zu bestreiten, bzw. vorgibt, er könne sie bestreiten.

Wer immer, das ist Aristoteles' Argument, in einen sprachlichen Zusammenhang eintritt, in dem überhaupt etwas behauptet und bestritten werden kann, hat damit bereits die Gültigkeit des Satzes vom Widerspruch zugestanden. Denn auch als Bestreitender kann er nicht annehmen, daß ein Satz und zugleich sein Gegenteil gilt. Dann würde nämlich auch sein Akt des Bestreitens den Sinn verlieren. Aber – das macht Aristoteles' Argumentation zugleich deutlich – man braucht nicht in einen rationalen Diskurs einzutreten, man braucht überhaupt nicht vernünftig zu sein; nur würde man damit den Status eines Menschen in einem bestimmten Sinne aufgeben. Ob man damit schon, wie Aristoteles sagt, einer Pflanze gleich würde, sei dahingestellt. Ich glaube, wir können ruhig zugestehen, daß wir als Menschen häufig in Zusammenhängen sind, die nicht den Charakter diskursiver Rationalität haben, und daß in diesen Zusammenhängen auch logische Prinzipien suspendiert sein können. Aber der rationale Diskurs als solcher hat seine Normen, die für ihn konstitutiv sind. Und wann immer man in ihn eintritt, erkennt man zugleich die Gültigkeit dieser Normen an. Der Satz vom Widerspruch wird von Aristoteles also in seiner Gültigkeit als eine Norm diskursiver Rationalität erwiesen.

Das war unser erstes Beispiel für die Rekonstruktion der Voraussetzungsstruktur vernünftiger Rede.

(b) Kants Argumentation für das Verbot der Lüge

Unser zweites Beispiel stammt aus der praktischen Philosophie. Man könnte es, um die Analogie zum ersten noch stärker herauszuheben, als den Erweis der Norm der Wahrhaftigkeit als Konstitutivum für Verständigungsprozesse bezeichnen. Es handelt sich um Kants Argumentation für das Verbot der Lüge. Sie findet sich im Kantischen Werk an verschiedenen Stellen, so beispielsweise in seinem Aufsatz »Über ein vermeintes Recht, aus Menschenliebe zu lügen« (1797/1963). Die hier geführte Argumentation ist besonders interessant, weil sie sich mit der Unterstellung auseinandersetzen muß, daß es für das Verbot zu lügen gewisse Ausnahmen gebe bzw. sogar positive Argumente dafür, unter Umständen das Lügenverbot zu durchbrechen – »aus Menschenliebe«, wie es heißt. Auch Kant führt, wie in unserem Aristotelischen Beispiel, eine indirekte Argumentation. Er fragt, was würde geschehen, wenn man das Lügenverbot suspendierte. Seine Antwort: »Ich mache, so viel an mir ist, daß Aussagen (Deklarationen) überhaupt keinen Glauben finden, mithin auch alle Rechte, die auf Verträgen gegründet werden, wegfallen und ihre Kraft einbüßen« (ebd., S. 638). Kant stellt die Lüge hier ganz entschieden und mit

Recht in einen praktischen Zusammenhang. Das heißt, es geht nicht einfach um die Äußerung einer Falschaussage, sondern es geht um einen Redezusammenhang, in dem Aussagen praktische Konsequenzen haben und deshalb verläßlich sein müssen. Aussagen rufen Vertrauen ab, sie schaffen Vertrauen oder stellen es gegebenenfalls in Frage. Die Gültigkeit des Verbotes zu lügen ist konstitutiv dafür, daß man sich im allgemeinen auf Aussagen verläßt. Lüge ich, so untergrabe ich dieses Vertrauen – »so viel an mir ist«; das heißt, faktisch kann ich als empirisches Individuum und durch einen einzelnen Akt der Lüge die Gültigkeit des Lügenverbots und das darauf basierende Vertrauen in Aussagen natürlich nicht aufheben. Im Gegenteil mache ich als Lügner von diesem Vertrauen und der Gültigkeit des Lügenverbots Gebrauch, denn sonst wäre ja selbst meine Lüge sinnlos, weil ja Deklarationen überhaupt keinen Glauben finden würden. Das heißt, durch den einzelnen empirischen Akt des Lügens wird die ideale Geltung des Lügenverbots sogar bestätigt; sie ist konstitutiv für einen Redezusammenhang, in dem Aussagen zugleich Handlungscharakter haben.

Aber »so viel an mir ist«, mache ich doch, »daß Aussagen (Deklarationen) überhaupt keinen Glauben finden«. Wollte ich dieses Verhalten generalisieren, so würde ich sogar noch die Möglichkeit der Lüge aufheben. Das ist die Argumentation in Kants Schrift *Grundlegung zur Metaphysik der Sitten* (1785/1963). Hier erscheint das Beispiel im Zusammenhang der Überlegungen von Kants oberstem Moralprinzip, dem kategorischen Imperativ. Er lautet bekanntlich: »Handle stets so, daß du zugleich wollen kannst, daß die Maxime deines Willens ein allgemeines Gesetz werde.« Die Generalisierbarkeit des eigenen Wollens wird hier zu seinem Maßstab und seiner Legitimation. Im Rahmen dieses obersten Moralprinzips hat sich die Frage, ob die Lüge im Einzelfall legitim ist, daran zu messen, was daraus folgen würde, wenn man das entsprechende Verhalten generalisieren würde. Daß aber zu lügen ein allgemeines Gesetz werde, das kann man gar nicht wollen, sagt Kant; ich werde inne, »daß ich zwar die Lüge, aber ein allgemeines Gesetz zu lügen gar nicht wollen könne; denn nach einem solchen würde es eigentlich gar kein Versprechen geben ...« (ebd., S. 30). Hieß es in der ersten Argumentation, daß der Lügner in seinem Verhalten gerade das Lügenverbot voraussetzt, so erweist sich hier unter einem höheren Prinzip sein

Verhalten als illegitim, weil er nicht wollen kann, daß es generalisiert werde. In jedem Fall zeigt Kant, daß das Verbot zu lügen eine konstitutive Voraussetzung für Sprachzusammenhänge ist, in denen sprachliche Handlungen vollzogen werden, d. h. Sätze geäußert werden, die praktische Relevanz haben, in denen Versprechen gegeben werden, Verträge abgeschlossen werden, kurz, wie wir heute sagen würden, performative Sprechakte vollzogen werden. Das Kantische Beispiel lehrt, daß es sich hier um die Gültigkeit von Normen handelt, die für sprachliche Handlungen konstitutiv sind und deren Gültigkeit auch dort noch vorausgesetzt wird, wo man sie verletzt. Man nennt solche Voraussetzungen heute »kontrafaktische Präsuppositionen«, weil ihre Gültigkeit auch entgegen der empirischen Realität praktisch unterstellt wird.

Arbeiten zur Universalpragmatik

Damit dürfte der Grundgedanke und die Methode einer Philosophie als Theorie der Kommunikationsgemeinschaft klar sein. Es stellt sich nun die Frage, wieweit diese Methode trägt und welches Arbeitsfeld sie öffnet. Zwei Bereiche können wir absehen. Auf der einen Seite ist zu erwarten, daß es noch weitere logische Präsuppositionen für argumentative Rede überhaupt gibt und daß sich von daher die Möglichkeit von Wissenschaft zumindest in gewisser Hinsicht begründen läßt. Auf der anderen Seite ist zu erwarten, daß sich Grundlagen der Ethik so begründen lassen, vor allem für den Bereich, in dem sich Handeln als sprachliches Handeln vollzieht. Beides zusammen und in gegenseitiger Abhängigkeit versucht Karl-Otto Apel in seiner Arbeit »Das Apriori der Kommunikationsgemeinschaft und die Grundlegung der Ethik« (in Bd. II, 1973). Apel geht hier davon aus, daß es eine Art innerlogische Ethik gibt. Den Primat der praktischen Philosophie vor der theoretischen Philosophie konnten wir schon am aristotelischen Beispiel beobachten. Der Satz vom Widerspruch erwies sich als eine Norm, die unterstellen muß, wer immer in einen Argumentationszusammenhang eintritt. Apel geht aber weiter, indem er auf die Anerkennung reflektiert, die sich Argumentationspartner gegenseitig zollen müssen. Er schreibt: »In der Argumentationsgemeinschaft ist die wechselseitige Anerkennung aller Mitglieder als gleichberechtigter Diskussionspartner vorausgesetzt« (ebd.,

S. 400). Diese Formulierung geht allerdings über das hinaus, was wir bei Aristoteles fanden. Sie weist darauf hin, daß bei einem rationalen Diskurs nur die Argumente als solche gelten sollen, d. h. unabhängig davon, wer sie äußert. Insbesondere dürfen für die Gültigkeit von Argumenten keine Rangunterschiede und dann ferner natürlich nicht Geschlechtsunterschiede, Rasse, Religion usw. eine Rolle spielen. Es wird Gleichberechtigung der Diskussionspartner unterstellt – sicherlich nicht in jeder Hinsicht, aber jedenfalls insofern sie Diskussionspartner sind. Es liegt nahe, hier zumindest Ansätze zu einer wechselseitigen Anerkennung als Person zu sehen. In der Tat unternimmt Apel auf der Basis der Normen, die im Argumentationszusammenhang unterstellt werden, die Ethik überhaupt zu gründen. Das geschieht nun allerdings nicht auf dem Wege einer schrittweisen Erweiterung der innerlogischen Ethik, sondern durch einen Sprung auf die Metaebene: Auch die Begründung von Ethik ist begründet und basiert deshalb auf den Normen, die bereits für jeglichen Begründungszusammenhang und für alle in der Argumentationsgemeinschaft gelten: »Wer die durchaus sinnvolle Frage nach der Rechtfertigung des Moralprinzips stellt, *nimmt* ja schon an der Diskussion *teil*« (ebd., S. 420). Es wird, soll eine Begründung von Ethik überhaupt zustande kommen, unterstellt, daß moralisches Verhalten prinzipiengeleitetes Verhalten ist, daß seine Legitimität also letzten Endes darauf beruht, daß es argumentativ gerechtfertigt werden kann. Es ist klar, daß auf diesem Wege die Ethik im wesentlichen formal bleiben muß, das heißt kaum zu inhaltlichen Fragen durchstoßen kann. Die normativen Voraussetzungen, die man auf diesem Wege ausmachen kann, werden doch im wesentlichen nur die Voraussetzungen für den rationalen Diskurs überhaupt sein, auch wenn es in dem Diskurs mehr um Fragen der Richtigkeit, also mehr um moralische Geltung als um Wahrheit, d. h. um die Geltung von Behauptungen geht.

Apel spürt gleichwohl die Notwendigkeit, zu inhaltlichen Vorstellungen und durchaus auch zu Tugenden zu kommen. Aber bei seinem Ansatz von theoretischen Diskursen her tut er sich damit schwer. So leitet er mit Peirce beispielsweise die Tugend der »Selbstaufopferung« (ebd., S. 424) ab, nämlich als eine notwendige Haltung, die der Wissenschaftler, indem er in den Prozeß von Wissenschaft als »unendliche Forschung« eintritt, entwickeln muß: Er muß es lernen, für Ziele zu arbeiten, die er nicht mehr erleben wird, und, wie Max Weber es so schön formuliert hat, damit rechnen, daß seine eigenen Forschungsergebnisse in 10, 20, 50 Jahren überholt sein werden, ja, dies sogar selbst wünschen und betreiben. Diese Tugend der Selbstaufopferung sieht Apel auch am Werke, bzw. er fordert sie immer da, wo Bedürfnisse überhaupt Legitimitätsanforderungen unterstellt werden. Dort und insoweit dies geschieht, sind Bedürfnisse, wie Apel sagt, »ethisch relevant«. »Menschliche ›Bedürfnisse‹ sind als interpersonal kommunizierbare ›Ansprüche‹ ethisch relevant; sie sind anzuerkennen, sofern sie durch Argumente interpersonal gerechtfertigt werden können. In der geforderten Bereitschaft zur Rechtfertigung von persönlichen Bedürfnissen als interpersonalen Ansprüchen liegt insofern eine Analogie zu dem von Peirce geforderten ›Selfsurrender‹ (ebd., S. 425). Das heißt soviel wie: Dadurch, daß ich meine Bedürfnisse prinzipiell dem Zwang, sie zu legitimieren, unterstelle, stelle ich sie zugleich zur Disposition und setze sie ins Verhältnis zu anderen Bedürfnissen bzw. Bedürfnissen anderer.

Aber es zeigt sich, daß hier weiterzukommen schwierig ist. Apel sieht die Schwierigkeit einerseits in der Existenz zweier Stufen der Normbegründung, andererseits im Unterschied zwischen der idealen und der realen Kommunikationsgemeinschaft. Die Stufen der Normbegründung sind »einerseits [die Stufe] der *transzendentalen* Begründung des formal-prozeduralen Prinzips praktischer Diskurse und andererseits der geschichtsbezogenen Begründung materialer Normen in den situationsbezogenen *praktischen Diskursen*, die von dem formal-prozeduralen Prinzip gefordert werden« (ebd., S. 407). Diese Unterscheidung macht im Grunde klar, daß Fragen der praktischen Moral solche sind, die jeweils im geschichtlichen Kontext ausgehandelt werden müssen. Das hieße aber soviel, daß die Philosophie dazu nichts oder jedenfalls nichts Besonderes beizutragen hat.

Anders ist es mit der Unterscheidung von idealer und realer Kommunikationsgemeinschaft. Die ideale Kommunikationsgemeinschaft hat, soll sie funktionieren, gewisse Randbedingungen. Charakterisiert man sie beispielsweise mit Habermas als »herrschaftsfreien Diskurs«, so müssen Anstalten getroffen werden, die dafür sorgen, daß reale Machtverhältnisse und Ungleichheiten nicht beständig den Diskurs zunichte machen. Apel kommt hier unter dem Titel von »Brückenprinzipien«, wie etwa dem Prinzip der Verantwortung, zu politischen und rechtlichen Forderungen, die generell dem Ziel dienen, unter realgeschichtlichen Bedingungen so etwas wie moralische Diskurse überhaupt möglich zu machen.

Wenn man einmal so weit gekommen ist, dann fragt man sich, ob die Bedingungen moralischen Handelns, die man auf dieser Ebene feststellt, nicht viel relevanter sind als die Prinzipien, die sich auf der Ebene kontrafaktischer Unterstellungen in argumentativer Rede überhaupt festmachen lassen. Es lohnt sich deshalb, noch eine zweite Version der Theorie der Kommunikationsgemeinschaft zu betrachten, die von vornherein der praktisch-politischen Ebene näher ist, nämlich die von Habermas. Habermas möchte das Verfahren der Universalpragmatik statt transzendental lieber empirisch-rekonstruktiv nennen. Durch diese Unterscheidung kommt heraus, daß es ihm nicht um die Bestimmung einer zeitunabhängigen Idee von Vernünftigkeit geht und er sich auch entsprechend nicht das Problem einer Überwindung der Kluft zwischen der idealen und der realen Kommunikationsgemeinschaft einhandeln will. Auch er rechnet mit einem normativen Hintergrund, aber dieser ist selbst Teil der Überlieferungsgeschichte. Die Voraussetzungen verständigungsorientierten kommunikativen Handelns werden mit der Reproduktion der Lebenswelt tradiert. Zur Reproduktion der Lebenswelt gehören drei Überlieferungsprozesse: »die Fortsetzung kultureller Überlieferungen, die Integration von Gruppen über Normen und Werte und die Sozialisation nachwachsender Generationen« (1988, S. 349). Die Erforschung der Präsuppositionen verständigungsorientierten kommunikativen Handelns ist deshalb durchaus eine empirische Aufgabe, wenngleich, was es dabei zu entdecken gibt, nicht Fakten sind, sondern normative Unterstellungen, Postulate und Ansprüche. Das Vorbild für ein solches rekonstruktiv empirisches Verfahren findet Habermas in Piagets Untersuchungen der Intelligenzentwicklung beim Kinde.[3] Auch hier geht es ja um empirische Untersuchungen, die aber nicht die faktischen und durchschnittlichen Intelligenzleistungen von Kindern zum Thema haben, sondern die Entdeckung einer zielgerichteten Entwicklungslogik, die die faktische Intelligenzentwicklung reguliert und der letztere im Einzelfall mehr oder weniger entsprechen kann. Mit der Frage

3 Jean Piaget, *Gesammelte Werke*, 10 Bde., Stuttgart: Klett 1975.

nach der »Sozialisation nachwachsender Generationen« integriert Habermas die Piagetschen Untersuchungen und weitet sie zu der Frage nach der »kommunikativen Kompetenz« aus. Hier geht es um diejenigen Präsuppositionen verständigungsorientierten Handelns, die der einzelne als Fähigkeiten in die Kommunikation bzw. in kommunikatives Handeln einbringen muß, soll dieses gelingen. Hierzu gehören neben Intelligenzleistungen eine gewisse Reife der moralischen Entwicklung, die Ich-Distanz, insbesondere als die Fähigkeit zu Suspension von Handlungsdruck und zur Einnahme des Standpunkts des anderen Kommunikationspartners. Man sieht schon bei dieser einen Dimension, wie sich die Theorie der Kommunikationsgemeinschaft zu einem großen empirischen Forschungsprogramm entwickelt bzw. wie hier Ergebnisse empirischer Forschung, etwa der genetischen Psychologie, der Sozialisationstheorie, der Rollentheorie, in die Philosophie eingehen. Entsprechendes ist auch aus den beiden anderen Dimensionen zu erwarten, nämlich der »Fortsetzung kultureller Überlieferungen« und der »Integration von Gruppen über Normen und Werte«. Bei letzterem ist vor allem an diejenigen Normen und Unterstellungen zu denken, die die Ethnomethodologie erforscht, also jene impliziten Regeln des Gruppenverhaltens, denen sich der einzelne unterwerfen muß, will er erfolgreich im Gruppenkontext kommunizieren und agieren. Besonders relevant sind hier die Ergebnisse der Soziolinguistik, die die Regeln der Eröffnung, der Fortsetzung eines Gesprächs, des Themen- oder Ebenenwechsels, des Neueinstiegs usw. untersucht hat. Auch dies sind natürlich Präsuppositionen »verständigungsorientierten« kommunikativen Handelns.

Schließlich sei noch ein Beispiel für die »kulturellen Überlieferungen« angeführt, die für Habermas den dritten Typ solcher Präsuppositionen darstellen. Am wichtigsten ist hier die Ausdifferenzierung von Diskurstypen selbst. Diese Diskurstypen kommen dadurch zustande, daß die unterschiedlichen Aspekte oder Teilakte, die in der Regel mit einem Sprechakt verbunden sind, voneinander getrennt werden und ihre jeweiligen Ansprüche als solche thematisch werden. In einem anderen Kapitel (III, 6) sind wir bereits darauf eingegangen, daß jede sprachliche Äußerung einen Mitteilungsaspekt und einen Beziehungsaspekt hat, das heißt, daß in ihr auf der einen Seite etwas gesagt wird und auf der anderen Seite eine kommunikative Beziehung zu einem Gesprächspartner hergestellt wird. Ferner haben wir mit Searle Sprechakte unterschieden, je nachdem, ob in der sprachlichen Äußerung der präpositionale Gehalt behauptet, befohlen, gewünscht, erfragt wird usw. Für die Habermassche Unterscheidung von Diskurstypen sind nun die jeweiligen mit sprachlichen Äußerungen verbundenen Geltungsansprüche maßgeblich. Ein Sprecher beansprucht mit seiner Äußerung als erstes Verständlichkeit; er will verstanden werden und unterstellt, daß er sich so ausdrückt, daß der Partner ihn verstehen kann. Er beansprucht ferner Wahrhaftigkeit, das heißt, er verlangt vom Partner, anzunehmen, daß er meint, was er sagt. Er beansprucht ferner Wahrheit für den Inhalt seiner Aussagen. Und schließlich, insofern die Aussagen selbst einen Handlungseffekt haben, d. h. Züge im Prozeß kommunikativen Handelns sind, beansprucht er Richtigkeit für seine Äußerung, d. h. die Legitimität für das, was er durch seine Äußerung sprachlich tut. Es ergeben sich damit vier mögliche Typen von Diskursen, in denen es jeweils um die entsprechenden Geltungsansprüche der Verständlichkeit, der Wahrhaftigkeit, der Wahrheit und der Richtigkeit geht. Der Diskurs, der die Verständlichkeit von Äußerungen thematisiert, ist der hermeneutische, einschließlich einer hermeneutisch verstandenen Psychoanalyse. Hier schließen sich die hermeneutischen Wissenschaften, d. h. ein Teil der Geistes- und Sozialwissenschaften, an. Der Diskurs, dem es um Wahrhaftigkeit geht, wird von Habermas eingebettet in den weiteren Diskurs um die »Angemessenheit des Ausdrucks«. Hier geht es also allgemeiner um das Wie von Aussagen. Wenn man diesen Diskurs noch auf andere Äußerungsformen, nämlich solche nichtsprachlicher Art, ausdehnt, so erhält man den ästhetischen Diskurs. Der Diskurs, in dem es um Wahrheit geht, ist der argumentative Diskurs, in dem Behauptungen aufgestellt, bezweifelt und begründet werden. Das ist allgemein der Bereich der Wissenschaft. Schließlich – der Diskurs, in dem es um die Richtigkeit von Äußerungen geht: das ist der Bereich der praktischen Philosophie, nämlich der moralischen Begründung. Wichtig ist, daß diese Unterscheidungen nicht nur analytische Kategorien darstellen, sondern in der kulturellen Tradition verankert sind. Das heißt, daß einerseits in jedem Gespräch die Möglichkeit gegeben ist, den Geltungsanspruch von Äußerungen ad hoc in dieser oder jener Weise spezifisch zu thematisieren, und daß andererseits als kulturelle Institutionen Diskurse existieren, die aufgrund solcher Differenzierung zustande kommen und die ihre eigenen Spielregeln haben. Deren Erforschung ist ein Teil der Theorie der Kommunikationsgemeinschaft.

Fazit

Die Theorie der Kommunikationsgemeinschaft hat sich in besonders eindrucksvoller Weise als Typ verwissenschaftlichter Philosophie erwiesen. Sie hat sich zu einem umfassenden und vielgestaltigen Forschungsprogramm entwickelt, das noch nicht im entferntesten erfüllt ist. Um noch einmal die großen Bereiche dieses Programms aufzuzählen: Da geht es (a) um Wissenschaft als kollektiven Prozeß der Wissenserzeugung bzw. um Wissenschaft als Argumentationsgemeinschaft, (b) um die Erforschung kommunikativer Kompetenz, (c) um allgemeine Diskursanalyse und schließlich (d) um die Entwicklung einer kommunikativen Ethik. Allgemein kann man sagen, daß es in all diesen Forschungsrichtungen nicht so sehr um die Feststellung von Tatsachen, sondern um die Identifizierung von Normen und Regeln geht, die verschiedene Typen von Kommunikation und Kommunikationszusammenhängen konstituieren. Die Methode dieser Forschungen orientiert sich zunächst an der von Kant ursprünglich vorgeführten transzendentalen Fragestellung, nämlich der Frage nach den Bedingungen der Möglichkeit von ... Sie besteht deshalb in der reflexiven Aufdeckung von Voraussetzungsstrukturen. Soweit diese aber nicht überhistorisch in einer Idee von Vernunft gegeben sind, sondern selbst durch die Reproduktion der Lebenswelt ihre historische Existenz haben, müssen sie empirisch aufgedeckt werden und aus den Reproduktionsprozessen, wie der Sozialisation des einzelnen Menschen, der Reproduktion von Gruppen und von Kulturen rekonstruiert werden.

11. Strukturalismus

Der Strukturalismus darf, wenn man von Typen von Gegenwartsphilosophie als verwissenschaftlichter redet, nicht fehlen. Er nimmt aber in unserer Reihe eine Sonderstellung ein. Diese kann man in verschiedener Hinsicht charakterisieren. Bei mehreren der behandelten Typen von Philosophie war zu beobachten, daß ihre Verwissenschaftlichung die Tendenz hat, sie in Wissenschaft zu überführen. Bei diesen Beispielen wird die traditionelle Mutterrolle der Philosophie gegenüber den Wissenschaften gewahrt. Beim Strukturalismus ist das Verhältnis eher umgekehrt: Hier wandert eine in Einzelwissenschaften, insbesondere der Sprachwissenschaft entwickelte Methode oder, besser gesagt, ein Denktyp in die Philosophie ein. Es ist dann aber fraglich, ob man, was daraus entsteht, überhaupt noch Philosophie nennen soll, ob es nicht richtiger wäre, von der Entstehung neuer strukturalistischer Einzelwissenschaften zu reden, also etwa von strukturaler Anthropologie, strukturaler Kulturtheorie usw. Auf der anderen Seite muß man sagen, daß die Begründer des Strukturalismus aus ihrer Einzelwissenschaft heraus philosophiert haben. Ein charakteristisches Beispiel dafür ist Claude Lévi-Strauss. Aber rechtfertigt dieses Philosophieren strukturalistischer Wissenschaftler schon, von einer strukturalistischen Philosophie zu sprechen? Ein ähnliches Phänomen gibt es nämlich bei den großen kreativen Physikern, wie Einstein und Heisenberg. Man wird wohl nicht sagen, daß deren Philosophieren einen neuen Philosophietyp begründet habe. Man wird sich eher entschließen, von strukturalistischer Philosophie dort zu sprechen, wo innerhalb traditioneller philosophischer Disziplinen oder Fragestellungen das strukturalistische Vorgehen angewandt wurde. Wir werden uns auf diesen Standpunkt stellen, weichen damit aber von unserer bisherigen Darstellungsweise in dieser Einführung ab, die nämlich für die Philosophie nicht ein klassisches Spektrum von philosophischen Disziplinen und auch nicht ein klassisches Spektrum von philosophischen Fragestellungen voraussetzte. Schließlich muß noch auf eine dritte Besonderheit aufmerksam gemacht werden. Auf der Basis des einzelwissenschaftlichen Strukturalismus und der Konsequenzen, die man daraus philosophisch für das Wesen der

Sprache, der Erkenntnis, der Kultur usw. zog, hat sich nämlich eine Entwissenschaftlichung der Philosophie und eine Repersonalisierung der Philosophie vollzogen. Für diese Entwicklung stehen Namen wie Derrida, Deleuze und Baudrillard. Diese Entwicklung ist als eine Umkehrung der Hauptlinie der akademischen Philosophie im 20. Jahrhundert anzusehen. Sie kann hier nur genannt werden, fällt aber im übrigen aus dem für diese Einführung gewählten Rahmen heraus.

Aus dieser Vorbemerkung ergeben sich für dieses Kapitel folgende Teile: Zunächst wird der Ursprung des Strukturalismus bei dem Sprachwissenschaftler Saussure nachgezeichnet. Daran anschließend werden, wie in den anderen Kapiteln, paradigmatische Leistungen für den Strukturalismus beschrieben. Sie müssen aber nach dem oben Gesagten aus dem Gebiet der Einzelwissenschaften, nicht der Philosophie selbst gewählt werden. Erst dann geht es um die Frage, was als strukturalistische Philosophie zu bezeichnen ist. Zum Schluß soll der als »Entwissenschaftlichung« der Philosophie bezeichnete Vorgang wenn nicht erklärt, so doch wenigstens etwas näher beschrieben werden.

Saussure

Der Strukturalismus als methodisches Vorgehen und als Denktyp nimmt im 20. Jahrhundert seinen Ausgang bei der Sprachwissenschaft Ferdinand de Saussures (1916/1967). Innerhalb der Sprachwissenschaft ist zunächst wichtig, daß Saussure die bis dahin herrschende diachronische Betrachtungsweise durch eine synchronische ablöste. Wenn es vor ihm mehr um das historische Werden von Sprachformen gegangen war, so traten naturgemäß durch die synchronische Betrachtung die Sprachstrukturen als solches mehr ins Zentrum. Aber mit dieser Feststellung ist noch nicht das Wesentliche über den Strukturbegriff bei Saussure (der übrigens bei ihm nicht unter diesem Titel, ›Struktur‹, steht) genannt. Es geht nämlich darum, daß die sprachlichen Strukturen eine eigentümliche Selbständigkeit und organisierende Kraft erhalten.

Sprache wurde in der Sprachwissenschaft vor Saussure und sie wird auch heute noch im durchschnittlichen Verständnis als ein System von Repräsentationen verstanden: Worte repräsentieren

Gegenstände, und die Ordnung bzw. Anordnung der Worte repräsentiert irgendwie die Ordnung und Anordnung der Dinge. Die Ausdrücke »Gegenstände« oder »Dinge« sind allerdings in diesem Zusammenhang in einem sehr weiten Sinne zu verstehen. Es können konkrete Objekte sein ebenso wie Gedanken, Gefühle und anderes. Entscheidend ist für diese Sprachauffassung, daß dem, was durch Worte dargestellt wird, eine von diesen unabhängige Existenz und Ordnung zugeschrieben wird. Bezeichnend für Saussures Theorie ist es nun, daß er von diesen beiden getrennten Ordnungen, der der Dinge und der der Worte, nicht mehr redet, sondern vielmehr von einer zentralen Ordnung, der Ordnung der Zeichen. Der hier verwendete Ausdruck »Zeichen« ist die Übersetzung des französischen signe. Sie dürfte aber etwas unglücklich sein, weil man bei dem Ausdruck »Zeichen« in der Regel an bezeichnende Zeichen – Dinge, Symbole oder Worte – denkt. »Signe« ist bei Saussure aber nicht das Bezeichnende, sei es nun Zeichen, Ding, Wort oder Symbol, sondern vielmehr die abstrakte zweistellige Relation aus Bezeichnendem (*signifiant*) und Bezeichnetem (*signifié*). Es wäre vielleicht glücklicher, wenn man für signe im Deutschen den Ausdruck »Bezeichnung« verwendete. Und zwar gerade in dem Sinne, in dem dieses Wort die Beziehung des Bezeichnenden zum Bezeichneten bedeuten kann. Danach wäre Sprache (*langue*) das System der Bezeichnungen. Die Wahl der Bezeichnungsrelationen als elementarer Einheiten des Sprachlichen hat nun in der Theorie von Saussure weitreichende Konsequenzen. Wir nennen davon drei:

1. Die Bezeichnungen sind abstrakte Relationen von Bezeichnendem und Bezeichnetem und nicht konkrete Beziehungen von einzelnen Worten und Dingen. Die abstrakten Bezeichnungsrelationen werden in den einzelnen Sprechakten mit Worten einerseits und Dingen andererseits lediglich exemplifiziert oder belegt. Deshalb unterscheidet Saussure zwischen der gesprochenen Sprache (*parole*) und der Sprache als Struktur der Bezeichnungen (*langue*).
2. Den Worten und den Dingen wird keine sprachunabhängige Ordnung zugeschrieben. Sie sind für sich genommen diffuse Bereiche – chaotische Mannigfaltigkeiten, würde Schmitz sagen. Sie erhalten jeweils erst eine bestimmte Ordnung, indem sie in den Artikulationsprozeß, den die Bezeichnungen leisten, eintreten. Dieser Artikulationsprozeß besteht darin, daß die Worte wie die

Dinge, indem sie als *signifiant* und *signifié* in die Bezeichnungsrelation eintreten, zu Mitgliedern der Reihe anderer möglicher Belegungen der Bezeichnungsrelation werden. Worte als identisch bezeichnende Einheiten werden danach aus der Fülle ähnlicher Laute erst durch die äquivalente Funktion in der Bezeichnungsbeziehung definiert. Entsprechend die Dinge: Aus der Fülle sinnlicher Präsentationen ergibt sich ihre Einheit erst aus der identischen Bedeutung in der Bezeichnungsrelation. Die Ordnung der Dinge, wie die Ordnung der Worte, artikuliert sich entsprechend über das System der Bezeichnungen.

3. Saussure legt großen Wert auf den konventionellen Charakter der Bezeichnungen. Das heißt bei ihm aber nicht, vor allem für den synchronen Standpunkt nicht, daß die Bezeichnungen beliebig seien. Natürlich scheint es beliebig, daß man einen Hund Hund nennt und Zucker Zucker. Aber einerseits ist der individuelle Sprachbenutzer gegenüber der konventionellen Bezeichnung nicht frei. Und andererseits wäre selbst durch einen kollektiven Beschluß kaum etwas zu ändern, weil nämlich jede Bezeichnung in einem Netz anderer Bezeichnungen hängt, das umgekehrt die Lage und Funktion der einzelnen bezeichnenden Worte festlegt. Dieses Netz besteht etwa in der Wortbildungslehre, aufgrund deren es nicht möglich ist, etwa für Hund oder Zucker ein beliebiges Kunstwort einzusetzen. Ferner gibt es die Metaphernreihen und die Reihen der Lautverwandtschaften. Auf der Seite der Bedeutungen gibt es entsprechend die Reihen der Bedeutungsmodifikationen, der Über- und Unterordnungen von Bedeutungen und dergleichen. Eine Bezeichnung ist, von diesen vernetzten Reihen her gesehen, definiert als ein Schnittpunkt; sie erhält ihre Bestimmtheit durch das, was sie ausschließt, durch Unterschiede. Dieses System, in das jede einzelne Bezeichnung eingespannt ist, sowohl auf seiten des Bezeichnenden als auch auf seiten des Bezeichneten, nennt man im folgenden Struktur. Die Struktur ist etwas Abstraktes, nicht sinnlich Faßbares. Entsprechend abstrakt ist unsere bisherige Darstellung geraten, und es wird Zeit, durch Vorführung von Paradigmata die Sache zu veranschaulichen.

Das erste Paradigma wähle ich aus der Sprachwissenschaft und benutze, um auch das Vorhergehende noch deutlicher zu machen, zunächst Saussures Beispiele. Nach Saussure sind sprachliche Bezeichnungen in zwei Ordnungen eingespannt. Und zwar gibt es auf der einen Seite die Aneinanderreihung von Bezeichnungen, die dann in der gesprochenen Rede den Redefluß ausmacht, und auf der anderen Seite die Assoziationsreihen, in die die Bezeichnungen eingespannt sind. Das Wort ›abreißen‹ beispielsweise ist eine Zusammenstellung, ein Syntagma, aus ›ab‹ und ›reißen‹, und beide Teile stehen in verschiedenen Assoziationsketten. Dabei gibt Saussure im folgenden Schema je nur eine Assoziationskette an.

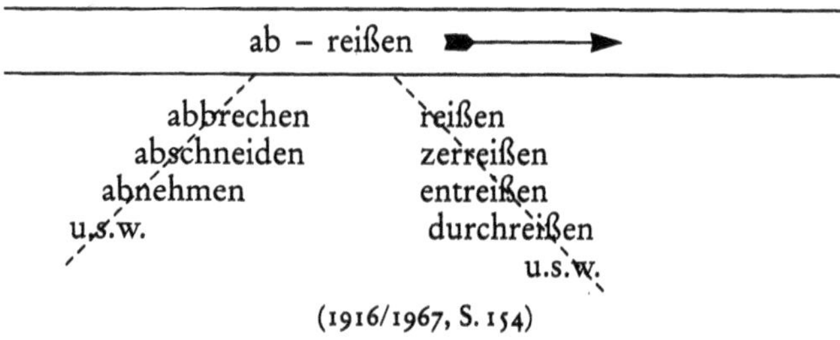

(1916/1967, S. 154)

Es ist aber klar, daß jedes Element als solches in mehreren, genauer gesagt, unbestimmt vielen Assoziationsketten steht. Das zeigt das Beispiel ›Belehrung‹.

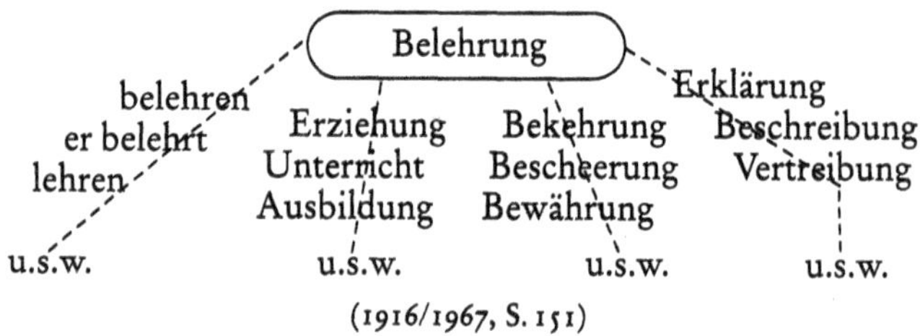

(1916/1967, S. 151)

Es ist für Saussure nun wichtig, daß die Bedeutung der einzelnen Elemente diesen Elementen nicht als solchen zukommt, sondern durch ihre Unterschiede und ihre Stellung in den Assoziationsrei-

hen. Ferner kommt im Syntagma den Elementen die Bedeutung nur jeweils im Kontext zu, das heißt, der Kontext einer Bezeichnung kann diese in ihrer Bedeutung jeweils verändern.
Zur Erläuterung dieses Schemas von Saussure sollten noch ein paar Bemerkungen gemacht werden, die es von dem durchschnittlichen Grammatikverständnis her erhellen. Zur syntagmatischen Ordnung gehören alle Regeln, die man als Wortbildungsregeln einerseits und als Syntax andererseits kennt. Hinzu kommen aber solche Regeln, die man normalerweise nicht zur Grammatik zählt, von Redewendungen bis zur rhetorischen Topik. Bei den Assoziationsketten ist andererseits nicht nur an Metaphernreihen und Reihen von Alliterationen zu denken, sondern ebenso, wie das Beispiel ›reißen‹ zeigt, an Reihen von Wortverwandtschaften und schließlich sogar an Flexionsreihen. Man sieht, daß Saussure, indem er im Begriff der sprachlichen Bezeichnung (*signe*) Bezeichnendes und Bezeichnetes zusammenfaßt, in die Sprachwissenschaft nicht nur die bekannten grammatischen Regeln einbezieht, sondern auch all die mehr oder weniger festen Ordnungen und Schemata, die in dichterischer Sprache eine Rolle spielen. Für das Folgende ist nun wichtig, daß Saussure die für die Bedeutungsgenerierung in der Sprache maßgebenden Regeln und Schemata einerseits als unbewußt betrachtet und andererseits gerade in ihnen den »Geist« wirken sieht. Es handelt sich hier allerdings um den Geist der Sprache, um ein nichtindividuelles Unbewußtes. In diesen Überlegungen kündigt sich bereits an, daß der sprachwissenschaftliche Strukturalismus eine Tendenz hat, Philosophie zu werden. Lévi-Strauss wird später explizit von der »unbewußten Tätigkeit des Geistes«, die in der Sprache wie in den Verwandtschaftsbeziehungen wirksam ist, sprechen (1958/1971, S. 35 und S. 46).
Wir wenden uns jetzt einem zweiten sprachwissenschaftlichen Beispiel zu, und zwar der generativen Grammatik von Chomsky. Chomsky hat im Rahmen des von Saussure angelegten Programms insofern eine paradigmatische Leistung vollbracht, als er gezeigt hat, daß es sich bei den Ordnungsstrukturen, die bei Saussure die Syntagmata zustande bringen, genaugenommen nicht bloß um Nebenordnungen handelt. Freilich benötigt Chomsky auch einfache Nebenordnungen, nämlich um Basissätze oder, besser gesagt, Schemata von Basissätzen, sogenannte *phrase marker*, zu generieren (1977, S. 100). Ein Schema von Erzeugungsre-

geln bei einem solchen Satz, etwa dem Satz ›The man hit the ball‹, sieht folgendermaßen aus:

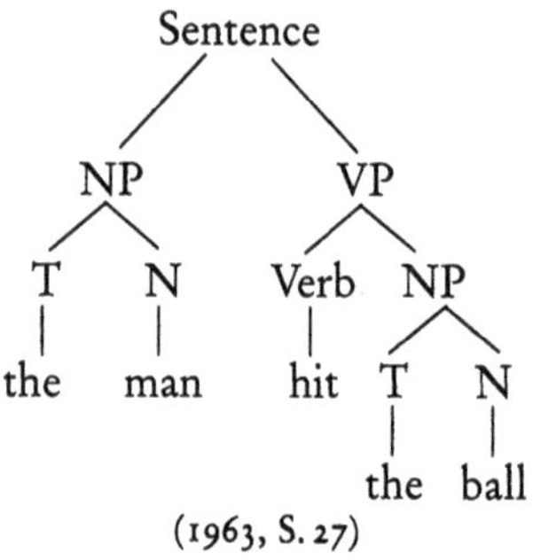

(1963, S. 27)

Außerdem benötigt man, wie Chomsky zeigt, zur Erzeugung von Sätzen Transformationsregeln. Hier weicht er von Saussure insofern ab, als er Flexionen und allgemein Modifikationen eines Wortes, die aufgrund seiner Rolle im Satz notwendig werden, nicht als Selektionen aus Assoziationsreihen versteht, sondern als Transformationen eines Wortschemas. Das bedeutet, daß in der Regel schon auf der Ebene der *phrase markers* Transformationen notwendig sind; das heißt, daß auch diese nicht durch einfache Syntaxis entstehen, weil das Wort fast immer schon in modifizierter Form in den Satz eingeht (das ist natürlich im Englischen weniger der Fall als in anderen Sprachen, beispielsweise im Lateinischen). Die Transformationen opericren also über Sätzen oder Satzteilen oder, besser gesagt, Satzschemata oder Schemata von Satzteilen, um sie in die Form zu transformieren, in der sie für die jeweilige Rede benötigt werden. So gibt es etwa eine Transformation, die die Negation erzeugt, also aus dem Satz »The man hit the ball« den Satz macht: »The man did not hit the ball«, oder eine Transformation, die ihn in einen Fragesatz verwandelt: »Did the man hit the ball?« usw. Damit sind natürlich nur die allereinfachsten Beispiele genannt. Aber das Entscheidende, nämlich die Auffassung der Sprache, dürfte deutlich geworden sein. Chomsky versteht die Sprache als ein Produkt von Erzeugungsregeln, die nicht etwa über Worte, wenn es um Sätze geht, oder über Lauten, wenn es um die Erzeugung von Wörtern geht, operieren, sondern über Schemata, die erst durch die Wirksamkeit der Transformationsregeln zu einer bestimmten sprachlichen Gestalt werden.

Um letzteres noch einmal anhand eines Bereichs deutlich zu machen, der bisher weder bei Saussure noch bei Chomsky angesprochen wurde, nämlich des Bereichs der Wortgenerierung: Beide folgen der Tradition darin, daß sie bestimmte Laute zu Gruppen oder Typen zusammenfassen, wie etwa die Labiale, Nasale usw. Ein Wort nun, verstanden als Bezeichnung im Sinne von Saussure, wird weniger durch bestimmte Laute als vielmehr durch Laut-Schemata oder Typen gebildet. Das wird besonders deutlich dadurch, daß die Worte einer Sprache je nach Mundart verschieden ausgesprochen werden können, obgleich sie doch dieselben Worte sind. Ich gebe ein Beispiel, das zeigt, daß der Laut-Wert eines Lautschemas (technisch Morphophonem genannt) von der Verwendung des Wortes abhängen kann. So hat der Schlußlaut des deutschen Wortes ›König‹, der durch ›g‹ bezeichnet wird, im Singular den Lautwert <ch>, im Plural den Lautwert <g> (Bierwisch, 1966, S. 91 und 102).
Diese Verhältnisse haben Anlaß dazu gegeben, eine Tiefenstruktur der Sprache von der manifesten Struktur zu unterscheiden. Diese Unterscheidung entspricht etwa der von Saussure eingeführten zwischen *langue* und *parole*. Chomsky hat sich in späteren Arbeiten von dem Terminus »Tiefe« distanziert, um das Mißverständnis zu vermeiden, es handele sich dabei um das Tiefere im Sinne des Bedeutungsvolleren (1977, S. 102 f.). Nun ist natürlich klar, daß eine Tiefenstruktur der Sprache als Ausdruck des Möglichen ein wissenschaftliches Konstrukt ist. Empirisch liegt immer nur die manifeste Rede vor. Das Entscheidende ist aber, daß die manifeste Sprache stets zu arm ist, als daß man daraus schon ihre Leistung zur Konstitution von Bedeutung verstehen könnte. Geäußerte Sätze und Worte haben eben Sinn nur durch ihre Bedeutung in einer als solcher nicht manifesten Struktur. Man kann also kaum umhin, in dieser Struktur das Wesentliche der Sprache zu erblicken und die jeweiligen Äußerungen als ihre »bloße« Erscheinung.

Ethnologie

Der Strukturalismus als wissenschaftliche Methode enthält danach die Tendenz, die uralte philosophische Abwertung des Phänomenalen gegenüber dem »Wesen« zu übernehmen. Das kann als Aufklärung gelesen werden, aber auch als ein gewalttätiges Über-

gehen der »menschlichen« Wirklichkeit. Sehr deutlich wird diese Ambivalenz, wenn wir uns jetzt einem Paradigma für Strukturalismus aus der Ethnologie zuwenden. Es handelt sich um den Aufweis einer Struktur, durch die es Lévi-Strauss gelungen ist zu zeigen, daß der indianische Totemismus in gewisser Weise dasselbe ist wie das indische Kastenwesen.
Lévi-Strauss stellt das System des Totemismus zunächst einfach als ein System der Selbst- und Fremdklassifikation dar. Die Basis dieser Klassifikation ist ein System von Analogien zwischen den Bereichen Natur und Kultur.

Natur:	Art 1	≠	Art 2	≠	Art 3	≠	... Art n
		|		|		|	
Kultur:	Gruppe 1	≠	Gruppe 2	≠	Gruppe 3	≠	... Gruppe n

In seinem Buch *Das wilde Denken* (1962/1981, S. 147) schreibt Lévi-Strauss: »Es gibt in der Tat nur zwei echte Modelle konkreter Vielfalt: das der Vielfalt der Arten auf der Ebene der Natur und das der Vielfalt der Funktionen auf der Ebene der Kultur.« Das angegebene Schema nun läßt im Prinzip zwei Ausformungen zu: Man versteht entweder die Klassifikation der kulturellen Gruppen nach der Klassifikation der natürlichen Arten oder umgekehrt. Das Schema erlaubt ferner, Differenz und Zusammenhang von Menschengruppen zu artikulieren. Dabei sind wiederum verschiedene Ausformungen möglich. Totemismus erweist sich nach Lévi-Strauss als eine bestimmte Interpretation des angegebenen Grund-Schemas: Die Unterschiede sozialer Gruppen werden nach Analogie der natürlichen Arten verstanden. Und die Verheiratung der Frauen dient dazu, den Zusammenhang der Gruppen untereinander herzustellen.
Das Entscheidende an Lévi-Strauss' Auffassung ist nun, daß man nach dem gleichen Schema das Kastensystem – das ja gerade kein Exogamie-, sondern ein Endogamiesystem ist – verstehen kann. Im Kastensystem werden nämlich die kulturellen Differenzen als grundlegend angesehen – die »Totems« sind deshalb auch häufig nicht natürliche, sondern handwerkliche Gegenstände. Und die Frauen werden gerade zwischen den Gruppen nicht getauscht, sondern strikt innerhalb der eigenen Kaste verheiratet. Danach ergibt sich, daß die Kaste und der Totemclan in gewisser Weise dasselbe sind. »Die Kasten halten die Frauen für natürlich hetero-

gen, die totemistischen Gruppen für kulturell heterogen« (ebd.). Getauscht werden zwischen den Kasten nicht Frauen, sondern die Güter und Dienstleistungen, für die die einzelnen Kasten spezifisch zuständig sind. Der Exogamie der Totemgruppen entspricht also die Exopraxie der Kasten. »Tatsächlich sind die Berufskasten und die totemistischen Gruppierungen auch ›exo-praktisch‹, die ersteren auf dem Gebiet des Austauschs von Gütern und Diensten, die letzteren auf dem des matrimonialen Austauschs« (ebd., S. 145).

Das Ergebnis dieser Darstellung ist, daß das Totemsystem etwa der Indianer »dasselbe« ist wie das Kastensystem der Inder. Ein als solches nicht in Erscheinung tretendes Tiefenschema wird nur verschieden ausgelegt.

Die Erkenntnis, die durch die aufgewiesene Struktur geleistet ist, hat in der Tat etwas Befreiendes. Auf der einen Seite nimmt sie dem Totemismus das Bedrohliche und Befremdende, auf der anderen Seite läßt sie die Differenzierung von primitiver und hoher Kultur zusammenbrechen. Insofern ist philosophisch gesehen der wissenschaftliche Strukturalismus ein Stück Aufklärung. Er kann philosophisch aber auch so gelesen werden, daß das Wesentliche nun in die Strukturen hineinverlegt wird und die phänomenale Wirklichkeit, d.h. das, was davon der einzelne Mensch im Lebenskontext erfährt und worin er auch als Angehöriger einer Kultur oder Gesellschaft befangen bleibt, als unwesentlich anzusehen ist. Insofern hat man den Strukturalismus und hat er auch sich selbst als Antihumanismus bezeichnet. Wir müssen das im Auge behalten, wenn wir uns nun Beispielen dafür zuwenden, wie das strukturale Denken in die Philosophie selbst eindringt.

Strukturalismus in der Philosophie

Bevor wir das tun, ist es vielleicht nützlich, sich daran zu erinnern, daß damit nicht etwas Fremdes in die Philosophie hineinkommt, sondern vielmehr an eine uralte Tradition angeknüpft wird. Es ist die Tradition des Pythagoreismus. Pythagoras oder den Pythagoreern wird die These zugeschrieben: »Alles ist Zahl«. Wenn man bedenkt, daß für die Pythagoreer Zahlen nicht einfach Mengen einer bestimmten Größe waren, sondern Gestalten – sie sprachen von Dreieckszahlen, von Rechteckszahlen, von Quadratzahlen –,

dann könnte man diese These auch formulieren, indem man sagt: ›Alles ist Struktur‹. Die Verwandtschaft dieses Gedankens mit dem Strukturalismus wird noch deutlicher, wenn man sich ein Beispiel ansieht. Ich wähle das erfolgreichste klassische Beispiel, nämlich die pythagoreische Musiktheorie. Nach dieser Theorie ist der einzelne Ton das, was er ist, überhaupt nur im »System«, das heißt, er ist bestimmt nur durch die Intervalle zu anderen Tönen. Diese Tatsache war noch gewichtiger, als sie für uns sein mag, zu einer Zeit, in der es keine Möglichkeit gab, einen einzelnen Ton absolut, nämlich durch eine Schwingungszahl, festzulegen. Töne hatten also ihre Valenz nur relativ zueinander, durch ihre Intervalle. Die Intervalle bestimmten die Pythagoreer nun durch Zahlenverhältnisse, d. h. das Intervall der Oktave durch das Verhältnis 2:1, der Quinte durch das Verhältnis 3:2, der Quart durch das Verhältnis 4:3 usw.[1] Für diese Zahlenverhältnisse gab es zu einer Zeit, in der man noch keine Schwingungszahlen bestimmen konnte, kaum eine empirische Evidenz. Sie lag allenfalls in den Verhältnissen der Seitenlängen, die man den Tönen auf dem Monochord geben mußte. Entscheidend aber für den Denktyp ist, daß man den Zahlenverhältnissen gegenüber dem empirisch in einem Phänomengebiet Feststellbaren die Priorität gab. So macht sich Platon, der in diesem Sinne als Pythagoreer anzusehen ist, über diejenigen Leute lustig, die »bei ihren sogenannten Heranstimmungen das Ohr hin [halten], als ob sie den Ton von seinem Nachbarn ablauschen wollten«. Die wahren Musikwissenschaftler suchen nach Platon »in den wirklich gehörten Akkorden die Zahlen, um von daher zu bestimmen, welches harmonische Zahlen sind und welches nicht, und weshalb beides« (*Staat*, 431 a-c). Harmonien sind für Platon Zahlenverhältnisse, und sie können sich in einzelnen Phänomenbereichen, seien es nun Längen oder gehörte Klänge, nur mehr oder weniger gut manifestieren.
Aus diesem klassischen Stück strukturalen Denkens können wir folgende drei Hauptmomente dieses Denktyps entnehmen:
1. Das einzelne Element ist, was es ist, nur »im System«, d. h. in Relation zu allen anderen Elementen.
2. Das System oder die Struktur selber ist abstrakt oder – wie Platon sagt – kann nur gedacht werden. Sie kann in den einzelnen

1 B. L. van der Waerden, »Die Harmonielehre der Pythagoreer«, in: *Mathematische Annalen* 120 (1974/79), S. 127-153 und S. 676-700.

Phänomenbereichen ganz verschieden erscheinen, so daß es ohne Analyse auch nicht deutlich wird, daß es sich um dieselbe Struktur handelt.
3. In der phänomenalen Welt befangen, weiß der Mensch nicht, wie ihm geschieht; das heißt, er erfährt zwar Harmonien, Ängste oder Plausibilitäten, hat aber keine Einsicht, warum ihm etwas harmonisch, bedrohlich oder evident vorkommt.
Wir wenden uns damit der Frage zu, inwiefern man von einem Eindringen des strukturalistischen Denktyps in die Philosophie sprechen, von der Entstehung einer strukturalistischen Philosophie reden kann. Es wurde schon angedeutet, daß es schwierig sein wird, hier eindeutige Beispiele zu finden, weil man sich immer fragen kann, ob es sich nicht jeweils einfach um ein weiteres Stück strukturalistischer Wissenschaft handelt. Am aussichtsreichsten sind noch die Bereiche, die traditionell von einer Theorie der Geisteswissenschaften oder, besser gesagt, einer Theorie der Kultur besetzt sind. Dazu wären Literaturtheorie und Geschichtstheorie ebenso zu zählen wie Wissenschaftsgeschichte und Erkenntnistheorie. Bei Lévi-Strauss fanden wir eine Bemerkung, nach der durch das System der Sprache wie der Verwandtschaftsbeziehungen die Wirkungsweisen des Geistes erfaßt würden. Saussure hatte seine Gedanken in der Forderung einer allgemeinen Semiologie erweitert. Diese könnte die allgemeine Kulturtheorie sein.
Wenn wir nun ein charakteristisches Beispiel strukturalistischen Arbeitens in diesem Felde suchen, so sind in erster Linie die Arbeiten von Michel Foucault zu nennen. Man könnte sie als ideengeschichtliche, wissenschaftsgeschichtliche oder allgemein kulturgeschichtliche Arbeiten bezeichnen. Foucault, der sich spröde gegen jede Vereinnahmung sträubte, hat allerdings betont, daß seine Arbeitsweise, die »archäologische Beschreibung«, gerade »die Preisgabe der Ideengeschichte« sei (1969/1973, S. 197). Entsprechend wehrt er sich gegen die Subsumtion unter den Strukturalismus. »Es handelt sich nicht um die Übertragung einer strukturalistischen Methode« (ebd., S. 27). Wir können hier nicht auf die Paradoxie eingehen, die darin liegt, daß Foucault gerade mit solcher Empfindlichkeit auf seiner Besonderung als Autor gegenüber der Übermacht des Diskurses insistiert. Seine ganze Arbeit besteht darin, die Instanz des Autors oder, allgemeiner, des Subjekts zu destruieren bzw. sie als Epiphänomene des »Diskurses« erscheinen zu lassen.

Diskurs ist in gewissem Sinne eine höhere linguistische Ordnung und insofern eine Übertragung der Saussureschen Vorgehensweise auf größere Systeme. Es besteht aber zwischen Saussures Sprachwissenschaft und Foucaults Diskurstheorie ein fundamentaler Unterschied. Foucaults Arbeitsfeld liegt nämlich, von Saussure her gesehen, nicht auf dem Feld der *langue*, sondern auf dem Feld der *parole*: Es ist das Feld der faktischen Äußerungen, gesprochenen wie geschriebenen einer Epoche, von dem Foucault ausgeht. Er bleibt aber gerade nicht bei diesem Material stehen, sondern will es auf eine Ordnung hin untersuchen, die epochal bestimmt hat oder bestimmt, was und wie es geäußert werden konnte. Er findet diese in charakteristischen Thematisierungen, in charakteristischem Stil und Betrachtungsweisen und typischen Begriffsnetzen (ebd., S. 48-60). Da diese Strukturen des Diskurses nicht selbst in Erscheinung treten, sondern gewissermaßen über die Köpfe von Autoren hinweg deren Äußerungen organisieren, könnte man sie doch auch zu den Strukturen der Sprache im Sinne der *langue* bei Saussure rechnen. Wichtig ist aber, daß sie noch in einem besonderen Sinne an der Grenze der Äußerungen (*parole*) stehen. Sie bestimmen nämlich nicht nur die Struktur des Gesagten, sondern auch die Grenze des Sagbaren und des Unsagbaren. Indem Foucault auf diese Art von diskursiver Regelung weist, erhalten seine Untersuchungen eine Beziehung zur Freudschen Unterscheidung von Manifestation und Verdrängung. Die Ordnung des Diskurses ist auch immer zugleich eine Strategie der Verdrängung und verweist damit auf andere Diskurse oder besser auf das Gemurmel, das Reden im Abseits, bis hin zur Sprache des Unbewußten (1971/1973).
Obgleich Foucault sehr deutlich in diese Richtung gewiesen hat, gilt sein Hauptinteresse dem Bereich des Manifesten. So hat er epochal typische Wissenschaftsformationen untersucht bzw. die Umbrüche an Epochenschwellen, für die Epochenschwelle 1775-1825 die Entstehung der klinischen Psychologie, der politischen Ökonomie, der Philologie und der Biologie (1963/1973 und 1966/1974). Dabei hat er gezeigt, daß eine auf einen bestimmten Gegenstandsbereich bezogene Wissenschaft über die kulturelle und politisch bestimmte Epochenschwelle keine Kontinuität zeigt. Vielmehr läßt sich innerhalb einer Epoche eine tiefliegende Verwandtschaft zwischen – dem Gegenstandsbereich nach – durchaus disparaten Wissenschaften nachweisen, nämlich in ihrer

Wissensstruktur, der sogenannten Episteme. Wichtiger als ihre interne Fortsetzung ist für die Entwicklung der Einzelwissenschaften über die Epochenschwelle hinweg der Umbruch der Episteme, der sie alle betrifft. So hat Foucault gezeigt, daß im Zeitalter der französischen Klassik die drei untersuchten Wissenschaften (allgemeine Grammatik, Naturgeschichte, Analyse der Reichtümer) ihr jeweiliges Gegenstandsgebiet im Schema von Darstellung und Dargestelltem, d. h. als Repräsentationen, aufgefaßt haben. Nach dem Epochenumbruch werden die Gegenstandsbereiche jeweils von Prinzipien her begriffen, die sie innerlich organisieren, d. h. der ökonomische Bereich vom Begriff der Arbeit, der sprachliche vom Begriff der Flexion, der Bereich des Lebendigen vom Begriff des Lebens her.

Foucault hat in diesen Untersuchungen also einen noch höheren Strukturbegriff gewonnen, den der Episteme. Der Begriff Episteme umfaßt die Grundstrukturen des in einer Zeit herrschenden Wissenstyps. Was als Erkenntnis gilt, ist durchaus epochal verschieden. Das kann in einer Epoche die Einordnung eines Gegenstands in ein Tableau sein, während die andere seine Erzeugung aus einem Prinzip verlangt. Mit dem Begriff der Episteme erreicht der Strukturalismus gewissermaßen sich selbst, er wird reflexiv. Er erkennt und spricht aus, daß er selbst eine Ordnung und Gewichtung des Sagbaren ist und eine normative Regelung darüber, was als Erkenntnis gilt. Man kann Foucault ohne weiteres als Kulturhistoriker oder als Ideengeschichtler ansehen, und dann stünden seine Untersuchungen neben anderen strukturalistischen in der Ethnologie, der Mythentheorie, den Literaturwissenschaften und auch solchen Untersuchungen, wie sie Roland Barthes durchgeführt hat, etwa der Werbung und der Mode.[2] Wenn man ihn als Philosophen bezeichnet, so einerseits, weil er mit seiner Diskurstheorie auf die Metaebene übergegangen ist, und andererseits, weil er auf der Basis seiner Ergebnisse bestimmte Konsequenzen für klassische »philosophische« Themen gezogen hat. Die bekannteste dieser Konsequenzen ist die These vom Verschwinden des Menschen. Der Mensch wird über der Bewegung des Diskurses gewissermaßen zum Epiphänomen: »Der Mensch verschwindet, wie am Meeresufer ein Gesicht im Sand« (1966/1970, S. 462). Die-

2 Roland Barthes, *Die Sprache der Mode* (1967), Frankfurt am Main: Suhrkamp 1985.

ser Linie wollen wir nicht folgen, weil wir für diese Einführung nicht vorausgesetzt haben, daß es so etwas wie ein quasi ewiges Set von philosophischen Themen gibt. Die thematische Orientierung von Philosophie haben wir in Teil 1 behandelt als Arbeit der Philosophie an Themen, die ihr von außen gegeben sind. Zwar könnte man als eine der wichtigsten philosophischen Konsequenzen des Strukturalismus seine Rolle im Zerfall oder besser der Dekonstruktion der Metaphysik sehen. Aber will man nicht seinsgeschichtliche Dimensionen akzeptieren, so ist Dekonstruktion von Metaphysik auch nichts anderes als Begriffsarbeit, die nötig ist zur Bewältigung anstehender Weltprobleme. Aber die andere Linie wollen wir doch ein Stück weit skizzieren, obgleich sie ebenfalls aus dieser Einführung herausführt, nämlich zu einem Philosophietyp eher literarischer oder künstlerischer Art.
Auf der Ebene der Wissenschaft kann man sagen, daß Strukturalismus eine Methode ist, um Prozesse der Konstitution von Bedeutung zu begreifen und insofern auch zu beherrschen. Sie kann als ein Versuch verstanden werden, der mathematischen Methode in den Naturwissenschaften auf seiten der Kulturwissenschaften etwas Vergleichbares an die Seite zu setzen. Es ist insofern von eminenter Bedeutung, daß, was als Struktur identifiziert wird, als solches etwas Festes ist. Diese Festigkeit kann aber nur stabil gehalten werden, indem man strikt an der Trennung von Synchronie und Diachronie, von Tiefenstruktur und manifester Ebene, von objektiver Bedeutungskonstitution und subjektiver Zeichensetzung bzw. Lesart festhält. Wie künstlich das ist, zeigt sich zum Teil schon auf der Ebene der Wissenschaft, etwa in Roland Barthes' Untersuchung der Sprache der Mode. Hier versuchte er, um die Forderung dieser Synchronie zu wahren, gewissermaßen einen Modemoment in den Jahren 1957/58 zu fassen, was aber genaugenommen der untersuchten Sache, nämlich der Mode, nicht angemessen ist. Denn Mode definiert sich ja immer als neue Mode, d. h. gerade als etwas Transitorisches in der Diachronie. – In dem Moment, wo der Strukturalismus zur Philosophie wird, lassen sich alle diese Trennungen nicht mehr aufrechterhalten. Mit dem Begriff des Diskurses hat Foucault bereits die Schwelle zur Ebene des Manifesten erreicht. Die bedeutungskonstituierenden Differenzen sind dann nicht mehr nur solche einer noch so umfassenden Enzyklopädie, sondern auch die des sich auf der manifesten Ebene fortschreibenden Diskurses. Es be-

darf dann nicht einmal eines interpretierenden Subjektes, um die Bedeutungen in Bewegung zu bringen. Sie ordnen sich und verschieben sich stets neu durch die Fortsetzung des Diskurses auf der manifesten Ebene, durch den Kommentar, wie Foucault sagt.

Aber durch die Erhebung des Strukturalismus zur Philosophie gewinnt auch ganz überraschend das Subjekt seine Freiheit zurück. Die Einsicht in die prinzipielle Konventionalität der Bezeichnungen ermöglicht die Arbeit an der Veränderung dieser Konventionen bzw. fordert dazu heraus, spielerisch mit Vokabularen[3] umzugehen.

Schließlich wird der Strukturalismus durch seine Erhebung zur Philosophie reflexiv. Wenn es nicht mehr um die Wissenschaft von Diskursen geht, sondern um Philosophie als Diskurs, dann wird jedes Philosophieren zu einer beständigen Veränderung und Verschiebung der Strukturen, die den Diskurs ausmachen.

Alle drei Momente – Historisierung, Wiederkehr des Subjektes und Reflexivwerden – haben den Strukturalismus in der Philosophie geradezu zum Gegenteil dessen werden lassen, was er auf der Ebene der Wissenschaft war. Bei Foucault schon, dann aber deutlicher bei Derrida, Roland Barthes, Deleuze und Baudrillard wird Philosophie zum höheren Spiel, zur Literatur, zum unverwechselbaren Ausdruck einer Person. Sie ist nicht mehr eine erlernbare Kompetenz, sie ist nicht mehr ein kollektives Unternehmen, zu dem im Prinzip jedermann einen Beitrag leisten kann, sie ist nicht mehr methodisch nachvollziehbar: sie ist nicht mehr Wissenschaft.

Rückblick

Wenn ich von einem aktuellen Typ von Philosophie, den man auch mit dem Titel »Poststrukturalismus« (Frank 1984) oder »postmoderne Philosophie« bezeichnet, sagte, er sei nicht mehr Wissenschaft, so möchte ich nicht so verstanden werden, als sei die wissenschaftliche Philosophie eine Philosophie, die irgendwie der Vergangenheit angehörte und die sich nun zur Postmoderne fortentwickelt habe. Die Stellung des Kapitels über strukturalistische

3 Richard Rorty, *Kontingenz, Ironie und Solidarität*, Frankfurt am Main: Suhrkamp 1989.

Philosophie am Ende einer Reihe, die mit der Phänomenologie, die um 1900 entstanden ist, anhebt, könnte ebenfalls den Eindruck erwecken, als handele es sich hier im dritten Teil um eine Geschichte der Philosophie des 20. Jahrhunderts in ihrer Entwicklung. Die Behauptung, daß es eine solche Entwicklung gebe, widerspräche der Idee wissenschaftlicher Philosophie. Alle hier genannten Typen wissenschaftlicher Philosophie sind heute möglich und werden auch gegenwärtig an verschiedenen Orten und mit verschiedenen Schwerpunkten betrieben. Sicherlich gibt es auch Fortschritte, nämlich Fortschritte der Erkenntnis innerhalb der einzelnen philosophischen Ansätze. Und sicherlich verändern sie sich auch je nach historischem Kontext. Aber ihre Wissenschaftlichkeit impliziert gerade, daß sie methodisch jederzeit nachvollziehbar und im Prinzip fortsetzbar sind. Wenn im 20. Jahrhundert im akademischen Raum eine gewisse Dominanz der wissenschaftlichen Philosophie herrscht, so ist das Auftreten des Poststrukturalismus bzw. der Postmoderne sicherlich ein bemerkenswertes Phänomen. Aber dieser Typ von Philosophie ist gar nicht an die Universität gebunden, wie es mit jeder ›professionellen‹ Philosophie der Fall wäre. Das liegt natürlich auch daran, daß es sich hier nicht um ein erlernbares Metier handelt – es liegt aber auch an dem möglichen Adressaten dieser Philosophie: sie richtet sich nicht oder wenigstens nicht ausschließlich an die Fachgenossen, vielmehr richtet sich diese Philosophie gerade an das breite gebildete Publikum. Ihre Form ist weniger der wissenschaftliche Aufsatz als der literarische Essay, und sie ist, wie keine Philosophie vor ihr, in den neuen Medien präsent. Diese Tatsachen haben natürlich auch dazu geführt, daß aus den Reihen der akademischen Philosophie[4] der Postmoderne der Titel Philosophie überhaupt abgesprochen wird. Diese Verengung, nämlich die Verengung der Philosophie auf Wissenschaft, ist aber auch nicht gerechtfertigt, das sollte unsere Einführung gezeigt haben. Vielmehr ist zu erwarten, daß die Differenzierung der Philosophie in Weltweisheit, Lebensform und Wissenschaft auch immer wieder aufgehoben werden kann.

4 So redet Jürgen Habermas in bezug auf Derrida etwa von einer unzulässigen »Aufhebung des Gattungsunterschiedes zwischen Philosophie und Literatur«, in: *Der philosophische Diskurs der Moderne*, Frankfurt am Main: Suhrkamp 1985, Kapitel VII.

Weiterführende Literatur

Zur Einleitung

Martens, Ekkehard und Herbert Schnädelbach (Hrsg.), *Philosophie*. Ein Grundkurs. 2 Bde., Reinbek: Rowohlt 1991.

Hügli, A. und Paul Lübcke (Hg.), *Philosophie im 20. Jahrhundert*, 2 Bde., Reinbek: Rowohlt 1992.

I.1 *Die begriffliche Verfaßtheit der Wirklichkeit*

Literatur zum radikalen Konstruktivismus und zur transzendentalen Theorie der Gegenstandskonstitution: siehe unter III.8.

I.2 *Revision der Moderne*

Bacon, Francis, *Neues Organon* (1620), 2 Bde., lat.-dt., hg. von W. Krohn, Hamburg: Meiner 1990.

Böhme, Gernot, *Am Ende des Baconschen Zeitalters. Studien zur Wissenschaftsentwicklung*, Frankfurt am Main: Suhrkamp 1993.

–, *Natürlich Natur. Über Natur im Zeitalter ihrer technischen Reproduzierbarkeit*, Frankfurt am Main: Suhrkamp 1992.

Comenius (Komensky), J. A., *Allgemeine Beratung über die Verbesserung der menschlichen Dinge*, übers. von Franz Hofmann, Berlin: Volk und Wissen 1970.

Rousseau, Jean-Jacques, *Emil oder Über die Erziehung* (1762), Paderborn: Schöningh, 4. Aufl. 1978.

Elias, Norbert, *Der Prozeß der Zivilisation* (1936), 2 Bde., Frankfurt am Main: Suhrkamp 1976.

Descartes, René, *Regeln zur Leitung des Geistes* (1701), Hamburg: Meiner 1962.

Kant, Immanuel, *Anthropologie in pragmatischer Hinsicht* (1803), in: *Werke in sechs Bänden*, hg. von Wilhelm Weischedel, Bd. VI, Darmstadt: Wissenschaftliche Buchgesellschaft 1964.

I.3 *Wissenschaft*

Krohn, Wolfgang, *Francis Bacon*, München: Beck 1987.

Böhme, Gernot, *Am Ende des Baconschen Zeitalters. Studien zur Wissenschaftsentwicklung*, Frankfurt am Main: Suhrkamp 1993.

I.4 *Natur*

Weizsäcker, Ernst Ulrich von, *Erdpolitik. Ökologische Realpolitik an der Schwelle zum Jahrhundert der Umweltpolitik*, Darmstadt: Wissenschaftliche Buchgesellschaft, 2. Aufl. 1990.

Böhme, Gernot, *Natürlich Natur. Über Natur im Zeitalter ihrer technischen Reproduzierbarkeit*, Frankfurt am Main: Suhrkamp 1992.

Rapp, Friedrich (Hg.), *Naturverständnis und Naturbeherrschung*, München: Fink 1981.

Kant, Immanuel, *Metaphysische Anfangsgründe der Naturwissenschaft* (1786), in: *Werke in sechs Bänden*, hg. von Wilhelm Weischedel, Bd. v, Darmstadt: Wiss. Buchgesellschaft 1963.

I.5 *Der Mensch*

Rousseau, Jean-Jacques, *Emil oder Über die Erziehung* (1762), Paderborn: Schöningh, 4. Aufl. 1978.

Comenius, J. A., *Große Didaktik*, hg. von H. Ahrbeck, Berlin: Volk und Wissen 1957.

Böhme, Gernot, *Anthropologie in pragmatischer Hinsicht*, Frankfurt am Main: Suhrkamp, 3. Aufl. 1991.

Böhme, Hartmut und Gernot Böhme, *Das Andere der Vernunft. Zur Entwicklung von Rationalitätsstrukturen am Beispiel Kants*, Frankfurt am Main: Suhrkamp, 2. Aufl. 1992.

Duala-M'Bedy, M., *Xenologie. Die Wissenschaft vom Fremden und die Verdrängung der Humanität in der Anthropologie*, München: Alber 1977.

I.6 *Geschichte als gesellschaftlicher Fortschritt*

Vico, Giambattista, *Die neue Wissenschaft über die gemeinschaftliche Natur der Völker*, Hamburg: Rowohlt 1966.

Rousseau, Jean-Jacques, *Schriften zur Kulturkritik*, Hamburg: Meiner 1978.

Horkheimer, Max und Theodor W. Adorno, *Dialektik der Aufklärung* (1947), Frankfurt am Main: Fischer 1969.

Löwith, Karl, *Weltgeschichte und Heilsgeschehen*, Stuttgart: Kohlhammer, 5. Aufl. 1967.

Böhme, Gernot, »Sinn und Gegensinn. Über die Dekonstruktion von Geschichten«, in: *Psyche* 44 (1990), S. 577-592.

White, Hayden, *Auch Clio dichtet oder Die Fiktion des Faktischen. Studien zur Tropologie des historischen Diskurses*, Stuttgart: Klett-Cotta 1986.

I.7 *Technische Zivilisation*

Ellul, Jacques, *The Technological Society*, New York: Vintage Books 1954.

Mumford, Lewis, *Mythos der Maschine. Kultur, Technik und Macht*, Frankfurt am Main: Fischer 1977.

Benjamin, Walter, *Das Kunstwerk im Zeitalter seiner technischen Reproduzierbarkeit*, Frankfurt am Main: Suhrkamp 1979.

Elias, Norbert, *Der Prozeß der Zivilisation* (1936), 2 Bde., Frankfurt am Main: Suhrkamp 1976.
Heidegger, Martin, *Die Technik und die Kehre*, Pfullingen: Neske 1962.

II.1 *Einleitung: Philosophische Lebensform und technische Zivilisation*
Hadot, Philippe, *Philosophie als Lebensform. Geistige Übungen in der Antike*, Berlin: M. Gatza 1991.
Foucault, Michel, *Sexualität und Wahrheit*. Bd. 2: *Der Gebrauch der Lüste*, Frankfurt am Main: Suhrkamp 1986.
Böhme, Gernot, *Der Typ Sokrates*, Frankfurt am Main: Suhrkamp 1988.

II.3 *Leibsein*
Platon, *Alkibiades I*.
–, *Phaidon*.
Marc Aurel, *Wege zu sich selbst*, München 1990.

II.4 *Emotionalität*
Seneca, »Über die Seelenruhe«, in: *Philosophische Schriften*, Bd. 2, Darmstadt: Wissenschaftliche Buchgesellschaft 1989.
Böhme, Gernot, *Anthropologie in pragmatischer Hinsicht*, Frankfurt am Main: Suhrkamp, 4. Aufl. 1994.

III.1 *Einleitung*
Kuhn, Thomas, *Die Struktur wissenschaftlicher Revolutionen* (1962), Frankfurt am Main: Suhrkamp 1967.
Martens, E. und Herbert Schnädelbach, *Grundkurs Philosophie*, Reinbek: Rowohlt 1985.
Noack, H., *Die Philosophie Westeuropas*, Darmstadt: Wissenschaftliche Buchgesellschaft 1962.
Stegmüller, Wolfgang, *Hauptströmungen der Gegenwartsphilosophie*, 4 Bde., Stuttgart: Kröner, versch. Aufl., 1969 ff.
Ströker, Elisabeth und W. Wieland (Hg.), *Handbuch Philosophie*, Freiburg: Alber 1981 ff.
Wuchterl, K., *Methoden der Gegenwartsphilosophie*, Stuttgart: Haupt 1977.

III.2 *Phänomenologie*
Spiegelberg, H., *The Phenomenological Movement*, 2 Bde., Den Haag: M. Nijhoff, 2. Aufl. 1965.
Ströker, Elisabeth und P. Janssen, *Phänomenologische Philosophie (Handbuch Philosophie)*, Freiburg: Alber 1989.
Waldenfels, Bernhard, *Einführung in die Phänomenologie*, München: Fink 1992.

Benutzte Quellen
Husserl, Edmund, *Philosophie als strenge Wissenschaft* (1910/11), Frankfurt: Klostermann 1965.
–, *Ideen zu einer reinen Phänomenologie und phänomenologischen Philosophie*, 3 Bde., Den Haag: M. Nijhoff 1950.
Schmitz, Hermann, *System der Philosophie*, 10 Bde., Bonn: Bouvier 1964 ff.

III.3 *Existenzphilosophie*
Janke, W., *Existenzphilosophie*, Berlin: de Gruyter 1982.

Benutzte Quellen
Heidegger, Martin, *Sein und Zeit* (1927), Tübingen: Niemeyer, 7. Aufl. 1957.
Kierkegaard, Søren, *Der Begriff der Angst*, Hamburg: Rowohlt 1960.
–, *Abschließende unwissenschaftliche Nachschrift zu den Philosophischen Brocken*, 2 Bde., Düsseldorf/Köln: Diederichs 1958.
Sartre, Jean-Paul, *Drei Essays*, Berlin: Ullstein 1979.
Franz Zimmermann, Einführung in die Existenzphilosophie, Darmstadt: Wiss. Buchges., 3. Aufl. 1992.

III.4 *Hermeneutik*
Grondin, Jean, *Einführung in die philosophische Hermeneutik*, Darmstadt: Wissenschaftliche Buchgesellschaft 1991.
Ineichen, H., *Philosophische Hermeneutik (Handbuch Philosophie)*, Freiburg: Alber 1991.

Benutzte Quellen
Gadamer, Hans-Georg, *Wahrheit und Methode* (1960), Tübingen: Mohr, 2. Aufl. 1965.
Heidegger, Martin, *Sein und Zeit* (1927), Tübingen: Niemeyer, 7. Aufl. 1957.
Hans Lenk, Philosophie und Interpretation. Vorlesungen zur Entwicklung konstruktionistischer Interpretationsansätze, Frankfurt am Main: Suhrkamp 1995.

III.5 *Geschichte der Philosophie*
Brandt, Reinhard, *Die Interpretation philosophischer Werke. Einführung in das Studium antiker und neuzeitlicher Philosophie*, Stuttgart: Frommann-Holzboog 1984.
Dilthey, Wilhelm, *Einleitung in die Geisteswissenschaften. Versuch einer Grundlegung für das Studium der Gesellschaft und der Geschichte* (1883) (*Gesammelte Schriften*, Bd. 1), Göttingen: Vandenhoeck und Ruprecht 1959.

Gadamer, Hans-Georg, *Wahrheit und Methode* (1960), Tübingen: Mohr, 2. Aufl. 1965.

Hegel, G. W. F., *Vorlesungen über die Geschichte der Philosophie*, in: *Werke in zwanzig Bänden*, Bde. 18-20, Frankfurt am Main: Suhrkamp 1971; Berliner Niederschrift der Einleitung (1820) in Bd. 20.

III.6 *Sprachanalytische Philosophie*

Dummet, Michael, *Ursprünge der analytischen Philosophie*, Frankfurt am Main: Suhrkamp 1988.

Hoche, H.-U. und W. Strube, *Analytische Philosophie (Handbuch Philosophie)*, Freiburg: Alber 1985.

Hoche, H.-U., Einführung in das sprachanalytische Philosophieren, Darmstadt: WB 1990.

Rajchmann, John, und C. West, *Post-Analytical Philosophy*, New York: Columbia University Press 1985.

Tugendhat, Ernst, *Vorlesungen zur Einführung in die sprachanalytische Philosophie*, Frankfurt am Main: Suhrkamp 1976.

Runggaldier, E., *Analytische Sprachphilosophie (Grundkurs Philosophie 11)*, Köln: Kohlhammer 1990.

Benutzte Quellen

Bateson, Gregory u. a., *Schizophrenie und Familie*, Frankfurt am Main: Suhrkamp 1972.

Frege, Gottlob, *Funktion, Begriff, Bedeutung. Fünf logische Studien*, Göttingen: Vandenhoeck und Ruprecht 1966.

Hare, Richard M., *Die Sprache der Moral*, Frankfurt am Main: Suhrkamp 1972.

Searle, John R., *Sprechakte. Ein sprachanalytischer Essay*, Frankfurt am Main: Suhrkamp 1971.

III.7 *Wissenschaftstheorie*

Seiffert, H., *Einführung in die Wissenschaftstheorie*, 3 Bde., München: Beck 1969, 1970, 1985.

Kutschera, Franz von, *Wissenschaftstheorie*, 2 Bde., München: Fink 1972.

Stegmüller, Wolfgang, *Probleme und Resultat der Wissenschaftstheorie und Analytischen Philosophie*, 4 Bde., Berlin: Springer 1969 ff.

Benutzte Quellen

Carnap, Rudolf, *Einführung in die Philosophie der Naturwissenschaft*, München: Nymphenburger 1969.

Popper, Karl R., *Logik der Forschung* (1934), Tübingen: Mohr 1971.

III.8 *Transzendentalphilosophie, Konstruktivismus, evolutionäre Erkenntnistheorie*

Böhme, Gernot, *Philosophieren mit Kant. Zur Rekonstruktion der Kantischen Erkenntnis- und Wissenschaftstheorie*, Frankfurt am Main: Suhrkamp 1986.

Einführung in den Konstruktivismus, mit Beiträgen von Heinz von Foerster u. a., München/Zürich: Piper, 2. Aufl. 1995.

Entwicklungen der methodischen Philosophie, Janich, Peter (Hg.), Frankfurt am Main: Suhrkamp 1992.

– (Hg.), *Protophysik. Für und Wider eine konstruktive Wissenschaftstheorie der Physik*, Frankfurt am Main: Suhrkamp 1976.

Schmidt, Siegfried J., *Der Diskurs des Radikalen Konstruktivismus*, 2 Bde., Frankfurt am Main: Suhrkamp 1987 und 1992.

Vollmer, Gerhard, *Was können wir wissen?*, Bd. 1: *Die Natur der Erkenntnis*, Stuttgart: Hirzel 1985.

Benutzte Quellen

Glasersfeld, Ernst von, *Wissen, Sprache und Wirklichkeit*, Braunschweig: Vieweg 1978.

Kant, Immanuel, *Kritik der reinen Vernunft* (1781), in: *Werke in sechs Bänden*, hg. von Wilhelm Weischedel, Bd. 2, Darmstadt: Wissenschaftliche Buchgesellschaft 1963.

Lorenzen, Paul, *Methodisches Denken*, Frankfurt am Main: Suhrkamp 1969.

Watzlawick, Paul, *Anleitung zum Unglücklichsein*, München: Piper 1983.

– (Hg.), *Die erfundene Wirklichkeit. Wie wissen wir, was wir zu wissen glauben?*, München: Piper 1981.

III.9 *Kritische Theorie*

Gmünder, U., *Kritische Theorie*, Stuttgart: Metzler 1985.

Jay, Martin, *Dialektische Phantasie. Die Geschichte der Frankfurter Schule und des Instituts für Sozialforschung 1923-1950*, Frankfurt am Main: Fischer 1973.

Benutzte Quellen

Horkheimer, Max, *Traditionelle und kritische Theorie. Vier Aufsätze*, Frankfurt am Main: Fischer 1970.

Marx, Karl, *Das Kapital. Zur Kritik der politischen Ökonomie*, Bd. 1, Hamburg 1867; in: *MEW*, Bd. 23, Berlin: Dietz 1969.

–, »Kritik der Hegelschen Rechtsphilosophie. Einleitung«, in: *Frühe Schriften*, Bd. 1, Darmstadt: Wiss. Buchgesellschaft 1971.

III.10 *Theorie der Kommunikationsgemeinschaft*

McCarthy, Thomas, *Kritik der Verständigungsverhältnisse. Zur Theorie von Jürgen Habermas*, Frankfurt am Main: Suhrkamp 1989.

– (Hg.), *Sprachpragmatik und Philosophie*, Frankfurt am Main: Suhrkamp 1976.

Benutzte Quellen

Apel, Karl-Otto, *Transformation der Philosophie, 2 Bde.*, Frankfurt am Main: Suhrkamp 1973.

–, *Diskurs und Verantwortung*, Frankfurt am Main: Suhrkamp 1990.

Habermas, Jürgen, *Theorie kommunikativen Handelns*, 2 Bde., Frankfurt am Main: Suhrkamp 1981.

–, *Der philosophische Diskurs der Moderne*, Frankfurt am Main: Suhrkamp 1985.

Aristoteles, *Metaphysik*, übers. von H. Bonitz, Reinbek: Rowohlt 1966.

Kant, Immanuel, »Über ein vermeintes Recht, aus Menschenliebe zu lügen« (1794), in: *Werke in sechs Bänden*, hg. von Wilhelm Weischedel, Bd. IV, Darmstadt: Wissenschaftliche Buchgesellschaft 1963, S. 635-643.

–, *Grundlegung zur Metaphysik der Sitten* (1785), in: *Werke in sechs Bänden*, hg. von Wilhelm Weischedel, Bd. IV, Darmstadt: Wissenschaftliche Buchgesellschaft 1963.

III.11 *Strukturalismus*

Bierwisch, Manfred, »Strukturalismus. Geschichte, Probleme und Methoden«, in: *Kursbuch* 5 (1966), S. 77-152.

Frank, Manfred, *Was ist Neostrukturalismus?*, Frankfurt am Main: Suhrkamp 1984.

Schiwy, Günther, *Der französische Strukturalismus. Mode, Methode, Ideologie*, Reinbek: Rowohlt 1969.

–, *Strukturalismus und Zeichensysteme*, München: Beck 1973.

Wahl, François, *Einführung in den Strukturalismus*, Frankfurt am Main: Suhrkamp 1973.

Benutzte Quellen

Saussure, Ferdinand de, *Grundfragen der allgemeinen Sprachwissenschaft* (1916), Berlin: de Gruyter 1967.

Chomsky, Noam, *Syntactic Structures*, s'Gravenhage: Mouton, 2. Aufl. 1963.

–, *Reflexionen über Sprache*, Frankfurt am Main: Suhrkamp 1977.

Lévi-Strauss, Claude, *Das wilde Denken* (1962), Frankfurt am Main: Suhrkamp, 4. Aufl. 1981.

Foucault, Michel, *Archäologie des Wissens* (1969), Frankfurt am Main: Suhrkamp 1973.
–, *Die Ordnung der Dinge* (1966), Frankfurt am Main: Suhrkamp 1970.
–, *Die Ordnung des Diskurses* (1970), München: Hanser 1971.
–, *Die Geburt der Klinik. Eine Archäologie des ärztlichen Blicks* (1963), München: Hanser 1973.

Suhrkamp Verlag GmbH
Torstraße 44, 10119 Berlin
info@suhrkamp.de
www.suhrkamp.de